Ficha Catalográfica
(Preparada na Editora)

Ruiz, André Luiz de Andrade, 1962-

R884h   *Herdeiros do Novo Mundo* / André Luiz de Andrade Ruiz / Lucius (Espírito). Araras, SP, 2ª edição, IDE, 2023.

480 p.

ISBN 978-65-86112-51-1

1. Romance 2. Espiritismo 3. Psicografia I. Título.

CDD -869.935
-133.9
-133.91

Índices para catálogo sistemático:
1. Romances: Século 21: Literatura brasileira 869.935
2. Espiritismo 133.9
3. Psicografia: Espiritismo 133.91

HERDEIROS DO NOVO
MUNDO

ISBN 978-65-86112-51-1

2ª edição – dezembro/2023

Copyright © 2009,
Instituto de Difusão Espírita - IDE

Conselho Editorial:
Doralice Scanavini Volk
Wilson Frungilo Júnior

Produção e Coordenação:
Jairo Lorenzeti

Capa:
Samuel Carminatti Ferrari

Diagramação:
Maria Isabel Estéfano Rissi

Os direitos autorais desta obra pertencem ao INSTITUTO DE DIFUSÃO ESPÍRITA, por doação absolutamente gratuita do médium "André Luiz de Andrade Ruiz".

Parceiro de distribuição:
Instituto Beneficente Boa Nova
Fone: (17) 3531-4444
www.boanova.net
boanova@boanova.net

INSTITUTO DE DIFUSÃO ESPÍRITA - IDE
Rua Emílio Ferreira, 177 - Centro
CEP 13600-092 - Araras/SP - Brasil
Fones (19) 3543-2400 e 3541-5215
CNPJ 44.220.101/0001-43
Inscrição Estadual 182.010.405.118
www.ideeditora.com.br
editorial@ideeditora.com.br

Todos os direitos reservados. Nenhuma parte desta publicação pode ser reproduzida, armazenada ou transmitida, total ou parcialmente, por quaisquer métodos ou processos, sem autorização do detentor do copyright.

ANDRÉ LUIZ RUIZ

ROMANCE DO ESPÍRITO LUCIUS

HERDEIROS DO NOVO MUNDO

SÉRIE TRANSIÇÃO

ide

SUMÁRIO

1 - Alertas e informações 9
2 - Alberto, o médium 18
3 - As dores morais de Alberto 25
4 - O susto de Leda 34
5 - No Centro Espírita 41
6 - Os trabalhadores da Casa Espírita 51
7 - Problemas no trabalho 60
8 - Planos inferiores 72
9 - Novas observações 82
10 - Peixoto, o materialista 87
11 - Geralda 97
12 - Dúvidas e orientações 107
13 - Preparando a excursão 117
14 - Excursão reveladora 128
15 - O transportador 139
16 - Os ambientes internos 150
17 - O fim da visita 157
18 - Colhendo os espinhos semeados 165
19 - As atitudes renovadas de Alberto 173
20 - Conveniências e inconveniências (I) 183
21 - Conveniências e inconveniências (II) 193
22 - Conselhos e advertências 206

23 - Alceu 219
24 - Moacir e sua família pouco exemplar 234
25 - Rafael, Alice e filhos 243
26 - Separando o que sempre esteve separado 257
27 - O estágio preparatório 265
28 - Resumindo 271
29 - Cornélia amparando Marcelo às portas da morte 280
30 - Atitudes livres e destinos escolhidos 295
31 - Há muitas moradas na casa do Pai 301
32 - Em busca dos eleitos 308
33 - Doentes do corpo e enfermos da alma 317
34 - Procurando agulha no palheiro 333
35 - O caso Lorena 347
36 - Julgados pelo dia a dia 361
37 - Fora da caridade não há salvação 376
38 - A caridade que não salva 388
39 - A caridade que salva 402
40 - Diferença entre dar coisas e dar-se nas coisas 416
41 - Revelações finais 426
42 - Herdeiros do Mundo Novo 438
43 - O que fazer para se salvar? 453
44 - Herdeiros do Novo Mundo 473

1

ALERTAS E INFORMAÇÕES

PROFECIA DO PRINCÍPIO DAS DORES
Mateus, 24, 3-14

3 *E, estando assentado no Monte das Oliveiras, chegaram-se a ele os seus discípulos em particular, dizendo: Dize-nos, quando serão essas coisas, e que sinal haverá da tua vinda e do fim do mundo?*

4 *E Jesus, respondendo, disse-lhes: Acautelai-vos, que ninguém vos engane;*

5 *Porque muitos virão em meu nome, dizendo: Eu sou o Cristo; e enganarão a muitos.*

6 *E ouvireis de guerras e de rumores de guerras; olhai, não vos assusteis, porque é mister que isso tudo aconteça, mas ainda não é o fim.*

7 *Porquanto se levantará nação contra nação, e reino contra reino, e haverá fomes, e pestes, e terremotos, em vários lugares.*

8 *Mas todas estas coisas são o princípio de dores.*

9 *Então vos hão de entregar para serdes atormentados, e matar-vos-ão; e sereis odiados de todas as nações por causa do meu nome.*

10 Nesse tempo muitos serão escandalizados, e trair-se-ão uns aos outros, e uns aos outros se odiarão.

11 E surgirão muitos falsos profetas, e enganarão a muitos.

12 E, por se multiplicar a iniquidade, o amor de muitos esfriará.

13 Mas aquele que perseverar até ao fim será salvo.

14 E este evangelho do reino será pregado em todo o mundo, em testemunho a todas as nações, e então virá o fim.

* * *

A reunião mediúnica prosseguia normalmente com o atendimento de inumeráveis entidades aflitas, carregadas de angústias e dores semeadas por condutas desajustadas na velha fieira dos erros, próprios da imaturidade.

Trabalhadores do Bem se multiplicavam no ambiente, desdobrando-se para o atendimento vibratório, buscando afinizar os necessitados invisíveis aos diferentes médiuns presentes, no afã de facultarem a melhor sintonia com o veículo mediúnico disponível para os trabalhos da noite.

Os minutos corriam, céleres, enquanto as entidades que dirigiam os trabalhos confabulavam, discretas, no sentido de consolidarem as atitudes mais apropriadas para a condução das tarefas variadas que a reunião mediúnica impunha, nos diversos âmbitos que o amparo vibratório exigia.

Com a sua costumeira simpatia, o espírito Bezerra de Menezes observava, sereno:

– Nesta noite, Ribeiro, estamos conseguindo uma melhor integração fluídica a favorecer o amparo de emergência de nossos irmãozinhos infelizes. As dores têm se multiplicado e, nem sempre, os encarnados se dão conta do seu tamanho e da imensidão do serviço.

Ouvindo-lhe as palavras suaves, Ribeiro, o dirigente espiritual da Instituição e coordenador direto dos trabalhos, respondeu, atencioso:

— É verdade, caro doutor. Nossos maiores esforços têm sido no amadurecimento dos companheiros encarnados, para que suas vidas pessoais, fora do centro, guardem coerência com o que aprendem e vivenciam aqui, possibilitando que as forças luminosas os protejam dos ataques inferiores tanto quanto os abasteçam de equilíbrio, para serem fontes de amparo e luz aos perdidos e infelizes. Por isso, quando o grupo dos encarnados está consciente de que os planos físico e espiritual estão associados um ao outro como uma só expressão da Verdade, passamos a contar com maior equilíbrio de seus membros, e a tarefa de auxílio se torna mais eficaz.

— Realmente, Ribeiro, quando o encarnado deixa de ser apenas o cumpridor do horário, o instrumento mecânico do "receber" espíritos, há uma integração mais profunda com o trabalho do Bem e nossos esforços rendem mais e melhor, a benefício deles próprios. Mal sabem nossos irmãos que, dentre as mais de quinhentas entidades que estão aqui hoje, para o intercâmbio mediúnico direto ou para serem esclarecidas em grupos comuns, aproximadamente a terça parte está diretamente ligada aos próprios trabalhadores ou a seus familiares. E quando se dispõem ao trabalho devotado e sem artificialismos, quando são sinceros e autênticos consigo mesmos e com os ideais que abraçaram, amplificam os benefícios e se veem beneficiados, igualmente.

Vendo que as horas se adiantavam, Ribeiro observou, respeitoso:

— Querido doutor, de acordo com o seu plano de trabalho, já envolvemos a mediunidade de Alberto para que suas palavras possam se fazer ouvir aos membros do grupo, segundo seu desejo.

— Obrigado, meu amigo. Creio que será importante que nossos irmãos escutem "com os ouvidos da carne" alguns alertas importantes para esta hora.

A reunião, como de costume, caminhava para o encerramento, depois que as últimas entidades haviam sido recolhidas pelos abnegados servidores do mundo invisível que lá se empenhavam no trabalho sacrificial e abnegado.

No momento destinado à palavra final de Ribeiro, o mentor dos trabalhos acercou-se do médium escolhido e, tocando-lhe os centros da sensibilidade, recebeu a habitual reação favorável do medianeiro em serviço que, com facilidade, lhe identificou o tônus vibratório já conhecido.

Assim envolvido pela atmosfera fluídica de Ribeiro, Alberto entregou-se ao transe com a serenidade costumeira, permitindo que o campo de energias do Espírito o envolvesse e, de maneira suave e natural, lhe ocupasse os terminais nervosos numa enxertia positiva de ideias que acabariam atuando sobre a epiglote e transformar-se-iam em palavras claras:

– Boa noite, queridos irmãos – falou, pausadamente, controlando as emoções do médium, que se entregava por completo ao seu impulso mental. – Nossa presença costumeira ao final de cada trabalho tem a finalidade de comentar os feitos da noite e, ao mesmo tempo, abraçá-los com as orientações que são indispensáveis ao trabalho do Senhor.

No entanto, assumo as faculdades de Alberto na condição de simples organizador de seus fluidos, preparando o aparelho mediúnico para que outro irmão lhe possa utilizar as faculdades.

Por isso, solicito de todos que agucem os ouvidos e abram mente e coração para que as orientações de nosso amorável Bezerra possam chegar-lhes ao imo d´alma, com clareza e entendimento nas palavras de alerta e carinho que lhes vai dirigir, tão logo me afaste de nosso irmão Alberto.

Que a bondade de Jesus nos ampare a todos.

Dizendo isso, sem maiores delongas, afastou-se Ribeiro carregando em seu campo de influência o perispírito de Alberto que, embevecido, se deixava vibrar na atmosfera de suavidade e encantamento que caracterizava as emanações de Bezerra de Menezes.

Ribeiro permaneceria controlando as forças vitais do corpo

físico do médium, criando uma espécie de ambiente elevado para que as ligações espirituais do Médico dos Pobres com o aparelho mediúnico estivessem preservadas e firmes, facilitando a transmissão da mensagem sem as interferências do médium ou nascidas da curiosidade dos ouvintes.

"– Que a paz esteja em todos os corações, queridos filhos.

Observando o empenho de cada um na obra de todos nós, aqui estamos para congratular-nos com vossos esforços uma vez que, graças a eles, a eficiência dos atendimentos espirituais está ganhando em qualidade, o que se fazia necessário há muito tempo.

As horas difíceis se multiplicam a cada dia, no horizonte das criaturas que dormem.

Quando aconselhou ao homem convocado ao anúncio do Reino de Deus que deixasse aos mortos que lhe sepultassem o corpo do seu pai falecido, Jesus concitava-nos ao pensamento claro sobre a condição de mortos-vivos apresentada pela imensa maioria dos irmãos que estão ocupando corpos carnais neste momento, na Terra.

Não dispostos a despertar ao som dos clarins generosos que convocam o idealismo ao serviço do Bem, os mortos-vivos estarão sendo chamados à vida, à consciência, à lucidez por meios diversos, mas igualmente dolorosos.

A falta de base firme, de alicerce na rocha, no entanto, fará com que esses imaturos seres, frequentadores de religiões e cerimônias, não saibam como agir diante das agonias que terão de enfrentar.

Por esse motivo, queridos filhos, é que estamos aqui. É necessário estarmos alertas e vigilantes para que as angústias alheias não sejam assumidas como angústias próprias. São convocados a servir como enfermeiros junto à chusma dos doentes, lembrando-se de que precisam manter o cuidado para não se contaminarem com a epidemia.

E entre os homens haverá de se alastrar a do medo, a da revolta, a da agressividade à medida que a dor assumir a tarefa de produzir despertamento por atacado.

Não serão, apenas, as crises financeiras que irão toldar com seu manto de preocupações e angústias a alma dos indiferentes. Multiplicar-se-ão as enfermidades físicas, os acidentes geológicos e atmosféricos, as conflagrações sociais, de forma que a todos estará sendo avaliada a reação diante dos desafios diversos.

Serão bem-aventurados se guardarem a serenidade nas horas difíceis e, sem desespero nem entorpecimento, empenharem-se na obra da Esperança, sinalizando o caminho aos perdidos da rota.

Suas exemplificações serão tesouro no meio da tempestade e, graças a elas, os que possuam algum entendimento poderão encontrar forças para não desabarem na angústia coletiva nem tresloucarem-se em condutas desesperadas.

Dos dois lados da vida se realiza a grande transformação, já em andamento desde muitos anos, mas que se acelera nestes tempos, porquanto é necessário que todas as coisas sejam concretizadas.

Este aviso se destina a suas vidas pessoais, igualmente, porque em seus lares também repercutirão as mazelas que recairão sobre todos. Nada de privilégios especiais ou proteções injustificáveis, notadamente para aqueles que já sabem como se proteger.

Não seria lógico que se cuidasse mais do enfermeiro – que já se qualificou pelo aprendizado da enfermagem – do que do doente que nada conhece.

É como enfermeiros que estão habilitados na Escola da Vida todos aqueles que, como vocês, participam dos banquetes da Verdade do Espírito. Por isso, saberão velar pela dor alheia sem se olvidarem da higiene espiritual que os protegerá, da assepsia de pensamentos e sentimentos, da esterilização das palavras e atitudes para matar todos os germes que os contaminem com o mal.

Quando Noé aceitou construir a arca para salvar do afogamento os que nela quisessem entrar, assumiu para si próprio um imenso e extenuante trabalho. No entanto, graças ao devotado ancião, conseguiu ele próprio e sua família encontrarem a proteção e a segurança que os demais não quiseram, quando chegou o momento áspero da tormenta fatal.

Assim são os convidados do Senhor. Os próprios trabalhadores da última hora não estão livres do suor, do cansaço, do desgaste e dos testemunhos da fé.

No entanto, chegará o momento da serenidade se tiverem honrado com empenho a Obra de Deus.

Encarnados e desencarnados já estão sendo separados segundo suas vibrações específicas a fim de que a atmosfera humana não fique à mercê dos ataques da vasta horda da ignorância que se opõe aos nobres princípios representados pelo Cordeiro de Deus.

Esforcem-se por entrar pela porta estreita e não descansem até que o consigam. Do lado de fora, posso lhes afirmar, já há prantos e ranger de dentes.

Que a paz de Jesus vos abasteça em todos os momentos da vida, sobretudo na hora difícil dos testemunhos que são o prenúncio da Alvorada da Esperança.

Boa noite, queridos filhos."

O silêncio do ambiente era a marca da emoção que penetrava nas mais profundas fibras daquelas almas, uma vez que não só aos encarnados esses alertas eram úteis, mas para todos os desencarnados que lá se congregavam, curiosos e sofredores, aflitos ou revoltados.

Ribeiro aconchegou Alberto de regresso ao corpo físico que, com o semblante sereno e emocionado, retomou o controle pleno das faculdades orgânicas, sem esconder o profundo e benéfico impacto que as energias de Bezerra lhe infundiam no próprio ambiente vibratório.

A prece de agradecimento foi conduzida por um dos trabalhadores encarnados e, logo a seguir, restabelecida a luz no ambiente.

Jurandir, o dirigente encarnado da reunião, tomou a palavra e arrematou, ainda sob a inspiração de Ribeiro:

– Fomos beneficiados com avisos sublimes que merecem meditação e recolhimento de nossa parte, para que possam ser devidamente apreciados e aproveitados. Assim, deixemos os comentários costumeiros para nosso próximo encontro e sigamos para nossos lares rapidamente, sem perdermos as doces vibrações que nos envolvem nem a profundidade dos alertas que nos chegaram, por acréscimo da Misericórdia Divina e pela bondade de tão augusto representante desse Cristo de Deus entre nós.

Na próxima reunião, poderemos comentar com mais liberdade, como de costume.

Servida a água magnetizada, abraçaram-se os companheiros do serviço da noite, com o respeito e o carinho já edificados uns pelos outros e, sem alvoroço, carregaram para seus lares as tão preciosas palavras de Bezerra.

Na instituição espírita em que se encontravam, entretanto, não havia espaço para descanso. Agradecido pela generosa cooperação de Ribeiro, Doutor Bezerra, acompanhado dos espíritos Jerônimo e Adelino, deixou o ambiente em prosseguimento das tarefas assistenciais.

– As pessoas na Terra não têm, em geral, a menor ideia do que está acontecendo ao seu próprio redor. A maioria resume suas vidas em momentos de abastecimento do corpo carnal, de repouso da estrutura física, de ganho material pelas lutas pelo pão de cada dia e do desfrute de certos prazeres, primitivamente vivenciados sem nenhuma expressão de superioridade.

Assim, meus amigos, não se surpreendam se encontrarem esses mesmos irmãos que acabamos de alertar, em atitudes inadequadas tão logo deixem o ambiente da casa espírita. A estrada do aprendizado é longa e, tanto quanto nós mesmos, eles são os candidatos ao Bem, mas que, de alguma forma, viciaram seus hábitos ao contato dos prazeres fáceis que o Mal lhes propicia desde muitos séculos.

Precisarei cuidar de alguns compromissos que me esperam e, por isso, libero-os para uma excursão de aprendizado junto aos nossos queridos amigos e, dentro de alguns dias, nos encontraremos novamente na seara de trabalhos espirituais que acabamos de deixar.

Abraçaram-se fraternalmente e, em breves instantes, Jerônimo e Adelino se viam a sós, com o campo de observações aberto para o enriquecimento de suas experiências.

– Puxa, Adelino, nosso querido Bezerra foi bastante incisivo no alerta aos companheiros encarnados, não acha?

– Bem, meu amigo, tendo em vista a sua costumeira suavidade nos aconselhamentos, sempre velados pela impessoalidade e generalidade, de que se utiliza como uma ferramenta para melhor orientar, parece que, realmente, nossos irmãos encarnados puderam escutar advertências diretas, de maneira que, se tiverem ouvidos de ouvir e olhos de ver, entenderão que o momento é de uma importância crucial em suas vidas. Diria, mesmo, de uma gravidade decisiva.

– É verdade. Pareceu-me a mesma coisa. Se temos a oportunidade de entender a alma humana, esperemos que nossos irmãos encarnados também aproveitem as alvissareiras notícias e saibam escolher a porta estreita.

– Tomara, meu amigo... tomara seja assim.

– Que tal começarmos observando Alberto? Afinal, foi através dele que nosso querido doutor pôde trazer as advertências tão precisas, não é?

– Boa sugestão, Jerônimo. Acho que será muito proveitosa a nossa investigação junto ao médium que nos facultou o espaço para a mensagem do amigo generoso.

Tomaram o rumo da residência do mencionado trabalhador, junto do qual iniciariam as observações gerais.

2

ALBERTO, O MÉDIUM

Alberto possuía um nível de vida bastante confortável. Era funcionário categorizado de uma grande empresa, exercendo as funções de chefia da área contábil, o que lhe impunha grandes responsabilidades e intrincados problemas. Espírita desde alguns anos, desenvolvera a mediunidade seguindo projeto concebido no mundo espiritual, antes de sua encarnação. Comprometido com erros do pretérito na área da administração de riquezas que possuíra, esbanjando um patrimônio precioso ao invés de fazê-lo circular ou de transformá-lo em oportunidades de crescimento para outros, Alberto compreendera a necessidade de trabalhar arduamente na construção do próprio equilíbrio, não sendo mais o detentor de riquezas ilimitadas, mas, sim, administrador da riqueza alheia, ocasião em que poderia, além de aprender a corrigir suas inclinações à prodigalidade, aprender a viver com menos, à sombra dos excessos dos próprios patrões.

Isso porque, aqueles a quem Alberto devia obediência, eram criaturas inescrupulosas e levianas, abusadoras da sorte, gastadoras inveteradas, às quais ele mesmo, como Gerente Financeiro, tinha de conter a fim de garantir a saúde da empresa.

Obviamente, no início de sua empresa, os donos do negócio tinham uma postura aguerrida e uma visão comercial mais ampla, porque lutavam para consolidar seus sonhos e ganhar o dinheiro para realizá-los. Mas depois de terem conseguido construir o empreendimento e obterem significativo sucesso financeiro, imaturos na sua maioria, passaram ao desejo de desfrutar sem maiores cuidados, contando sempre que a época das vacas gordas nunca terminaria.

Por mais que Alberto os alertasse, viam tais advertências como a postura excessivamente cuidadosa, beirando à inconveniência, por parte do funcionário que, a estas alturas, assumira a infausta e difícil tarefa de defensor do patrimônio alheio contra a loucura dos próprios donos e seus familiares, tentando adiar ao máximo a derrocada da empresa.

É que, acostumado aos balanços contábeis frios, observando as oportunidades comerciais, o avanço dos concorrentes, a escassez de clientes, o aumento da crise mundial, a diminuição das margens de ganho, o aumento dos tributos, tudo isso se somava para compor o trágico cenário de funestos eventos.

Ao observar a leviandade dos seus superiores, Alberto se irritava.

Vendo como gastavam com viagens, carros, lanchas, festas, o contador se perguntava por que se mantinha ali, sustentando aquela corja de irresponsáveis com o esforço de sua inteligência, de sua competência nem sempre reconhecida por eles.

É verdade que o seu salário compensava tais sacrifícios e era dali que retirava os benefícios para a própria família.

No entanto, imaginava-se como o "dono da empresa". Como seria capaz de fazer aquilo crescer, de corrigir os rumos, de modificar as estratégias, de melhorar o rendimento e a produtividade. Ele sim, com o talento natural de uma inteligência brilhante e uma vontade disciplinada, deveria ser o dono do empreendimento.

Não poucas vezes, a voz sedutora da tentação soou aos seus ouvidos, aconselhando-o a agir de maneira ilícita e, aos poucos, ir tomando a empresa de seus reais proprietários.

Eram os ecos do passado, quando ele próprio exercera a autoridade sobre vastos patrimônios que, então, malbaratara da mesma maneira que os seus atuais chefes o faziam agora.

Os conflitos emocionais e espirituais surgiam como testes em sua nova jornada reencarnatória, possibilitando-lhe a aferição de seus novos valores. Diante desses desafios morais, porém, a mediunidade lhe fora possibilitada como um farol de sensibilidade a ajudá-lo na compreensão de suas importantes tarefas, além de se tornar um instrumento de amparo aos inúmeros espíritos sofredores que não o haviam perdoado por terem sido suas vítimas, padecendo fome, privações e vergonhas em decorrência do estilo de vida que ele elegera naquelas passadas experiências reencarnatórias.

Exercendo a mediunidade já havia mais de dez anos, lutava entre os problemas do escritório, a insensatez de seus superiores e as realidades espirituais que sentia na própria carne, enfrentando as responsabilidades múltiplas com coragem e devotamento.

Graças a tais condutas, o processo mediúnico foi sendo consolidado em bases mais seguras, tornando-se, com o passar dos anos, um médium digno da confiança dos mentores espirituais que o acompanhavam e dele se serviam como ponte para ajudar a muitos outros, encarnados e desencarnados.

Seu comportamento disciplinado e firme, sem se permitir resvalar para o terreno do fanatismo e da aspereza, conquistara a simpatia de vários espíritos que lhe conheciam as lutas e os compromissos, tanto quanto sabiam dos problemas familiares que tinha de enfrentar.

Sim, isso porque, comprometido com os desajustes do passado na área dos excessos, Alberto retomou a roupagem terrena na vida presente comprometido a ajudar sua antiga companheira, Leda, no reerguimento moral, reconduzindo-a ao caminho da retidão e do equilíbrio.

Dessa forma, desde a juventude ambos se reencontraram para as experiências da transformação dos vícios e, atraídos pelas antigas inclinações e identidades de gostos, consorciaram-se. Cheios de planos e desejos de felicidade para o futuro, viram nascer dois filhos, que outros não eram do que dois adversários ligados a eles pelos antigos laços do passado faustoso. No entanto, em que pesassem as naturais carências e dificuldades do início do relacionamento, Leda nunca deixara de ser a mulher ambiciosa de sempre, agasalhando dentro de sua alma as antigas tendências inferiores cultivadoras dos excessos, ambicionando o luxo e a grandeza a fim de que, tão logo seu marido tivesse melhores condições econômicas, voltasse a vivenciá-las como quem volta à antiga terra dos prazeres.

Com o crescimento financeiro do esposo, Leda foi deixando aflorar a tendência para as leviandades outrora já experimentadas, passando a exigir melhores roupas, melhores carros, melhores casas, festas, divertimentos, sempre colocando o marido sob pressão, para que tais caprichos acabassem atendidos.

E quando Alberto conseguia conquistar mais e melhores vantagens, como toda boa "adestradora", honrava o marido com carícias e elogios que visavam alimentar o ego masculino, indicando-lhe que, quanto mais atendesse aos seus pedidos, mais subiria em seus conceitos e ganharia em carinhos.

Envolto em tantos problemas e sentindo as vantagens que lhe concediam o afeto físico da esposa, deixara-se conduzir por tal jogo de interesses, multiplicando esforços para encantar aquela que, depois de suas conquistas, o homenageava com as trocas sexuais estimuladoras e a admiração entusiasmada que tão bem lhe caíam.

Com isso, Alberto cooperava para alimentar na esposa os piores sentimentos, os mais superficiais valores e as mais perigosas raízes, justamente aquelas que haviam se comprometido a combater na atual existência.

Leda, depois da estabilidade financeira, assumira definitivamente a posição que lhe caracterizava o espírito imaturo: gastadeira contumaz.

Já não se preocupava tanto com as necessidades do esposo, nem se empenhava muito em abastecê-lo com carinho. Preferia o talão de cheques e o passeio pelas lojas. As conversas fúteis com as amigas de igual padrão, gastando horas no comentário de tolices e fofocas ácidas marcavam, indelevelmente, o vertiginoso caminho que construía na direção do abismo.

Alberto via-se vitimado pela própria incúria. Seu trabalho profissional era o penoso esforço para salvar o navio empresarial do naufrágio, e sua casa, que poderia corresponder-lhe ao porto de paz e segurança, era um outro navio que navegava sem rumo.

Os dois filhos, herança de seus desmandos de outra vida, eram duas fontes de problemas incessantes.

Robson possuía a alma comprometida com as facilidades experimentadas no passado, quando viciou a vontade na vida faustosa e aproveitadora. Seu caráter defeituoso fora talhado pelas facilidades do dinheiro com que seu antigo pai, o mesmo de agora, lhe facilitava sem quaisquer responsabilidades. Tornara-se, assim, exigente e irresponsável, tiranizando as pessoas e comprando-as para que realizassem seus desejos.

Isso se refletiu na nova oportunidade terrestre, aliando-o ao caráter semelhante de sua mãe. Por isso, Robson e Leda eram companheiros de aventuras e esbanjações, cada qual na sua esfera de condutas.

Eram muito afinizados e se apoiavam mutuamente, tornando-se verdadeiros cúmplices.

Já o filho mais novo, Romeu, houvera sido, igualmente, antigo membro da mesma família, reencarnado como ovelha perdida e que deveria ser reconduzida ao redil da virtude pelos mesmos que facilitaram a sua queda moral.

Renasceu, portanto, sob a proteção e cuidados dos maiores culpados pelos próprios desvios, Alberto e Leda.

Só que o seu problema era bem diferente do que rondava o caráter de seu irmão. Romeu havia viciado o centro da sexualidade pelos excessos de seu exercício no passado. Graças às facilidades financeiras de então, entregara-se a todo tipo de prazer físico que o dinheiro poderia comprar e tornara-se um dependente de sua prática. Mal gerenciando as emoções, que poderiam lhe possibilitar imensa felicidade se canalizadas para as verdadeiras construções do sentimento, Romeu deixou atrás de si um caminho sulcado de vítimas. Mulheres abusadas, crianças abandonadas à própria sorte, outras mortas no útero materno, moças abandonadas e entregues à miséria, belos rapazes que lhe serviam também ao saciar das ansiedades físicas, desajustes morais de todos os tipos tinham sido gerados por ele. Um sem número de algozes invisíveis passaram a persegui-lo antes mesmo que o seu antigo corpo baixasse à sepultura. Perturbara-se o raciocínio devido às visões desnorteadoras e horríveis, periclitando o equilíbrio e, por fim, precisando ser apartado da família e colocado em instituição que, na verdade, isolava o alucinado, sem nada fazer a seu benefício, liberando os parentes do incômodo que sua presença causava.

Leda e Alberto também tinham compromissos profundos com seu espírito que, naturalmente, renasceria com os vincos das antigas mazelas morais, carregando em seu psiquismo a tendência para a sexualidade exacerbada.

Desde a adolescência, Romeu se transformara em uma fonte de sofrimentos para os pais. Suas condutas fora de casa os envergonhavam, e seus relacionamentos precisavam ser severamente policiados para que não redundassem em tragédias.

Sem as bases seguras da fé, sem os conceitos claros da espiritualidade, Leda e Alberto, ainda jovens, não imaginavam o tamanho das dores que teriam de enfrentar como efeitos de suas pretéritas escolhas. Nem Robson nem Romeu haveriam de ser fontes de felicidade para pais que sonham com uma prole equilibrada e harmoniosa.

Assim, nesse panorama de confusões, a sensibilidade de Alberto surgiria, no tempo oportuno, como o farol espiritual que, suportando o peso de seus erros, teria condições de iluminar a todos os seus entes mais queridos:

Leda, como companheira leviana, a solicitar sua paciência e seus esclarecimentos sobre as realidades superiores do espírito;

Robson, como filho irresponsável, carecendo de medidas amorosas e disciplinadoras que o conduzissem ao trilho do trabalho, e Romeu, como o mais desditoso de todos, a precisar de maior amor, paciência, energia e amizade, encarado mais como um doente do espírito do que como um sem-vergonha ou devasso. Assim, não eram pequenos os desafios de Alberto que, se não contasse com a possibilidade do intercâmbio mediúnico e da proteção generosa dos amigos que o cercavam, certamente teria aumentadas as próprias dores morais diante de tamanho desafio. Porque, em verdade, nenhum de seus companheiros de equívocos de ontem estava disposto a modificar seu hoje para preparar seu amanhã.

Apesar de terem organizado o regresso ao corpo carnal para uma reencarnação de desafios e reformas, com exceção de Alberto, todos eles estavam de volta aos velhos vícios, que prefeririam, ao invés de escutar as advertências e conselhos do marido e pai.

Era esse, em resumo, o drama que Jerônimo e Adelino iriam conhecer melhor ao adentrarem aquele imóvel de excelente aparência, de vastas proporções e, de verdade, um grande e luxuoso vazio.

3

AS DORES MORAIS DE ALBERTO

Quando chegaram à residência do médium, encontraram-no sentado à mesa da cozinha comendo um breve lanche na companhia dos próprios pensamentos.

Ninguém esperava por ele ou compartilhava sua presença. Leda já havia se deitado, depois de um dia de passeios e gastos.

Robson também não estava em casa, ausência essa justificada pela ida à faculdade que, de verdade, era a desculpa para suas diversões noturnas, na companhia de amigos doidivanas. Romeu, o filho mais novo, despreocupado também com a indispensável formação profissional e intelectual, consumia os recursos do pai em aventuras noturnas repetidas, considerando-se adulto o suficiente para escolher a forma pela qual gastava sua juventude.

Alberto, ainda enlevado pelas doces vibrações de Bezerra de Menezes, não contava com ninguém com quem dividir as notícias, os alertas e os ensinamentos recebidos na reunião espiritual da qual acabara de chegar.

– Puxa vida – pensava o solitário –, quantas coisas lindas e importantes para nosso crescimento e, veja só, não há ninguém por aqui com quem dividir tudo isso. Quem sabe Leda ainda esteja acordada.

Pensando em trocar algumas palavras com a esposa de tanto tempo, deixou a cozinha e dirigiu-se ao quarto, onde a mulher, entediada pelo nada de útil que fazia, perdia-se entre algum programa de televisão, uma ou outra revista de moda e os pensamentos sem rumo elevado.

Ao ouvir o ruído de Alberto que chegava, fingiu estar dormindo para que o marido não se animasse muito em lhe falar sobre assuntos espirituais, como era sempre seu esforço nas noites em que chegava do centro.

Entrou no quarto com cuidado, justamente para não assustar a esposa distraída e observou que a mesma ressonava, sem imaginar que aquilo era puro teatro.

Dirigiu-se ao banheiro, fez a higiene noturna tomando um banho rápido, vestiu-se para dormir e recostou-se ao lado da esposa indiferente.

Com a sua chegada, Leda ensaiou alguns movimentos como que indicando o seu despertamento.

– Ah, querido... é você? Peguei no sono enquanto assistia a um filme... nem percebi você chegar...

– Sim, Leda, sou eu. Como foi o seu dia? – perguntou Alberto, desejando demonstrar interesse por ela, com a finalidade de puxar assunto.

– Ah! Sem novidades... tudo como sempre...

– Sim, querida, então isso significa passeios pelo *shopping*, compras e encontros com as amigas, não?

– Ora, Alberto, que mal há nisso?

– Nenhum, querida. Nenhum mal. Todavia, também não há nenhum Bem para você. O tempo é precioso instrumento em nossas mãos e, através da sua administração, produzirá frutos que atestarão a qualidade dos que o manipulam.

– Lá vem o seu sermão de sempre... – repetiu a esposa, fingindo cansaço.

– Sabe, Leda, cada dia que passa é um dia a menos na vida. Você já pensou que, para nós, a morte está cada vez mais próxima?

— Querido, está tarde pra gente conversar sobre isso. Que tal amanhã?

— Não há problema, Leda. Poderemos conversar sobre isso e outras coisas amanhã também. Todavia, acho que você tem contado muito com o amanhã, e nem sempre ele estará garantido para nós. A vida significa compromisso de crescimento e não estação de descanso e prazer. E sua existência tem sido um completo desperdício em relação ao aproveitamento do tempo na construção de algo novo e melhor para sua própria alma. Acredita você que no mundo espiritual existirão *shopping centers*? Porventura crê que lá haverá espaço para o fingimento dessas reuniões de esnobação e mentiras que tanto a atraem? Sabe qual será a posição que espera pelos que nada constroem para si mesmos no mundo enquanto podem fazer o Bem e não o praticam?

— Alberto, você está muito tétrico para quem se prepara para dormir, querido.

— Nossa vida, Leda, está se tornando um fardo muito pesado sem que você e nossos filhos o percebam. Temos tido grandes recursos que nos garantem um conforto relativo, mas como o temos administrado? Nossos dois filhos estão se perdendo sem que você se dê conta e sem que eu consiga ajudá-los de alguma maneira. Já tentei conversar com ambos, mas, escudados em sua cumplicidade, Robson ri de minhas advertências e Romeu, que as escuta, parece hipnotizado, vitimado por forças terríveis. Sei que o primeiro finge estudar e consome os valores da faculdade com arruaças e viagens. Enquanto isso, Romeu, de quem você bem conhece os problemas sexuais que carrega, foge daqui e se desgasta na má companhia. Nunca vi, no entanto, qualquer palavra sua no sentido de ajudá-lo a sair desse emaranhado.

Vendo-se frontalmente cobrada, Leda empertigou-se e partiu para o ataque.

— Alberto, passando o tempo todo fora como você passa, como é que pode ajuizar sobre minha conduta em relação aos meninos? Por acaso não aprendeu nessa sua religião que não devemos julgar os outros?

— Não se trata de julgamento, Leda. Estou falando sobre fatos. Então, diga-me quais são as notas de Robson? Onde Romeu está neste momento?

Sem saber o que responder, Leda avermelhou-se de contrariedade, mantendo-se calada para não explodir, como era de costume.

— Seu silêncio é um depoimento verdadeiro sobre sua conduta.

— Você também não sabe, Alberto – respondeu, por fim, acusando-o, na falta de outra defesa melhor.

— Sim, Leda, eu reconheço que também não posso responder afirmativamente a estas indagações. E se as lanço a você neste momento, não é para acusá-la, mas, ao contrário, para refletirmos juntos sobre nosso estilo de viver. Eu também venho me perguntando sobre isso e, infelizmente, acuso-me pela omissão em orientar cada um deles. No entanto, tão grandes têm sido nossos gastos e considerando que sou a única fonte de recursos que nos abastece, não possuo outra forma de fazer as coisas andarem melhor, já que o trabalho me consome por completo.

— É, mas você tem tempo para ir lá no centro espírita... – comentou a esposa, irônica.

— Minhas tarefas espirituais estão vinculadas aos compromissos que pesam sobre mim e, certamente, sobre nós, já que não é por acaso que estamos juntos e recebemos estes dois espíritos como filhos. Além do mais, você se esqueceu das inúmeras crises que me acometiam anos antes? Gritos noturnos, dores variadas, alucinações...

— Deus me livre, Alberto, nem fale... cada noite era um filme de terror.

— Então, Leda. Desde que comecei o tratamento espiritual, tudo se acalmou, não foi?

— É, olhando por esse lado, é verdade.

— Pois então, o centro espírita, no meu caso, é como um pronto socorro, uma quimioterapia moral de que minha alma necessita para manter-se em serenidade. E se vou sozinho é porque você mesma nunca desejou me acompanhar. Sempre a convidei, tanto quanto aos meninos.

– Morro de medo de ir "nesses lugares".

– Você acha que eu iria levá-la em algum local que não fosse adequado? Se a convido para ir a uma festa, você não questiona em que lugar ela será. Se falo para irmos às compras, você não titubeia em aceitar, mesmo sem saber onde é. Se falo que sairemos em viagem de passeio, você é a primeira a estar arrumada, sem questionamentos sobre o destino. Então, Leda. Não haveria de confiar que o seu marido não a levaria em ambientes impróprios?

– É mais uma questão de medo, Alberto. Tenho muito receio desse negócio de "espíritos".

– Compreendo, querida. No entanto, não lhe espanta o fato de eles estarem por aqui, atuando sobre todos nós, não é? Não lhe espanta o fato de fazerem de cada um de nós um joguete que tangem de um lado para outro, sem que nenhum de nós oponha resistência, não é?

– Como assim? – perguntou a esposa, intrigada.

– Ora, Leda, cada um que está na Terra é um ser que influencia e é influenciado por tudo o que está à sua volta. Aceitamos as boas ou as más companhias que se afinizam conosco. E se nossos atos e pensamentos não são elevados nem úteis no Bem que realizemos, atrairemos somente espíritos ociosos e inferiores para estarem conosco.

A essa altura, Alberto recebia uma tal inspiração do Espírito Jerônimo que, apesar de não estar em transe mediúnico como acontecia no centro espírita, era integralmente controlado pelo pensamento firme do companheiro invisível, para que transmitisse o chamamento à irmã, que lhe fazia o papel de esposa novamente, com a finalidade de que ela, convocada à razão, ao bom senso, de maneira fraterna e sem exigências, saísse da morte e voltasse à vida.

— Os espíritos sabem de tudo, Leda. Sabem, inclusive, que você se faz de adormecida todas as noites quando chego porque não querem que escute certas notícias do mundo espiritual, como aconteceu hoje.

A mulher teve um sobressalto e sentiu um calafrio percorrer-lhe todo o corpo, tal o impacto das palavras firmes de Alberto/Jerônimo que, ao serem pronunciadas, eram verdadeiros jatos luminosos endereçados aos seus centros de energia. Ao tocarem esses pontos sensíveis, penetravam fundo em sua estrutura espiritual, queimando miasmas deletérios que se juntavam em excesso nas vibrações dela, produzindo aquela sensação de calafrios generalizados.

— Sabem que, hoje, você saiu com aquela mulher leviana, caluniadora e perigosa a respeito de quem já a alertei. Sabem que vocês duas estiveram em um salão de beleza cheio de mulheres de igual inclinação, todas muito bem vestidas por fora, mas verdadeiras bruxas espirituais. Falaram mal da pobre Clotilde, que se afastou do círculo de amizades depois da enfermidade do marido. Disseram que ela não seria mais aceita no grupo depois que o esposo "passasse desta para pior" porque a consideravam traidora pelo fato de privilegiar o companheiro, agora na fase terminal da doença, em detrimento das reuniões do seu grupinho.

Leda ia arregalando os olhos e se sentando na cama, assustada.

— Você anda me seguindo, Alberto? Que coisa mais baixa...

— Não, Leda, eu estou trabalhando o dia inteiro para garantir a você a vivência nesse lodaçal moral na companhia dessa infeliz Moira, mulher sem escrúpulos, apesar de ser a mais admirada entre as que se igualam nos círculos de leviandade dos quais você está participando. Se falo assim, com tal convicção, esteja certa de que é porque Espíritos Amigos sabem por onde você tem andado e o que tem feito. E se isso não for verdade, proteste, diga que não é assim.

Leda ia dizer alguma coisa, quando ouviu o complemento:

– E se você insistir em negar, o mundo espiritual pode continuar contando com clareza todos os detalhes da conversa ocorrida na sauna do clube. O assunto masculino, as observações sobre os corpos dos rapazes...

Fulminada pela própria consciência, que reconhecia a precisão de todos aqueles fatos, Leda controlou-se e, contrariadíssima, preferiu indignar-se em silêncio.

– Tudo tempo perdido, Leda. Em nossa reunião de hoje, Dr. Bezerra nos alertou para a hora difícil pela qual estamos todos passando. Hora de seleção, momento de mudança, de sintonia moral que definirá que rumo tomaremos. Alertava-nos para as dores que se aproximam, tanto do coletivo quanto do individual a fim de que estivéssemos preparados para suportar os golpes e não mergulhássemos no desespero. Pensa você que não a quero como antes? Está enganada. Quero-a como outrora. No entanto, me entristece ver o seu descaso com as coisas elevadas, consigo mesma, e o dos meninos com seu destino, como se suas vidas estivessem resumidas a aventuras radicais e a orgias da pior espécie. Não temos mais muito tempo para superar nossas deficiências. A Terra está em reforma, querida, e os que não se adequarem aos novos padrões sofrerão muito e, provavelmente, não poderão aqui permanecer. Nada do que dissermos irá impedir que o evento renovador nos colha no caminho. Melhor, portanto, que nos preparemos para ele. Já imaginou se perdêssemos tudo? Se nos víssemos doentes? Se estivéssemos como o marido de Clotilde ou como a própria, sobrecarregada com a dor do esposo e, ainda por cima, ridicularizada por suas falsas amigas? Quando foi que você ou Moira a visitaram lhe estendendo a mão solidária para saber se ela precisava de alguma coisa?

...

Nunca!

...

Tudo isso demonstra o seu despreparo para entender o que

significa a dor alheia e sinaliza para o tamanho da tragédia que ocorrerá quando o sofrimento se fizer dentro de nossas próprias fronteiras familiares.

Afastando-se de Alberto, Jerônimo deu por encerrada a influenciação direta que exercia sobre o médium para que, agora livre dos pensamentos suscitados, pudesse restabelecer nas vibrações cerebrais visando o descanso noturno.

No entanto, todas as palavras que o médium pronunciava, vinham tingidas pelas emoções de marido infeliz, de pai fracassado e de homem atemorizado pelas consequências de suas atitudes. Ele também se penitenciava por ter escolhido aquele padrão de vida, tentando fazer com que os seus entes queridos não tivessem de enfrentar os dissabores de uma vida de dificuldades e trabalhos. Ele se reconhecia igualmente culpado pelo novo insucesso de seus tutelados carnais. No entanto, estava tentando ajudar como podia, alertando os que amava que, em verdade, mais pareciam zumbis que usavam corpos de carne apenas para privarem dos gozos do mundo.

– Leda – disse, ele, finalmente –, desculpe se a molesto com esses assuntos mas, em verdade, o faço considerando que o maior culpado disso tudo sou eu mesmo. Minha conduta como esposo e como pai, procurando protegê-los das dificuldades, empurrou-os para a ociosidade e a superficialidade onde eu também estava e estaria, não fosse a mediunidade que me convocou para uma outra realidade espiritual. E se me animo a lhe dizer sobre isso tudo, longe de mim desejar recriminar em você o que vejo abundante em mim mesmo. Faço-o por amor sincero, uma vez que a sua felicidade, que eu sempre busquei construir, significará a minha própria e eu nunca seria venturoso, ainda que Deus me reservasse um lugar no Paraíso, vendo você e os meninos em aflições atrozes.

O tom de voz de Alberto era tão sincero, e as lágrimas que lhe escorriam do rosto tão emotivas, que Leda também começou a chorar. Pouca sinceridade havia em suas lágrimas, no entanto. Chorava por ser mulher e, assim, estar mais acostumada a liberar emoções, impulsionada pela emoção do desabafo do marido. No entanto, no seu interior, tudo o que Alberto lhe falara era atribuído à lavagem cerebral que ele estaria recebendo lá no centro espírita onde trabalhava. Deixaria que falasse, mas, no fundo, a vida que mais a agradava era aquela que levava, e a amiga Moira era o modelo que elegera para servir de referência.

Nada modificaria isso dentro dela.

Alberto se acomodara para dormir, sentindo-se uma uva seca e enrugada, infeliz e decepcionado consigo mesmo. No entanto, agradecia a Deus pela oportunidade de falar à companheira e, quem sabe, plantar em seu coração uma semente que viesse a germinar um dia, ainda que na inclemência da angústia moral, da carência material ou da enfermidade cruel.

No entanto, com os filhos, tudo estava muito mais difícil para ele.

Jerônimo e Adelino estavam emocionados com o testemunho de Alberto, com a humildade de suas palavras ao reconhecer suas próprias faltas, e com o seu entendimento de que, apesar de inadequadas e nocivas, as escolhas de sua esposa e filhos deveriam ser respeitadas.

Envolvido pelas mãos amigas de Adelino, Alberto adormeceu, depois de secar as lágrimas copiosas que molharam o seu rosto naquela noite. Ao mesmo tempo, Jerônimo impôs sua destra sobre a consciência esfogueada de Leda que, premida por tudo o que ouvira, agora era quem tinha dificuldade em dormir.

No entanto, sob o influxo constante do Espírito amigo, pouco mais tarde Leda se viu fora do corpo para uma nova conversa com a nobre entidade que acompanhava o esforço de Alberto na construção de um novo destino.

4

O SUSTO DE LEDA

A saída do corpo, da esposa de Alberto, foi muito interessante.

Acostumada a cultivar as leviandades e a perder as oportunidades das horas, Leda havia se acumpliciado a um grande grupo de entidades infelizes que a aguardavam todas as noites para as festinhas sociais, para os encontros inúteis que se reproduziam do outro lado da vida, na continuidade noturna dos embalos desenvolvidos pelas pessoas em suas rotinas do dia.

Jerônimo, que a assessorava diretamente sem que fosse por ela identificado, vislumbrava seu triste estado vibratório, sem nenhum sentido de repulsa ou reprimenda.

Acostumado aos meandros da alma humana, o Amigo Espiritual estava categorizado para retirar do atoleiro as criaturas que para isso se inclinassem usando, como meio de convencimento, a conscientização acerca da malignidade do lodaçal aonde se metiam.

Assim, tão logo Leda deixou o envoltório carnal, foi recebida pelos sócios da insensatez.

– Puxa, madame, pensávamos que fosse gastar mais tempo dando ouvidos a essas tolices que seu marido lhe dizia, desperdiçando uma noitada tão promissora como a que nos aguarda – falou-lhe, sagaz, um espírito galhofeiro da pior espécie, astuto na técnica de conseguir o controle das emoções dos encarnados através da hipnose sutil.

— Eu também estava incomodada com aquela conversa. Mas o bobão estava tão carente, precisando de atenção, que não quis interrompê-lo. Mas estou pronta como combinado para nosso compromisso, Filomeno.

— Ainda bem, porque a Baronesa não gosta de esperar e está impaciente com a sua demora.

— Moira estará lá também?

— Ora, como não? Ela é das primeiras que chegam e das últimas que saem.

— Puxa, que bom... então, vamos logo.

Tomando o rumo do encontro no plano espiritual inferior, Jerônimo a seguiu, deixando Alberto aos cuidados de Adelino, que o encaminharia de volta ao Centro Espírita onde os trabalhos da noite teriam prosseguimento com o atendimento de uma multidão de almas aflitas.

Graças à ação magnética da entidade amiga que os acompanhava invisivelmente, Leda recebera um estímulo vibratório para melhor identificar o ambiente aonde se metia e o tipo de companhia à qual se filiava.

Assim, depois de alguns minutos de trajeto, chegaram a um grande galpão que, aos olhos das entidades inferiores que lá se encontravam, era a expressão do luxo máximo que um péssimo e exagerado gosto por extravagâncias edificaria.

Grupinhos de todos os tipos, com vestes esdrúxulas e ridículas, a destacar-lhes os defeitos morais, podiam ser vistos por todo o salão.

Aquilo era a continuidade das reuniões sociais da casa humana, com a diferença de que, se na vida física as roupas e os perfumes poderiam disfarçar as horrendas aparências da alma, ali as coisas eram bem diferentes.

Aos olhares de qualquer entidade mais evoluída, aquilo era o verdadeiro circo dos horrores, espécie de sanatório onde os doentes viviam seus personagens imaginários, cada qual procurando trajar-se para igualar-se ou imitar os que admiravam ou pensavam ser.

Até àquela data, vitimada pela hipnose das entidades negativas que a controlavam, Leda não havia notado nada de anormal. Entretanto, na presente excursão noturna, a lucidez faria toda a diferença.

Ao chegarem, a esposa de Alberto perguntou a Filomeno:

– Mas... meu amigo... que pardieiro é este em que você me traz hoje?

– Ora, como assim? Todas as noites temos vindo para cá e a madame sempre desfrutou até se esgotar?

– Mas é que, pelo que parece, hoje deixaram entrar a ralé...

– Não, madame. Hoje estamos todos os de sempre.

– Não me diga... – falou Leda, horrorizada. Todas as noites o negócio é desse jeito?

– E por que seria diferente? Olha... lá está a baronesa... não está linda?

Ao falar, Filomeno apontou para o outro lado do salão onde uma entidade avantajada se sobressaía ao olhar dos que a circundavam. Vamos até lá... – disse o condutor, puxando o braço de Leda.

– Baronesa, baronesa – falou ele –, por fim aquela que estava faltando chegou.

– Já não era sem tempo, querida – respondeu Moira, cuja aparência lembrava a das bonecas de porcelana, com assustadora e horrorosa maquiagem, e o corpo se confundindo com o de um espantalho amarrado pela cintura.

Leda não sabia o que dizer. A ação magnética de Jerônimo sobre sua mente permitia-lhe, agora, vislumbrar o verdadeiro e grotesco espetáculo do qual fazia parte todas as noites, atendendo aos chamamentos dos espíritos com os quais se afinizava.

Lá estavam as amigas das rodinhas sociais, as cultivadoras da moda, as criticadoras da vida alheia, as bonecas e os bonecos do mundo, preocupados com as aparências e as últimas fofocas, cegos para a própria condição. Ali se contorciam, em coreografia rara, os membros de uma sociedade corrompida pela futilidade e pelos prazeres, as medíocres criaturas que se deixaram arrastar pelos gozos da matéria e que, durante a emancipação da alma, continuavam atraídos pelos mesmos padrões, discutindo as tendências da moda, falando sobre as influências do corpo esbelto e escultural, aproveitando a companhia de outros devassos para se embrenharem no jogo de seduções.

Jerônimo acompanhava Leda que, apavorada, agora não sabia o que fazer.

– Mas, Filomeno... – insistia ela –, deve ter alguma coisa de errada por aqui hoje.

– Claro que não, madame... sempre estamos aqui reunidos. Por que o espanto?

– É... É que... parece que é a primeira vez que venho neste lugar – respondeu a mulher, titubeante.

– A senhora está redondamente enganada. Além disso, sempre apreciou o nosso baile e é reconhecida aqui como uma das mais exímias dançarinas. Veja quantos estão esperando pela honra de tê-la nos braços.

Viu Leda, então, um cortejo de entidades masculinas a sorrirem, desdentadas, caveirosas, repugnantes, fazendo poses másculas com os ossos, exibindo músculos inexistentes, empenhadas em se verem eleitos por aquela que era conhecida como a rainha da noite.

– Euuuuuuuuuu?

– Ora, madame, não seja modesta... isso não combina com o seu "modelito"... – disse Filomeno dando-lhe uma leve cotovelada.

– Que modelito? Perguntou Leda cada vez mais desesperada.

– Esse aí que a senhora está usando, oras. Como se fazer de modesta com uma roupa que contraria seu discurso de humildade e discrição? Vocês, mulheres, defuntas ou não defuntas, sempre se fazendo de desentendidas...

Leda nem suspeitava como é que estava vestida.

Filomeno arrastou-a, então, para uma das paredes do ambiente na qual havia pendurado um grande espelho onde pôde mirar-se, assustada.

Sua figura era de impressionar. A roupa era uma mistura de púrpura veludosa com dourados esfuziantes, mas que, diante da lucidez daqueles momentos, com os próprios olhos mais abertos para a verdade, pareciam andrajos de vestes da nobreza. Ao mesmo tempo, certas áreas do corpo eram desnudadas, facilitando a exteriorização de partes que se insinuavam na atenção dos que a assistiam nos rodopios do baile, provocando a cupidez e a luxúria.

Sua figura, porém, era a de cortesã de séculos passados que bailava qual fantasma, travestida de uma nobreza corroída.

Ao vislumbrar o seu real estado, Leda deu um grito de horror, assustada com a própria forma, interrompendo as conversas do salão e causando surpresa nos próprios amigos de alucinação.

Sem saber o que estava acontecendo, abandonou a companhia de Filomeno e desabou numa correria pelo ambiente à procura da porta de saída, causando furor em todos os que, sem entenderem o que acontecia, tentavam contê-la ou segurá-la de alguma forma.

Leda, agoniada, procurava voltar em desespero ao corpo carnal e o seu acompanhante não tinha como evitar essa fuga.

Jerônimo, que a mantinha sob sua influência direta, envolveu-a com suas forças e retirou-a daquele ambiente, mas sem impedir que as imagens que lhe haviam ferido a retina espiritual fossem desfeitas.

Precisava que Leda se mantivesse horrorizada consigo própria, visando alertá-la para as coisas erradas que estava fazendo, e para a vida desperdiçada que se erguia diante dela como o rompimento dos compromissos assumidos com o Bem e, igualmente, com a repetição do Mal.

Mais alguns minutos e a mulher de Alberto conseguia despertar no leito, envolvida pelos esgares e sufocamentos próprios dos que passam por pesadelos e não conseguem despertar prontamente.

Agitada, permaneceu por alguns instantes sem conseguir articular a voz. Seu corpo exsudava abundantemente, molhando sua roupa de dormir. Sua tez esbranquiçada indicava a alteração circulatória em resposta à produção hormonal descontrolada decorrente do imenso susto suportado.

Olhou para Alberto que, virado do outro lado, dormia sem nada perceber.

Não sabia o que fazer.

Tinha medo de acordá-lo e contar o que lhe havia acontecido, porque temia que isso fortalecesse as razões do marido acerca de sua conduta irrefletida.

No entanto, não conseguia esquecer a aparência de Moira, aquela cuja figura mais a impressionava e a quem tentava imitar com tanto empenho.

Leda procurou, então, sair do leito devagar, porque o corpo tremia em frêmitos incontroláveis. Foi ao banheiro apoiando-se nas paredes e sentou-se em confortável poltrona para não cair, tratando de acender as luzes do ambiente para que a escuridão não viesse a atormentá-la ainda mais.

Tudo estava confuso em sua mente e a influência de Jerônimo continuava a se fazer sentir, destinada a fazer com que ela, no fundo de si mesma, escutasse o alerta, antes que fosse tarde demais.

Resolveu tomar um banho tépido valendo-se de confortável

banheira. Depois de uns quarenta minutos, estava fisicamente refeita, mas sua consciência desperta lhe dizia que a experiência fora muito intrigante.

— Isso deve ser coisa de Alberto com esses assuntos de Espiritismo antes de dormir. Claro, fica me assombrando com notícias ruins, temas sofridos, dores e etc., que acaba atraindo essas mesmas coisas pro nosso lado. E olha só o folgado, dorme como um bebê! Ele é que deveria estar suportando tudo isso. Amanhã vou lhe falar para que não me venha mais produzir pesadelos de encomenda. Não quero esses assuntos antes de dormir. Se ele quer ir nesses lugares, ele que não traga pra casa esses fantasmas.

O pensamento de Leda não cedia aos bons conselhos e, ao invés de vestir a carapuça nela própria, procurava um meio de fugir, atribuindo ao marido ou aos espíritos a culpa pelo pesadelo.

Entretanto, em sã consciência, não poderia dizer que não havia sido auxiliada e ajudada a acordar para as próprias realidades.

O destino saberia surpreendê-la com pesadelos reais, que não lhe deixariam qualquer dúvida nem lhe permitiriam atribuir ao esposo ou aos espíritos as responsabilidades que eram somente dela.

5

NO CENTRO ESPÍRITA

Acompanhado por Adelino, Alberto regressou à instituição espírita da qual era membro ativo, assim que se viu desligado da roupagem carnal.

Quem, pela ótica espiritual, pudesse vislumbrar o prédio onde se realizavam os trabalhos assistenciais à luz da doutrina cristã codificada por Allan Kardec, certamente se sentiria admirado pela intensidade das tarefas ali desenvolvidas.

Se durante o trabalho rotineiro de atendimento das necessidades dos encarnados a instituição era de porte reduzido comparada às igrejas de outras religiões, no plano do mundo invisível era verdadeira colmeia de atendimentos variados.

Núcleo luminoso, que guardava o recurso da Esperança pela vivência e difusão da Boa Nova, era nele que inumeráveis entidades espirituais encontravam o consolo da compreensão de suas novas realidades ao regressarem da vida física ao mundo da Verdade.

A atmosfera de intensa vibração no Bem atraía, qual foco luminoso procurado por seres noturnos, uma verdadeira romaria de espíritos confundidos, desavorados, cansados de lutar em uma dimensão tão estranha, para a qual não se haviam preparado. Carregavam as marcas perispirituais de uma vida dissoluta, de gastos energéticos em atitudes de baixo padrão, de ideias fixas de caráter obsidiante.

Era o triste cortejo dos iludidos da Terra, agora defrontados por uma realidade insofismável, aquela que se estampava não somente aos seus olhos, mas representava o próprio ar que respiravam.

Por outro lado, havia as entidades violentas, que viam a instituição como perigoso enclave no reino das sombras. Junto aos homens, tais espíritos lutavam para manter e governar, o que lhes rendiam constantes ataques diretos ou disfarçados, exigindo dos responsáveis espirituais o zelo vigilante, as atitudes defensivas com as quais garantiam a integralidade vibratória da instituição.

Por se tratar de uma casa religiosa séria, com seus objetivos lastreados no bem desinteressado de todos quantos ali chegassem, havia construído ao longo dos anos uma atmosfera protetora que, qual escudo de forças enobrecidas, a envolvia por completo, tanto quanto aos que nela trabalhavam, durante os períodos de atividade que desempenhavam em seu interior.

Assim, muitas entidades perseguidoras deixavam o contato direto de seus perseguidos por se recusarem a acompanhá-los aos trabalhos benemerentes que, devotados e decididos, realizavam em favor dos aflitos. Não lhes restava, então, outra opção a não ser a de permanecerem nos limites vibratórios exteriores, no aguardo do regresso de suas vítimas encarnadas.

Além disso, várias caravanas de espíritos enobrecidos no Bem partiam daquele núcleo e se endereçavam a todos os lados, levando socorro a diversos lares e a inumeráveis pessoas cujos pensamentos ou solicitações eram captados, tendo seus casos encaminhados e os tratamentos realizados pelos invisíveis servidores do Bem mais próximos de suas necessidades.

Amplo centro de comunicações interligava a instituição religiosa terrena aos níveis espirituais superiores aos quais se vinculava de tal maneira que, partida da Terra, uma oração sincera que chegasse aos páramos astrais era recebida, avaliada pelo serviço de triagem específico e, muitas vezes, remetida àquele centro espírita para que seus dirigentes atendessem aos reclamos ou às dores de seu emissor, caso ele se localizasse na região que lhe correspondia atender.

Desta forma, o serviço de comunicações espirituais era uma verdadeira usina de trabalho a interligar os planos superiores e inferiores numa rede de mensagens instantâneas, documentos complexos, fichas de serviço e de méritos, ensejando os diversos tipos de atendimento daí decorrentes e, por isso, a formação de equipes variadas para levar os recursos aos muitos que necessitavam de alento.

Isso tudo sem se falar das que, reunindo coragem e devotamento, se embrenhavam além, excursionando pelas regiões mais densas em busca dos aflitos e rebeldes, dos vingadores empedernidos, das entidades que se haviam cristalizado no ódio contra os que lhes haviam sido algozes do passado, tentando levar-lhes gotas de compaixão, carinho e amizade para ver se logravam diluir neles o mal ou o ódio arraigado.

Tais caravaneiros eram mensageiros de paz endereçando-se aos campos de conflito, verdadeiros padioleiros que se arrastavam por entre os petardos mentais de ódio para acender um raio de luz ao coração das vítimas e agressores, misturados numa grande pasta de alucinação e crime.

O núcleo central de todas estas tarefas se localizava na instituição física, na qual os trabalhadores encarnados eram a pequena parte visível, como se uma imensa pirâmide invisível colocada de pernas para o ar tivesse apenas o seu vértice principal a tocar a Terra materialmente, sustentando as arestas invisíveis que se abriam na direção do Céu como um gigantesco guarda-chuva invertido.

Pequeno ponto materializado no mundo físico a servir de apoio para toda a imensa estrutura invisível que se erguia no rumo da Vida Verdadeira.

As lições do Evangelho, nos estudos rotineiros ou nas palestras públicas se transformavam em pregações majestosas, nas quais não se ouviam apenas os ensinos que brotavam da boca de algum orador ou expositor de boa vontade. Junto dele, mentores espirituais dirigiam ensinamentos aos diversos núcleos de trabalho que mantinham ligações específicas para ajudarem, de acordo com as necessidades coletivas mais marcantes, no desempenho de suas tarefas específicas.

De igual sorte, os grupos de apoio à mediunidade construtiva assemelhavam-se a poderosa usina de forças na qual os elementos magnéticos, ativados nos corpos físicos e espirituais, favoreceriam a ocorrência de um sem número de fenômenos importantes para o esclarecimento das sofridas entidades, ainda quase tão materializadas no pensamento quanto à época em que ostentavam um corpo carnal.

Grande número de entidades desencarnadas não tinha noção de seu estado nem das condições de seu corpo perispiritual. Por isso, exigiam de seus tutores e enfermeiros esforços intensos para que recuperassem a lucidez ou compreendessem um pouco das realidades novas, no que eram muito ajudadas pelos processos da mediunidade.

Vários imaginavam ter enlouquecido ou se acreditavam sob algum tipo de alucinação. Outros negavam a evidência do decesso orgânico, agarrando-se à esperança de ainda pertencerem ao mundo material, falando para si mesmos que se encontravam no meio de um pesadelo do qual acabariam por acordar a qualquer momento, isso sem falar-se dos que se impregnavam de ideias fixas, criando cenários mentais nos quais se encarceravam, revivendo as cenas do pretérito com tal vivacidade que, para eles, tudo continuava como antes.

A presença de tais entidades naquele núcleo de forças avançadas facilitaria sobremaneira o despertamento adequado de suas sensibilidades, graças ao contato direto com os fluidos vitais dos próprios encarnados como médiuns no trabalho da psicofonia, da psicografia, da doação de fluidos magnéticos, todos servidores devotados nas diversas modalidades de trabalho ali existentes.

Muitas eram consoladas pela mensagem evangélica que escutavam na palestra. As que não o conseguiam, eram atendidas nas diversas atividades mediúnicas, ora pela aproximação pessoal junto de algum médium disponível, ora pela participação em grupos identificados pelas necessidades comuns que escutariam a conversação de um de seus membros através de um dos medianeiros, num processo de esclarecimento coletivo. Outros necessitavam da enfermagem fluídica, valendo-se os trabalhadores do mundo invisível dos eflúvios corporais dos encarnados presentes para a plasmagem de medicações e visualizações adequadas a cada caso.

Mentores de diversas hierarquias atendiam nas variadas áreas de necessidades específicas.

Espíritos de variadas religiões também operavam nas frentes de serviço ali congregadas, tanto no auxílio de entidades que comungavam da mesma fé que eles quanto amparando os lares de seus antigos correligionários encarnados, procurando diminuir-lhes as agonias e, quem sabe, encaminhá-los ao descobrimento das leis espirituais, entendidas estas de maneira nobre e elevada.

Uma perfeita união de objetivos se observava entre todas elas, já que se tratava de Espíritos que se irmanavam com base nos princípios universais que regulam todas as manifestações religiosas existentes no mundo dos homens e que, albergados naquele grande hospital, tudo faziam para auxiliar os espíritos que se mantinham arraigados a preconceitos religiosos ou a condutas estáticas e ritualísticas, tentando ajudá-los a que se abrissem para a verdadeira essência das coisas.

Por esse motivo, lá se encontravam trabalhando em harmonia, além das entidades que já haviam abraçado a fé espírita, inúmeros sacerdotes e freiras católicas, variados membros das igrejas reformadas, pastores, diáconos, membros evangélicos transformados pela luz da Verdadeira Fraternidade, monges budistas, xintoístas, membros de diversas correntes esotéricas, todos submetidos à disciplina amorosa do governo espiritual da instituição, à qual se filiavam por desejo sincero deles próprios, depois de terem compreendido a irracionalidade de todo partidarismo em matéria religiosa. Muitos deles, como espíritos desencarnados, haviam reencontrado a lucidez ali mesmo, ajudados por outros irmãos que os trouxeram da insensatez à compreensão sob aquele teto.

Equipes de médicos espirituais auscultavam os encarnados e os medicavam eficazmente durante as preleções evangélicas a que assistiam, muita vez com o descaso dos que se mantinham ali somente com o corpo, dirigindo o pensamento para as torpezas do mundo ou para as competições e disputas materiais nas quais se envolviam.

Enfermeiros medicavam de acordo com as prescrições médicas além de cuidarem dos ferimentos e lesões perispirituais que os encarnados traziam na sua atmosfera magnética, decorrentes dos pensamentos negativos, das obsessões de longo curso ou próprios do afastamento de entidades aflitas, cujos tentáculos energéticos haviam sido cuidadosamente retirados dos centros nervosos e de outros plexos orgânicos. Espíritos farmacêuticos manipulavam os princípios da natureza em laboratório intrincado, de onde eram retiradas as energias reequilibrantes para serem aplicadas sobre os núcleos físicos visando a resposta rápida do cosmo orgânico, nos tratamentos urgentes. Cirurgiões especializados atendiam aos diversos problemas específicos com a medicina espiritual que praticavam, baseada no amor e no respeito às necessidades de cada doente, garantindo, sempre que possível, a ação da Misericórdia sobre os imperativos da Justiça.

Técnicos manipuladores de energias sutis transferiam recursos medicamentosos ao líquido cristalino disponível no local para uso dos que o desejassem tanto quanto os espalhavam sobre as inúmeras garrafas de água que ficavam em mesa reservada para esse fim, segundo as necessidades particulares de cada um de seus portadores.

Entidades femininas, doces e generosas quais madonas saídas de quadros clássicos, atendiam carinhosamente os espíritos infantis necessitados de mãezinhas improvisadas, cuidando de suas carências e servindo, temporariamente, de mães amorosas, consolando-os pela falta dos pais ainda retidos nos ambientes terrenos.

E nesse efervescente turbilhão de trabalho amoroso, Alberto e outros médiuns da casa, durante os horários de repouso do corpo, tinham tarefas garantidas, no exercício da mediunidade, servindo como pontes entre as entidades pouco conscientes de seus estados de desequilíbrio e a carinhosa orientação de espíritos amigos, verdadeiros psicólogos da alma, a ajudá-los na descoberta de novos rumos, pela modificação das próprias inclinações inferiores, saindo do triste círculo vicioso que lhes garantia penúrias e angústias incessantes.

Alberto servia, dessa forma, tanto de canal de socorro para entidades de pequeníssima lucidez que se justapunham à sua organização perispiritual, como de alto-falante aberto à manifestação enobrecedora de vários mentores espirituais que não seriam ouvidos nem visualizados por grande parte dessas almas a não ser pela utilização de médiuns ali disponíveis, evitando o gasto desnecessário de energias nos trabalhos da condensação ectoplásmica.

Vasta organização hospitalar de emergência se erguia acima do núcleo físico da instituição, com amplíssimos corredores e quartos onde eram socorridas as dores variadas de uma infinidade de entidades resgatadas pelos diversos atendimentos ali realizados. Organizada em níveis específicos, cada um deles se destinava a um padrão de espíritos sofredores, mantidos nos ambientes que mais se adequassem às suas necessidades. Alguns precisavam estar em quartos sem muita iluminação, mais semelhantes às cavernas ou tocas de onde haviam sido retirados, não estranhando, assim, a nova hospedagem nem se opondo ao auxílio de que se viam objeto.

No entanto, com tal miríade de responsabilidades, tal instituição era apenas um pequeno pronto socorro no nível das dores humanas, recolhendo como um gigantesco aspirador de partículas doentes as entidades que assim o desejassem, que o merecessem ou que tivessem sido para lá encaminhadas pelas determinações da Justiça Suprema para receberem os cuidados da enfermagem de emergência e o encaminhamento de cada uma delas aos destinos evolutivos de que careciam.

Não se tratava, pois, de uma pousada definitiva.

Era estalagem na longa estrada da evolução, garantindo a passagem para outros níveis onde continuariam os tratamentos adequados a cada caso.

Por essa circunstância, o centro espírita também era um grande núcleo de transportes, como se fosse um terminal de passageiros a enviar e receber viajantes, garantindo-lhes a serenidade e as melhores condições de acesso para chegarem aos seus destinos específicos.

Assim, imensos veículos espirituais faziam fila em ponto determinado, na atividade de deslocamento de tais necessitados, agrupados segundo suas necessidades e objetivos, num incessante vai e vem durante as vinte e quatro horas do dia. Tais serviços eram tão intensos, que uma área específica da instituição espiritual se organizava para atender a todas as especificidades, considerando que cada doente a ser trasladado era identificado, possuía ficha que lhe definia a posição espiritual, a ligação a determinado núcleo do mundo invisível superior que o tutelava espiritualmente, quem lhe haviam sido os mentores avalistas da última encarnação, que necessidades prementes apresentavam, qual o destino a que estavam endereçados e a qual grupo ou autoridade espiritual direta deveriam ser entregues para serem custodiados na nova fase da recuperação.

Os veículos de transporte eram de diferentes tipos e tamanhos, operados por técnicos capacitados para manejá-los de forma precisa e por uma tripulação de trabalhadores, especializados nas necessidades de seus passageiros, contando com os diversos servidores da área médica, bem como com outros tipos de trabalhadores, que se esmeravam para levar a calma e o conforto aos ocupantes. Para muitos, a vibração elevada do ambiente interno de tais veículos produzia suave torpor, que lhes garantia um transporte sem sobressaltos, sobretudo aos espiritualmente menos preparados, enquanto que os mais lúcidos e serenos poderiam observar todo o processo aprendendo com as novidades que, doravante, testemunhariam.

Em tudo, a disciplina e a ordem davam o tom da tarefa a se realizar, tornando eficiente cada detalhe, e tudo funcionando de acordo com as imprescindíveis determinações superiores, coordenadas pela mão generosa de Bezerra de Menezes que, naquele núcleo como em muitos outros, operava como um supervisor das Vontades do Cristo.

Naturalmente que nem todas as instituições espíritas existentes na superfície da Terra haviam conseguido atingir um tal grau de eficiência nas tarefas desenvolvidas. No entanto, se isso não acontecia, não era por falta de apoio dos espíritos amigos que tanto se esmeravam para conseguir melhorar as condições do atendimento. Invariavelmente, todas as vezes em que não se logra a eficiência maior dos serviços, isso se deve às deficiências da equipagem encarnada, trabalhadores preguiçosos ou indóceis, imaturos, vaidosos, disputadores e discutidores, atormentados por cargos, orgulhosos e falsos, dificultando a harmonia vibratória do ambiente e, por tais motivos, transformando-se em pedras de tropeço para a melhor eficiência dos atendimentos.

Entidades amigas se esforçam para corrigi-los estendendo o amparo dos conselhos durante o descanso do corpo carnal, com elucidações, orientações e estímulos para superação de complexos, tudo fazendo para que despertem para as volumosas responsabilidades de serviço a que estão se vinculando. E quando todas estas medidas não são suficientes para modificar o panorama interno da instituição, cuja taxa de conflitos mentais venha a prejudicar a qualidade dos atendimentos espirituais em decorrência da rebeldia ou da invigilância mental de alguns de seus trabalhadores, os espíritos amigos tratam de afastá-los da obra, de maneira sutil e espontânea, de forma que, levando embora seus descontentamentos, dali também retiram a fonte de desequilíbrios, deixando de ser torpedos humanos a serviço de entidades inferiores que visam prejudicar a obra do Cristo que lá se realize.

Somente após o afastamento dos rebeldes, dos insinceros, dos viciosos, perniciosos elementos para o avanço da tarefa é que os dirigentes espirituais podem promover a aceleração das atividades dentro dos rumos previstos.

Enquanto não se logra tal reforma, a instituição patina na mesmice e na falta de idealismo vivo, estagnando-se e não conseguindo ser a ferramenta para a qual se fizera realidade entre os homens.

Essa é, querido(a) leitor(a), a explicação do porquê de inúmeras casas espíritas não conseguirem sair do mesmo patamar em que estão há anos, presas de um imobilismo e de uma falta de riqueza espiritual, envoltas sempre em disputas internas de vaidade e de poder, o que as aproxima muito das organizações políticas terrenais, afastadas do idealismo cristão.

Ali, portanto, os primeiros necessitados e sofredores a que a instituição precisará atender são os seus próprios trabalhadores e dirigentes que, indiferentes às Verdades do Espírito, se comparam aos cegos condutores de cegos.

6

OS TRABALHADORES DA CASA ESPÍRITA

PARÁBOLA DOS TALENTOS
MATEUS, 25, 14-30

14   *Porque isto é também como um homem que, partindo para fora da terra, chamou os seus servos, e entregou-lhes os seus bens.*

15   *E a um deu cinco talentos, e a outro dois, e a outro um, a cada um segundo a sua capacidade, e ausentou-se logo para longe.*

16   *E, tendo ele partido, o que recebera cinco talentos negociou com eles, e granjeou outros cinco talentos.*

17   *Da mesma sorte, o que recebera dois, granjeou também outros dois.*

18   *Mas o que recebera um, foi e cavou na terra e escondeu o dinheiro do seu senhor.*

19   *E muito tempo depois veio o senhor daqueles servos, e fez contas com eles.*

20   *Então aproximou-se o que recebera cinco talentos, e trouxe-lhe outros cinco talentos, dizendo: Senhor, entregaste-me cinco talentos; eis aqui outros cinco talentos que granjeei com eles.*

21 *E o seu senhor lhe disse: Bem está, servo bom e fiel. Sobre o pouco foste fiel, sobre muito te colocarei; entra no gozo do teu senhor.*

22 *E, chegando também o que tinha recebido dois talentos, disse: Senhor, entregaste-me dois talentos; eis que com eles granjeei outros dois talentos.*

23 *Disse-lhe o seu senhor: Bem está, bom e fiel servo. Sobre o pouco foste fiel, sobre muito te colocarei; entra no gozo do teu senhor.*

24 *Mas, chegando também o que recebera um talento, disse: Senhor, eu conhecia-te, que és um homem duro, que ceifas onde não semeaste e ajuntas onde não espalhaste;*

25 *E, atemorizado, escondi na terra o teu talento; aqui tens o que é teu.*

26 *Respondendo, porém, o seu senhor, disse-lhe: Mau e negligente servo; sabias que ceifo onde não semeei e ajunto onde não espalhei?*

27 *Devias então ter dado o meu dinheiro aos banqueiros e, quando eu viesse, receberia o meu com os juros.*

28 *Tirai-lhe pois o talento, e dai-o ao que tem os dez talentos.*

29 *Porque a qualquer que tiver será dado, e terá em abundância; mas ao que não tiver até o que tem ser-lhe-á tirado.*

30 *Lançai, pois, o servo inútil nas trevas exteriores; ali haverá pranto e ranger de dentes.*

* * *

Depois de se apresentar para as tarefas noturnas que se desenrolavam na instituição, Alberto foi encaminhado para o núcleo que congregava os trabalhadores encarnados que, tanto quanto ele próprio, lá estavam com tarefas definidas. Iriam escutar as orientações do dirigente espiritual a quem se subordinavam as atividades que lhes eram atribuídas.

Acompanhado por Adelino, o médium, desdobrado durante o sono do corpo, viu-se em pequena sala, cercada de outros oito trabalhadores encarnados que já haviam chegado.

Todos eles traziam a ligação fluídica prateada que os mantinha conectados ao arcabouço físico.

Eram eles: Jurandir, o dirigente encarnado da Instituição, Dalva, Meire e Lorena, médiuns psicofônicas como Alberto, além de Horácio e Plínio, cooperadores do diálogo e do trabalho de passes magnéticos, e de Alfredo, o prestativo zelador da instituição, que nela residia para garantir sua segurança material.

Dirigindo-se a Jurandir, Alberto exclamou:

– Puxa, seu Jurandir, novamente tão poucos nos encontramos aqui para as tarefas tão intensas que nos esperam...!

– É, meu amigo – respondeu o interpelado, com um sorriso de tristeza –, nem todos os nossos irmãos estão disponíveis como seria de se esperar. Dos sessenta e dois trabalhadores, somente oito têm-se mostrado compenetrados e dispostos às disciplinas mentais e emocionais adequadas para o serviço contínuo da mediunidade. Outros dezesseis estão atendendo a deveres diversos aqui em nossos outros núcleos de trabalho. No entanto, com exceção destes vinte e quatro, os outros trinta e oito estão adormecidos para as experiências construtivas do Espírito durante o repouso do corpo.

– Eles, por acaso, não estariam ignorando nossas tarefas? – perguntou, humilde, a Sra. Dalva, médium de grande bondade.

– Infelizmente não, querida irmã. Todos nós recebemos os alertas durante nossas tarefas físicas aqui no Centro e, além disso, somos amparados no retorno aos nossos lares e conduzidos ao sono físico. No entanto, tão logo a maioria se vê fora da carne, parece se esquecer dos alertas e compromissos, e cada qual sai em busca das emoções e interesses que refletem os seus sentimentos ou as suas necessidades.

Observando o diálogo construtivo entre os presentes, e para torná-lo ainda mais interessante e rico, Ribeiro, o espírito que estivera ao lado de Bezerra na noite anterior quando das advertências proferidas através do médium Alberto, assumiu o diálogo com a autoridade de quem conhece e ama profundamente cada um dos seus tutelados, naquela casa de serviço no Bem.

— É verdade, queridos filhos. Cada um deles recebe de nós, seus irmãos sinceros, o acompanhamento e a proteção para o momento do sono e do imediato despertamento no plano invisível da vida. No entanto, o pensamento gera os caminhos e não é sem razão que o Divino Mestre nos ensinara a lição de que, onde estiver o nosso tesouro, aí também estaria o nosso coração. Então, assim que se projetam do outro lado da vida, escolhem o rumo que mais lhes agrade, pouco ou nada escutando das nossas palavras carinhosas que os convocam aos trabalhos da instituição.

Peixoto, com graves compromissos financeiros, saiu do corpo em busca de solução para suas dívidas, procurando encontrar-se com banqueiros ou amigos endinheirados a fim de conseguir tocar-lhes o coração para que seja favorecido no empréstimo que pretende lhes solicitar em breve.

Cornélia, preocupada com a saúde do filho distante, tão logo se viu leve no corpo espiritual, impulsionada pelo pensamento, tomou o rumo da casa do rapaz, premida pela angústia exagerada tão comum às mães sem equilíbrio, esquecendo-se do entendimento das leis espirituais que são inflexíveis e justas, tanto quanto fazendo vistas grossas aos desmandos de Marcelo que, entre drogas, aventuras e excessos, vem consumindo as próprias forças por gosto.

Cássio deixou o corpo no leito e, indisciplinado para o dever, aceitou o convite das entidades levianas que o esperavam para agitada festa nos ambientes inferiores, esquecendo-se de que, como médium, sua sensibilidade se verá abalada por vibrações agressivas do local onde passará a noite, quando regressar ao corpo carnal. Chegará aqui, no dia seguinte, queixando-se de dores de cabeça, indisposição e abatimentos, cobrando a ajuda dos espíritos para solucionar suas desarmonias.

Geralda não consegue sair do corpo de maneira serena porque é perseguida por cobradores que a acusam de atitudes inferiores na presente existência na área da afetividade. Ao ver-se descoberta pelos agressivos algozes, antes de recorrer à prece sincera com a qual se protegeria com serenidade e firmeza, foge de volta à carne, imaginando ser o esqueleto, a única fortaleza que a salva.

Moreira, pobre filho, dominado pelas sensações do sexo, não se satisfaz com a convivência íntima que a esposa lhe propicia. Com a mente impregnada de imagens erotizantes, atrai para dentro de sua própria alcova a companhia de perigosas e astutas entidades, que se alimentam de suas energias sexuais exacerbadas pela fixação mental, hipnotizando-o mais e mais com quadros excitantes, para que mantenha acesa e intensa a chama do desejo, impedindo ou dificultando que o pobre homem se desconecte dessa faixa de ideias para sintonizar-se conosco. E isso se torna ainda mais grave porque, fora do lar, nosso amigo mantém encontros clandestinos com prostitutas que o envolvem em emoções inferiores, viciando as suas sensibilidades espirituais e tornando-o imprestável para os mais simples serviços em nossa instituição. Pensa ele que, graças à sua discrição, ninguém lhe conhece a vida dupla que leva. E assim, os outros trinta e três trabalhadores que aqui seriam esperados para nos ajudar na vastíssima tarefa do Bem, dotados de talentos para serem agentes da Esperança na vida alheia, alegam outras preocupações como tesouros que lhes cobram a presença imediata e um elevado preço pelo tempo perdido. Para todos, tais fixações mentais parecem justificar-se como preocupações importantes e emergentes. Entretanto, à vista das verdadeiras razões, observando essas questões a partir do enfoque da Vida Real, não passam todas elas de puerilidades de criança, desejos voluntariosos, imaturidades emocionais que, mais cedo ou mais tarde, acabarão sendo superadas pelas decepções que delas decorrem, naturalmente.

Assustados com o detalhamento casuístico dos problemas de cada um, Lorena exclamou, surpresa:

– Mas, irmão Ribeiro, o senhor conhece assim tão bem as vidas de todos os que aqui trabalham?

Sorrindo em razão da entonação usada por Lorena para a pergunta, Ribeiro tratou de acalmá-la:

– Bem, Lorena, a consciência tranquila pode ser um lago transparente e generoso onde as estrelas do céu noturno vêm bailar sem qualquer problema. Por isso, entre os filhos que guardam responsabilidade e sinceridade com o ideal, é muito fácil transitarmos e observarmos seus verdadeiros esforços na transformação, o que nos garante um entrosamento direto e fraterno, onde não temos segredos, não nos enganamos nem pretendemos nos iludir mutuamente. Quanto aos outros, os que carregam a consciência enodoada pelas condutas íntimas não adequadas, imaginando-se bem escondidos pelo véu da invisibilidade, também dispomos de suas fichas individuais, não a título de bisbilhotice, mas, sim, como forma de supervisionarmos os seus passos, buscando evitar quedas mais graves ou comprometedoras, como também entender os motivos que os prendem a tais tragédias morais ou necessidades específicas.

Não nos alegraria descobrir este ou aquele em situação difícil que poderia ter sido evitada antes, mas que acabou sucedendo por ter-lhes faltado o nosso concurso. Assim, por muito amá-los, temos o cuidado de observar com discrição suas condutas que, aliás, vêm estampadas na própria atmosfera vibratória que possuímos e que nos denuncia com as imagens coloridas de nossos pensamentos e sentimentos, muito bem plasmados à nossa volta. No entanto, nossa tarefa está longe de ser invasiva ou de ter o intuito de esquadrinhar os mínimos detalhes de tudo o que façam. Quando acompanhamos um irmão que se dirige aos bordéis espirituais, sabemos o que ele procura e, então, não necessitamos segui-lo nas orgias em que se envolverá. Quando seguimos um irmão que procura negociatas inferiores, temos a exata medida de suas intenções reais e, assim, não precisamos nos deter nos detalhes de seus contratos indiscretos ou perniciosos.

Não pensem vocês que ignoramos os momentos de intimidades, as necessidades de prazer físico a que os seus corpos estão, ainda, submetidos, nem que isso seja considerado por nós como algo inadequado. Sabemos em que mundo estamos vivendo, e nós próprios já tivemos de enfrentar todas estas formas de viver assim como também precisaremos, mais cedo ou mais tarde, retomar o corpo físico para o prosseguimento de nossa jornada evolutiva. Então, não se preocupe imaginando que sua privacidade está devassada pelas vistas dos seus amigos espirituais. Nós respeitamos cada escolha que façam, por pior que seja ela.

O mesmo, no entanto, não se pode dizer das entidades inferiores que convivem com os encarnados de maneira direta e incisiva, aceitos como hóspedes, como convidados ou como comparsas e cúmplices. Estes espíritos inferiores não só se colocam como apoiadores e estimuladores das mais vis fraquezas dos encarnados, como se justapõem a eles em todos os momentos de fruição e gozo que aceitam ter, nas diversas experiências físicas. Dizia Paulo de Tarso que éramos acompanhados por uma "nuvem de testemunhas". E no caso dos invigilantes, além de testemunhas, essas entidades invisíveis são, igualmente, copartícipes, sócias na aventura, penetrando os mais íntimos departamentos da vida dos encarnados. Se os espíritos que os protegem sabem, por exemplo, respeitar o momento do banho físico de seus protegidos, das atividades afetivas que compartilham com os eleitos de seu coração, inclusive estabelecendo a proteção fluídica do ambiente onde se relacionam, as entidades inferiores com as quais o encarnado se imanta por identidade de prazeres ou de defeitos são as primeiras a invadir o espaço mental e emocional de seus hospedeiros, como fazem os parasitos que estendem seus tentáculos no corpo de suas vítimas, sugando-lhes os princípios mais ricos e se alimentando de tais forças, ao mesmo tempo em que os estimulam para que não parem, para que mais se aprofundem nas práticas euforizantes.

As elucidações eram muito ricas para o esclarecimento de todos, no entanto, as tarefas não podiam esperar mais tempo. A multidão dos infelizes não poderia ser relegada a segundo plano.

– Bem, meus queridos, não importa realçarmos a falta dos outros trinta e oito trabalhadores. A presença dos oito aqui e dos dezesseis nas outras atividades da instituição nos enche de alegria e fortalece nosso ideal de servir mais e melhor. E se há um consolo para todos é o de que, faltando muitas outras mãos, há muito mais trabalho para cada um, correspondendo, assim, na distribuição das Dádivas Celestes, a benefícios maiores para o servo fiel. Lembram-se da parábola dos talentos? Quando o senhor regressa da viagem e percebe que os dois primeiros multiplicaram, mas que o último enterrou o que havia recebido, retira a moeda deste preguiçoso e a entrega ao que mais talentos possuía. Esse é o sentido da expressão: Servo bom e fiel. "Sobre o pouco foste fiel, sobre o muito te colocarei. Entra na alegria do teu Senhor."

Depois disso, passou a encaminhar cada um deles para os trabalhos específicos na vasta seara de lutas que caracterizava a instituição amorosa.

Durante quase oito horas de descanso físico, exercitaram todos eles as tarefas respectivas, inclusive o humilde servidor que comparecia ali quase que como um peixe fora da água, já que Alfredo não era detentor de nenhuma sensibilidade especial nem pertencia a qualquer equipe de atendimentos doutrinários ou energéticos da casa espírita.

Era apenas o singelo funcionário da limpeza geral e zelador da segurança da Casa de Deus.

Mesmo assim, apesar de se pensar despossuído de maiores recursos ou possibilidades, Alfredo era, na realidade, disciplinado servidor da instituição, plenamente capacitado para exercer a enfermagem amorosa da recepção de irmãos invisíveis, com os quais conversava de maneira fraterna e natural, encaminhando uma imensidão de entidades confusas à retomada da própria lucidez.

Isso porque, apresentando-se com a humildade de sempre, com

a simplicidade do porteiro, era mais fácil conseguir estabelecer contato com espíritos que, sofredores ou esfarrapados, infelizes ou em desespero, aceitavam-lhe a ajuda singela sem imaginarem que, por baixo de sua aparência desimportante, jazia o diamante de valor inestimável.

Alfredo, do mesmo modo que na Terra, recebia os que chegavam com o sorriso franco e, para cada alma que tinha que atender, dedicava o melhor de sua bondade espontânea, servindo-a sem qualquer desejo de intimidar, de converter, de julgar ou censurar.

Tão simples se mantinha em suas atitudes de espírito emancipado pelo sono do corpo, que ele próprio não divisava a admiração com que era observado por todos os trabalhadores do mundo invisível. Provavelmente, era ele um dos poucos que, tendo recebido cinco moedas, estava conseguindo multiplicá-las em outras cinco.

No entanto, as horas passavam céleres e a chegada dos primeiros raios da alvorada determinou o encerramento do ciclo de trabalhos noturnos para os corajosos servidores que, submetidos a operações magnéticas de reposição energética a cargo de outros servidores espirituais, viram retemperadas suas forças e abastecidas suas almas com uma satisfação indizível, uma alegria profunda e uma sensação de leveza especial, como se privassem da alegria que Jesus poderia estar sentindo pelo pouco que cada um havia feito em favor da dor alheia.

O despertar no corpo, assistido por entidades especialmente destacadas para acompanhar cada um ao regresso, foi sereno e envolto nessa atmosfera de êxtase indefinível que cada qual guardaria no coração à sua maneira, seja como um sonho muito bom, um encontro bastante estimulante, uma viagem à dimensão espiritual superior, um colóquio com um emissário sublime, a alegria de participar de uma grande festa espiritual ou de serem enfermeiros em um grande e movimentado hospital. Apesar de nenhum deles carregar ao acordar a plena e exata convicção do que lhes havia ocorrido durante a noite, todas as interpretações que dariam ao evento não deixavam de corresponder, de alguma sorte, ao que, efetivamente, haviam experimentado.

7

PROBLEMAS NO TRABALHO

Logo pela manhã, Alberto dirigiu-se para as atividades profissionais no escritório da grande empresa cujas finanças tentava controlar com o melhor de sua inteligência.

A rotina era a de um dia normal, onde os problemas superavam com muita vantagem as soluções, sobretudo quando se considerava a pouca cooperação dos donos e seus filhos, que se aboletavam na estrutura como pesos inúteis, engordados pelos ganhos dos momentos de bonança e amolentados para as responsabilidades que lhes colocavam sob a dependência uma coletividade de funcionários e famílias.

Moacir e Rafael eram os dois sócios principais, os iniciadores da empresa que, casados com Valda e Alice, duas irmãs, pareciam compor o ideal de sociedade, mesclando a confiança da família com os interesses de ganho material próprios do negócio, combinação da qual se deveria esperar a prosperidade de todos.

Moacir tinha sob sua responsabilidade a área administrativa, enquanto que Rafael cuidava dos negócios técnicos, da produção e das questões ligadas à qualidade dos produtos.

Aproveitando-se das facilidades econômicas nos períodos favoráveis, a prosperidade lhes sorriu logo nos primeiros anos, trazendo-lhes a ilusão da riqueza para contaminar-lhes os cuidados e disciplinas. Com o passar do tempo, as adversidades naturais do mercado começaram a cobrar o devido preço do descuido que ambos demonstravam.

Concorrência que aumentava, disputas comerciais que obrigavam a maiores descontos, diminuição da qualidade dos produtos para o barateamento dos bens e manutenção dos lucros, impostos sobre impostos, gastos com pessoal, exigências trabalhistas, tudo isso foi se acumulando na estrutura de funcionamento do empreendimento. Ao mesmo tempo, embalados pelo sucesso e pela facilidade dos primeiros tempos, Moacir e Rafael inseriram na esfera de trabalho comum os seus respectivos filhos e filhas, com a justificativa aparentemente plausível de que seria bom que estivessem a par da estrutura organizacional e das rotinas para que começassem, desde cedo, a ganhar a vida através do trabalho.

Se a justificativa parecia plausível, na verdade, o que menos os filhos dos donos queriam era compromisso com o trabalho. Cada um deles via na empresa a fonte de uma polpuda mesada (*), a que chamavam impropriamente de salário.

Como eram os filhos dos proprietários, não se sentiam obrigados a produzir qualquer coisa nem se consideravam submetidos a quaisquer disciplinas de horários ou deveres, encontrando sempre na placidez de seus genitores o sorriso de tolerância com o qual tratavam os seus excessos.

Os próprios funcionários categorizados da empresa se sentiam intimidados diante das privilegiadas posições que os filhos dos donos exibiam, não se animando a corrigir-lhes as posturas frouxas e inadequadas. Alberto sabia como todos eram muito suscetíveis a quaisquer críticas porque, inúmeras vezes, precisou demitir funcionários que, revestidos de razão, pretenderam defender os interesses da empresa contrariando os caprichos dos "meninos", como eram conhecidos lá dentro.

E, como responsável pelas contas da empresa, Alberto bem conhecia o valor exorbitante dos luxos de cada um deles, sempre trazendo para o seio do negócio a conta dos prazeres e gastos, confundindo

---

(*) Quantia que se paga ou se dá em cada mês; mensalidade; quantia que os pais dão periodicamente aos filhos. (Dicionário Aurélio)

o esforço empresarial com a imensa e irresponsável avidez por gozos diversos. Não lhes bastava o salário mensal que recebiam sem nada fazer. Da empresa saíam, ainda, pagamentos de carros novos, de viagens de aventura e diversão, de festas de aniversário, de indenizações por despesas e condenações judiciais decorrentes de seus excessos, sempre com a complacente concordância de Moacir e Rafael que, para manterem uma relação familiar amistosa, não se opunham a que filhos e sobrinhos fossem aquinhoados, garantindo para todos os mesmos direitos e a expectativa das mesmas facilidades.

Isso sem falar dos excessos de Valda e Alice, as duas irmãs e sócias da empresa.

Acostumadas à facilidade, não diferiam muito de Leda, esposa de Alberto. Na companhia dos maridos, aprenderam a desfrutar dos benefícios de uma vida sem deveres, exercitando os caprichos como se estivessem obedecendo às determinações da própria natureza. Pensavam que a vida lhes devia tudo em facilidades e benesses, que usufruíam como se fossem as princesas que, afogando-se em manjares e ponches, veludos e joias, jamais pensam na fome dos súditos, a quem tratam como trastes miseráveis ou como predestinados à miséria por uma Força Superior.

De nada adiantava que Alberto, detentor de certa liberdade com os proprietários, lançasse alertas diversos visando retirar-lhes a venda da ilusão.

– Que nada, meu velho, tudo está indo muito bem. Confiamos em sua diligência e sabemos que você saberá equilibrar as coisas. Faremos novos empréstimos, pediremos dinheiro ao governo. Falaremos com aquele nosso amigo, o deputado que financiamos a campanha e que, certamente, nos ajudará. Afinal, o que ganhou com as propinas que recebe justifica que nos ajude, por sua vez.

Estas frases eram comuns na boca dos dois donos, quando o funcionário diligente se preocupava em lhes colocar a gravidade das coisas. Isso porque, depois das primeiras e prósperas fases, Moacir foi deixando a parte administrativa nas mãos de uma equipe de funcionários que julgava capacitada para fazer contatos comerciais, vender os produtos, ajustar descontos e fazer promoções, enquanto que, acompanhando a postura do cunhado, Rafael entregou a área da produção ao trabalho de outros técnicos, deixando a seu cargo apenas a fiscalização eventual.

Naquela manhã, entretanto, as dificuldades atingiriam um clímax antes nunca visto.

Intrincado problema jurídico envolvendo questões de tributos, cuja cobrança se questionava, acabou final e irrecorrivelmente resolvido em detrimento dos interesses da empresa que, notificada regularmente da decisão, teria o prazo de poucas semanas para realizar o pagamento do montante total. Uma verdadeira fortuna lhe era cobrada, sob pena de ser executada legalmente, com a penhora de todos os seus bens, dos bens de seus proprietários e responsáveis diretos.

Naturalmente que nada disso teria acontecido se os dois cunhados houvessem escutado os conselhos de Alberto, no sentido de irem fazendo os depósitos acautelatórios para qualquer surpresa adversa.

No entanto, tão seguros estavam nos apoios políticos que possuíam junto às autoridades governamentais e legislativas, que preferiram aproveitar tais valores para continuarem suas aventuras, confiando no fato de que todo o processo redundaria em uma decisão favorável e não se veriam obrigados a pagar nada dos atrasados.

O documento que tinha sob seus olhos era inequívoco.

Alberto sabia que aquilo correspondia ao fim da aventura tresloucada daqueles que, tendo possuído todas as oportunidades da sorte, perderam a grande chance de seguirem adiante.

Ele próprio estaria em péssimas condições porque lhe faltariam os recursos indispensáveis para a manutenção do próprio padrão de vida.

No entanto, não podia deixar de comunicar tal circunstância aos verdadeiros responsáveis.

Obedecendo à rotina dos proprietários, esperou que chegassem à empresa para que lhes submetesse o problema.

Reunidos algumas horas depois, apresentou o documento respectivo e esperou pelas reações de ambos.

– Ora, Alberto, o que é isso? Mais um papelzinho com más notícias? Vamos lá, meu velho, dê um jeito nisso, você que é o mago das finanças – falou Rafael tentando fazer-se de engraçado.

Admirando o tamanho da irresponsabilidade, Alberto meneou a cabeça e respondeu, taciturno:

– Infelizmente, senhor Rafael, esta mágica está acima de meu talento.

Observando a reação do chefe da contabilidade, Moacir exclamou, indagando:

– Como assim, meu amigo? Tudo tem solução nesta vida.

– Concordo com o senhor, mas, então, neste caso, será necessário que os senhores arrumem, em trinta dias, um valor correspondente a vinte empresas como esta, porque, pelos cálculos realizados, acrescidos de multas, juros legais, custas processuais, correções monetárias, entre outras verbas, esse será o montante que precisaremos pagar aos cofres públicos.

A previsão sinistra de Alberto era grave demais para que ambos se animassem a fazer graça.

– Ma... Mama... mas – balbuciava Moacir – como você foi deixar que as coisas chegassem a esse ponto, Alberto?

Colhido pela primeira punhalada, o funcionário não perdeu o controle e respondeu:

– Certamente que há muito tempo venho avisando os dois de que as coisas não andam bem e de que se fazia necessário prover recursos para os imprevistos.

– Sim, respondeu Rafael, demonstrando irritação nas palavras.

Mas era você quem deveria organizar tudo isso e ir guardando para tal circunstância. Onde está a sua competência como contador?

Alberto, então, abriu uma pasta que trazia consigo exatamente para esse momento difícil, na qual estavam as cópias de documentos internos de suas reuniões administrativas e dos memorandos que a contadoria enviava aos dois proprietários, ao longo dos diversos anos anteriores.

Endereçando uma cópia de cada documento para cada um deles, afirmou:

– Como podem observar desses ofícios devidamente rubricados por ambos, tais advertências foram, efetivamente, realizadas por escrito, isso sem contar as inúmeras conversas que mantivemos durante as quais minhas preocupações eram, sistematicamente, vistas como exagero ou medo. E se tiverem o cuidado de ler até o final, realço o risco de falência que já vínhamos correndo há mais de dez anos. E, apesar disso tudo, ao longo deste mesmo prazo, a empresa lhes transmitiu, a título de retiradas e outras receitas, um montante maior do que as dívidas originárias, montante este suficiente para, à época, termos quitado os tributos questionados.

Quando o processo judicial surgiu como uma oportunidade de não recolhimento, alertei-os para a necessidade de depositarmos judicialmente os valores em um fundo que, abastecido mensalmente com o valor do tributo que questionávamos, nos protegeria da incidência abrupta em caso de perda da demanda, medida esta que ambos consideraram inadequada porque iria ferir profundamente a retirada mensal, tanto de cada um quanto dos próprios filhos. Assim, acho que tais documentos falam por si mesmos acerca das responsabilidades mediatas e imediatas que pesam sobre alguns ombros e que desaguaram nestes tristes eventos.

– Esses papéis não dizem nada – disse Moacir, jogando tudo para o lado, num ataque de ira.

E Rafael, igualmente imaturo para o insucesso, olhou para

Alberto como a vítima que odeia o algoz, como se o velho funcionário fosse, realmente, o culpado pela desgraça de ambos.

Sabendo, no entanto, que Alberto era o mais categorizado funcionário da empresa e que não deveriam transformá-lo de imediato no culpado principal uma vez que, em suas mãos, todos os documentos estavam guardados, Moacir procurou controlar-se e, desculpando-se fingidamente, acrescentou:

– Desculpe meu destempero, Alberto. Fiquei muito desnorteado com tal situação que, pelo que suponho, nos levará a todos para o buraco.

Vendo um pouco de lucidez nas palavras do sócio, Alberto corrigiu:

– Não, senhor Moacir. Com todo o respeito, esse problema só vai tampar o buraco financeiro, onde já nos encontrávamos havia muito tempo tentando respirar um pouco antes de sermos enterrados.

– Você sabe nos dizer se temos recursos no curto prazo?

– Ora, senhor, temos poucos, que estão reservados para a folha de pagamento dos funcionários. Avaliando o patrimônio físico, poderemos considerar que há recursos para honrar apenas insignificante parcela da dívida principal, remanescendo seu restante e todos os demais acréscimos. No entanto, sempre há a possibilidade de recorrerem aos amigos importantes que possuam, solicitando empréstimos. Além do mais, fiz um levantamento do patrimônio pessoal de ambos e, pelo que apurei, mesmo vendendo tudo o que possuem, ainda assim não se atingirá nem a terça parte da dívida global. Diante das peculiaridades da dívida, relembro que seus bens pessoais serão chamados a cobrir o montante dos débitos para a quitação dos compromissos da empresa. Ah! Estava me esquecendo que também pesam as dívidas previdenciárias que correspondem ao recolhimento das verbas dos funcionários, devidas por lei e que serão igualmente incorporadas ao valor principal a ser honrado preferencialmente.

– Tudo bem, Alberto. Pode sair que eu e Rafael temos muito que conversar. Qualquer coisa nós o chamaremos. Mas, antes de qualquer decisão, por favor, não mencione nada aos funcionários sobre nosso estado para que isso não se transforme numa bola de neve. Quem sabe a gente consiga fazer o milagre que você não se diz capaz de fazer.

– Que Deus os ajude. Quanto à minha discrição, podem contar com ela.

Dizendo isso, Alberto deixou a sala, carregando o peito oprimido pela carga vibratória inferior que partira dos sócios irresponsáveis.

Ao seu lado, entretanto, estavam Jerônimo e Adelino, reafirmando a presença amiga na hora difícil do destino.

Ambos os sócios não sabiam como começar.

Olhavam-se como se um grande reservatório de coisas malcheirosas estivesse prestes a explodir à menor agitação.

Isso porque, tanto Moacir quanto Rafael discordavam da maneira como cada um levava sua vida, confundindo as necessidades e prazeres, luxos e excessos com a própria empresa. Quando um se excedia e debitava o custo das aventuras no patrimônio da empresa, o outro se sentia autorizado a fazer a mesma coisa para que não ficasse no prejuízo.

As irmãs, dentro de suas casas, eram as primeiras a pressionarem os maridos a não se permitirem ficar atrás dos excessos do outro.

Quando uma se ausentava em viagens de lazer, a esposa do outro fazia crescer as preocupações do marido com os ganhos e facilidades que estavam patrocinando tal excursão, exigindo um passeio tão ou mais custoso.

Quando um dos sobrinhos surgia de carro novo, todos os outros também se sentiam no direito de trocar os seus veículos, debitando tais luxos aos cofres da empresa.

Com o passar dos anos, todos eram fiscais de todos e ninguém saberia dizer de quem fora a responsabilidade pela vida nababesca e fútil que se instalara no cotidiano das duas famílias.

Então, cada um dos sócios tinha seus motivos para levantar a tempestade que faltava para a derrocada da ilha da fantasia em que viviam.

– Você acha que o Doutor Gustavo não consegue enrolar esse negócio por mais tempo? – perguntou Rafael ao cunhado arrasado, recordando-se da velha raposa jurídica que, abastecida pelos cofres da empresa, era responsável pelo setor de processos e demandas.

– Mas se já perdeu este processo, acha que tem competência para conseguir adiar o nosso enforcamento?

– Eu me recordo – falou Rafael novamente – de que ele nos alertara dizendo que dificilmente ganharíamos este processo e que tudo seria feito para protelar os pagamentos. Ora, já temos doze anos de tramitação. Nisso ele demonstrou ser muito competente. Quem sabe, diante de tudo isso, ele não tenha algum coelho na cartola e a gente ganhe tempo pra se safar dessa roubalheira do governo.

– É, pode ser – foi a resposta de Moacir.

– Você acha que vai dar pra eu manter a viagem que prometi a Alice como presente de aniversário? – perguntou Rafael.

– Ela já foi paga, meu amigo?

– Não, tudo já está reservado com a agência e iria entrar na contabilidade do mês que vem. Aliás, foi por isso que vim à empresa hoje, no intuito de relembrar a Alberto do compromisso que já havia acertado com você.

– Então, cancele a viagem, porque não poderemos pagar.

– Mas o Juliano, seu filho, acabou de comprar um carro e está na terceira parcela do financiamento – respondeu Rafael, contrariado.

Colocando a pólvora no fogo, Moacir explodiu:

– Quem você pensa que é para ficar pretendendo me jogar na

cara os gastos de meu filho? Tanto quanto ele, os seus filhos também têm sido duas sanguessugas aqui dentro. Juliano vai devolver o carro ou terá de pagar o financiamento com seus próprios recursos, coisas que seus filhos também terão de fazer, porque não haverá mais nem salário nem cobertura para suas despesas até que a gente resolva isso aqui.

– Calma, meu amigo – falou Rafael, irônico –, se alguma coisa aqui pode estar lhe acusando, é a própria consciência porque, afinal de contas, você era e é o diretor administrativo. Era você quem deveria estar tomando conta de tudo enquanto que, desde sempre, minhas funções sempre foram junto à produção.

– Isso mesmo, junto à produção que vem caindo sucessivamente, com decréscimo da qualidade dos produtos...

– Claro, meu amigo, tudo isso para atender às exigências administrativas de lucros e mais lucros, em decorrência da sua incompetência de conseguir novos mercados e penetrar em outros segmentos. Precisamos nos adequar a matérias primas inferiores, baratear a produção diminuindo a qualidade, para que os ganhos se mantivessem.

– Tudo isso porque você e sua mulher – falou Moacir, a ponto de agredir fisicamente o sócio – são buracos sem fundo, além de precisar abastecer a família de sua amante na praia, aquela sem-vergonha que está registrada na nossa empresa como funcionária, mas que nunca apareceu aqui nem pra receber o salário...

Percebendo que iam perder as estribeiras pelo elevado tom de voz, Alberto, que se achava nas proximidades do escritório, interveio, abrindo a porta da sala e interrompendo o acalorado debate, quase a se transformar em vias de fato no esbofeteamento recíproco.

– Senhores, calma, por favor. Estou mantendo em sigilo todos os problemas que nos afligem, mas, desse jeito, toda a fábrica vai saber não apenas das dificuldades financeiras por que passamos, mas, igualmente, de todos os podres que têm sido escondidos na folha de pagamento da empresa.

Ao dizer isso, ambos se recordaram de que possuíam muitos

deslizes e culpas ocultados graças ao respeito com que Alberto os tratava e à sua habilidade em contornar adversidades, tentando ajustar as coisas da melhor forma e preservar a família de seus patrões das tragédias decorrentes de comportamentos levianos. Relacionamentos ilícitos, aventuras sexuais extravagantes, entre outras fraquezas de caráter dos dois sócios os igualavam nas tendências viciosas, fazendo com que se tolerassem mutuamente por se identificarem no mesmo baixo proceder. Incontáveis vezes, mulheres de vida duvidosa migravam das mãos de um deles para as de outro, sem precisarem sair do mesmo quarto de motel, agendadas que estavam as aventuras com cada um para horários sucessivos. E a conta sempre terminava no setor financeiro, administrado por Alberto.

Repentinamente, a intervenção deste último teve o condão de inibir quaisquer exaltações musculares, como se houvesse sido o banho gelado salvador.

– Obrigado, Alberto – exclamou, ríspido, Moacir. Se você não aparece, não sei o que faríamos.

Rafael estava agitado por dentro, mas se mantinha aparentemente equilibrado, apesar das referências do cunhado acerca de sua vida leviana e da família paralela que mantinha ao longe.

Um temporal de terríveis consequências tinha começado a varrer a planície das facilidades na qual as duas famílias haviam construído o castelo de areia de suas vidas.

– Alberto, telefone para o doutor Gustavo e marque com ele uma reunião para amanhã, logo pela manhã – ordenou Moacir.

– Sim, senhor. Para as dez horas, está bom?

– Bom nada – respondeu, agitado –, tem que ser logo para as oito.

– Está bem. Marcarei para este horário, se o doutor estiver disponível.

— Pois lhe diga do que se trata e comunique-lhe que o convocamos para essa reunião de emergência, pois o caso é grave.

Acenando afirmativamente com a cabeça, Alberto foi providenciar o agendamento com o advogado da empresa, enquanto pensava consigo quantos anos fazia que nem Moacir nem Rafael chegavam à empresa tão cedo como estavam programando fazer para o dia seguinte.

Acalmados pela palavra de Alberto, os dois esfriaram um pouco os ânimos e passaram a pensar em outras saídas.

— Vamos nos comunicar com o deputado e pedir a sua ajuda. Além disso, podemos ver com Gustavo, como fazer para burlar a lei, como conquistar novos empréstimos e darmos um sumiço no que for possível. Precisaremos de uma consultoria especial de alguns nossos conhecidos para que possamos limpar os registros legais, retirando informações dos computadores para que não rastreiem nossos bens ou os de nossos filhos. Precisaremos dar um jeito de retirar de nosso patrimônio tudo o que esteja disponível, sem fazer alarde, sem levantar suspeitas. Tenho um amigo num cartório, que me deve vários favores, inclusive me deve dinheiro grosso. Vou cobrar o pagamento seja em moeda seja em "serviços".

Os planos de Rafael eram acolhidos por Moacir como verdadeira e oportuna estratégia de guerra que, derrubado das nuvens da ilusão da riqueza, imaginava-se, agora, na difícil tarefa de administrar a esposa doidivanas e os filhos gananciosos e despreparados.

Disso também não fugiria o próprio Rafael.

Valda, a esposa do primeiro e Alice, mulher do segundo, seriam o espinho doloroso que ambos carregariam na garganta, fruto de suas vivências vazias e sem sentido, estimuladas pelos maridos vaidosos e arrogantes.

Era o fruto amargo da sementeira perigosa que lhes competiria colher, doravante.

8

PLANOS INFERIORES

Depois de uma longa série de abusos e infrações morais, Moacir, Rafael e suas respectivas famílias encontravam-se perfeitamente envolvidos por uma teia escura de compromissos dolorosos com entidades espirituais muito necessitadas, que haviam transferido seu centro de influências para a residência de ambos, de onde coordenavam a rede de interferências nocivas, visando a derrocada de seus membros.

O sucesso material abrindo as portas largas das facilidades havia sido a estrada por onde tais espíritos puderam imiscuir-se nas defesas das famílias.

Repetia-se a velha e conhecida história dos pobres que melhoram de vida e, depois de enriquecidos, pioram de vida porque trocam as coisas do espírito pelas coisas do mundo.

Isso não significava dizer que os seus membros não tinham religião definida, porque não era difícil encontrar Moacir e Valda, Rafael e Alice dirigindo-se ao centro espírita para receber passes magnéticos. Não que se houvessem integrado à filosofia reencarnatória com a adoção de seus princípios na rotina de seus hábitos. No entanto, cultivadores da boa vida, sabiam que havia muita gente de "olho gordo", enviando-lhes maus fluidos. Por isso, nas conversas corriqueiras com amigos ou mesmo assistindo novelas ou programas de televisão com temáticas similares, acabaram tomando contato com certos conceitos espirituais, que usavam somente quando convenientes. Não queriam compromissos outros que não fossem com a vida folgada. Nada de escutar palestra, de ler bons livros, de conhecer mais profundamente os conceitos superiores do mundo espiritual. Mas era sempre bom poder contar com um "passezinho" de vez em quando, como forma de se descarregar das coisas ruins. Queriam a fluidoterapia rápida, gratuita e sem nenhuma cobrança. E da mesma maneira que iam ao centro espírita, os membros das duas famílias não desdenhavam visitar outros caminhos religiosos, sempre que isso lhes garantisse alguma vantagem nos negócios materiais. Bênçãos de padres tidos como poderosos na fé, visita a terreiros de umbanda em busca de favores espirituais para as conquistas imediatas, se misturavam aos excessos nas baladas, nos embalos da leviandade irresponsável onde iam embriagando os sentidos da alma.

Não tardou para que Rafael se visse envolvido pelas teias fluídicas de uma jovem e esfuziante funcionária da empresa que, cultivadora de certas práticas religiosas menos dignas e valendo-se de seus contatos com médiuns a serviço das forças inferiores, conseguiu fisgar o homem rico e importante em suas redes ardilosas.

Mistura de ingenuidade e sedução, Lia procurava encontrar um bom partido desde muito tempo. Sem a cultura e a inteligência preparadas, sabia que suas chances de sucesso na vida seriam reduzidas, o que a lançava na exploração de outro setor no horizonte da existência: as possíveis vantagens de um corpo bem talhado.

Certamente que não iria se entregar pelo prazer físico. Isso só seria concedido ao homem que pudesse pagar pela vantagem de possuí-la. Mas não um pagamento por serviços prestados, não. Não tinha inclinação para a prostituição. Seus planos eram mais altos. Acreditava-se no direito de ter um estilo de vida que lhe garantisse bens e confortos de que jamais pudera desfrutar, desde o berço pobre que abandonara, tão logo conquistara a capacidade de sobrevivência sozinha.

Afastou-se dos familiares ainda muito jovem, indo morar na residência de uma família que lhe prometera cuidados e manutenção em troca de seus serviços domésticos.

No começo, tudo parecia ir muito bem, até que, com o passar do tempo e o amadurecimento do corpo, começou a receber o assédio indiscreto do chefe da casa, homem austero e aparentemente probo que, aproveitando-se dos horários de trabalho da esposa, tratava de insinuar-se para a jovem recém-saída da adolescência, a quem havia prometido auxiliar.

No início das investidas, Lia pensou em fugir, mas a dificuldade de encontrar um refúgio fê-la desistir da ideia. Depois cogitou de contar para a dona da casa, mas, por fim, concluiu que isso seria mais perigoso ainda, porque seria a sua palavra contra a do marido aparentemente correto. Então, já que a fragilidade de sua condição não lhe deixava outra opção e, aquecida pelas descobertas sexuais estimulantes, aceitou o jogo de gato e rata e, em poucos meses, tornara-se a amante do patrão, dentro da própria casa da família, que de nada desconfiava. Naturalmente passara a exercer um domínio sobre o homem a tal ponto que, fazendo-o apaixonar-se, começou a ter poderes sobre ele, descobrindo assim a fragilidade da alma humana quando exposta aos poderosos excitantes das emoções. O patrão, agora amante, se tornara quase escravo de seus desejos. Presentes, dinheiro, facilidades para os seus caprichos de jovem iam sendo conseguidos ao troco de corresponder às carências daquele menino travestido de chefe de família.

O relacionamento do casal legítimo foi sendo atingido de tal maneira que, depois de mais alguns meses, marido e mulher quase não se falavam. A paixão dele havia se transformado em tão doentia dependência das carícias de Lia que, vendo as coisas ficarem cada vez mais sérias e reunindo já as polpudas economias hauridas do relacionamento espúrio, julgou ela oportuno deixar o serviço da casa e procurar outro rumo antes que tivesse de enfrentar as desgraças de uma ruptura dolorosa e cruel.

Esperou, então, a saída dos patrões e dos filhos e, reunindo suas coisas, deixou lacônico bilhete de despedidas e partiu dali para nunca mais regressar.

Havia aprendido a duras penas que a afetividade era vantajoso tabuleiro no qual se poderia ganhar sempre, se o jogador tivesse a sabedoria de deixar o jogo na hora em que estava ganhando.

E, além disso, sabendo onde trabalhava aquele que se fizera escravo das paixões, nada lhe impediria de ir buscá-lo, longe do lar, para retomar os encontros clandestinos e, com isso, conseguir os favores da fortuna, longe das vistas da esposa.

No entanto, em seus pensamentos mais secretos, Lia desejava coisa mais sólida, homem mais bem postado, relacionamento mais seguro, mesmo que fosse na imprópria condição de amante.

Foi quando a "sorte" a conduziu a uma oferta de emprego na empresa dos dois cunhados.

Trabalharia na área da produção, área essa coordenada e fiscalizada por Rafael, o então jovem, atraente e rico proprietário.

Ali viu Lia a sua grande chance. Conhecendo as inclinações da maioria dos homens pelas curvas provocantes do corpo feminino e sabendo de seus atributos estéticos a lhe beneficiarem as investidas, determinou-se a usá-los para conquistar o tão sonhado equilíbrio financeiro.

Buscou, então, as reuniões de intercâmbio mediúnico realizadas por um grupo de pessoas sem escrúpulos que, com a desculpa de desejarem subir na vida, pensavam poder comprar o apoio de entidades espirituais para que, com sua ajuda, atingissem seus objetivos da forma mais fácil, afastando seus competidores profissionais ou afetivos à força, satisfazendo suas carências afetivas através da destruição de matrimônios sólidos, logrando a vitória nas disputas sociais por meio da promoção de doenças naqueles que se opusessem.

Assim, como já conhecia os mecanismos de tais trabalhos desde quando residia com a família no litoral de seu Estado, Lia retomou as antigas práticas, nas quais depositava toda a sua força e empenhava o melhor de seus desejos. Queria Rafael para ela e iria conseguir, mesmo que isso lhe custasse tempo e recursos. As primeiras visitas e contatos com entidades que lhe pediam bens materiais, bebidas, cigarros e velas foram suficientes para que se estabelecesse uma sociedade perfeita para a prática do mal.

Da mesma forma que ela servia aos interesses desses espíritos de baixíssimo padrão evolutivo, eles se comprometiam em facilitar a aproximação, despertando o interesse do homem pela jovem funcionária.

Espírito astuto e inteligente fora destacado pelos líderes daquele grupo invigilante para acompanhar o rapaz. Percebera que o mesmo não tinha freios morais e que, em sua casa, nenhuma proteção se erguia a dificultar o caminho.

Aproveitando-se da falta de vigilância e oração, foi muito fácil a tal entidade acercar-se de Rafael e iniciar os processos de influenciação hipnótica, implantando em sua rede neuronal os terminais que reforçariam as necessidades primitivas do seu subconsciente, aflorando como desejos e emoções a não mais se reprimirem.

Além disso, em seu centro cerebral desajustado foi implantado pequeno transmissor magnético que reproduzia imagens mentais da jovem ambiciosa, fazendo ressaltar suas formas exuberantes e seus meneios de fêmea provocadora. Rafael não via nada disso, mas, dentro dele, sua mente recebia toda a carga de imagens provocantes, que não eram combatidas por qualquer atividade de oposição, nascida de virtudes e nobreza de alma, que facilmente as poderiam repudiar. E o efeito disso foi que, em poucas semanas, o sócio responsável pela área da produção começou a perceber a nova funcionária da linha de montagem. Parecia já conhecê-la de algum lugar porque suas formas lhe eram muito familiares.

Assim, contrariando as suas rotinas, o sócio passou a visitar os setores da fábrica pessoalmente, sempre procurando deter-se naqueles que lhe permitiam um maior contato visual com Lia.

Astuta e matreira, a jovem começara a notar que seus esforços de aliciamento espiritual estavam dando o resultado esperado. Aproveitou-se, então, para pegar uma carona na facilidade, solicitando autorização para realizar horas extras no trabalho noturno. O pedido, que à primeira vista nada tinha de estranho, era, na verdade, a senha que indicava a sua presença na empresa no horário da noite, facilitando o contato com o seu chefe, caso isso fosse também de seu desejo. Além do mais, Lia passou a caprichar em seu visual, melhorando a aparência o suficiente para atrair os olhares masculinos, alimentando-lhes a cupidez, mas mantendo-se firme ante qualquer propósito de aproximação.

Não demorou muito para que passasse a ser vista como a funcionária bonitona e difícil.

Rafael, que já se interessava pela moça e, por isso, fiscalizava todos os detalhes de sua ficha cadastral e sua capacidade na empresa, ficou a par de sua solicitação para a jornada noturna extraordinária. A ação espiritual inferior sobre a sua mente sobre-excitada abastecia-o com imagens novas. Parecia que a sorte lhe sorria, com a possibilidade de estar mais próximo da já desejada fêmea.

Era uma empregadinha – pensava Rafael. Mas que mulher desejável era aquela! Nessa altura, as entidades coligadas a Lia passaram a exercer importante papel de provocação sexual na mente do rapaz, fazendo produzir hormônios específicos como resultado da estimulação subliminar dos centros mentais correspondentes, fustigando as células genésicas para a produção dos elementos – forças masculinas com as quais conseguiriam obter o tão desejado elo entre os dois.

A presença obsessiva ao redor de Rafael foi intensificada. Espíritos de mulheres pervertidas o envolviam no hálito venenoso do prazer proibido, e seu corpo respondia favoravelmente ao relembrar as antigas emoções que já não conseguia mais experimentar no relacionamento estável de seu casamento. Alice lhe servia de companheira, de arrumadeira, de mãe para seus filhos, mas, depois do nascimento dos mesmos, algo do encanto excitante da relação física entre eles perdera o brilho. Então, Rafael já se acostumara a ir buscar as velhas emoções nos contatos fugidios e rápidos com mulheres remuneradas para prestarem tais serviços. No entanto, tudo sem emoção, sem paixão, sem carinho. Com Lia, no entanto, sentia algo mágico, diferente, como se houvesse retornado aos primeiros tempos da juventude adulta.

E, então, resumindo a história, não foi difícil que os dois acabassem trocando intimidades acaloradas, estabelecendo-se um vínculo afetivo e entregando-se o rapaz aos encantos afetivos daquela mulher experiente nas artes da sedução.

Meses depois, Lia estava grávida, conforme havia planejado.

Então, o plano começava a funcionar:

Rafael se surpreende com a ocorrência. Não deseja um escândalo em família. Sabe que não pode, no entanto, descartar a moça que, em verdade, é com quem se abastece de afeto físico. Então, combina com ela a sua volta à antiga cidade praiana. Lá, adquire apartamento discreto, mas confortável, onde constrói doce aconchego para que, sob a proteção daquele teto, Lia possa trazer à vida aquele filho que ela insiste em não abortar.

O filho era a arma de Lia contra Rafael. A garantia de seu bem-estar futuro nesta vida.

Desde que tivesse o conforto seguro e o patrocínio de Rafael, a moça se sentiria muito feliz em poder estar longe dele por alguns dias da semana, garantida igualmente a sua liberdade e a possibilidade de desenvolver sua vida de acordo com seus próprios desejos.

Poderia namorar outros homens, poderia agir como quisesse, desde que estivesse disponível a Rafael nos dias em que este prometera ir vê-la.

Estabelecida uma quantia fixa para as despesas, Lia continuou a ser assalariada da empresa, com a conivência de Moacir que, inteirado das dificuldades de Rafael, auxiliou o concunhado para que todo o problema fosse resolvido sem causar qualquer abalo ao matrimônio oficial. Com o passar dos meses e anos, Rafael preferiu ir se afastando fisicamente de Lia para que seu relacionamento adulterino não prejudicasse os seus interesses financeiros na empresa e, também, porque encontrara aventuras mais saborosas ao contato com outras mulheres.

Afinal, pensava Moacir ao meditar sobre os azares de Rafael, os dois eram sócios nos prazeres havia já muito tempo. Nada mais justo de que se apoiarem nas horas complicadas como essa.

Rafael estava nas mãos das entidades inferiores que o dominavam por meio de tais sensações, arruinando lentamente suas forças, ao mesmo tempo em que iam se aproveitando de todas as energias que produzisse na vivência leviana que cultivava.

A sua casa era um reflexo de tal pressão magnética e, desde então, Alice também se deixou entregar às frustrações da mulher menos importante na preocupação e cuidados do marido.

Usando a empresa como desculpa bem como a necessidade de viajar várias vezes ao mês para fiscalizar o "escritório" da mesma empresa que fora aberto no litoral, Rafael afastou-se mais de Alice, a quem não buscava como mulher por não possuir maior interesse em suas carícias. Valendo-se disso, as mesmas astutas entidades, agora vinculadas à família de Rafael, passaram a ampliar as carências da esposa e fustigar-lhe o desejo de aventurar-se.

Encontrar candidatos, então, foi um passo.

As emoções renovadas, os prazeres novamente revividos e o sabor da vida retornando às suas emoções pareciam, todos, justificativas adequadas para a manutenção dessas aventuras passageiras, com as quais se sentia emocionalmente recuperada. Apesar de sempre estarem em competição acirrada no que se referia às demonstrações de luxo, Alice compartilhava com sua irmã Valda as revelações íntimas, naturais entre mulheres que se confiam, falando das novas emoções e aventuras sexuais, além de justificá-las graças às suspeitas de que o próprio marido não mais a desejava, supostamente por ter-se envolvido com outras.

Tal suspeita não se fundamentava somente na indiferença do companheiro, mas, também, nas intuições que obtinha do assédio das entidades perversas, que lhe falavam que Rafael não mais lhe pertencia, fazendo-a presenciar, durante o sonho, as relações íntimas entre o próprio marido e a jovem funcionária.

Valda se interessara pelas experiências de Alice e sugerira a separação. No entanto, a irmã se recusava a seguir-lhe os conselhos porque não pretendia abrir mão do conforto e das facilidades materiais, tendo escolhido o caminho de se valer do dinheiro do próprio marido para ser-lhe infiel, pagando pelas aventuras com outros homens com os recursos que o esposo lhe fornecia. Sem perder a posição, reconquistando a autoestima e se vingando do marido indiferente, tudo isso ao mesmo tempo, Alice julgava ser essa a melhor solução.

Percebendo a astúcia da irmã, Valda deixou de defender a separação do casal, interessando-se pelos casos e aventuras por ela relatados. A emoção de Alice, as picantes histórias que vinha vivenciando na companhia masculina de jovens musculosos e agradáveis cai na mente da irmã como luz na escuridão.

As carências de Valda também estavam fustigando sua alma e as facilidades do dinheiro só lhe tornaram mais vazio o vaso do coração. Seu marido Moacir também se tornara distante e indiferente, sempre alegando os problemas da empresa, as dificuldades do serviço, as exigências do dever como motivadores para não mais se empolgar com sua companhia.

– Ora, se Alice está vivendo isso e se sente bem, que mal pode haver se eu também aproveitar e experimentar? Ninguém haverá de saber mesmo...!

Com esse pensamento na cabeça, Valda passou a cultivar as ideias mentais que a predispunham às mesmas aventuras arrojadas da irmã e, com isso, também em sua casa, as mesmas entidades que atuavam sobre Rafael, que se ligavam a Moacir pelos interesses comuns dos dois homens, que fustigaram Alice a enveredar pelo despenhadeiro moral, chegavam a Valda, pela sugestão aceita e aconchegada, na forma da curiosidade estimulada pela tentação do "proibido".

Com esse mecanismo sutil e imperceptível, passo por passo, a equipe de entidades gozadoras e vampirizadoras assenhoreou-se dos dois lares, sem precisar de nenhuma violência, usando não somente a riqueza material e os prazeres e carências de seus membros como o caminho fácil. Contavam, as inferiores entidades, sobretudo, com a invigilância e a ausência de uma fé verdadeira entre os seus membros, favorecendo a sua influenciação e a neutralização de todo o esforço dos bons espíritos no sentido de ajudar cada um dos partícipes a não aceitarem esse entrelaçamento negativo.

Infelizmente, tanto quanto seus pais, os filhos de Moacir e Rafael caminhavam pelas mesmas perigosas estradas. Usavam drogas, andavam com amigos iguais ou piores do que eles mesmos e nada faziam de bom que pudesse ser útil ou servir de base para que o Bem os amparasse nas horas difíceis.

9

NOVAS OBSERVAÇÕES

Depois de terem deixado o caso Alberto, Jerônimo e Adelino regressaram ao núcleo de trabalhos espirituais para prosseguirem nas observações instrutivas, notadamente no que se referia às advertências de Bezerra de Menezes.

Recebidos pelo gentil abraço de Ribeiro, Jerônimo tocou o tema da continuidade de suas observações, dizendo:

– Muito instrutivo nos tem sido o acompanhamento do caso Alberto. Apesar disso, como as coisas com o médium amigo estão se desenrolando com desfecho previsto para o futuro, gostaríamos de submeter à sua aprovação de dirigente nosso desejo de acompanharmos alguns outros companheiros que não têm-se mostrado fiéis às disciplinas do trabalho.

– Estão se referindo a alguns dos que não têm assistido à tarefa noturna da instituição?

– Perfeitamente. Estivemos observando Alberto que, dentre os voluntários, está engajado com responsabilidade e disciplina nas obrigações fraternais do núcleo espírita. No entanto, gostaríamos de observar alguns dos que não têm-se conduzido com as mesmas atitudes, a despeito de se contarem como trabalhadores espíritas.

– Bem, neste caso, creio muito interessante a avaliação de Peixoto e Geralda, o que ensejará significativos aprendizados na área das ligações materiais desajustadas e da afetividade em descontrole. Assim, não vejo obstáculo no acompanhamento de seus passos e, naquilo que lhes for possível, cooperem com o amparo às suas necessidades, dentro dos limites naturais que nos impedem de fazer por eles o que lhes incumbe realizar por si mesmos. Ambos serão excelente companhia para estes dois irmãozinhos invigilantes aos quais nossos avisos têm sido pouco úteis.

– Agradecemos seu carinho e esteja certo, Ribeiro, que não interferiremos em nada que venha a comprometer as necessárias lições que lhes cabem enfrentar sozinhos. Somente em alguma emergência interferiremos.

A conversa continuou por mais alguns minutos e, como outras obrigações requeriam a presença do dirigente espiritual da casa, despediram-se os dois trabalhadores que, envolvendo-se nas rotinas dos encarnados, recolhiam informações importantes para as posteriores análises e entendimento de suas consequências.

Em verdade, Jerônimo e Adelino continuavam atrelados ao trabalho de Bezerra de Menezes, cooperando com o médico generoso nas tarefas indispensáveis que visavam à elucidação dos encarnados acerca dos delicados momentos evolutivos que envolvem a humanidade nos períodos de transição por que ela vem passando.

***

– Socorro, socorro... – soavam os gritos atrozes, aos quais se uniam os gemidos de verdadeira multidão tresloucada. Vamos fugir. Satanás está chegando com seus raios comburentes para nos queimar. Corramos rápido!

– Que nada, não temos o que fazer, aguentemos por mais tempo, que ele passa. Não adianta fugir... como estava escrito no Livro Sagrado, o inferno é um eterno queimar sem se consumir...

– Onde está o pastor que nos havia garantido que dormiríamos até o dia do Juízo?

– Acabei de vê-lo correndo com um grupo em busca de abrigo em alguma caverna, fugindo do calor insuportável.

Todos estes diálogos aconteciam entre os inumeráveis hóspedes daqueles sítios dantescos, transformados em área de reunião de entidades inferiores. Gritarias desesperantes, deslocamentos em massa, fugas em busca de sombra, sofrimentos multiplicados, seres desfigurados e sem comparativo na linguagem humana lá estavam, agoniados, clamando contra os elementos que os fustigavam, agitando-se contra as dores coletivas.

Entre seus membros, se encontravam aqueles que, na Terra, haviam sido responsáveis pelas quedas morais de muitos, os que haviam se locupletado com a dor e o sofrimento de seus semelhantes, as pessoas desonestas e interesseiras, indiferentes e cínicas, que nunca se deixaram tocar pelas noções espiritualizantes que melhorassem suas vidas através da prática do Bem.

Seres que ridicularizavam todos os conselhos sobre a modificação de comportamentos, a melhoria moral, o esquecimento dos males e o cultivo do perdão.

Os gastadores inveterados, cultivadores do luxo e dos modismos sem fim, dos esbanjadores das riquezas com os caprichos do mundo moderno, sem terem dado nenhum sentido de utilidade à própria vida lá estagiavam.

Também estavam cercados dos faladores da vida alheia, dos caluniadores, dos mentirosos, das almas belicosas e agressivas, dos malfeitores não arrependidos, dos governantes e autoridades corruptos, dos religiosos fanáticos e venais, dos infelizes viciados em todo o tipo de prazeres, fossem os químicos fossem os da conduta depravada.

Dos ricos debochados e dos pobres rebeldes, dos saudáveis gozadores e dos enfermos irreverentes e revoltados.

Os diversos comboios espirituais continuavam a trazer entidades recolhidas, as mais difíceis, endurecidas, sintonizadas com as malhas da ignorância, para as quais nunca fizera sentido a mais simples advertência a respeito de suas transformações morais.

Espíritos que carregavam neles as marcas dos próprios equívocos, e as características fluídicas daqueles que já não poderiam mais permanecer junto dos encarnados, nos processos de renovação da humanidade.

Por todas as maneiras e formas, caminhos e mídias, a palavra esclarecedora que convocava ao trabalho da última hora fora entoada e continuava a sê-lo. No entanto, mais do que entendê-la como algo sério, a maioria a ridicularizava, descrente das coisas elevadas do Espírito pelo entorpecimento de suas almas, acostumadas ao intenso gozo das coisas da matéria. Escutando as palavras de sacerdotes, pastores, monges, religiosos de todos os tipos, boa parte deles mais interessada nos bens materiais de seus fiéis, os diversos seguidores de religiões se deixavam afastar da essência dos conteúdos profundos encontrados nas palavras de Jesus, reduzindo a religião ao formalismo social e à prática interessada na solução de problemas materiais.

Sem maior profundidade de análise, a maioria descria simplesmente ou o praticavam de maneira superficial ou mística, buscando solução para problemas que eles próprios haviam engendrado.

As portas da Arca já estavam em adiantado estágio de fechamento, de maneira que muitos estariam impedidos de nela penetrar. E diferentemente do que falavam as antigas escrituras, já não se tratava mais de um navio de madeira. Agora, a verdadeira Arca era o próprio Planeta, e os que se candidatassem a nela permanecer, deveriam demonstrar a disposição através da mudança de suas vibrações pela alteração dos interesses imediatos e pela renovação de condutas.

Dores e dificuldades em avalanche aterradora surpreenderiam os gozadores e preguiçosos que, então, correriam a todas as igrejas com promessas de última hora e orações desesperadas, todas elas insinceras e motivadas, apenas, pelo temor.

Perceberiam, no entanto, que as portas da grande Arca Terrena já não mais estariam abertas para esse arrependimento improvisado, sem base na modificação sincera e na adesão do Espírito a novos valores.

Tragadas pelas circunstâncias, têm sido milhões de almas retiradas das zonas umbralinas e do seio dos próprios encarnados, aquelas sobre cuja fronte se encontra a marca da indiferença, do atraso, da inadequação para a nova ordem.

E era triste de se ver o oceano humano deslocando-se em massa de um lado para o outro, ora fugindo do calor ora do congelamento, suplicando um pouco de água ou se agarrando com o propósito de se aquecerem.

Nada disso, no entanto, alterava o estado mental de cada um, já que suas vibrações, hipnotizadas pela constante indiferença para com a elevação e a melhoria de sentimentos, fazia deles algozes uns dos outros. Verdadeiras feras que se mordiam, se violentavam, estabeleciam domínios pela agressividade com que defendiam seus limites, demonstrando que, não importava onde estivessem, seriam sempre os mesmos.

Nada de arrependimento, nenhum impulso de humilhação diante das próprias culpas. Somente revolta, blasfêmia e maldades espalhadas por todos os lados.

***

Jerônimo e Adelino, enviados de Bezerra de Menezes, continuariam no aprendizado e na avaliação de alguns casos, para que tais ensinamentos pudessem alertar os vivos a respeito do que os aguarda nos testemunhos da existência, preparando-os para o processo seletivo que já está em andamento há muitas décadas e que se acelera ainda mais nos momentos presentes.

10

PEIXOTO, O MATERIALISTA

Lucas, 16, 1-13

E dizia também aos seus discípulos: Havia um certo homem rico, o qual tinha um mordomo; e este foi acusado perante ele de dissipar os seus bens.

2   E ele, chamando-o, disse-lhe: Que é isto que ouço de ti? Dá contas da tua mordomia, porque já não poderás ser mais meu mordomo.

3   E o mordomo disse consigo: Que farei, pois que o meu senhor me tira a mordomia? Cavar, não posso; de mendigar, tenho vergonha.

4   Eu sei o que hei de fazer, para que, quando for desapossado da mordomia, me recebam em suas casas.

5   E, chamando a si cada um dos devedores do seu senhor, disse ao primeiro: Quanto deves ao meu senhor?

6   E ele respondeu: Cem medidas de azeite. E disse-lhe: Toma a tua obrigação, e assentando-te já, escreve cinquenta.

7   Disse depois a outro: E tu, quanto deves? E ele respondeu: Cem alqueires de trigo. E disse-lhe: Toma a tua obrigação, e escreve oitenta.

8 E louvou aquele senhor o injusto mordomo por haver procedido prudentemente, porque os filhos deste mundo são mais prudentes na sua geração do que os filhos da luz.

9 E eu vos digo: Granjeai amigos com as riquezas da injustiça; para que, quando estas vos faltarem, vos recebam eles nos tabernáculos eternos.

10 Quem é fiel no mínimo, também é fiel no muito; quem é injusto no mínimo, também é injusto no muito.

11 Pois, se nas riquezas injustas não fostes fiéis, quem vos confiará as verdadeiras?

12 E, se no alheio não fostes fiéis, quem vos dará o que é vosso?

13 Nenhum servo pode servir a dois senhores; porque, ou há de odiar um e amar o outro, ou se há de chegar a um e desprezar o outro. Não podeis servir a Deus e a Mamom.

* * *

Quem visse aquele homem de aparência respeitável, abeirando-se dos sessenta anos, o tomaria como a expressão do bom senso e do equilíbrio espiritual. Conhecedor da doutrina espírita há mais de três décadas, trabalhava no núcleo religioso conduzido por Ribeiro, como médium, quase pelo mesmo tempo. A postura segura, o falar pausado e o semblante austero impressionavam os circundantes que, mais do que a qualquer outro, prestavam-lhe especial atenção às palavras e opiniões.

Peixoto, entretanto, não correspondia no íntimo ao que a superfície das aparências indicavam.

Jamais estivera completamente integrado aos planos espirituais superiores na execução da Vontade Divina através do veículo mediúnico.

Era das pessoas, como milhares há por aí, que julgava que a

vida era um conjunto de compartimentos isolados uns dos outros, de cuja reunião se compunha o conjunto, como um joguinho de peças de montar.

Por isso, não via o trabalho de elevação espiritual como algo a ser exercitado em todas as horas de seu dia, nos lugares onde estivesse e com todas as pessoas com quem convivesse.

Interessado nos ganhos materiais e viciado pela satisfação do conforto que buscara, inicialmente para si e mais tarde para a prole, Peixoto acreditava que a hora de ser médium era aquela especificada nas previsões do trabalho espiritual da instituição dirigida por Ribeiro e Jurandir.

Fora do Centro, pautava seu comportamento segundo os interesses imediatos, atrelados aos ganhos e conquistas que tanto o envaideciam como homem bem sucedido.

Apresentava-se com esmero e apuro, cuidando da aparência porque sabia que o mundo valorizava o exterior acima de tudo e, com uma boa figura, conseguiria bons relacionamentos.

Nas atividades comerciais e negociais onde se desenvolvia, Peixoto primava pela astuciosa inteligência, sabendo calcular as perdas e os ganhos da transação com a rapidez de uma máquina moderna, conseguindo tirar de seus negócios lauta fatia de lucros que não corresponderiam, tão somente, ao justo quinhão que lhe caberia.

Peixoto, no entanto, não trazia nenhuma preocupação de consciência, uma vez que, apesar do cristianismo espírita em cujo barco se metera há tantos anos, partilhava da convicção de que o centro espírita era o centro e o mundo era o mundo.

– A gente não nasceu no centro espírita. A gente vai lá pra ajudar os espíritos, pra recebê-los como médiuns, pra fazer a nossa parte de caridade, cumprindo nossa obrigação. No entanto, depois, a gente tem de voltar para casa, onde nos esperam as tarefas do abastecimento, as necessidades do vestuário, a conta de água, de luz, de telefone, os vazamentos do encanamento, o gás, a gasolina do automóvel, os bancos que cobram, tudo isso precisa ser enfrentado e não serão os espíritos que vão pagar nossas contas – argumentava ele consigo mesmo, repetindo estes conceitos à boca pequena, sempre que algum interessado em esclarecimentos se acercava dele trazendo a discussão religiosa para o terreno da sobrevivência, no eterno conflito entre os ensinamentos do Evangelho e as ambições na vida pessoal.

O mentor espiritual da instituição, Ribeiro, bem conhecia os modos estranhos de Peixoto, mas, sem desejar pressionar o velho cooperador, observava o pouco desenvolvimento de suas faculdades mediúnicas, sempre predispostas apenas a um tipo de uso, aquele que favorecia a comunicação de entidades infelizes, espíritos agressivos, entidades desencarnadas ainda muito presas à matéria e aos bens do mundo.

Parecia que os dirigentes invisíveis tentavam auxiliar Peixoto a despertar para as responsabilidades mais profundas do viver, colocando ao seu redor entidades sintonizadas a interesses iguais aos dele ou, como acontecia muitas vezes, permitindo que os Espíritos que se imantavam ao médium durante seus trabalhos diários trouxessem sua palavra através daquele mesmo indivíduo que obsediavam.

Nada, no entanto, parecia fazer Peixoto modificar seu caráter infantil para as coisas do espírito.

Às reuniões mediúnicas, comparecia com sincero desejo de entregar-se ao trabalho do bem, orando, pedindo a Deus e aos seus mentores espirituais que se valessem dele para o amparo aos irmãos invisíveis mais necessitados. Ele, porém, não conseguia aumentar o teor de vibrações por estar mental e emocionalmente viciado nos compromissos inferiores dos ganhos e dos interesses pessoais.

Inúmeras vezes, suas orações mais secretas eram súplicas aos Espíritos para que seus negócios fossem bem sucedidos ou para que os planos de investimento que fazia conseguissem o sucesso almejado.

Assim, logo que se acercaram de Peixoto para o início da avaliação, Jerônimo e Adelino o encontraram em seu gabinete de trabalhos diários, em meio a contratos e títulos, queimando os neurônios para solucionar a difícil situação financeira na qual se encontrava comprometido.

Precisava fazer frente a um problema financeiro decorrente de um malsucedido investimento. Como Peixoto não se mantinha vigilante o tempo todo, as proteções espirituais dos mentores amigos não lhe podiam ser eficientes fora dos estreitos limites do horário de trabalho espiritual na instituição espírita que frequentava.

Fora do centro, o esperavam as entidades inferiores em sintonia com suas volúpias lucrativas, tanto quanto os seus adversários que, conhecendo-lhe o caráter tíbio e interesseiro, conspiravam para levá-lo à miséria, recolhendo o efeito doloroso dos inúmeros ganhos ilícitos conseguidos sobre a ingenuidade ou a menor astúcia de outros homens, prejudicados em seus interesses econômicos e empobrecidos pelas perdas que sofreram.

Espíritos que se indignavam com a conduta de Peixoto ao ferir ou tomar o patrimônio e as esperanças de outros se irmanavam para fazerem-no perder tudo o que conseguira amealhar valendo-se dessa perigosa estratégia negocial.

E como Peixoto era fácil de ser estimulado aos voos ambiciosos, haviam se unido tais entidades para criar em seus pensamentos as ilusões vantajosas de lucros exorbitantes em negócio aparentemente sem riscos, mas que, em verdade, corresponderiam a um profundo golpe em suas finanças, aproximando-o da definitiva ruína.

As alterações do cenário econômico, as modificações do panorama favorável, a supressão de facilidades financeiras com o fim de incentivos oficiais combinaram repentinamente para que o empresário se visse, da noite para a manhã, transformado em um devedor com dificuldades para saldar o montante dos prejuízos.

Peixoto conhecia todo aquele cenário trevoso e, por isso, estava envolto em papéis, buscando organizar uma nova estratégia para sair do apuro.

– Não posso parecer desesperado – pensava ele consigo mesmo. Nada pode transparecer que estou nesta situação porque, se isso for descoberto, ninguém será capaz de me emprestar. Preciso captar recursos urgentemente, sem os quais a falência será inexorável.

Acompanhando seus pensamentos, Jerônimo e Adelino observavam, como aprendizes da escola da vida, o mecanismo de comportamento que os homens utilizam para, com a desculpa da necessidade, mais e mais se afundarem no pântano dos compromissos morais.

– Vou falar com o Vieira. Ele é muito bem relacionado e me deve alguns favores. Afinal, eu o levei ao centro espírita quando estava com problemas. Depois que melhorou, o safado nunca mais apareceu, mas, como sempre me diz, tem uma dívida comigo. Quem sabe não está na hora de me honrar, pagando-me o favor que lhe fiz. Isso mesmo... vou visitá-lo. Certamente saberá me encaminhar às fontes de dinheiro que tanto necessito, isso se ele próprio não estiver disposto a me ajudar, devolvendo-me a gentileza. Ah! Tenho também o Alceu. Sei que ele está passando por problemas familiares com a iminente separação da esposa. Cheio de dinheiro a não ter mais onde guardar, está numa disputa financeira com a mulher, que o deseja ver infelicitado com a perda da metade de seu patrimônio num processo de separação judicial. Ele me havia pedido um conselho e, nessa circunstância, será muito interessante que eu o leve pessoalmente aos trabalhos no centro espírita. Desse jeito, receberá o apoio dos amigos invisíveis que o atenderão em suas necessidades, vai ficar me devendo um favor e, grato por lhe ter prestado solidariedade, certamente se inclinará a me auxiliar neste transe difícil.

Em nenhum momento se observava nele a percepção da consciência que lhe falava da impropriedade de negociar com as coisas de Deus. Nem o que aprendera no Cristianismo Espírita era suficiente para frear-lhe os impulsos mercantilistas de mesclar Jesus com as vantagens do mundo. Vendo o seu estado de desequilíbrio, Jerônimo, apoiado pelo amigo Adelino, aproximou-se do médium invigilante e, impondo-lhe as mãos sobre a fronte, transmitiu-lhe uma carga de energias calmantes ao mesmo tempo em que Adelino lhe falava, suavemente, ao ouvido espiritual aguçado:

– Peixoto, por que você não ora, meu filho?

A energia de Jerônimo somada à intuição de Adelino recaíram sobre o pobre homem como luz que se projeta no abismo. Envolvido por tais eflúvios, Peixoto recostou-se na cadeira, como que tocado por uma ideia diferente, que lhe surgisse de dentro de si mesmo. Parecia que ele próprio estava pensando.

– Orar... orar... – repetindo para si mesmo a intuição recebida, sem imaginar que se tratava, em verdade, da sugestão nascida de amigos invisíveis, que tentavam alertá-lo amorosamente para que procurasse outras maneiras de agir.

Ao mesmo tempo, entidades inferiores que se colavam ao seu psiquismo, envolvendo-o, e que não percebiam a intercessão superior, notando o pensamento diferente a brotar de seu cérebro, alvoroçaram-se no intuito de desacreditar a sugestão do Bem.

– Que oração que nada. Se oração resolvesse, você não estaria nessa situação. Afinal, não é você que vai ao tal centro espírita duas vezes por semana orar? E onde estavam os seus anjos que não o alertaram sobre os perigos do negócio nem impediram que você concretizasse tão estapafúrdios investimentos? Deixe de besteiras, homem. Você mesmo fala que reza é no centro espírita e negócio é no mundo. Deus não vai fazer chover dinheiro na sua conta como fez cair o Manah do céu para os hebreus no deserto...

Eram pedradas vibratórias que repercutiam na acústica de Peixoto, combatendo em sua mente invigilante as sugestões amorosas do Bem.

– Deus é o mais rico de todos os banqueiros, Peixoto – continuava falando Adelino. Por que não recorrer à sua ajuda, ao seu conselho sábio? Não que o dinheiro que você necessita venha a surgir à sua frente. No entanto, a ajuda divina chegará por outros caminhos.

Dando-lhe forças para não errar mais, amparando seus esforços para diminuir os prejuízos, ajudando-o a sanar suas finanças sem causar maiores danos aos outros...

As advertências espirituais traziam-lhe a noção da responsabilidade de quem administra um patrimônio divino e que, por isso, precisa despertar para o mundo da Verdade. Chega sempre o dia em que as ilusões acabam, os sonhos quebram os espelhos da mentira e cada um deve aprender a crescer por si próprio. E essa era a intenção dos dois amigos espirituais, notadamente por ser ele conhecedor das leis espirituais e sabedor dos compromissos negativos que a malversação de bens e recursos produz na vida de quem assim se permite viver.

Nada do que Adelino sugeria, entretanto, era o que Peixoto estava buscando encontrar.

– Você precisa mesmo é de um amigão que o ajude com dinheiro. E se essa tal mediunidade serve pra alguma coisa mesmo, meu amigo, é pra você aproveitar a maré favorável e ajudar quem poderá lhe ajudar. Essa é a lei da vida. Afinal, não foi um santo que disse que era DANDO QUE SE RECEBIA?

A ação das entidades inferiores reforçava em Peixoto os hábitos de negociante, que carregava no espírito o constante interesse de obter alguma vantagem de tudo o que fazia. Mesmo suas amizades espíritas e suas conversas sobre a doutrina com certas pessoas era movida pelos possíveis ganhos e ligações favoráveis que construiria para si mesmo.

– Afinal, ninguém conhece o dia de amanhã, não é? E tem sempre algum amigo rico que poderá ficar impressionado com minha capacidade mediúnica e, assim, me facilitar com uma aproximação positiva. Aliás, já consegui vender muita casa pra gente que levei ao centro espírita e que, desde então, passou a acreditar nos bons fluidos que me envolvem e na proteção que, certamente, possuo – era esta a resposta mental que Peixoto dava a esse conflito de ideias que, entre o Bem e o Mal, procuravam salvá-lo de maiores desgraças ou, ao contrário, tentavam acelerar a sua queda e sua perdição definitivas.

Jerônimo e Adelino se afastaram, conformados com a ausência de afinidade entre o médium e os bons conselhos e, assim, retomaram a observação de um Peixoto que, dando espaço aos seus velhos métodos, incorporara a mediunidade aos seus planos estratégicos usando-a para se fazer importante a outros ricos, em busca de vantagens na ciranda dos interesses materiais.

O médium faria tudo de maneira muito sutil, delicada e sem a aparência de negócios. Ganharia a confiança de Alceu, demonstrando-lhe solidariedade e preocupação para, logo mais, poder contar com a solidariedade do amigo rico. Ninguém poderia acusá-lo de nada. Tudo seria uma troca interessante para ambos.

Não percebia, o pobre homem, que a responsabilidade mediúnica estava na dependência de outros homens conhecerem ou não suas verdadeiras intenções.

Espíritos de todos os tipos estavam a par de seus planos e, tanto para piorar-lhe a situação quanto para tentar ajudá-lo a não cair nesses patamares inferiores, desdobravam-se para influenciá-lo.

Por fim, colocando uma pedra sobre os pruridos virtuosos que se levantavam para tentar acordá-lo, disse para si mesmo:

– É isso aí, sim. Não são os espíritos que pagam as minhas contas. Sou eu próprio. Ademais, que mal há em se fazerem amigos? E que esses amigos sejam ricos? Estarei, isso sim, fazendo a caridade de encaminhar Alceu ao centro espírita, para que receba uns passes, uma palavra de esclarecimento e se fortaleça moralmente. Não é isso que a gente aprende no Evangelho? E quanto a Vieira, este já está cevado. Certamente haverá de me ajudar com algum polpudo cheque. Depois de resolver o meu problema depositando em minha conta, pagarei o amigo em algum "agosto"... a gosto de Deus... afinal, o safado foi ajudado pelos espíritos e nunca devolveu a ajuda que recebeu. Agora chegou o momento apropriado de restituir algo do muito que já se beneficiou... Há! Há! Há!

Pobre Peixoto, que não sabia a quem servir... se a Deus ou se a Mamon, nem se recordava de que precisaria prestar contas ao Senhor quando de sua volta. Nem se via como um mordomo a quem as contas seriam pedidas. Esquecia-se de que o Dono da Casa voltaria e o surpreenderia naquele comprometedor estado de alma.

Deixando o médium entregue a si mesmo, envolto pela chusma de entidades vingadoras, Jerônimo e Adelino demandaram visitar a outra irmã que lhes competia encontrar para os estudos que vinham realizando.

11

GERALDA

Depois de terem-se surpreendido com as vibrações de Peixoto, que lhes forneceu amplo material para estudos e meditações, foi a vez de os dois visitadores espirituais acercarem-se de Geralda, trabalhadora da casa espírita que, em verdade, possuía pouca noção dos deveres espirituais e afetivos diante das coisas de Deus.

Não era trabalhadora da mediunidade ostensiva, mas servia em diversas áreas da instituição como voluntária para os trabalhos gerais e para algumas reuniões mediúnicas como doadora de energias. Jovem e bem disposta, carregava bem escondidos diversos emocionais.

Diferentemente de Peixoto, Geralda não tinha preocupações com dinheiro, investimentos e influências materiais sobre seus amigos.

Iludida com o mundo, acreditava que poderia conciliar os dois estilos de vida, vivendo com os pés em duas canoas.

Dentro do Centro Espírita, sua conduta parecia a de uma pessoa normal, realizando as tarefas que lhe cabiam. No entanto, numa singela análise do seu padrão mental e vibratório, os trabalhadores do mundo invisível identificavam com muita facilidade suas preocupações reais, totalmente vinculadas às aparências do mundo. Seus pensamentos demonstravam seu apego à beleza física, às roupas e berloques que lhe serviam de ornamentos provocadores, estando sempre voltados para a "sua figura", como ela mesma gostava de se qualificar, imaginando que o mundo era um palco no qual todas as pessoas se apresentavam ostentando a melhor aparência com a qual conseguiria se fazer notar e ser admirada pelos outros, o que a fazia escolher roupas e posturas adequadas a ressaltarem as suas qualidades físicas de maneira mais chamativa.

Geralda se esmerava em combinações de roupas, em trejeitos estudados, em observar as outras pessoas e estabelecer julgamentos fulminantes sobre suas potenciais concorrentes, já que olhava para as outras mulheres como suas opositoras.

Disciplinada nas aparências, jamais comentava essas ideias pessoais no interior da instituição, apesar de trazer a alma contaminada, como a de Peixoto, por sua ligação com as coisas de Mamon, preferindo-as em lugar de se vincular aos modos simples ensinados pelo Evangelho de Jesus.

Visitando sua casa, Jerônimo e Adelino puderam acompanhar suas rotinas e visualizar seus pensamentos mais secretos.

– Hoje é dia de reunião. Será que o Aloísio estará lá? Ah! Que pedaço de rapaz. Disseram que é noivo – seguia pensando Geralda, consigo própria, sem imaginar que estava sendo estudada por amigos espirituais – Que me importa isso? Quanta gente não mudou de ideia na última hora, não é mesmo, Geralda? Não posso perder a oportunidade de me mostrar um pouquinho para o olhar curioso do pretendido. Homem é sempre homem...

Jerônimo e Adelino se entreolhavam, compreendendo num relance quais eram as intenções mais profundas da "trabalhadora de Jesus".

Procurando ajudá-la na modificação de seus pensamentos, Adelino acercou-se e cochichou em seus ouvidos espirituais:

– Geralda, é preciso elevar o pensamento e purificar nossas intenções. Aloísio é um trabalhador dedicado que está lutando contra suas próprias fraquezas e emoções desajustadas. Não é adequado que você se torne pedra de tropeço no caminho de nosso irmão.

Recebendo o impacto daquelas palavras de alerta, ao invés de assimilá-las como devia ou seria adequado supor, Geralda logo emendou:

– É, só tenho que tomar cuidado é com o Sr. Jurandir. O homem vive me observando e já me chamou a atenção duas vezes, apontando minhas roupas como inadequadas para o trabalho. Está me marcando e, por isso, não posso dar moleza. O homem é velho, mas tem um olho que só ele. Fiscaliza tudo. Tenho que continuar tecendo minha teiazinha para atrair o "pedação". Sei que Aloísio gosta de pernas... já o vi observando, com seus olhares compridos, várias moças que chegaram para a reunião... hoje, darei um jeito de conferir o interesse dele pelas minhas. Vou usar um vestido comprido, mas vou dar um jeito de subi-lo um pouco para ver até onde ele se controla. Só tenho que tomar cuidado com o Sr. Jurandir.

De nada adiantaram as advertências dos amigos invisíveis que desejavam renovar-lhe os pensamentos, soprando um pouco de respeito e responsabilidade em sua consciência doidivanas.

Geralda não assimilava nada que contrariasse a sua intenção de encontrar um companheiro, já que sua dor mais aguda era a de todas as suas amigas terem conseguido constituir família junto de companheiros enquanto que ela, solteira, amargava o título de "encalhada", estando na última posição na fila do altar, o que feria seu orgulho de mulher, além de aumentar a inveja da felicidade afetiva dos outros.

Não imaginava que sua situação era acompanhada de perto, não apenas por Jerônimo e Adelino, mas, igualmente, por diversos espíritos que, em outra existência, haviam sido afetivamente ludibriados pela conduta traiçoeira e falsa da moça.

Astuta cultivadora do prazer, a hoje trabalhadora espírita havia sido perversa comerciante das emoções a serviço de antiga corte espanhola no século XVIII, arrebatando os homens para obter de informações importantes ou, simplesmente, para esbanjar sua beleza sobre a das outras mulheres, o que lhe garantiria a vitória na competição pelos melhores partidos de seu tempo, da mesma forma que o ódio das mulheres de seu ambiente social.

Semeando sua trajetória com espinhos e lágrimas, ódios e destruições, granjeou incalculável número de perseguidores e, premida pelo avantajado volume de débitos, solicitara uma nova chance de regressar ao mundo através do renascimento em condições de resgatar seus antigos equívocos. Requereu a nova experiência para que fosse fustigada pela beleza física e resistisse às tentações de mergulhar nas mesmas condutas perigosas do passado. Agora seria chamada à disciplina afetiva através da renúncia à vida familiar, a mesma que não soube respeitar e proteger em decorrência dos inúmeros casamentos que arruinou no passado.

Renascera com o compromisso do isolamento afetivo, mas, sem recordar-se dos verdadeiros motivos, se revoltava por não conseguir companheiro sincero, precisando defender-se contra os muitos que desejavam usá-la sexualmente, aproveitando-se de seu corpo bem torneado.

Sua solidão tinha raízes no passado, mas também sofria o assédio psíquico das almas que haviam sido prejudicadas por ela, que se empenhavam no afastamento dos possíveis candidatos ao matrimônio.

Pelo mesmo motivo, tais entidades procuravam estimular os interesses masculinos, tocando-lhes a tecla do prazer e do desejo, insinuando em seus pensamentos a ideia de se aproveitarem da beleza física da jovem, frustrando-lhe o sonho da união.

Candidatos a amantes havia por todo o lado. Mas voluntários para o casamento, nenhum.

Ao saber que Aloísio era noivo, seu interesse se acendeu, porque isso indicava que se tratava de um rapaz disposto a assumir o relacionamento com o desejo de casamento.

Mas o que era pior em Geralda, na visão dos amigos espirituais, era o fato de que ela não estava aproveitando as lições espirituais que escutava, para melhorar-se nem para aperfeiçoar a qualidade de sua doação no trabalho do Bem, através dos quais auxiliaria os perseguidores com seus bons exemplos e os evangelizaria para que abdicassem do desejo de vingança.

Tanto ela se transformaria quanto ajudaria seus inimigos a modificarem seus intentos vingadores.

Não obstante tais condições favoráveis, a jovem malbaratava sucessivas oportunidades, perdida em pensamentos inadequados que faziam ainda mais fortes o antagonismo e o desejo de revide de seus perseguidores.

Geralda não se alterava pelos padrões do Evangelho. Andava com amigas levianas a quem criticava pelas costas logo depois de vê-las distantes, no intuito de denegrir toda e qualquer mulher a quem continuava vendo como adversárias. Odiava a concorrência e via em cada uma um perigo em potencial.

Sua alma, infelizmente, era um poço de podridão em pensamentos e sentimentos, totalmente distanciada das realidades sinceras do trabalho do Bem.

Apesar disso, imaginava-se muito bem escondida e camuflada na conduta aparentemente séria que mantinha nas horas dedicadas ao trabalho do Cristo no interior da instituição religiosa.

Fora dela, seguia espancando seus irmãos de humanidade, acreditando que o patrão jamais chegaria e nunca lhe pediria contas.

Jerônimo e Adelino permaneceram com ela durante todas as horas que antecediam a sua chegada ao centro espírita.

Geralda pensava, como o fazem muitos trabalhadores despreparados, que estaria realmente a serviço do Bem somente quando chegasse ao Centro Espírita para a reunião da noite. Por isso, nenhuma oração, nenhum preparo prévio para as tarefas que a esperavam, nenhum esforço de se sintonizar com os amigos espirituais que, certamente, se acercariam dela, como doadora de fluidos, bem antes do início da tarefa.

Por sua invigilância, não foi possível aos amigos espirituais protegê-la do assédio volumoso de entidades inferiores que a envolviam, manipulando suas ilusões e infundindo-lhe ainda mais fogo na excitação da conquista do rapaz comprometido.

Seu pensamento vagava ao léu, sempre ao sabor das imagens mentais que as entidades perseguidoras projetavam, fustigando a sua carência afetiva com as promessas de ventura conjugal.

Geralda viajava na esperança de felicidade ao lado de um príncipe, sem atentar para as responsabilidades de equilíbrio e perseverança no Bem.

Chegava ao centro espírita como uma obsediada comum, inconsciente de que era tão ou mais necessitada do que as pessoas que recorriam às orações da instituição, ou do que as próprias entidades que a acompanhavam e, lá mesmo, seriam ajudadas.

Ribeiro conhecia seus problemas pessoais em decorrência de sua história de vida e das características de sua personalidade esvoaçante e sonhadora e, como Dirigente Espiritual, compreendia seus motivos e tentava ajudá-la. No entanto, não possuía maneira mais eficaz de despertá-la do que permitir que ela escutasse esses mesmos espíritos que a perseguiam, que, usando da boca de outros médiuns, poderiam dar testemunhos vivos para o seu aprendizado pessoal.

Sentir as sensações desagradáveis que a acompanhavam bem como escutar as acusações diretas e saber que tais espíritos se afinizavam com suas condutas poderia ser a vacina que promoveria a sua melhora.

Ribeiro também sabia que, no seu grau de desequilíbrio, Geralda caminhava perigosamente no rumo do desajuste e da fuga do dever, o que redundaria no seu natural afastamento dos trabalhos espirituais, a não ser que aceitasse permanecer como doente em tratamento, afastada das tarefas diretas da instituição até que se reencontrasse, modificando o padrão de seus pensamentos e intenções.

Ribeiro jogava as últimas cartadas no "caso Geralda", procurando trazer a pobre moça à realidade para favorecer-lhe a recuperação do discernimento. Quem sabe, mais tarde, com o amparo do mundo espiritual e depois de afastadas as entidades perseguidoras, empregando renúncia e resignação humildes, conseguisse angariar mérito adequado à constituição de uma família ao lado de um amor de verdade.

Por enquanto, esse direito ainda não havia sido conquistado, porque a Geralda de hoje era muito pouco diferente da Izabel que havia sido na Espanha do século XVIII.

Geralda chegou ao centro espírita sem imaginar que todos os espíritos amigos sabiam de seus planos ardilosos visando os objetivos destruidores da felicidade alheia, tendo tentado disfarçar suas intenções sob roupas discretas.

Estava pronta para o jogo, esperando a hora de começar a dar as cartas.

Não tardou para que o horário se fizesse adequado ao início dos avisos, enquanto a pobre moça se inquietava com a ausência do bom partido que ainda não havia chegado.

Os avisos prosseguiam e nada de Aloísio aparecer.

Desculpando-se com a necessidade de ir ao toalete, Geralda saiu de seu lugar para conferir melhor os que estavam sentados no salão público da instituição.

Depois da palestra da noite, os trabalhadores se encaminhariam às tarefas diversas dispersando-se o público, cada qual em direção às classes de estudo ou ao serviço do passe magnético.

– Onde será que está o meu querido? – pensava, agoniada. Não pode fazer isso comigo. Eu me arrumei toda para ele. Não poderei ficar sem encontrá-lo hoje. Ai, meu Deus, me ajude... Traga o Aloísio até mim...

O tempo, no entanto, passava e o rapaz não aparecia. Geralda se irritava por dentro, mas sem perder a boa postura do lado de fora. Regressou ao lugar costumeiro e tentou acalmar-se, apesar de estar sempre de olho na porta de entrada do salão, fiscalizando cada um que chegava.

Poucos instantes antes de fecharem a porta de entrada, como

costumava acontecer nas noites de trabalhos públicos, a aflição de Geralda se dissipou e um brilho estelar brotou de seus olhos.

À porta do salão, finalmente, chegara o objeto de seu ardente desejo.

Aloísio se posicionara na entrada para a alegria da emocionada pretendente.

Geralda teve um sobressalto que, a custo, conseguiu conter.

Seu coração disparou, suas mãos começaram a suar, sua respiração se tornou mais ofegante, e todo o seu organismo reagia como uma máquina pronta para entrar em ação.

Os espíritos amigos que a tudo acompanhavam, mantinham-se a postos para ajudar em seu equilíbrio emocional e vibratório, já que estas emoções descontroladas poderiam ser muito prejudiciais ao andamento do tratamento fluídico que lhe era dispensado.

Adelino e Jerônimo se somaram à equipe de trabalhadores espirituais naquela noite, acomodando o grande contingente de espíritos infelizes e revoltados que acompanhavam a jovem.

Geralda, no entanto, nem de longe sonhava com o trabalho que estava dando aos seus protetores e aos servidores da casa. Só pensava em seu desejo de conquista, habilmente ocultado dos olhares dos vivos, mas cinematograficamente estampado aos olhares dos "mortos".

Ribeiro se aproximou dos outros servidores invisíveis da casa que estavam se ocupando dela e avisou:

– Irmãos, estejam atentos, porque o choque maior vai acontecer daqui a alguns instantes. Mantenham-se atentos para que o desequilíbrio de Geralda possa ser contido de forma eficiente e sem maiores danos nervosos.

Adelino e Jerônimo trocaram olhares indagadores, advertidos pela palavra prudente do diretor espiritual do grupamento e elevaram-se em preces para que suas energias se mesclassem também às dos demais servidores devotados da casa espírita.

Geralda, até aquele momento, era tomada pela emoção do reencontro com o ser cobiçado, da ilusão de conquistá-lo, da saudade reprimida, do desejo de mulher.

Mal sabia ela, no entanto, que Ribeiro, buscando o tratamento de choque tão indispensável em casos como esse e visando sua recuperação através da dor moral que desperta a alma, trabalhara no sentido de que, naquela noite, Aloísio comparecesse ao centro espírita acompanhado, pela primeira vez, da noiva Márcia, moça de grande beleza e simpatia, rival muito superior à própria Geralda.

Aloísio se mantinha à porta, aguardando a chegada da noiva, que havia se atrasado nas providências de desligar o telefone celular que carregava normalmente em sua bolsa.

Foi somente aí que, abrindo passagem com cavalheiresco gesto, Aloísio permitiu que Márcia penetrasse o salão, endereçando-se ambos para cadeiras vazias que se encontravam mais ao fundo, de onde poderiam escutar a palestra da noite.

Num átimo, Geralda se viu fulminada pela realidade.

Suas esperanças estavam em choque, atingidas pelo duro golpe e transformadas numa mescla de ódio e inveja, carregando todo o seu potencial destrutivo numa saraivada de maus pensamentos, impropérios mentais, exortações chulas, promessas de vingança, num terrível descontrole próprio de quem, vivendo na superfície de si mesma, ainda não se habilitara para as lutas reais do novo mundo contra o velho.

As tormentas vibratórias repercutiam à sua volta como uma tempestade elétrica que as entidades amigas, a muito custo, conseguiam neutralizar, procurando diminuir os danos à própria médium e à delicada tessitura de sua sensibilidade.

Geralda não sabia se odiava o rapaz ou a moça, ou os dois ao mesmo tempo. Se desistia da aventura de conquista pelo balde de água fria que recebera ou se, estimulada por ele, ainda mais se obstinava na luta, como desafio para seu ego feminino. Destruir a noiva, tomar-lhe o rapaz, caluniá-la anonimamente, inventar mentiras a seu respeito, fazer-se de amiga para penetrar-lhe a intimidade e recolher informações para melhor planejar seus futuros passos, tudo isso passava pela cabeça da infeliz mulher.

Sabia-se em desvantagem diante de Márcia. Mas isso só aumentava o desafio de conseguir frustrar aquele relacionamento, provocando o interesse de Aloísio, mesmo que para isso usasse os instrumentos de sedução que ela tão bem conhecia, por já fazerem parte de sua personalidade de outras vidas.

Todas estas ideias eram a matéria-prima de suas cogitações desesperadas.

E numa mistura de raiva e decepção, frustração e tristeza, humilhação e cansaço, Geralda entregou-se às lágrimas enquanto o palestrante falava sobre o tema da noite.

Chorou em silêncio durante boa parte da exortação da Boa Nova.

Terminada a reunião, Aloísio, a noiva e os demais frequentadores saíram em silêncio, permanecendo no recinto, apenas os trabalhadores do serviço mediúnico.

Observando-lhe o estado abalado, Jurandir, o dirigente encarnado da instituição, acercou-se dela perguntando se estava em condições de ser útil naquela noite.

Foi quando, demonstrando todo o despreparo para encarar a si mesma diante das indispensáveis transformações, continuando a preocupar-se apenas com as aparências, saiu-se com esta:

– Não se preocupe comigo, Sr. Jurandir. Emocionei-me muito com as palavras do orador da noite, que me tocaram profundamente a alma!

Mal supunha o dirigente, que Geralda não saberia dizer nem mesmo qual havia sido o tema da palestra.

12

DÚVIDAS E ORIENTAÇÕES

Regressando aos trabalhos espirituais que se realizavam na casa espírita, horas depois que todos os seus membros encarnados se haviam retirado, encontravam-se reunidos Ribeiro, os vinte e quatro encarnados afastados temporariamente de seus corpos, entre os quais Jurandir, os médiuns conscientes do trabalho de amparo aos inúmeros necessitados da alma, além de Jerônimo e Adelino. Estes últimos, atendendo ao pedido de Ribeiro, teciam observações sobre o aprendizado obtido na convivência com aqueles que haviam sido visitados.

Tocando o assunto diretamente, Ribeiro indagou, amistoso:

— E então, meus amigos, puderam ter, nestas rápidas visitas, uma pálida ideia dos problemas gerais que temos de contornar todos os dias?

— Sim, Ribeiro, as surpresas foram muito educativas — respondeu Adelino, falando em nome do amigo e companheiro de visitação, Jerônimo.

— Muitos podem pensar que a maior carga de trabalhos de uma igreja qualquer esteja no atendimento dos desajustados que lhe busquem o amparo, dos famintos que lhe batem à porta, dos enfermos físicos ou morais que chegam em desespero, dos homens sem fé que querem resolver seus problemas com os favores divinos. Tudo isso é matéria-prima da casa de Deus, naturalmente aberta para servir de entreposto de Esperança e escola do Espírito, ensinando as criaturas como fazer para superar os problemas originados nas tristes teias da ilusão dos sentidos, das ambições desmedidas, das vaidades sem controle, dos excessos variados. Nessa faina, as casas religiosas possuem o objetivo direto, servindo como porto para os navios avariados realizarem reparos, reabastecimento, e receber novas cargas a serem transportadas para outros destinos.

Para que isso possa acontecer, as diversas agremiações doutrinárias precisam estabelecer um organograma de atividades, desenvolvendo departamentos formais ou informais, criando áreas de atendimentos específicos, objetivando dar uma dinâmica mais efetiva nas tarefas a que se proponha.

Então, supondo que estejamos em uma igreja católica, é necessário que quem esteja dentro do templo escute e compreenda a palavra do celebrante para que a cerimônia não fique prejudicada em seus objetivos de consolar os desesperados pela força da palavra evangelizadora.

Supondo que essa mesma igreja mantenha um serviço de amparo aos miseráveis e famintos, precisará possuir um local adequado onde trabalhadores receberão as solicitações de alimento, de roupa, de medicamentos e darão a solução adequada à cada necessidade. Precisará haver um local para armazenamento dos víveres, dos remédios e vestimentas, organizados de acordo com as numerações, as necessidades alimentares e as doenças principais, facilitando o atendimento rápido e eficaz de cada necessitado que bata à porta da instituição.

No entanto, se esse trabalho pode consumir muito tempo e esforço dos próprios trabalhadores voluntários daquela igreja, no idealismo que dá vida às exortações evangélicas recomendadas nos sermões, que pensar se, entre os voluntários que lá prestam serviços, entre os próprios trabalhadores do culto, encontrássemos ladrões surrupiando os alimentos destinados aos famintos da rua? Que pensar se, entre os servidores bem postos na vida, que podem pagar consultas e adquirir remédios, encontrássemos os que desviassem as medicações destinadas aos enfermos, carregando-as para suas casas ou estabelecendo um mercado negro, sem o conhecimento do sacerdote que confia nos seus ajudantes encarnados?

Que pensarmos das atitudes mesquinhas de trabalhadores voluntários que, às escondidas do principal responsável pela igreja, transformassem o atelier de costura destinado aos humildes em uma loja para abastecer seus guarda-roupas privados, selecionando e levando para suas casas as peças em melhor estado, deixando aos pobres apenas os refugos mais andrajosos? Isso seria algo muito triste e desalentador, não é?

Pois estejam seguros que, no caso que cito como exemplo, o problema mais grave do pobre sacerdote bem intencionado, não é o povo faminto que busca seu colo de pai para encontrar lenitivo. O problema mais pungente é o da falta do idealismo sincero entre os que se candidatam ao serviço do Bem. Acostumados às trocas e aos negócios mundanos, a maioria das criaturas perdeu-se no cipoal dos interesses, não lhes pesando na consciência o fato de estarem tirando a comida da boca de miseráveis famélicos, a roupa de mendigos esfarrapados, o remédio de enfermos infelizes.

Esse é dos mais graves problemas do Cristianismo na Terra. Manter-se cristão no meio de criaturas que, em sua maioria, não amam o Cristo, os que fazem belos discursos sobre o idealismo e o amor ao próximo, mas que, infelizmente, só pensam em si mesmos.

Então, Jerônimo, Adelino, aqui também, em qualquer Casa Espírita do mundo, como casa de Deus igual a qualquer outra, defrontamo-nos com a mesma realidade, apesar de podermos contar, aqui, com um significativo número de voluntários sinceros, devotados por Amor a Jesus graças à fé raciocinada e à compreensão dos mecanismos da Justiça Divina. Isso não nos isenta, entretanto, dos casos difíceis que procuramos administrar visando, em primeiro lugar, a melhoria do indiferente. Quando isso não se torna possível, então temos de proteger o grupo a que pertencemos das mazelas que podem ser produzidas pela permanência daquele trabalhador equivocado até que, não demonstrando qualquer desejo de se emendar, acabe sendo afastado por meios naturais, evitando-se prejuízos para o todo. Como exercício da verdadeira caridade, nos compete conviver com irmãos insinceros, aproveitadores das coisas divinas, açambarcadores do Pão Celestial, negociadores do Templo da Vida, agenciadores dos Favores de Deus, sempre com o intuito de reformar suas intenções e acercá--los da Grandeza dos Valores Espirituais.

E isso acontece na fileira de todas as religiões. Em todas, encontramos pessoas que desejam servir a dois senhores.

Escutando as prudentes e precisas observações do dirigente espiritual, Jerônimo aproveitou-se de espontânea pausa e comentou:

— Realmente, suas ponderações são justíssimas. Surpreende notar o tamanho do despreparo não somente do povo que acorre à casa de Deus, mas, muito mais grave, o dos que se candidatam a ser seus servidores qualificados, trabalhando nas dependências das instituições sob a confiança de seus dirigentes encarnados e desencarnados. Ouso afirmar que, dentre os problemas evidenciados na nossa rápida visitação, quase todos estavam vinculados a desajustes na área do sexo ou da ambição. Essa constatação surpreendeu-me porquanto, em realidade, sempre aprendemos que o sexo é das mais nobres e lindas manifestações das forças superiores. Supor que criaturas sem berço e sem orientações tenham escolhido a estrada tortuosa dos prazeres desenfreados ou do cultivo da posse não é de se espantar. Mas imaginar que pessoas esclarecidas, cultas, de bom padrão intelectual e, mesmo, dominando certos conceitos religiosos importantes venham se entregando a tais desequilíbrios da mente, isso é estarrecedor.

— Sim, meu amigo. Os desajustes da afetividade induzidos pela perniciosa proliferação de chamamentos eróticos é recurso habilmente manipulado pelas forças inferiores, no intuito de manter o ser encarnado sob o jugo pesado das emoções animalizadas dos prazeres. Naturalmente que o sexo não pode ser culpado por tais desatinos, tanto quanto o gosto agradável de certos alimentos não pode ser culpado pela obesidade dos que deles abusam.

No entanto, por saberem da carência dos seres, das suas ligações ainda tão fortes e resistentes com as coisas fáceis, estas forças inferiores, que lutam as últimas lutas para manterem o domínio sobre este planeta, investem pesadamente na proliferação de tais chamamentos à consciência animalizada dos homens e mulheres de hoje, amolentados pelo exercício do prazer fácil ou pelo exercício do egoísmo que quer possuir sempre mais. Para se permitirem atuar dessa maneira, desculpam-se com as alegações de que se Deus deu ao homem esses direitos, não há crime algum em desfrutá-los. Então, o que observamos presentemente, é a ação desses espíritos na hipnose dos incautos, inoculando-lhes a pior de todas as doenças: A DOENÇA DA VONTADE.

Não ignoram vocês que a humanidade luta contra inumerável gama de enfermidades que fustigam da pele aos mais profundos recônditos do esqueleto calcário.

No entanto, o homem ainda não se apercebeu de que a vontade enfermada é a porta de entrada da maioria das doenças do corpo e do espírito. E a sociedade atual, submetida por tais conceitos imediatistas, cultiva a lei do mínimo esforço, da fraqueza do querer, da exploração de tudo o que é mais fácil e prazeroso, sem se incomodar com os efeitos negativos que isso produz a médio ou longo prazo na vida dos que assim se conduzem.

Por tais motivos, o exercício dessa poderosa alavanca do Espírito tem sido menosprezado, redundando a vida social numa constante busca de nada fazer ou de se fazer cada vez menos, almejando uma cada vez maior remuneração material pelo ócio. Malandros que se aposentam cinco vezes são vistos como heróis da esperteza, a serem imitados. Inescrupulosos que enriquecem da noite para o dia graças a golpes milionários servem de inspiração para mentes fracas na virtude, que os invejam e sonham conseguir o mesmo sucesso. Enaltecendo as facilidades do "dolce far niente", a sociedade tem adestrado seus membros a se manterem à custa de estimulantes químicos, a descobrirem novas emoções através de bebidas, a se fantasiarem com roupas e apetrechos da vaidade, a desenvolverem bem as aparências, como se um espantalho bem vestido pudesse imitar um Homem de Verdade.

Para se ser alguém que tenha consciência, que saiba o que deseja e o que fazer para que seus valores possam ser construídos, não basta ter uma roupinha bem recortada e com as cores combinando, muito menos usar joias e perfumes ao sabor das conveniências e modismos.

Como o exercício da vontade tem sido usado somente para garantir facilidades imediatas e o sacrifício seja visto como insanidade ou loucura por parte daquele que o vivencia, desenvolvemos essa sociedade que enaltece o golpismo, a falta de caráter, o aproveitamento de oportunidades e a necessidade de conquistar vantagens. Então, para dirigir os vivos, basta que os mortos manipulem sua vontade frouxa no sentido de encaminhá-la para a vivência dos prazeres mais inferiores, os que são mais gostosos e exigem menos esforço de contenção.

A técnica é muito simples: Primeiro amolentam-lhes o querer, fazendo com que não se preocupem com disciplinas desagradáveis, com contenção de seus impulsos. Depois, exploram as suas fraquezas, já não mais combatidas pelas sentinelas da virtude e de uma consciência desperta. Então, acenam à animalidade milenar como o caçador oferece o queijo ao rato na armadilha que o prenderá, oferecendo-lhes o cultivo do possuir e do gozar. Vejam que, em primeiro lugar, essas inteligentes entidades atacam a trincheira da consciência, neutralizando uma vontade virtuosa em favor do enaltecimento de uma vontade viciada e instintiva. Depois, oferecem-lhes o que a primitividade animal mais deseja, com base na satisfação dos instintos milenares da animalidade.

Produzindo prazer e gerando emoções intensas, a sexualidade e o possuir são duas alavancas muito importantes para o melhoramento do Espírito que, com eles, poderá construir relacionamentos importantes para o amadurecimento de suas noções sobre a vida. Graças a eles, os homens formarão famílias e desenvolverão a inteligência para os ganhos materiais, melhorando a própria Terra. Todavia, constitui o caminho que as entidades negativas se valem para manter o candidato a HOMEM/ESPÍRITO preso nas algemas do HOMEM/CARNE.

Por isso, aqui em nosso centro, não temos trabalho somente com os encarnados em desequilíbrio material ou moral, nem somente com os espíritos que chegam no estado de perturbação e ignorância que vocês tão bem conhecem.

Precisamos modelar, igualmente, o barro frágil dos nossos amigos encarnados que se apresentam como ferramentas do Bem, que, às vezes, nos dão mais trabalho do que os outros, perdidos e desalentados.

— Mas os trabalhadores conhecem a doutrina de Amor e a existência do mundo espiritual? – comentou Adelino, enfático.

— E serão mais responsabilizados por isso, em caso de fracasso deles mesmos. Apesar de tudo, eles continuam a ser os arquitetos das próprias vidas. O sucesso que conquistem ou o fracasso que apresentem serão os demonstradores de seu caráter. Muitos trabalhadores espíritas se imaginam às portas do Paraíso, credores de todos os favores do Mundo Espiritual porque comparecem às reuniões uma ou duas vezes por semana. Acham-se no direito de esperar de nós aquilo que só compete a eles construir. Revestem-se de uma presunção de santidade somente porque recebem meia dúzia de entidades que lhes são encaminhadas até para, falando por intermédio deles mesmos, poder alertá-los dos equívocos que, como médiuns, já não deveriam mais cometer. Então, para educarmos Peixoto de forma sutil e indireta, temos feito com que entidades avarentas, materialistas, interesseiras se manifestem por seu intermédio com maior predominância, até por questão de sintonia com as suas próprias inclinações, tanto quanto temos procurado fazer Geralda escutar as advertências de entidades vinculadas a ela própria, que comentam, falam de condutas ciumentas, que contam do ódio que sentem por mulheres fingidas e astutas na afetividade desajustada. Nenhum deles poderá dizer que não recebeu ajuda do Mundo Espiritual. Por isso tudo, nosso trabalho se multiplica ainda mais, já que temos de amparar com medicação aqueles que, como enfermeiros, deveriam estar cuidando dos doentes.

Lembrando-se de uma triste experiência que enfrentara, como dirigente daquele grupo de trabalhadores também em tratamento, Ribeiro relatou, sucintamente:

– Cansados de ouvir as exortações do Evangelho sobre o Amar ao Próximo como a si mesmo até o mais incondicional Amor aos Inimigos, pareciam doutorados nessa matéria religiosa envolvendo o sentimento por excelência. Isso ia assim, até o dia em que um dos trabalhadores da instituição, viúvo havia alguns meses de uma irmã que também aqui trabalhava, resolveu refazer sua vida afetiva na companhia de uma frequentadora mais jovem, moça boa e respeitável, esforçada e digna, mas que foi recebida com estiletes mentais de inveja, de crítica e de condenação somente porque aceitara a corte daquele que, solitário, se sentia incapacitado de manter-se na estrada desértica do afeto. Tendo escolhido aproximar-se da jovem que, economicamente mais necessitada, sem amparo ou ombro amigo, contava apenas com as próprias forças para o sustento de si mesma e de seus pais idosos, acabou por produzir uma situação de conflito mental no seio dos próprios irmãos de convicção religiosa, dentro da instituição espírita a que servia com denodo e sinceridade. A situação abriu perigosas brechas mentais em numerosos "doutores em Amor" que falavam desse tema nas palestras evangélicas, isso sem mencionar as senhoras ditas pulcras, que fuzilaram a infeliz candidata ao segundo casamento, que precisou afastar-se das reuniões públicas pela hostilidade silenciosa e maldosa que as pessoas daqui mesmo lhe destinavam, por detrás da falsidade dos sorrisos insinceros e dos apertos de mão. Nesse período, tornou-se maior o assédio das forças inferiores junto dos trabalhadores e de frequentadores da casa, impondo-nos um significativo reforço das defesas vibratórias para compensarmos os desajustes nas tarefas de resgate dos sofredores. Essa ocorrência foi vista pelas inteligências inferiores como oportunidade única para assaltarem a instituição, visando arruinarem seus esforços de levar a iluminação aos seres debilitados pelas quedas morais.

Interessante observar, meus amigos, que aqueles que mais criticavam a atitude do casal, traziam registrados em suas fichas pregressas, débitos grossos, equívocos muito piores do que aqueles de que estavam acusando seus companheiros de ideal. Haviam gerado desgraças familiares, sido donas de bordéis, aliciadoras de jovens, vendedoras de corpos, desagregadoras de lares, agenciadores de mulheres, locadores de prostíbulos, disseminadores de vícios variados. Justamente esses, que hoje estavam no caminho do Evangelho para remissão dos próprios pecados, se erguiam como juízes severos e inflexíveis dos dois companheiros de instituição que não faziam nada de clandestino ou escondido.

Encerrando o diálogo fraterno com o bom humor que lhe era característico, Ribeiro arrematou:

– Que pensariam os "espíritas" se observassem essas condutas hipócritas com as quais pensam que estão aptos a subir aos Céus? Mas como eu também preciso superar as minhas muitas e graves deficiências, ainda não fiz por merecer trabalhar em companhia melhor. Por isso, estes irmãos são a bênção de que preciso naquilo de melhor que por eles possa fazer. Assim, sigo admirando meus amigos de carne, como um humilde professor de favela, que ama seus aluninhos desnutridos e sujos, não tanto pelo que eles são naquele momento, barrigudinhos, de pés no chão, de roupas rasgadas e olhos fundos. Vou amando-os com a compaixão dos que gostariam que a sorte lhes fosse diferente, mas, também, com a certeza de que, um dia, serão os Servos de Deus para as gloriosas realizações da Nova Humanidade.

Estejam certos de que, no curso dos milênios, ainda nos orgulharemos muito deles todos.

✻✻✻

Os esclarecimentos faziam pensar sobre conceitos muito diferentes daqueles que a maioria está acostumada a considerar.

Nada de violência nem de cartilha moralista a proibir ou a julgar, condenando.

Não se tratava mais de mudar o todo para mudar o indivíduo. A luta do presente é a do indivíduo mudar-se a si mesmo para auxiliar na mudança do todo. As entidades asselvajadas pretendiam manter o maior número dos membros da humanidade no mesmo padrão de vibrações, pelo exercício descabido e desordenado de seus impulsos inferiores. O entendimento espiritual fazia luz nas consciências e, por isso, surgia como o pior inimigo do Mal, o que fazia com que tais inteligências trevosas se obstinassem em combater todos os membros do colégio apostolar que se dedicassem à prática de virtudes enobrecedoras do Espírito.

Ridicularizar os exemplos de nobreza, negar-lhes espaço nos meios de comunicação, favorecer a exibição do grotesco através do enaltecimento da ARTE-LIXO, reduzir a harmonia musical a grunhidos e gemidos, a ruídos tribais, transformar a pintura em mistura grotesca e desarmônica de cores, valorizar a mensagem depressiva, estimular a corrupção e facilitar os escândalos políticos, apequenando os representantes do povo aos olhos dos próprios eleitores, atacar as lideranças religiosas cujas virtudes morais de resistência eram perigosas fortalezas lutando contra a ignorância e o mal, tudo isso eram mecanismos de ação diretamente orquestrados pelos dirigentes trevosos que, assim, tentavam garantir espaço na mente e nos sentimentos dos homens, sem perder o controle que exerciam sobre eles.

Esse seria o teste final para todos. Os que cultivassem o mal e os que se opusessem a ele poderiam assumir seus postos, porque não lhes faltaria oportunidade de mostrar em que trincheira se encontravam.

13

PREPARANDO A EXCURSÃO

PARÁBOLA DA FIGUEIRA
Mateus, 24, 32-44

32 *Aprendei, pois, esta parábola da figueira: Quando já os seus ramos se tornam tenros e brotam folhas, sabeis que está próximo o verão.*

33 *Igualmente, quando virdes todas estas coisas, sabei que ele está próximo, às portas.*

34 *Em verdade vos digo que não passará esta geração sem que todas estas coisas aconteçam.*

35 *O céu e a terra passarão, mas as minhas palavras não hão de passar.*

36 *Mas daquele dia e hora ninguém sabe, nem os anjos do céu, mas unicamente meu Pai.*

37 *E, como foi nos dias de Noé, assim será também a vinda do Filho do homem.*

38 *Porquanto, assim como, nos dias anteriores ao dilúvio, comiam, bebiam, casavam e davam-se em casamento, até ao dia em que Noé entrou na arca,*

39 E não o perceberam, até que veio o dilúvio, e os levou a todos, assim será também a vinda do Filho do homem.

40 Então, estando dois no campo, será levado um, e deixado o outro;

41 Estando duas moendo no moinho, será levada uma, e deixada outra.

42 Vigiai, pois, porque não sabeis a que hora há de vir o vosso Senhor.

43 Mas considerai isto: se o pai de família soubesse a que vigília da noite havia de vir o ladrão, vigiaria e não deixaria minar a sua casa.

44 Por isso, estai vós apercebidos também; porque o Filho do homem há de vir à hora em que não penseis.

***

Enquanto se empenhavam em atender as inúmeras atividades que aguardavam pelos dedicados trabalhadores espirituais nos diversos setores da instituição espírita, a certa hora da madrugada foram surpreendidos pela chegada do insigne Médico dos Pobres, o bondoso Bezerra de Menezes.

A presença do amorável benfeitor encheu o recinto de balsâmico vigor, infundindo ânimo, esperança, alegria, meditação, reverência, emoção em cada coração que lá se unia para a vivência dos postulados do Cristo Vivo.

O magnetismo daquela alma se impunha sem necessidade de palavras ou gestos. Mesmo entre os espíritos necessitados, ali albergados à espera de atendimento, a chegada do apóstolo do Amor Verdadeiro se igualava à chegada de rutilante estrela no abismo da dor moral em que cada um vivia. Os mais lúcidos prostravam-se diante da visão luminescente que eles próprios não conseguiam focalizar com nitidez, mas imaginavam tratar-se de um emissário de Deus.

Os mais violentos e revoltados sentiam entorpecer seu ímpeto ao contato daquela vibração suave e intensa, diminuindo sua agressividade.

Acostumado a tal modificação favorável, Ribeiro achegou-se ao querido médico, solicitando-lhe, humildemente:

– Prezado paizinho, as bênçãos de sua presença entre nós correspondem à generosa concessão do Justo para nossas almas atribuladas. Enquanto nos esforçamos com o melhor de nosso coração empedernido, conseguimos regulares efeitos nos espíritos que aqui estão. No entanto, sua presença em nosso meio por si só tem o condão de ser lenitivo, anestésico, alimento e luz para todos. Veja como se aquietam as consciências e até mesmo os mais difíceis se intimidam. Por isso, paizinho, rogo ao seu coração lhes dirija a palavra generosa e instrutiva para que aproveitemos sua palestra como medicação ativa e eficiente na terapia coletiva.

Entendendo o alvitre de Ribeiro, Bezerra o abraçou, trazendo-o ao seu lado e assomou à pequena elevação de onde poderia ser visto pela maioria dos que ali se encontravam asilados temporariamente, à espera de transporte para seus destinos ou de tratamento para seus problemas.

Como se os dois espíritos luminosos se fundissem em uma única aura rutilante mesclando os nuances de róseo, dourado, verde e azul, a pequena tribuna tornou-se um Sol iridescente, fazendo silenciar todo o ambiente e atraindo todas as atenções.

– Amados filhos de Deus, irmãos de sofrimento. Trago-vos a palavra da Esperança albergada nas asas da Fé Raciocinada. Prometeram-lhes o Paraíso de venturas ou o Inferno de tormentos. E, se observarmos nosso íntimo, certamente não conseguiremos encontrar o caminho para as Estrelas. Então, pensaremos que nos resta o mergulho nas agruras comburentes dos lugares satânicos. No entanto, Jesus nos convoca a outras jornadas. Não poderiam supor que Deus se deliciaria vendo o tormento dos filhos que criou no mais acendrado amor. A Misericórdia nos convoca a modificar nossos sentimentos, alijando a pesada carga do rancor, do desejo de vingança, do ódio contra um irmão mais enfermo do que nós mesmos. O Mundo Melhor não possui lugar para esse sentimento perturbado, descontrolado e sem base no Amor. Poderemos pensar que, dessa maneira, a Justiça estaria sendo burlada, mas, em realidade, a Grandeza de Deus não precisa do nosso ódio para que a sua Justiça funcione com perfeição, já que ela não é feita de vingança. Enquanto odiamos nosso perseguidor, nos igualamos a ele. Entretanto, quando nos elevamos sobre as próprias lacerações, e os corações se balsamizam com o sentimento de compaixão pelos próprios adversários, movimenta-se a Justiça para retirar-nos do cárcere de dores que já não mais mereceremos. Se estão aqui é porque já deram os primeiros passos em favor de novo futuro. Lá fora, multidões perambulam entre as lágrimas e os impropérios. Reclamando do mal, tornam-se agentes da maldade por imaginarem que Deus precisa de seus braços vingadores para levar o sofrimento aos que os prejudicaram. Tola ignorância, que faz deles vítimas e algozes ao mesmo tempo, fechando seus corações para o entendimento da Justiça banhada pela Misericórdia do Pai.

Não percam tempo, porquanto a seleção já vai adiantada, e os castelos de ilusão serão derretidos pelo Sol da Verdade. Aproveitem esta oportunidade e recebam a alentadora mensagem do Cordeiro Divino, a pedir paz no coração, perdão nas atitudes e confiança no futuro a fim de que participemos do Banquete Real. Sem isso, não fugiremos do caminho áspero do exílio para o qual bilhões de almas já estão sendo encaminhadas pelas próprias deliberações infelizes. Este é o momento, meus filhos. Não desperdicem a hora preciosa, porque da mesma forma que o Universo não brinca, as Leis Divinas não se equivocam. Mudem as vibrações para que não sejam forçados a mudar de mundo.

A última frase produzira um choque de elevada voltagem na alma dos ouvintes, já que a energia irradiada de Bezerra e Ribeiro se transformara em milhares de raios que chegavam ao centro cerebral e, como uma explosão magnífica, atingira o cerne de todos os espíritos sofredores, sem deixar de fora os próprios trabalhadores que, também necessitados, estavam no caminho do próprio burilamento através do trabalho do bem e do amor que espalhavam aos aflitos e invigilantes.

Deixando a plataforma, dirigiram-se para junto dos trabalhadores que, solícitos, desejavam se oferecer para as tarefas que pediam braços devotados.

– Obrigado, paizinho. Com a energia amorosa de sua palavra, nossas medicações ganharão em poder e profundidade por serem ministradas a irmãos, agora, mais abertos às modificações indispensáveis.

– Ribeiro, seu amor e o carinho de todos os irmãos devotados desta casa são o melhor remédio que pode haver, porque são a expressão sincera do próprio Jesus em ação nesta casa. Podem não imaginar, mas nós, que em serviço em vários pontos da Terra neste momento nos deslocamos pela atmosfera em todas as direções, somos testemunhas vivas da presença do Cristo, diretamente conectado com as instituições onde o Verdadeiro Sentimento Fraterno encontra guarida através da doação espontânea e desinteressada e da afetividade dos seus membros.

Observamos pontos luminosos espalhados pela escuridão dos continentes e em cada um deles sabemos tratar-se de uma manjedoura na qual Jesus ligou seu coração confiante. Cada foco incrustado no Mundo Físico, como uma estrela perdida no rochedo terreno, é abastecido e iluminado por um raio de energia que parte diretamente do coração do Divino Mestre, através do qual Seu sentimento inspira os heroicos trabalhadores do Amor a continuarem no serviço, sem esmorecimento, sem diminuição de ânimo e sem perda da sintonia com o Bem. Tais instituições não são muito abundantes, como vocês devem supor, em decorrência do despreparo da maioria dos dirigentes e trabalhadores por falta de renúncia pessoal, de abnegação pelo trabalho de sacrifício, pelo não exercício dos princípios elevados do Perdão e do esquecimento do Mal, na doação incondicional. Apesar disso, em muitas partes da Terra encontram-se casas de Deus vivendo o Evangelho de Amor, espalhando Esperanças sobre os deserdados do Mundo, não porque dão roupas, pão, remédio, somente, mas porque espalham afeto e humanidade em tudo o que fazem. Posso lhes dizer que, sobre esta instituição, fulge um laço sublime que sustenta o esforço de todos para a melhoria da Terra, ainda que, tanto aqui quanto em toda parte, existam encarnados interessados, indiferentes, oportunistas e exploradores que desejam furtar o celeste manah, como já vêm fazendo há milênios.

Os trabalhadores espirituais que escutavam Bezerra não podiam deixar de esconder a emoção do que ouviam. Jamais haviam pensado que, sobre eles, diretamente do augusto coração do Cristo, um raio luminoso os unia ao sentimento do Divino Amigo. Alguns não continham as lágrimas, que escorriam em silêncio.

Para não perder a oportunidade de aprofundar o ensinamento, Bezerra continuou:

– Igrejas existem, em todas as partes, que recebem das forças espirituais o quinhão que lhes cabe no esforço espiritual de transformação verdadeira. Muitas se perdem nos cipoais da matéria, desprezando as dádivas sublimes e apegando-se ferreamente ao ouro do mundo. Outras, entre as quais muitas instituições espíritas, esbarram nas disputas palavrescas, nos certames da vaidade doutrinária, na contenda entre pontos de vista ou interpretações sobre detalhes inócuos, perdendo-se em polêmicas e, não se precavendo do perigo das seduções humanas no seio da Obra do Pai como aconselhava Jesus, avançam pelo terreno da hostilidade e da maledicência entre seus membros. Várias delas, inclusive, prestam serviços da caridade, matam a fome dos infelizes, enchendo-lhes a barriga com caldos e sanduíches, mas não deixam de ser famintos da alma alimentando famintos do corpo. Enquanto disputam primazias doutrinárias, esquecem-se das advertências Evangélicas acerca do Fermento dos

Fariseus, que levantam polêmicas, discutem e querem provar suas teses em longas contendas doutrinárias. Lemos em Mateus:

1   E, chegando-se os fariseus e os saduceus, para o tentarem, pediram-lhe que lhes mostrasse algum sinal do céu.

2   Mas ele, respondendo, disse-lhes: Quando é chegada a tarde, dizeis: Haverá bom tempo, porque o céu está rubro.

3   E, pela manhã: Hoje haverá tempestade, porque o céu está de um vermelho sombrio. Hipócritas, sabeis discernir a face do céu, e não conheceis os sinais dos tempos?

4   Uma geração má e adúltera pede um sinal, e nenhum sinal lhe será dado, senão o sinal do profeta Jonas. E, deixando-os, retirou-se.

5   E, passando seus discípulos para o outro lado, tinham-se esquecido de trazer pão.

6   E Jesus disse-lhes: Adverti, e acautelai-vos do fermento dos fariseus e saduceus.

7   E eles arrazoavam entre si, dizendo: É porque não trouxemos pão.

8   E Jesus, percebendo isso, disse: Por que arrazoais entre vós, homens de pouca fé, sobre o não terdes trazido pão?

9   Não compreendeis ainda, nem vos lembrais dos cinco pães para cinco mil homens, e de quantos cestos levantastes?

10   Nem dos sete pães para quatro mil, e de quantos cestos levantastes?

11   Como não compreendestes que não vos falei a respeito do pão, mas que vos guardásseis do fermento dos fariseus e saduceus?

12   Então compreenderam que não dissera que se guardassem do fermento do pão, mas da doutrina dos fariseus.

(Mateus, cap. 16, 1 a 12)

Depois de breve pausa, continuou explicando:

– Observamos que a preocupação de fariseus e saduceus era a de pedirem provas, um sinal do céu. Encontramos, então, o Divino Amigo falando-lhes de coisas óbvias, que estavam à luz para que qualquer um as pudesse ver e entender e, ainda assim, tais "autoridades na fé" eram incapazes de perceber. Discerniam sobre os fenômenos atmosféricos, mas não observavam com a mesma acuidade os sinais dos importantes e decisivos momentos para a humanidade. Assim, filhos, muitos religiosos dos tempos modernos, antigos fariseus e saduceus reencarnados, disseminam a confusão e a disputa entre os chamados na última hora. Tocados pela vaidade intelectual e pelo orgulho dos "pontos de vista", são eles o verdadeiro fermento dos fariseus de quem todos devemos nos acautelar para que não percamos o já escasso tempo em discussões estéreis e destruidoras da harmonia e da paz. Os que sofrem esperam pelo lenitivo que lhes restaure a fé e a confiança em Deus. Não batem à porta buscando discutidores nem conflitos estéreis. Os religiosos que gastam seus esforços nas faustosas e infindáveis discussões dessa natureza deixaram-se contaminar pelo fermento dos fariseus, imobilizando seus ideais e confundindo seus raciocínios. Gastam em palavras o tempo e a energia que, se fossem consumidos através da prática do Bem junto aos semelhantes, melhor demonstrariam o valor das teses que defendem, graças aos efeitos práticos das atitudes, transformando outras vidas. Certamente não há aqui nenhuma censura aos que raciocinam buscando entendimento, aos que comentam desejando aprender, aos que trocam informações com o intuito de enriquecimento espiritual. Estes não polemizam, não agridem os que não pensam como eles, não formam partidos nem seitas, não se organizam em grupos em prejuízo da obra de Amor que pede o silêncio das próprias vaidades e a superação das próprias diferenças. Se todos aprendêssemos com os ensinamentos espíritas, veríamos dissipado esse véu ilusório pela palavra orientadora e amiga com que O ESPÍRITO DE VERDADE, o próprio Jesus, alerta os trabalhadores verdadeiros da Obra do Pai, encontrada sob o título:

"Os obreiros de Senhor

"Aproxima-se o tempo em que se cumprirão as coisas anunciadas para a transformação da Humanidade. Ditosos serão os que houverem trabalhado no campo do Senhor, com desinteresse e sem outro móvel, senão a caridade! Seus dias de trabalho serão pagos pelo cêntuplo do que tiverem esperado. Ditosos os que hajam dito a seus irmãos: "Trabalhemos juntos e unamos os nossos esforços, a fim de que o Senhor, ao chegar, encontre acabada a obra", porquanto o Senhor lhes dirá: *"Vinde a mim, vós que sois bons servidores, vós que soubestes impor silêncio aos vossos ciúmes e às vossas discórdias, a fim de que daí não viesse dano para a obra!"* Mas, ai daqueles que, por efeito das suas dissensões, houverem retardado a hora da colheita, pois a tempestade virá e eles serão levados no turbilhão! Clamarão: "Graça! Graça!" O Senhor, porém, lhes dirá: "Como implorais graças, vós que não tivestes piedade dos vossos irmãos e que vos negastes a estender-lhes as mãos, que esmagastes o fraco, em vez de o amparardes? Como suplicais graças, vós que buscastes a vossa recompensa nos gozos da Terra e na satisfação do vosso orgulho? Já recebestes a vossa recompensa, tal qual a quisestes. Nada mais vos cabe pedir; as recompensas celestes são para os que não tenham buscado as recompensas da Terra. Deus procede, neste momento, ao censo dos seus servidores fiéis e já marcou com o dedo aqueles cujo devotamento é apenas aparente, a fim de que não usurpem o salário dos servidores animosos, pois aos que não recuarem diante de suas tarefas é que ele vai confiar os postos mais difíceis na grande obra da regeneração pelo Espiritismo. Cumprir-se-ão estas palavras: "Os primeiros serão os últimos e os últimos serão os primeiros no reino dos céus." - *O Espírito de Verdade.* (Paris, 1862.)

Então, filhos queridos, as recomendações de todos nós para as diversas casas de Deus são resumidas na solicitação da tolerância recíproca, do respeito ao semelhante, do carinho para com todos, do trabalho incessante no Bem e na Vigilância sobre si mesmo. Tal esforço não é somente de minha parte. Todos os espíritos em tarefas no Bem estão empenhados nessa batalha cuja bandeira poderemos igualmente empunhar, unindo-nos no mesmo objetivo, encarnados e desencarnados. Nas horas difíceis da separação do joio e do trigo não haverá favorecidos da sorte, nem privilégios de qualquer tipo. Muitos gritarão, como diz o Evangelho: "Graça! Graça!" E escutarão a resposta: "Por que pedis graça, vós que não tivestes piedade de vossos irmãos, e que recusastes lhes estender a mão, vós que esmagastes o fraco em lugar de o sustentar? Por que pedis graça, vós que procurastes a vossa recompensa nas alegrias da Terra e na satisfação do vosso orgulho?"

Bezerra sorriu, demonstrando ter encerrado a orientação coletiva, dando oportunidade para que, sob a direção de Ribeiro, os trabalhadores retornassem às tarefas específicas nos diversos setores daquela oficina do Bem. Despedindo-se, reverentes e agradecidos, permaneceram ao lado do médico bondoso apenas o dirigente espiritual Ribeiro, Jerônimo, Adelino e Alfredo, aquele que, durante o dia, exercia as funções singelas de zelador do Centro Espírita, que havia sido especialmente convidado a permanecer um pouco mais com o grupo.

Explicando os objetivos da noite, Ribeiro prosseguiu a conversa:

– Atendendo à solicitação do nosso médico querido, pedi que permanecessem para entendimento mais alongado que nosso benfeitor deseja ter com vocês.

– Mas eu também? – perguntou, surpreso, o pobre Alfredo, espantado com a convocação inusual.

– Ora, meu filho, por que o espanto? Você é dos mais assíduos e fiéis trabalhadores desta casa. Não vejo motivo para surpresas – respondeu-lhe Ribeiro, sorrindo.

– É que meu trabalho por aqui não se equipara ao dos doutores. Sou somente um zelador... – tentou se justificar o humilde espírito, supondo-se na condição de trabalhador desqualificado.

— Para Deus, Alfredo, todos os trabalhos são essenciais e o seu representa um dos mais importantes no momento em que nos encontramos.

Logo depois, transferiu a Bezerra a palavra para as recomendações faltantes.

— Como disse Ribeiro, filhos do meu coração, estamos às vésperas de importantes transformações coletivas que ensejarão profundas mudanças na face planetária. Nosso trabalho é intenso e são muitas as exigências que pesam sobre os servos do Cristo, a se sacrificarem ao limite de suas forças para compensarem com o idealismo e o amor aquilo que lhes pareça faltar em força e conhecimento. Por isso, gostaria de convidá-los a excursão de aprendizado e adestramento que os ajudará a melhor compreender as medidas que precisam ser implementadas nesta instituição, seja em relação às entidades que chegam, seja atinente aos trabalhadores encarnados verdadeiramente dispostos ao serviço. Ribeiro não poderá deixar a direção da tarefa por agora, mas os outros três estão convidados, se puderem se ausentar por algumas horas.

Depois de se despedirem de Ribeiro, a quem eles estavam vinculados pelos laços do dever espiritual naquela instituição, deixaram o recinto dirigidos pela vigorosa vontade de Bezerra e tomaram o rumo do espaço terrestre para melhor compreenderem a tarefa que os aguardava.

14

EXCURSÃO REVELADORA

Conduzidos por Bezerra, o grupo rumou para o alto, aproveitando a escuridão da noite sobre o Brasil.

Numa viagem ascendente rápida, atingiram um nível de onde se podia vislumbrar toda a Pátria do Cruzeiro e, ainda, o contorno das outras nações irmãs, igualmente embaladas pela noite que abrangia o continente e parte dos oceanos.

– Daqui, filhos, podemos observar alguns detalhes interessantes que só o olhar espiritual consegue divisar. Observem a superfície escura do país que nos recebe com suas generosas concessões.

Olhando para o solo escuro embalado pelo véu noturno, a visão espiritual era capaz de identificar não somente a luz das cidades rutilando como pequeninos pirilampos ao sabor das emanações da atmosfera; Adelino e Jerônimo, com maior acuidade espiritual, observavam espessas nuvens escuras planando sobre vastas regiões do continente, concentrações estas que se mantinham mais densas sobre os maiores centros urbanos, onde pareciam ser densa fuligem produzida por incessantes emissões poluentes.

Alfredo, ainda preso ao corpo físico pelo laço de energia, não observava a cena com a mesma riqueza de detalhes, ainda que visualizasse a vastidão de manchas escuras espalhadas por todas as grandes cidades do continente sul-americano.

Amparado pela ação poderosa de Bezerra, Alfredo viu ampliadas suas capacidades de percepção para que observasse com o aproveitamento desejado.

– Meu Deus, o que é isso, doutor? Parece fumaça da queima de petróleo? – perguntou, espantado, com sua pouca familiaridade com fenômenos daquele tipo.

– Não, meu filho. Se fossem incêndios de refinarias, ainda assim seria menor o prejuízo para os encarnados, porque o esforço dos bombeiros, mais cedo ou mais tarde, conseguiria apagá-los – explicou Bezerra. Estamos diante da criação constante da mente dos próprios homens, Alfredo. Graças a eles, a massa escura, assemelhada a fuligem betuminosa, se eleva constantemente, originando-se na impropriedade de pensamentos e sentimentos. Então, volta-se contra os próprios encarnados, abastecendo-os com os miasmas que criam. Se se tratasse de uma fumaça tóxica do campo atmosférico, o vento as dissiparia e os fenômenos da natureza minimizariam o seu impacto. Entretanto, dotada de especiais características, dentre as quais a da imantação magnética, as suas estruturas densas permanecem sobre os centros que as exalam, na multiplicação das angústias, na falta de disciplina de comportamentos, nos gastos fluídicos de teor inferior. As condutas mentais e emocionais das pessoas são a matriz de tais nódoas coletivas pesando sobre os núcleos populacionais que os fomentam.

Observando outras áreas menos afetadas, Alfredo arriscou:

– Quer dizer então, doutor, que nestas outras partes menos enegrecidas, tem gente pensando ou praticando menos maldade?

Sorrindo diante da observação ingênua, mas sincera, Bezerra respondeu:

– Bem, Alfredo, poderíamos dizer que, nestas outras áreas, há "menos gente". E como há menos habitantes fornecendo emissões negativas, os que habitam os centros menos povoados contam com a bênção de serem menos atacados por todas as energias inferiores.

Há pensamentos inadequados também, mas as forças inferiores, menos concentradas por terem menos fontes de emissão, acabam sendo neutralizadas mais rapidamente pelas forças reequilibrantes do magnetismo da própria natureza. Além do mais, estes centros menores têm menos armadilhas para seus habitantes, menos opções de lazer dilacerante, destruidores do equilíbrio do Espírito. Se observarmos as rotinas noturnas das grandes cidades, perceberemos que o avançar da noite é a senha para o desabrochar de todos os tipos de devassidão, sob a justificativa de espairecimento ou de diminuição do estresse diário.

Isso já não é visto com tanta intensidade nas cidades menores nas quais, à exceção de uma ou outra festividade ocasional, as pessoas se recolhem mais cedo à intimidade de seus lares, mantendo uma rotina menos exaltada, favorecendo o equilíbrio emocional dos seus habitantes.

– Mas e as pessoas boas que vivem nesse oceano de fuligem? Acabam prejudicadas por tais vibrações da mesma forma?

– Bem, meu amigo, todos sabemos que estamos no meio com o qual nos afinizamos e que cada qual é responsável pela construção de suas próprias fronteiras fluídicas. Então, seja por idealismo, seja por necessidades evolutivas, seja pelas duas causas, inumeráveis criaturas encarnadas se acham nestas condições, vivendo e trabalhando no meio desse cipoal de conflitos vibratórios, precisando manter o testemunho do Bem. E, se assim estiverem atentas, construirão para si quais "casulos" protetores que repelirão a ação inferior dessa massa viscosa e deletéria, além de se sintonizarem com as forças sublimes da Vida Superior que sustenta seus adeptos com recursos energéticos indispensáveis para o abastecimento do soldado em pleno campo de batalhas da existência. Vamos, então, observar que, nas diversas regiões de uma cidade, existirão concentrações de energia positiva, sobre as quais a densidade escura não é capaz de pairar. Como vórtices poderosos, nessas áreas se localizam instituições amorosas dedicadas à construção de uma nova consciência, atraindo os Espíritos Superiores, que aí se concentram para espalharem mais e mais a semente do Bem e as orientações para as horas difíceis.

Os três acompanhantes seguiam observando as cidades humanas recobertas pela fuligem mental constatando que, no seio escuro e macilento daquele monstro em forma de nuvem, brotavam pequeninos fulcros luminosos, algo semelhantes a tenros brotos que emergiam do solo lodoso pela ruptura da casca sob a terra. Eram sementes de força que, aqui e acolá, conectavam a realidade humana às emissões superiores, segundo a descrição que Bezerra seguia lhes dando da cena sob seus olhares:

– Essas pequenas pérolas de luz que veem surgir, apesar da densa nuvem que recobre a Terra, são centros religiosos, hospitalares, educacionais que ainda mantêm uma forte vivência no ideal superior do Espírito e na defesa dos valores do Bem, da Paz, da Esperança ou da Fé. Por esse motivo, são amparados pelas forças superiores como celeiros que sempre recebem a carga dos grãos sublimes para que prossigam na difícil tarefa de manter acesa a luz da virtude no âmago da tempestade. Assim, observem que, provenientes do Alto, conectam-se tais sementinhas às emissões luminosas de que havia-lhes falado antes de iniciarmos nosso passeio, reconhecendo o valoroso esforço para superarem as adversidades fluídicas do ambiente onde se enraízam, vencendo a escuridão das nuvens turbulentas e dos pensamentos inferiores para porto seguro ou abrigo salvador.

Referindo-se de maneira específica sobre elas, Bezerra continuou:

– Os hospitais são núcleos onde a dor física reconduz o espírito do enfermo a reflexões superiores, ajustando-o a novos padrões. Com isso, a transformação para o Bem que não se conseguiu fazer em décadas de saúde pode ser conquistada em algumas semanas de dor que, juntamente com a inspiração dos amigos invisíveis, possibilitará a cirurgia moral do doente através da renovação de conceitos e da modificação de projetos. Certamente que muitos se permitem a melhoria apenas por alguns dias, enquanto se mantenham vítimas da dor. No entanto, a casa hospitalar na Terra tem sido o jardim da infância da elevação do Espírito. Se este não desejar tornar-se um bom aluno, não poderá, mais tarde, acusar a Providência de não tê-lo ajudado. Além do mais, é no Hospital terreno que a maioria dos enfermos encontra a última pousada antes da volta à vida verdadeira na qual vive seus últimos momentos no corpo denso. Isso também é um fator benéfico que permite ao mundo espiritual auxiliar no preparo adequado de tais transições, naturalmente que levando em consideração as peculiaridades de cada caso e o merecimento do enfermo para o tipo de ajuda que lhe esteja disponível no momento da morte. Por isso, essas casas de dor educativa recebem os eflúvios de Amor diretamente do coração do Cristo. Já os centros educacionais que procuram infundir conceitos elevados nas consciências, são as ferramentas de Deus que a Providência utiliza para tentar corrigir o mal antes que o parque hospitalar precise ser acionado. Através do ensinamento, das lições que são compartilhadas pelas inteligências em crescimento, a Bondade do Pai ampara aqueles que poderão evitar os erros graças aos esclarecimentos que recebam. Professores abnegados, homens e mulheres pouco reconhecidos pela sociedade das aparências são considerados por Deus como os Embaixadores da Nova Era, escultores do Novo Homem, fomentadores de Novos Horizontes de onde podemos considerar, sem qualquer exagero, que um único e devotado professor é encarado pelos Espíritos Superiores, como um verdadeiro CENTRO DE PROFILAXIA, um centro de difusão de medicamentos poderosíssimos para a cauterização de pequenas feridas nascidas da ignorância. Ao espalhar não apenas o saber formal das diversas áreas do conhecimento, mas, igualmente, o bom exemplo a uma juventude cada vez mais desguarnecida de parâmetros de nobreza e de limites para seus comportamentos, ensinando boas maneiras, cultivando a afetividade que os lares têm sido impotentes para transmitir, cada mestre-escola é um enviado de Deus ao campo de batalhas da vida humana. Então, as escolas de todos os níveis onde persistam os ideais no coração de seus dirigentes e trabalhadores são tão importantes quanto os Hospitais, merecendo o amparo sublime das Forças Superiores para que prossigam instigando boas coisas a todos quantos se candidatem à renovação interior, transformando-se em seres humanos mais Humanos.

Ao escutarem tais revelações, os acompanhantes de Bezerra se surpreendiam, diante de conceitos tão superiores externados em frases simples.

Jamais haviam imaginado que hospitais e escolas recebiam do Alto tão elevada catalogação, ainda que não lhes fosse novidade a existência de luminosas entidades em tais ambientes, prestando relevantes serviços de salvação.

Mas ainda faltava o último núcleo a ser abordado:

– Sim, meus filhos, estão esperando que os esclareça sobre as igrejas, não é?

Sorriram, indicando que eram unânimes nessa expectativa.

– Pois bem. Cada igreja sinceramente voltada para a transformação moral de seus membros, a começar dos próprios dirigentes, também se erige em um pilar salvador que recebe a mesma luz, diretamente do Coração Augusto do Divino Mestre. Para tanto, como já lhes disse anteriormente, não é suficiente que sejam instituições formais, com prédios edificados, com religiões definidas por cultos ou cerimônias, ritos ou pregações e um Evangelho de papel. Para o Divino Amigo, o lar construído em bases de bondade e fé é uma igreja igualmente merecedora do benefício de sua atenção direta. Então, na questão da chamada repartição da Luz Superior, encontraremos Casas de Deus nas quais seus dirigentes e seus membros não conseguiram estabelecer o laço com essa claridade sublime porque estão enredados nos interesses mundanos e no empreendedorismo da fé comercial, ao passo que, em inumeráveis núcleos familiares, casas humildes de gente simples, encontraremos a réstia luminosa que cai do alto e o outro foco que brota de dentro delas unindo-se em um consórcio harmônico, por haver a vivência das virtudes cristãs entre seus membros, marcados pela atmosfera espiritual elevada, pela vigilância no Bem e pelo carinho entre seus moradores.

Desconsideradas estas agremiações políticas ou sociais que se autodenominam igrejas, outras existem que certamente contam com o amparo superior porque são núcleos em que aqueles que lá comparecem se irmanam no Idealismo superior, que é um dínamo transformador das condutas. Além do mais, aquelas em que a mensagem de Jesus chega diretamente aos corações famintos são celeiros benditos, matando a fome de afeto, de carinho e compreensão de todos quantos lá permaneçam. Todas as casas religiosas que se empenhem em transformar os homens pela boa palavra e pelo bom exemplo, são vórtices luminosos em contato direto com o Coração do Senhor. Dentro desse critério inicial, as casas espíritas são especialmente dotadas de ferramentas libertadoras da consciência pela facilidade no entendimento das Leis do Universo e sua aplicação nos problemas da vida, o que gera a melhoria da convivência graças à fé raciocinada que se transforma na prática diária dos postulados do Evangelho Vivo. No entanto, mesmo dentre aquelas que se dizem espíritas, muitas há que não conseguiram construir essa ponte luminosa, em função da deficiência de seus dirigentes, da insinceridade de seus membros, da invigilância daqueles que a ela se achegam, interessados em resolver problemas da Terra usando os recursos do Céu. Não pensem, porém, que não existam espíritos generosos amparando as necessidades dos encarnados que procurem a proteção das igrejas em geral, apenas porque não estejam diretamente conectadas com as energias superiores. Mentores espirituais, trabalhadores do Bem, agentes da Esperança nelas estagiam da mesma forma, com a dupla função de amparar as necessidades emergentes e de, no mais breve espaço de tempo, ajudar os responsáveis e os trabalhadores a que se elevem também, pela superação de suas diferenças, pelo calar dos conflitos, pelo perdão e pelo DESINTERESSE REAL. Através de intuições, de mensagens, de sonhos, de instruções escritas, vão procurando inspirar os integrantes de todas as Casas de Deus a compreenderem melhor a missão que lhes cabe e se esforcem para que, efetivamente, a possam desempenhar com correção e dinamismo cristãos.

Por isso, meus filhos, na questão das igrejas, nem todas possuem ligação com esses foco brilhante. Em lugar de muitas destas, acendem-se casinhas humildes, quartinhos alugados, residências de gente do povo que se tornam escudos luminosos mantidos pelo Alto na tarefa hercúlea de ajudarem Jesus pela vivência do Bem Verdadeiro. Por esse motivo é que muitos conseguem sobreviver no ambiente tão hostil e vibratoriamente degenerado que está se instalando no meio dos homens, vinculando-se magneticamente àqueles amigos superiores que os sustentam sem se contaminarem com os miasmas pestilentos e desequilibrantes do ambiente circundante. Os que são conscientes da necessidade de se melhorar através do serviço sincero no Bem podem sustentar suas lutas em um ambiente tão adverso, sem terem que respirar esses padrões fluídicos densos e corrosivos porque, o magnetismo da indiferença e da materialidade é atraído somente por aqueles que se identificam no mesmo nível energético. Já os que se elevam através da sintonia positiva não são encontrados pela nuvem nem se deixam envolver por suas vibrações.

Admirados com a explicação que tão bem demonstrava a preocupação espiritual em garantir aos encarnados o "melhor com Deus", ainda quando eles preferissem o "pior com os homens", Jerônimo aproveitou o silêncio do Médico Amigo e considerou:

— Querido paizinho, seria possível que os encarnados conseguissem neutralizar essas nuvens densas que estamos vendo?

— Perfeitamente, meu filho. E isso vai acontecer à medida que o Homem transforme suas preocupações e direcione a usina de forças que a sua vontade comanda para patamares mais elevados. A vivência social, por enquanto, é uma tormenta energética, movida a interesses, disputas, competições e crimes, em sua maior parte perpetrada por criaturas que dizem ter algum tipo de religião, assim se considerando porque frequentam algum templo formal da fé. No entanto, cairão vítimas da loucura em que vivem, por não mais poderem estar nessa uma dupla vida: virtuosos à luz do dia e pecadores durante a noite. Todos os que não estão modificando o padrão de vibrações de maneira efetiva, serão surpreendidos pelas transformações energéticas a que a Terra está submetida e, sem exceção, estarão se despedindo do berço quente e dadivoso para se hospedarem em outras atmosferas menos amistosas. Quando prevalecer entre os homens a mente menos utilitarista e calculista, o ambiente começará a se modificar. Até lá, as criaturas precisarão conviver com a violência social e pessoal, alimentada pelas forças densas que flutuam ao redor das consciências invigilantes. Surgirão epidemias constantes como reflexo desse estado de coisas, uma vez que, ao se alimentarem de tais pestilências mentais, os encarnados estarão assimilando vibriões psíquicos que encontrarão campo favorável no campo energético dos homens e, com isso, farão eclodir as mais diversas enfermidades orgânicas, o que obrigará os insensatos a marcarem um encontro com a Misericórdia Transformadora ofertada pela religião nas diversas Casas de Deus ou a com a Justiça Soberana representada pela doença nos inúmeros Hospitais do Corpo. Funcionarão os Hospitais, então, como a antessala do necrotério físico para os que se despedem da vida sem que tivessem acreditado na sobrevivência e antessala da vida verdadeira para os que terão que se deparar com a continuidade das experiências, assumindo os próprios erros. O afastamento dos piores modificará o panorama dos que permanecerem no mundo, diminuindo as pressões psíquicas sobre os que perseveraram no Bem até o final. Esses não serão mais os chamados Eleitos de Deus. Serão aqueles que elegeram um outro tipo de vibração e que, por isso, mereceram a permanência num mundo melhorado. Nos países ditos desenvolvidos, as massas obscuras que flutuam sobre seus núcleos civilizatórios, são ainda mais espessas. Lá, em realidade, as tempestades serão ainda piores do que aquelas que estaremos observando por aqui. Neles, o apego material é ainda mais profundo, e entre os ricos da Terra será travada a pior de todas as batalhas. Serão eles que produzirão os maiores males que incidirão sobre suas próprias almas. No mundo dourado, a religião é ainda mais superficial do que junto aos desafortunados e aflitos. Estes, pelo menos, se acercam de Deus com humildade e arrependimento, enquanto que os outros, falando em termos de maioria e sem generalizações inadequadas, serão os que já conquistaram os tesouros que queriam. Desejarão comprar o céu na hora decisiva, mas, então, perceberão que já receberam a recompensa que buscavam, nas facilidades da vida que desfrutaram sem qualquer consciência, com a indiferença dos tigres que devoram suas vítimas vivas, sem se incomodarem com seus lamentos.

Apontando para determinada região europeia, acionou o motor da própria vontade e conduziu o pequeno grupo em rápido deslocamento para aquela área da Terra.

O dia já banhava com seus raios solares as várias capitais do velho mundo e, apesar disso, as grandes concentrações escuras ganhavam dimensão e causavam ainda maior impressão desagradável.

Nem mesmo a luz solar ali era capaz de modificar a essência vibracional daquele oceano de pestilenta emanação.

– Estamos observando aqui não apenas as construções mentais dos integrantes desta parcela da humanidade. Além delas, congregam-se sobre estes povos o peso de seus erros coletivos na liderança dos movimentos humanos. Cada indivíduo, tanto quanto cada nação, carrega o fardo de seus equívocos e a coroa luminosa de seus acertos. Assim, vivendo em um mundo favorecido pela riqueza e pelas conquistas materiais, a maioria delas embasada na espoliação, escravização e sofrimentos de seus semelhantes ao longo de tantos séculos, estas nações deveriam assumir o efetivo papel de liderança moral da humanidade, compartilhando suas riquezas não apenas com o conta-gotas de ações caritativas aqui ou acolá. Reverteriam o próprio destino caso fomentassem o progresso de maneira ativa, no seio dos diversos povos que exploraram, ao mesmo tempo em que cresceriam na liderança moral da humanidade, defendendo valores perenes ao invés de se fundamentarem apenas nos interesses transitórios das trocas comerciais e dos negócios bancários. O que se vê, entretanto, é a volúpia do egoísmo impedindo que todos se beneficiem. Acostumados a milênios de exploração dos semelhantes, não estão maduros para a hora da devolução dos benefícios. Fecham suas fronteiras, perseguem os que desejam se beneficiar de suas riquezas, criam feudos autoprotetivos para encarecer os produtos que são a base do sustento de nações miseráveis ou em desenvolvimento, sempre garantindo privilégios materiais, como se pudessem continuar a ser, indefinidamente, os piratas da humanidade. Essas nuvens mais densas e as vibrações mais inferiores são o resultado de escolhas coletivas que pesarão sobre os membros de tais comunidades, chamados ao acerto de contas e à responsabilização pela fome no mundo, pelo mar de misérias morais, pela proliferação da violência, pela indústria do consumismo desenfreado graças à criação das ilusões, favorecendo a predominância da ignorância no seio dos irmãos de humanidade.

Isto está acontecendo neste exato momento, meus filhos, diante do olhar sereno e firme do Governo da Vida, incumbido de direcionar os passos da Humanidade para caminhos melhores.

Esta é a hora decisiva dos destinos e, como vocês poderão ver, seja aqui sobre a Europa, sobre a Ásia e a América do Norte, as dores se multiplicarão de forma avassaladora, uma vez que a Justiça sabe aferir as contas sem se iludir com as aparências.

Em toda a Terra, os semelhantes se identificarão com os padrões que defendam e nos quais vibrem espiritualmente. E já está acontecendo a transformação profetizada pelo Cristo quando de sua passagem pelo Mundo. Venham comigo e vocês verão.

15

O TRANSPORTADOR

Deslocando-se rapidamente pelo espaço sob a liderança de Bezerra, o grupo chegou a um ponto isolado no seio da floresta, em afastada região do solo brasileiro.

A noite intensa e silenciosa se tornava ainda mais imponente aos olhares espirituais porquanto a escuridão ressaltava a beleza da colcha estrelada que se impunha sobre as imensas árvores naquele rincão isolado da Pátria do Cruzeiro. No entanto, se na esfera física o olhar humano se limitaria ao mar verdejante das copas vegetais da vastidão intocada, na esfera espiritual o ambiente era absolutamente diferente.

Indescritível atividade transformava a atmosfera espiritual em um grande embarcadouro. De todas as partes, chegavam veículos espirituais de diversas formas e tamanhos conduzindo contingentes de entidades necessitadas, vindas de diversos climas terrenos e astrais.

Observando a surpresa de seus acompanhantes, Bezerra se pôs a esclarecer às mudas indagações de todos:

— Como sabem, em todas as regiões da Terra se organiza a execução dos Planos Divinos para a melhoria da Escola Humana. Dessa forma, em várias partes do planeta encontramos locais como este, para onde são levadas as entidades que, não tendo mais condições de se manterem num planeta que não respeitaram, nem em um padrão de conduta mental e emocional compatível com a nova ordem vibratória que se instala na Terra, já estão sendo recolhidos por ativos trabalhadores espirituais com a missão de organizarem a retirada dos "incompatíveis", bem como o seu transporte para o centro de espera onde se adaptarão para os novos destinos que os aguardam. Talvez lhes pareça surpreendente a existência de tal quantidade de aparatos e veículos indo e vindo, mas, em realidade, estamos tratando com entidades que não dispõem de condições mentais de equilíbrio ou de entendimento para agirem por si mesmas, acompanhando deslocamentos dirigidos por espíritos de maior evolução. Não nos esqueçamos de que, em toda a caravana, as limitações dos mais fracos costumam definir as condições do deslocamento para o grupo. Então, a bondade divina se ocupa em produzir meios menos demorados e difíceis para que o trabalho do Bem tenha a continuidade necessária no prazo estabelecido. Tais transportadores espirituais existem em toda esta zona vibratória servindo, ao mesmo tempo, de ambulância que atende às necessidades de cada espírito e de transporte para a zona de reunião, a fim de encaminhá-los.

Observando o campo a perder-se de vista, Jerônimo, Adelino e Alfredo estavam impressionados.

– Já havia visto diversos tipos de veículos, inclusive em apoio oferecido ao trabalho das diversas instituições religiosas na Terra, notadamente casas espíritas, para o benefício e o encaminhamento de grandes quantidades de almas para níveis vibratórios menos densos – falou Jerônimo, aproveitando a pausa de Bezerra. No entanto, jamais presenciei trabalho em uma escala tão gigantesca como este.

– Nem eu – acrescentou Adelino.

– Sim, meus filhos. A envergadura da empresa está sempre condicionada pela dimensão dos objetivos. Quando falamos em termos de auxílio espiritual para grupos de entidades que são esclarecidas ou amparadas nas reuniões espirituais, certamente que se faz necessária uma forma mais apropriada para o seu transporte, mormente para as adormecidas ou inconscientes que já estejam capacitadas para receber o auxílio em uma outra esfera vibratória. Assim, os veículos coletivos de transporte são usados em abundância para os fins colimados, em nome do Amor Maior.

No entanto, o que estamos presenciando neste momento, não é apenas o deslocamento de entidades de um plano magnético denso para outro menos denso. Estamos observando os preparativos para a mudança de planeta. Imaginam vocês, que as modificações vibratórias são extremamente mais graves do que no primeiro caso.

Observando que os amigos ainda não haviam se dado conta de toda a extensão e envergadura daquela atividade, Bezerra continuou explicando:

– Estamos visualizando o campo de pouso onde os transportes espirituais de diversas regiões do continente sul-americano se congregam com a finalidade de entregar entidades cujo teor vibratório tenha se tornado incompatível com as novas exigências espirituais e morais da Humanidade terrena. Estes espíritos foram retirados de inumeráveis centros religiosos, de instituições públicas, de moradias dos encarnados, de furnas trevosas, cada um deles em um estado vibratório e evolutivo muito deficiente e com níveis energéticos muito díspares.

Equipes de espíritos especializados em visita a todos os centros da civilização terrena se encarregam de recolher tais criaturas, usando a energia necessária para que não frustrem as Leis Soberanas, mas sem as violências incompatíveis com a Bondade.

As instituições religiosas, nas quais se concentram energias menos inferiores devido à elevação de sentimentos e pensamentos, encontramos um contingente mais volumoso de espíritos aflitos que procura entendimento e reforma verdadeira. Como Deus não deseja o sofrimento do culpado, mas a sua modificação, tais núcleos da fé representam a última oportunidade de mudança real através do arrependimento sincero e do impulso de transformação que se demonstre. No entanto, como já lhes foi explicado, não será com arrependimentos de ocasião, motivados pelo medo do futuro, que os espíritos conseguirão impedir que o destino se imponha com sua força sobre eles. Poderão acordar para o entendimento e, dessa forma, ser encaminhados para as lições que lhes caibam ao caso pessoal, seja em povos terrenos menos avançados, seja no novo mundo que aguarda por espíritos menos desenvolvidos que os povos primitivos que lá habitam.

Fora de tais ambientes, onde a oração e os conceitos espirituais podem facilitar a meditação nos rebeldes e indiferentes, pela ação do Bem como critério de seleção segundo o grau de afinidade e sintonia, nas outras partes do continente em foco, nas cidades, nas ruas, nas casas, nos locais públicos, os espíritos executores da Justiça também promovem a seleção direta e a organização da retirada.

Trata-se de um trabalho lento, mas constante.

Alfredo, impressionado, aproveitou para perguntar:

— Mas, paizinho, e se algum desses não aceitar o convite e desejar continuar agindo no Mal ou, se for o caso, procurar fugir da presença de tais espíritos?

— Nada está improvisado, Alfredo, e a Inteligência do Universo sabe encontrar todos os que serão passageiros da última viagem, mas não imaginemos os Bons Espíritos transformados em uma milícia caçadora de fugitivos, como um pelotão de polícia. As qualidades espirituais superiores dispensam as grotescas cenas de perseguição próprias dos filmes de ação. O processo é dirigido pelos chamados Espíritos Executores cujas forças, projetando-se sobre os réprobos, os envolvem de forma que a maioria deles se rende pacificamente porque a consciência que se lhes desperta de súbito identifica as próprias culpas e entende ter chegado a hora do ajuste indispensável. A chegada desses Espíritos Executores é interpretada pelos que se condenaram como o encontro com o Anjo da Verdade, aquele que não se consegue enganar e que, dócil e benevolente, vem libertar o infeliz do acúmulo do mal que o escravizava há muitos séculos. Então, em seu íntimo, o espírito recorda os compromissos não enfrentados, os erros e crimes cometidos, identificando a real situação de sua alma e o desperdício da última oportunidade de renovação no sentido da salvação de si mesmo. Sob a vibração extremamente amorosa e imponente dos Executores da Celeste Justiça, deixam-se carregar sem oposição violenta, encaminhados para os veículos de transporte onde, graças ao ambiente preparado pelos fluidos calmantes, veem-se invadidos por um torpor agradável e adormecem para a viagem que os espera.

Durante esse sono, recebem a oportunidade de resgatar do inconsciente as lembranças vívidas de seus crimes, as promessas não cumpridas, a imensa gama de equívocos já praticados e que precisam de corrigenda.

Quando despertam para os novos destinos, trazem em si mesmos a noção muito clara dos motivos pelos quais precisam aproveitar a nova oportunidade com novos projetos.

Entretanto, Alfredo, existem entidades menos maduras, espíritos de uma primitividade atroz e que, em casos tais, precisam ser submetidos por forças imperativas que os imobilizam na inconsciência temporária, favorecendo a sua incorporação à caravana dos degredados da Terra.

Para os que fogem – como você quer saber – tais Espíritos Executores sabem que, agora ou depois, eles serão encontrados e resgatados em piores condições. Por isso, deixam-nos por mais algum tempo até que o resgate os encontre, o que acontecerá sem nenhuma margem para equívocos.

E isso é assim porque estamos falando de magnetismo. Misture a limalha de ferro a um amontoado de farinha. Num primeiro momento, parecerá muito difícil resgatar todo o ferro perdido nesse meio. Entretanto, aproxime um ímã desse agregado e você separará facilmente o ferro da farinha, até a última fagulha, porque a atração é irresistível. Assim, tais espíritos sempre serão achados.

— Mas, doutor Bezerra, cada um deles está em um nível energético e de entendimento. Devem existir cuidados específicos para o transporte sem prejuízo para o nível vibratório de cada um, não? – indagou Adelino, desejando aprender mais.

— Bem, esse fato é levado em conta pelas inteligências responsáveis pela organização do traslado. Assim, o sono já é um fator facilitador da tarefa, uma vez que, adormecidos, cada um está impedido de se assustar com o estado repugnante em que o outro se encontre. Além disso, em cada transportador existem setores adequados a espíritos de níveis diferentes, o que, por certo, os preserva de maiores choques. É por isso também, que tal esforço se realiza num ambiente agreste e virgem, no seio da floresta, para que as vibrações densas dos aglomerados humanos não tornem ainda pior esse processo. Temos aqui espíritos que são retirados de várias esferas inferiores, localizadas no interior da crosta, além daqueles que estão orbitando o nível dos próprios encarnados. Ao chegarem aqui, são selecionados pelos padrões que ostentem em si mesmos e encaminhados ao grande navio.

— Como assim? – perguntou Alfredo. Já estou surpreso com o tamanho de toda esta operação. Ainda tem algo maior?

Diante dos comentários inocentes do zelador humilde, Bezerra puxou-o pelo braço e apontou para um ponto mais distante no interior da floresta.

A região onde se localizavam os atracadouros de todos estes veículos espirituais de transporte, naquele centro de triagem, jazia iluminada por baça claridade, cuja finalidade era a de iluminar sem produzir choques desagradáveis e intensos nos que chegavam. Um pouco mais além, entretanto, como se estivesse flutuando sobre o vasto corpo líquido que fluía sobre as terras brasileiras, imensa nau de dimensões nunca vistas pelo olhar humano se postava, serena.

Os três acompanhantes de Bezerra ainda não haviam percebido os contornos de tal veículo gigantesco e que servia de destino para todas as entidades que chegavam àquele local. Somente quando o venerando Médico dos Pobres apontou em sua direção é que, fixando o olhar, puderam identificar a ciclópica embarcação.

– Mas é um navio!? – exclamou Alfredo, entre intrigado e indagador.

– Sim, meu filho. É uma espécie de navio, mas que é governado por princípios energéticos diferentes daqueles que conduzem as embarcações humanas pelos oceanos. Para lá são encaminhados todos os que chegam e, como cada qual tem suas peculiaridades, em cada nível desse transportador espiritual encontramos ambiente adequado às vibrações de seus ocupantes.

Níveis e subníveis são usados para a separação fluídica, segundo o teor energético, protegendo e preservando seus ocupantes de choques desnecessários, até que cheguem ao provisório destino que os aguarda.

Cada embarcação desse tipo é capaz de receber ao redor de dois milhões de espíritos. Uma vez completada sua ocupação, se deslocará deixando o porto livre para outra que a substitua na mesma tarefa.

Recordando-se dos ensinamentos das religiões tradicionais, Alfredo exclamou:

– É uma espécie de Arca de Noé!

– Só que ocupada apenas por espíritos humanos, adormecidos ou não, e encaminhados para a evolução em outro nível. No entanto, a similitude é grande. Gostariam de penetrar em seu interior para observar como se organiza?

– Era isso mesmo que ia solicitar ao senhor, doutor Bezerra – falou Adelino.

– Vamos até lá. Deveremos obedecer às disciplinas próprias do ambiente para nos harmonizarmos com as rotinas internas na execução de tão complexas tarefas. Com isso não criaremos obstáculos aos irmãos que lá militem.

Entendendo as advertências, acompanharam o amigo e instrutor para a averiguação do interior da vasta nave de transporte espiritual.

Chegando ao nível principal, Bezerra dirigiu-se ao Espírito que tinha as funções de comando, que parecia conhecê-lo desde longa data, tal a familiaridade respeitosa com que se cumprimentaram.

– Prezado Alírio, estimaria contar com a sua permissão para ingressar no transportador com um grupo de irmãos em tarefas de instrução.

– Sua presença entre nós, amado doutor, sempre será motivo de satisfação e alegria, sobretudo quando acompanhado de outros companheiros que se devotem à aquisição de conhecimentos. Para tanto, colocarei à disposição de todos nosso irmão Lucas, que poderá levá-los a qualquer parte do transportador a fim de observarem o que desejam. Somente a partir do nível 25 até o 28, os mais inferiores, é que aconselharia a visita com escolta uma vez que, mesmo contidas em seus quartos de disciplina, tais entidades podem se tornar violentas quando percebem a presença de alguém em seus domínios, como pensam ainda estar. Não se impressionem com os gritos nem com o odor do ambiente porque, para o nível de consciência e evolução em que se encontram, a falta de controle deles próprios impede que se apresentem em outro estado de densidade ou de organização da própria forma.

– Agradecemos, Alírio, e esteja certo de que não deixaremos de seguir à risca as suas recomendações.

Tão logo deixaram o posto de comando, aproveitando a oportunidade para o entendimento direto, Bezerra solicitou ao auxiliar que os acompanhava que explicasse aos novatos amigos como se estruturava aquele veículo.

Sem perda de tempo, Lucas iniciou breve relatório:

– Nossa finalidade é o transporte coletivo de espíritos para fora da zona de influenciação imediata do magnetismo terrestre. Por isso, até que estejamos na área de destino final deste deslocamento, esta embarcação é dotada de aclimatadores fluídicos para os diferentes graus evolutivos de entidades nele acomodadas. Para causar-lhes o menor impacto possível, temos os níveis inferiores, onde a escuridão e a densidade dos elementos se assemelham aos ambientes onde algumas estagiavam. Níveis mais acima, já se pode respirar uma outra atmosfera, mesmo que nos encontremos, ainda, na fase penumbrosa. Aí, a incidência magnética específica mantém os seus respectivos passageiros em repouso terapêutico visando os trabalhos da consciência. E assim por diante, cada nível tem suas peculiaridades e necessidades. Não é difícil entender também o panorama em que cada um deles se apresenta. Os níveis menos densos comportam camas individuais em vasto ambiente coletivo, guarnecidas por enfermagem específica para as reações decorrentes do tratamento a que estão sendo submetidos. Já nos níveis um pouco mais densos, tal organização é dispensável porquanto estas entidades não se aclimatam senão em estados de primitivismo puro, assemelhando-se o local aos de suas antigas habitações, quais grutas ou tocas, de maneira a melhor lhes garantir serenidade, já que muitos deles não são beneficiados com o entorpecimento da consciência. São os que chegam aqui imobilizados em decorrência dos jatos de energia de contenção. Além do mais, por estarem reunidos em seus antigos bandos, com entidades de igual teor evolutivo, isso coopera para sua tranquilidade e lhes causa uma sensação de segurança. Mais abaixo, encaminhando-nos para os níveis ainda mais inferiores, estão os que precisam ser retidos em calabouços, a benefício deles mesmos e do equilíbrio geral porquanto não possuem condições de saírem do primitivismo animal em que ainda se encontram.

Depois desse rápido panorama geral sobre as organizações internas, Lucas passou à explicação das rotinas da imensa Nau Transportadora.

– Permanecemos aqui até que o nosso contingente limite seja atingido e, então, partimos para o destino que nos espera a fim de entregarmos nossos infelizes irmãos a outros trabalhadores da Justiça, para que sigam com a Execução dos Decretos Divinos.

– E quanto tempo demora para que este transportador esteja com sua lotação esgotada? – perguntou Jerônimo.

– Bem, depende muito da rotina dos encarnados que, às vezes, cooperam bastante para que o volume de espíritos se complete mais depressa. No entanto, os veículos que nos chegam provenientes dos diversos países do continente sul-americano, ultimamente têm abastecido cada transportador num prazo que vai de um a dois meses, em média.

A conversa ia nesse ritmo quando, descendo por mecanismo que se assemelhava a elevador terreno com aclimatador vibratório para cada nível de destino, os integrantes do grupo começaram a sentir um intenso mal-estar.

Lucas, percebendo o incômodo dos novéis visitantes que acompanhavam Bezerra, desculpou-se e informou:

– Ah! Estão passando mal, não é? Esqueci de alertá-los para as modificações de cada nível. Aqui, neste transporte, encontram-se concentrados em pequeno espaço, vários tipos de campos magnéticos que, na Terra, ocupam imensidões. Por isso, as vastidões que separam os diversos níveis vibratórios impedem que percebamos as mudanças bruscas. Neste ambiente, entretanto, a mudança de campo é muito rápida e, assim, é necessário acionar nosso potencial de concentração para a adaptabilidade aos níveis que visitaremos, exigindo de nossa vigilância a sintonia com cada ambiente em que penetraremos. Para facilitar a rapidez de nossa adaptação, esta câmara de deslocamento interno é dotada de mecanismos que favorecem a abrupta modificação de nível, sem os contratempos normalmente disso decorrentes. Mas como vocês são novatos por aqui, é natural que sofram um maior impacto quando nossas atmosferas pessoais são igualadas à do ambiente externo na qual penetraremos quando estivermos adequadamente aclimatados.

Com exceção de Jerônimo e Bezerra, experientes lidadores dos diversos campos magnéticos, Adelino e Alfredo precisavam exercitar a vontade através da oração e da assimilação do magnetismo diferente à medida que desciam.

Chegando ao primeiro destino, assim que os sensores internos identificaram o equilíbrio vibratório de seus ocupantes em relação ao que os aguardava do lado de fora, as portas foram abertas automaticamente.

16

OS AMBIENTES INTERNOS

Mesmo depois de ingressarem no ambiente que correspondia ao nível de acolhimento de entidades em condição mediana de densidade fluídica, ainda foram necessários alguns instantes para que os mais novatos pudessem se adequar aos campos de energia específicos.

Acompanhando-os com desenvoltura e generosa atenção, Lucas explicou:

– Estamos no nível 12, na área destinada aos espíritos endurecidos que se valeram da inteligência para explorar a boa fé dos seus semelhantes. A consciência tigrina é facilmente identificada pela marca que possuem à altura da mente espiritual, corrompida pelo uso astucioso e intenso na proliferação das dores e decepções aos seus irmãos de humanidade. Em cada nível, há subdivisões específicas para melhor agrupamento. Assim, no nível 12 em que ingressamos, temos a ala dos que se comprometeram com as quedas do intelecto, separados, tanto quanto possível, pelas suas inclinações religiosas específicas. Graças aos recursos terapêuticos espirituais que os envolvem, podem permanecer adormecidos, mas apresentam um sono repleto das educativas visões de suas condutas vis, como se estivessem assistindo a um filme de terror, no qual foram os diretores e os atores principais. Isso lhes é extremamente doloroso, mas serve para ativar os refolhos da consciência a fim de que, ao despertarem, resolvam trilhar outras estradas evolutivas.

Para enriquecer ainda mais a oportunidade, Lucas interrompeu a descrição e disse, sorrindo:

– Perguntas?

Como se tivesse rompido o lacre de um vulcão, começaram a brotar nas bocas dos mais inexperientes entre os membros do grupo.

– Quer dizer, então – tomou a dianteira Adelino –, que o estado de sono em realidade é uma espécie de regressão ao passado? Não seria mais adequado que lhes fosse um repouso para a alma em sofrimento?

Entendendo a abrangência da indagação do inteligente companheiro, Lucas observou:

– Bem, Adelino, a etapa das tentativas e erros já passou para todos eles. Aqui não estamos diante de espíritos cuja finalidade é a de corrigirem seus equívocos para que, depois de um ano inteiro de descaso, consigam tirar boa nota nos exames finais e passar de ano. Encontramo-nos diante dos que já foram reprovados por sua desídia, por terem sido maus alunos. É verdade que se trata, também, de uma etapa educativa. No entanto, os mestres não são mais a paciência, a tolerância, a nova oportunidade. Aqui, os professores são os efeitos das escolhas de cada um. Assim, uma vez selecionados por apresentarem teor vibratório incompatível com as modificações reais que assolam as forças magnéticas do orbe terreno em suas estruturas física e espiritual, estes irmãos não estão sendo preparados para retornarem ao campo das experiências carnais na mesma humanidade. As lições que precisam recapitular são as que os direcionem para um futuro que será sempre mais feliz quanto mais distantes se mantiverem destes atos maus já praticados à exaustão. Assim, ao sonharem com seus erros do ontem, poderão decalcar em suas mentes as condutas a serem evitadas, numa espécie de vacina a longo prazo, graças à qual, ao retomarem o controle de sua consciência, inclinem-se a não mais cometerem os principais equívocos. Não estão aqui como resgatados das guerras humanas levados à retaguarda para o tratamento de suas feridas e o justo descanso. Foram máquinas de fazer feridas e aqui estão porque sempre estiveram adormecidos para a verdade, adiando a hora do Bem em suas almas. Agora, precisam acordar para as responsabilidades do viver.

Entendendo as lições claras, Alfredo acrescentou, diante da pausa de Lucas:

– Quer dizer que, além deste imenso alojamento, existem outras salas onde as entidades são congregadas em razão de suas crenças religiosas?

– Isso mesmo – respondeu Lucas.

– Mas por que semelhante medida? – redarguiu o diligente zelador do centro espírita.

– É por motivos práticos de organização, Alfredo. Não esqueça você que, enquanto aqui permanecem, são objetos da solicitude de Bem que, se não lhes permite mais regressar à velha moradia terrena, não deseja o Mal para nenhum deles. Assim, mesmo aqui, recebem alimento para o Espírito e, conquanto inconscientes, são bafejados pelas forças espirituais que lhes eram familiares quando na Terra, pela expressão das orações a que se afeiçoaram. Não nos esqueçamos de que nossas rotinas criam raízes em nós mesmos e, assim, quanto mais nos sintamos inseridos nas velhas maneiras de viver, mais facilmente nos abriremos para as nossas realidades insofismáveis. Por isso, atendemos os sofredores, os degredados, sem privá-los de nenhum dos recursos do Universo a benefício de suas modificações. Entidades devotadas, ligadas às mais variadas religiões humanas, prestam serviços aqui também, levando aos seus fiéis a matéria espiritual para a semeadura de novas ideias diante dos desafios que os aguardam, reavivando a chama da fé para que, no cipoal dos desencantos, não percam o rumo novamente, recordando-se de que, onde quer que estejam, aí também é uma moradia divina, aguardando-os para a demonstração de suas novas disposições. Então, temos áreas para cristãos, que se subdividem em algumas denominações específicas, áreas para muçulmanos, para profitentes de religiões orientais, para religiosos de outras denominações, sem contar o ambiente destinado aos que não assumiram qualquer tipo de conduta religiosa na Terra. Naturalmente que, para todos eles, a religião fora apenas um rótulo, sem qualquer profundidade ou compromisso com mudanças interiores. Diziam acreditar em algo ou terem uma ou outra religião, mas suas condutas jamais deixaram de ser as do lobo voraz espreitando suas presas, da leoa faminta pronta para o bote certeiro, o que os mantém neste padrão que observamos. Para os serviços da enfermagem amorosa, é mais fácil tratar de todos os que sejam de uma mesma crença, porque carregam clichês mentais muito semelhantes, facilitando a compreensão de suas necessidades. Nos serviços da espiritualidade, a especificação significa eficiência.

Observando o interesse de seus tutelados, mas procurando ganhar o máximo de aproveitamento em função do tempo de que dispunham, Bezerra sugeriu, cortês:

– Filhos queridos, façamos um estudo de caso, tomando um destes infelizes irmãos para a compreensão de sua problemática.

Dizendo isso, acercou-se de um deles, que se encontrava em um quase total alheamento e, colocando a mão sobre a testa suarenta, criou condições vibratórias ao redor da cabeça do paciente para que suas ideias em forma de sonho fossem visíveis, facilitando para os seus amigos a compreensão dos ensinos

– Observem os sentimentos do nosso irmão – disse Bezerra.

– Sim, paizinho, ele está conduzindo algumas crianças ao semáforo de uma cidade grande, ameaçando-as de espancamento caso não o abasteçam com o dinheiro que espera ganhar – falou Alfredo, compungido.

Mais um pouco de observação, e o quadro mental se alterava. Agora, surgiam furtos praticados no meio da multidão, roubos premeditados, sem medir as consequências sobre suas vítimas. Homicídios perpetrados com a frieza dos que pensam que jamais serão alcançados pela Justiça Divina. Tais quadros eram um filme que ia abrangendo várias etapas da mesma vida, ao mesmo tempo em que também penetrava os arcanos do inconsciente de outras existências, para a constatação da repetição interminável dos mesmos delitos.

Bezerra retirou a mão da testa do infeliz meliante moral e a transferiu para o que estava no leito vizinho.

O mecanismo foi igual ao do anterior, mas a cena vista, absolutamente distinta.

– Parece ser um representante governamental. Sim... sim... – disse Adelino, agora – é um homem importante, com responsabilidade social, parece ser um prefeito, ou coisa do tipo. Está extorquindo dinheiro de uma empresa com a desculpa de lhe favorecer com concessões tributárias, lesando o patrimônio do povo. Agora, parece estar ordenando certa perseguição política a adversário, valendo-se de calúnia ou difamação ardilosamente urdida. Meu Deus... agora está usando dinheiro público para embelezar a entrada de sua propriedade rural, alegando ser uma necessidade pública, quando outra coisa não deseja do que valorizar o próprio imóvel.

Todos viam as cenas, enquanto Adelino as ia descrevendo.

Então, tudo pareceu voltar ao passado, misturando as imagens de agora com as de outro tempo muito recuado.

– Vejam... ele está, agora, em pleno Coliseu. Parece Roma antiga. Está assistindo a um espetáculo de morte, enquanto aguarda o resultado de suas apostas pesadas. Dinheiro roubado, novamente, usado para financiar sua jogatina desenfreada. Pertence a tradicional e rica família romana, que sustenta seus vícios através dos saques indiscriminados que faz junto aos cofres de César, que é generoso com tais excessos porque necessita de seu apoio político para manter-se no poder sem oposições maiores. Agora, vejam, está mais velho, decrépito, parece doente de lepra. Perdeu seus títulos e suas riquezas e, dessa forma, ameaça os seus pares com as chagas e pústulas que carrega, de forma a obter alguns recursos com base na chantagem ou na ameaça. Seus adversários de outrora tramam sua morte, pagando para um outro leproso enterrar uma adaga na garganta do infeliz. Ódio e mais ódio. Rico ou pobre, este irmão jamais se afastou das inclinações mesquinhas, nem mesmo quando recebeu o berço doce e amoroso de pais que tentaram nele edificar outros princípios. Ele próprio executou mais de dezoito genitores, ao longo de inúmeras existências, com o intento de herdar-lhes os bens ou vingar justas reprimendas, ou então, se não matava, encaminhava inumeráveis benfeitores para os vales dos aflitos, para asilos variados, para hospitais de loucos.

A emoção das palavras de Adelino contaminava os corações dos amigos que, igualmente, se admiravam da vastidão dos malefícios produzidos por um único dos espíritos ali estagiando.

Retomando o fio da lição, Bezerra asseverou:

— Como podem ver, nestes ambientes, não encontramos nenhum irmão ao qual tenha sido negada a mão da Misericórdia.

Todos os que aqui se congregam padecem do mesmo tipo de doença, enraizada no orgulho e no egoísmo, carregados de interesses pessoais, colhendo as dores que semearam. São réus por suas próprias escolhas. Mesmo assim, estão em um leito limpo e sob os cuidados da enfermagem amorosa e consoladora, ainda que seu destino seja o exílio distante no qual se reencontrarão consigo mesmos e com as Leis do Universo, no respeito que devem aprender a nutrir pelas coisas de Deus.

Aproveitando a lição, Jerônimo perguntou, certamente para ensejar o aprendizado de seus companheiros:

— No caso dos que se encontram neste nível, em ambientes destinados aos que tiveram algum tipo de religião declarada, encontraremos apenas sacerdotes dos cultos variados?

Bezerra, então, esclareceu:

— Longe disso, meu filho. Lá encontraremos tanto sacerdotes e pregadores de todos os cultos, quanto os fiéis a eles vinculados, contaminados pela mesma enfermidade do interesse mesquinho, das práticas desumanas, das argumentações religiosas para fundamentar seus desatinos e desmandos. Toda espécie de lesão moral produzida pelo interesse, pelo orgulho e pelo egoísmo reflete-se não apenas nos que eram integrantes de religiões oficiais, mas, como não poderia deixar de ser, sobre os que, religiosos e conhecedores dos ensinamentos do Bem, se fizeram surdos a eles visando a conquista dos tesouros do mundo. Como podem entender, agora, aí estão aqueles a quem Jesus advertia de que não deveriam esperar a recompensa do Céus porque já a haviam recebido na Terra.

O ensinamento era rico e interessante, mas era preciso aproveitar os minutos. Então, Bezerra sugeriu que encerrassem as observações e partissem para um nível mais inferior, onde terminariam o aprendizado daquela noite.

Atendendo à sua sugestão sempre cordial e sábia, deixaram-se levar por Lucas que, conhecendo o interesse do Médico dos Pobres pelos mais infelizes, comunicou-se através de minúsculo aparelho, solicitando a presença de espíritos da Escolta Protetora à porta do elevador que os conduziria ao nível 27. Aguardaram, então, a chegada do veículo que se deslocava internamente pela vasta Nau e que os levaria ao pretendido objetivo, quinze andares abaixo.

17

O FIM DA VISITA

O grupo foi recebido à porta do elevador pelo responsável pela segurança em serviço naquele turno, que informou aos visitantes os procedimentos padrão que deveriam ser observados durante o tempo em que ali permaneceriam.

O nível 27 era destinado ao acomodamento de entidades de evolução primária, extremamente vinculadas aos padrões inferiores da vida, motivo pelo qual precisavam ser mantidas em câmaras especiais, cuidadosamente construídas para que reproduzissem o habitat primitivo ao qual se acostumavam. Apesar de já possuírem a condição hominal, traziam o raciocínio pouco exercitado, e no caso daqueles que conseguiam organizar o pensamento de maneira mais completa, viam-se dominados pela força do instinto do qual não se haviam libertado adequadamente, o que os tornava criaturas muito agressivas e dominadoras, incapazes de medir o efeito de seus atos.

Observando as advertências do sentinela responsável, Bezerra acrescentou:

– Não nos esqueçamos de que estamos em nível vibratório muito inferior à nossa condição evolutiva, circunstância esta que dificultaria nossa defesa contra o ataque de tais entidades. Aqui nos achamos no "território fluídico" deles, ainda que sob a vigilância dos encarregados pela ordem. Por isso, assemelham-se aos tigres em plena vida selvagem, prontos para atacar qualquer um que se lhes apresente como ameaça ou fonte de alimento. Para a compreensão das dificuldades enfrentadas pelos benfeitores que os amparam, a questão da alimentação exige que lhes seja fornecida a ração diária compatível com seus hábitos. São elaboradas formas fluídicas similares àquelas que lhes agradavam mais ao apetite voraz e animalesco, plasmadas em elementos-força superiores à carne sanguinolenta, mas que se parecem com ela. Tal cuidado permitirá que se abasteçam de energias mais sutis, melhorando indiretamente sua condição animal para que, com o tempo, deixem esta situação pelo efeito de uma alimentação adequada, que se refletirá em sua estrutura espiritual.

Entendendo as explicações e procurando tornar o ensinamento mais pedagógico para todos, Jerônimo indagou:

– Seria como dizer, querido Doutor, que nós somos o que comemos?

Depois de significativo gesto, Bezerra respondeu:

– Certamente que esta frase não pode ser levada ao pé da letra, porque seria a negação da liberdade e do controle que o Espírito pode exercer sobre o corpo. No entanto, meus filhos, a afirmativa de muitas escolas do pensamento terreno acerca da importância da alimentação como produtora de estados vibratórios mais ou menos adequados está muito próxima da realidade. A ação energética reequilibrante encontra-se na estrutura dos vegetais e minerais, além de estar, igualmente, plasmada nos tecidos. A diferença que se observa é que, como estes últimos são extremamente vinculados à ação mental e aos imperativos do ser espiritual que administra cada organismo, não podemos deixar de reconhecer que, usada como alimento, a carne, representada por vísceras e músculos, é composta não somente por proteínas e gorduras, aminoácidos e vitaminas tão conhecidos pela humanidade. Impregnada pelas vibrações do ser inteligente em processo de desenvolvimento ativo, toda a sua estrutura física é bombardeada pelos elementos hormonais desencadeados pelo medo, pela agressividade, além de repercutirem sobre sua estrutura energética as atitudes mentais ou emocionais que originaram as respostas metabólicas. Tanto quanto o nervosismo do ser humano pode produzir, entre outros, a pressão alta, a gastrite, a ulceração do estômago ou do esôfago, a disfunção do aparelho gastrointestinal, a ruptura de artérias e, até mesmo, a ocorrência de falências cardíacas ou neuronais, reações similares são observadas no corpo dos animais em desenvolvimento quando são abatidos para servir às necessidades de alimentação dos humanos. Medo, estresse do pré-abate, angústias e reações agressivas produzem descargas deletérias que impregnam a carne e se transferem para todos os que a consumirem. Tal circunstância é decorrência da estruturação fluídica que possuem por já terem atingido o referido patamar evolutivo a que nos referimos. Certamente que tais toxinas, sejam as físicas ou as vibratórias, não produzirão a morte dos que consumirem suas vísceras. No entanto, os que se alimentam delas, somente depois de um grande esforço reequilibrante do próprio organismo é que conseguirão se libertar de seus efeitos, quando precisarão ser drenadas para o exterior através dos processos excretores do corpo e do perispírito. Não estamos nos referindo, ainda, aos prejuízos causados pelos métodos artificiais de tratamento, usados para antecipar as etapas do crescimento através da aplicação de hormônios artificiais como mecanismo de produção em massa. Este é outro problema grave que, atingindo as modernas formas de criação e cultivo, está presente também na área dos alimentos vegetais, na forma de adubos químicos, pesticidas e técnicas que desrespeitam a natureza em seus princípios básicos.

Dando maior ênfase às próprias palavras, acrescentou:

— Se observarem com atenção os diversos casos que atendemos em nossas rotinas de auxílio, encontrarão sempre um padrão típico. Os seres mais agressivos nutrem-se de maneira mais grotesca, abusando de tudo o que seja pernicioso ao próprio organismo, tóxico aos tecidos e sistemas, apreciando as substâncias que mais se assemelhem ao estado íntimo. Da mesma maneira, os Espíritos mais agressivos se vinculam a tais encarnados, deles usando-os como fornecedores de carne fresca, fluidos densos, emoções fortes e gozos dilatados, em todas as áreas da vida. Não queremos com isso condenar aqueles que ainda sentem falta do bife malpassado nas refeições diárias. São irmãos que estão se valendo do que está disponível para a sobrevivência diária, sem pretensões violentas ou desejos insaciáveis. Falamos aqui de encarnados e desencarnados cuja "fome fluídica" só se sacia quando abastecida por energias pesadas. As necessidades do Espírito se refletem na busca do garfo tanto quanto na dos prazeres que o abasteçam de emoções. Relembremo-nos da antiga Roma. O Circo e o Coliseu estavam sempre repletos de espectadores ansiosos por sangue e emoções fortes. Nos dias de hoje, ainda que exista público que busque esse tipo de sensações grotescas, os grandes estádios trocaram os espetáculos de morte e dilaceração pelas disputas esportivas. Todos torcem por seus partidos exteriorizando as emoções, mas graças aos esforços espirituais visando o desenvolvimento coletivo, já não mais ao preço da matança indiscriminada de animais e pessoas. Também é importante relembrar que existem pessoas santificadas no Bem que apreciam a alimentação animal. Fazem-no, contudo, com parcimônia, com comedimento, comendo para viver e não vivendo para comer. Tudo o que fazemos em nossas rotinas interfere no padrão de nossa caminhada rumo à evolução. A alimentação igualmente está entre os instrumentos mais importantes que nos revelam o patamar evolutivo de nosso espírito, ainda que, isoladamente, não nos defina os destinos quando voltamos ao plano espiritual. Não nos esqueçamos de que o Divino Amigo asseverou que não era o que entrava pela boca do homem o que manchava o homem. Continua a ser aquilo que sai da sua boca o que demonstra a sua nobreza ou imperfeição. Todavia, o espírito menos elevado busca, em tudo, mais a quantidade do que a qualidade, o abuso mais que o equilíbrio, o excesso mais que a contenção.

    O tempo passava rápido e Bezerra queria levar seus amigos ao contato direto com os hóspedes daquele nível. Sinalizou ao anfitrião sentinela que os conduzisse. Discreta iluminação no solo indicava aos caminhantes o trajeto seguro evitando que ficassem expostos a ataques daqueles espíritos pouco conscientes de sua condição humana. Em cada compartimento, uma grotesca e monstruosa entidade se acomodava como podia, em leve estado de sonolência, num ambiente obscuro e claustrofóbico, bem ao gosto de tais espíritos. Grunhidos diversos eram escutados aqui e ali, entendendo-se, então, o porquê das recomendações de silêncio absoluto por parte dos visitantes. As celas não eram guarnecidas, até aquele nível, com grades em suas entradas. No entanto, do alto de cada uma delas eram visíveis os orifícios de onde seriam projetadas imediatamente, ao primeiro sinal de perigo ou de ataque, isolando o espírito dementado antes que ele conseguisse atingir seu objetivo. A demarcação luminosa no piso orientava a zona segura para que o visitante estivesse fora do alcance do ataque, nos casos de descontrole da entidade enquanto as grades eram acionadas automaticamente para a contenção do espírito agressor.

Alfredo era o que mais sofria para manter o silêncio, impressionado com cada quadro e, menos adestrado para tais excursões, era amparado e controlado pelas forças generosas de Bezerra, que o envolvia para a manutenção de sua calma e coragem.

Percorreram todo o ambiente sem se deterem especificamente em nenhum caso, obedecendo ao conselho do sentinela.

No entanto, atingindo certo ponto da visita, Lucas solicitou ao responsável pela segurança que acionasse o mecanismo que baixava a grade vibratória que cerrava a entrada de todas as câmaras daquele setor.

– Não seria instrutivo passarem por aqui sem realizarem o exame de um de nossos irmãozinhos tutelados – falou o representante do comandante Alírio. Então, podem aproximar-se para a observação adequada já que todas as câmaras deste setor estão isoladas.

As palavras de Lucas provocaram um alvoroço de rugidos, grunhidos e urros oriundos de todas as celas. Identificando as vozes ao redor, aqueles seres despertavam da letargia prontos para desferir o golpe contra alguma ameaça imaginária, de acordo com as atitudes mecanizadas do instinto.

Acercaram-se da porta para melhor visualizarem o interior da câmara, transformada em verdadeira jaula para a contenção da disforme entidade numa mescla de homem e animal. Fosse pelo magnetismo suave de Bezerra ou pela contenção energética no interior da própria câmara, o certo é que a entidade não conseguiu atingir as grades protetoras, guardando distância significativa de onde rugia e gesticulava ameaçadoramente.

Então, puderam vislumbrar pequena tela fixada na parede externa, responsável pelo monitoramento de seu hóspede, na qual se visualizavam as experiências evolutivas daquela entidade, numa espécie de filme detalhado que estampava as etapas por ela vividas. Ali se podia mensurar o grau de violência, de fome ou necessidades espirituais variadas, da inconsciência ou lucidez, de maneira a bem orientar os enfermeiros que velavam.

Mais uma vez, Lucas realçou que, apesar das tristes condições em que se achavam, não eram tratados como encarcerados ou malfeitores. Eram considerados hóspedes especiais, nos quais se respeitavam os hábitos, ainda que esdrúxulos, os desejos ainda que exóticos, amparando-os da melhor forma para o encaminhamento aos seus destinos específicos. Precisavam submeter-se às disciplinas educativas daquele local, mas tais regras eram conduzidas de maneira amorosa e discreta, tendo em vista o bem coletivo.

Depois de bem examinada a tela cristalina, onde eram abundantes os detalhes, Bezerra considerou encerrada a experiência e convidou a todos para que regressassem à sala do comandante da embarcação, a fim de lhe apresentarem o agradecimento e as despedidas.

Alírio recebeu-os sorridente e feliz por ter sido possível que os planos do velho amigo Bezerra se realizassem.

– Esperamos que a viagem seja suave, Alírio, uma vez que a preciosa carga que este transportador carrega, apesar do destino triste de seus ocupantes, é composta dos futuros Embaixadores Celestes, adormecidos na forma de Espíritos Imaturos – falou Bezerra ao comandante.

— Tudo fazemos para que não aconteçam sobressaltos, ainda que existam turbulências vibratórias sempre que temos que atravessar longas distâncias entre fronteiras vibratórias tão díspares. No entanto, depois que deixamos a zona de maior influência terrena, os nossos passageiros se acalmam e, em geral, perdem o ímpeto agressivo, caindo em um estado de prostração característico. O problema maior, Bezerra, é quando chegam ao destino.

— É, meu amigo, eu imagino como devem ser as coisas por lá. Receba o nosso abraço e a gratidão dos irmãos que são sempre mais e mais devedores de sua bondade, querido Alírio.

— Aqui estaremos sempre disponíveis, bondoso doutor. Que Jesus os ilumine sempre.

Abraçaram Lucas e, conduzidos pelo venerando Médico dos Pobres, deixaram para trás a grande embarcação, uma dentre tantas que se empenhavam em realizar o deslocamento das entidades que não mais poderiam permanecer na atmosfera terrena.

Era necessário, no entanto, regressar ao núcleo de trabalhos espirituais de onde haviam saído várias horas antes, porquanto o dia se aproximava e ainda se faziam necessários certos entendimentos finais sobre o prosseguimento dos atendimentos tanto dos encarnados quanto dos espíritos.

✳✳✳

Lá no Centro Espírita, sob a direção espiritual de Ribeiro os trabalhos tinham o curso normal e intenso, caracterizados pela responsabilidade da Obra Divina num cenário de grande necessidade. Multidões esperavam atendimento e encaminhamento. Alguns trabalhadores encarnados desprendidos do corpo pelo sono físico cooperavam ativamente, ora como doadores de energias vitais, ora como médiuns de outros espíritos, ajudando, atendendo, conversando, servindo. Todavia, alguns se encontravam no serviço extremamente abatidos, como se estivessem em terrível provação.

Esse era o caso específico de nosso irmão Alberto, o Gerente Contábil que, sob a pressão de seus chefes, recusara-se a fazer as trapaças que pretendiam realizar na tentativa de se livrarem das responsabilidades decorrentes das condutas ilícitas.

Desprovidos de seriedade de caráter, os dois sócios, Moacir e Rafael, acusaram Alberto como responsável pelo ilícito, atacando o funcionário honesto e dedicado de tantos anos. Alberto sabia que os erros do passado poderiam ser descobertos um dia, mas depois que entendera os compromissos assumidos por ter sido conivente com as irresponsabilidades de seus patrões, estava consciente de que responderia por elas, ainda que na condição de cumpridor de ordens. No entanto, jamais lhe passara pela cabeça que os dois, acovardados pelo perigo das punições fiscais e criminais, procurassem livrar a própria responsabilidade oferecendo a sua cabeça às feras. Recebera o comunicado de demissão por justa causa e vira a sua reputação profissional jogada na lama da noite para o dia. Além do mais, na situação de Gerente Financeiro, teve todos os seus bens pessoais bloqueados, impedido de usar seus recursos longamente conquistados, o que causou uma verdadeira revolução dentro de sua casa, como se verá a seguir.

18

COLHENDO OS ESPINHOS SEMEADOS

Como já se explicou anteriormente, o comportamento de Alberto dera guarida a todas as tristes consequências que agora lhe tocava enfrentar.

Na empresa, acomodado aos procedimentos financeiros inadequados que lhe garantiam o polpudo salário mensal, permitira que as ordens de seus superiores fossem efetivadas, ainda que isso correspondesse a um ilícito perigoso. Acautelou-se, documentando as ordens recebidas dos patrões, guardando cópias de relatórios detalhados sobre as atividades financeiras e os possíveis riscos legais que dela decorreriam. No entanto, apesar de todos estes papéis, não havia como negar que, acovardado pela conveniência e pelas falsas ilusões de uma vida cômoda, acumpliciara-se com o estado de coisas, agindo de maneira tal que, senão por ação, ao menos por omissão não poderia deixar de ser responsabilizado.

Ferido pela indiferença de seus patrões, esperava encontrar refúgio no carinho da família, mas, ao buscá-lo, frustrou-se profundamente. Apesar de tudo isso, não havia como negar a sua responsabilidade pessoal no problema. Portanto, não tinha mágoa dos chefes ou parentes. A culpa estava ligada à sua postura tíbia, nada mais do que a ela.

Apesar de ter sido afastado das atividades da empresa, continuava atrelado às investigações policiais judiciais organizadas pelas autoridades competentes, com os reflexos negativos em sua vida pessoal. Alberto se viu na necessidade de comunicar sua delicada situação à esposa e aos filhos, organizando uma reunião familiar na qual exporia as consequências daquela situação na vida da família.

Sua esperança era a de que, ao menos junto dos corações mais chegados, uma palavra de afeto, de carinho ou de ânimo pudesse surgir em sua direção, sustentando-o em tão doloroso transe, atacado que já estava sendo por todos os lados, sem piedade.

Entretanto, nem da esposa nem dos filhos conseguiu recolher semelhante demonstração. A reação inicial de todos foi a de se sentirem arrasados com as notícias. À medida, porém, que começavam a processar as novas informações avaliando os prejuízos pessoais, passavam à posição agressiva, indignada, ofensiva mesmo, acusando-o de irresponsabilidade.

Quando souberam que acabariam perdendo tudo o que haviam conseguido, a explosão atingiu o clímax em cada coração.

Os filhos, crianças crescidas à sombra do conforto e da ausência de problemas, partiram para a revolta, atirando na face do pai abatido as ofensas mais baixas, como se estivessem diante de um malfeitor pego em flagrante delito.

– Quer dizer, então, que vou perder o meu carro? – gritou Robson, meio alucinado.

E sem esperar a resposta do pai, acrescentou:

– Isso é que não... não vou entregar meu carro por nada neste mundo. E a minha faculdade?

A alegação era cínica ao extremo.

Alberto, procurando manter o equilíbrio por entender que nenhum deles havia sido preparado para a derrota ou a dificuldade, exclamou com firmeza:

– Qual faculdade, meu filho? Aquela que me custa caríssimo,

mas que você nunca honrou com a mínima frequência ou dedicação? Pensa que não sei de suas ausências constantes, suas viagens e aventuras sob o disfarce de trabalhos e mais trabalhos da faculdade?

Robson corou imediatamente. Não imaginava que o pai poderia estar inteirado de suas atividades levianas.

– Um curso que já deveria ter sido encerrado há quase três anos e se arrastou até os dias de hoje é a prova principal de sua pouca dedicação, meu filho. E se tudo correr como estou prevendo que aconteça, ou você vai trabalhar para manter seu carro e seus estudos ou, então, precisará ganhar na loteria para sustentar as suas farras semanais.

Romeu, o irmão que acompanhava a cena com a mesma inclinação de rebeldia e irritação, tomou a dianteira e, de maneira agressiva, contestou as palavras firmes de Alberto:

– O senhor acha que a gente merece essa vergonha? Acha que a gente tem de aceitar essa notícia sem se revoltar? Ficamos toda a vida entregues às facilidades graças às suas próprias atitudes e, agora, temos de pular fora do navio luxuoso e nos contentar em flutuarmos com salva-vidas?

Ouvindo as frases entrecortadas de dor e decepção que nasciam da boca daquele filho irresponsável e problemático, Alberto acenou com a cabeça, informando:

– Isso mesmo, Romeu, ainda bem que alguém está raciocinando com lucidez, compreendendo o que estou dizendo aqui. Sim, todos nós vamos ter de deixar o navio luxuoso e mudar nossas rotinas. E não adianta nada se revoltarem agora. Gozaram tudo o que quiseram, fizeram de tudo o que o capricho os aconselhava. Como a cigarra da fábula, cantaram à vontade enquanto o verão era favorável. Agora, meus filhos, estamos entrando no inverno e, antes que a fome nos consuma as forças, estou lhes avisando para que se preparem para os tempos difíceis.

— Mas tenho muitos compromissos com meus amigos. Como vou fazer para cumpri-los?

— Ou se desculpa dizendo que não poderá ou arrume um emprego para manter seu nome honrado, se sua verdadeira preocupação é, mesmo, com sua honra – respondeu o pai.

Os rapazes estavam arrasados com a calma inflexível e com o horizonte nebuloso que feria seus caprichos de maneira definitiva.

Restava Leda, sentada a um canto, esperando passar as explosões dos filhos para usar a palavra.

Quando lhe tocou dizer alguma coisa, a réstia de esperança de Alberto se desvaneceu ao contato com os estiletes cortantes representados pelas frases da própria esposa.

— Sempre soube que você era um inútil, Alberto. No entanto, jamais imaginei que a sua competência em inutilidade fosse tão grande. Conseguiu afundar toda a família, sem nos dar tempo ou saída para nos safarmos com dignidade. Como pude me iludir estando ao lado de um derrotado por tantos anos, meu Deus!

Observando como os dois filhos se postavam ao seu lado naquela explosão de acusações injustas que lhe direcionavam, o desditoso Alberto elevou o pensamento ao Alto, lembrando-se do carinho dos espíritos amigos, a começar por Ribeiro, que o acompanhava pessoalmente naquele transe amargo da descoberta da Verdade.

Suas lágrimas silenciosas não eram fruto da perda do dinheiro ou da posição de conforto. Eram a expressão da tristeza do coração do esposo digno e do pai extremamente generoso que com recursos materiais abundantes conquistaria o carinho daqueles a quem servia.

Sobre sua cabeça, as mãos luminosas do dirigente espiritual do Centro Espírita garantiam-lhe um mínimo de serenidade e equilíbrio, além de manterem um fluxo de forças que protegeria o coração e o cérebro dos choques fulminantes da emoção em desalinho e das decepções a que estava sendo exposto.

Alberto, por força dos aprendizados espirituais, já estava preparado para todos estes momentos dolorosos, inclusive para a perda dos bens que acumulara ao longo dos anos, bens e valores estes que, segundo o seu novo entendimento da vida, haviam sido mais causa de desdita familiar do que de alegrias coletivas. Graças ao excessivo dinheiro, perdera a proximidade da esposa, convertida em boneca de festas e certames sociais e, em relação aos filhos, a abundância lhes havia aberto as portas fáceis dos velhos vícios do espírito, aqueles acumulados no pretérito e que eclodiam novamente ao toque luminoso do ouro das facilidades.

De nada adiantara suas palavras orientadoras a respeito das realidades do Espírito, tentando levá-los a uma compreensão mais elevada dos objetivos da existência. Seus entes queridos continuavam despreparados para as surpresas da estrada, sem entendimento mais profundo acerca das coisas espirituais e dos diversos ensinamentos positivos que cada um pode recolher das inúmeras decepções, dificuldades, enfermidades ou dores no trajeto da encarnação edificante.

Viam a vida pelo viés das facilidades e confortos, alijando-se de quaisquer esforços na luta por adquirir sabedoria e profundidade, madureza e amplitude de vistas.

Alberto sabia que, mais cedo ou mais tarde, todos seriam reconduzidos pela dor ao caminho reto e, se para tanto se fizesse necessária a bancarrota financeira, que ela viesse e terminasse logo o serviço, já que as bancarrotas familiar, emocional e moral havia muito já se tinham instalado no contexto daquele lar desajustado.

Todos estavam falidos há muito tempo.

Só lhes restava a falência econômica, talvez aquela que, em acontecendo, fosse o ponto de partida para o reerguimento de todos.

Amparado pelos raciocínios claros e equilibrados do mentor Ribeiro, recebia os dardos venenosos da indignação dos seus mais amados procurando compreender suas dificuldades, sabendo dos estreitos limites de suas possibilidades.

Apesar de todos os cuidados do mundo espiritual e dos conhecimentos das leis invisíveis, Alberto sofria muito diante das palavras frias e dilacerantes da antiga companheira de equívocos.

– Pois bem, Alberto. Já que as coisas são desse modo, espero que terminemos aqui também o nosso infausto relacionamento. Se tenho de passar fome pelo tempo que me resta, não quero estar ao lado de homem derrotado, de um perdedor. Se terei de trabalhar para manter o meu nível de vida, não pretendo que meu suor seja compartilhado por um ser tão abjeto e sem valor como você. Acho que nossa união, que vinha capengando há muito tempo, chegou ao fim nesta reunião. Se você não quiser facilitar as coisas, nós nos enfrentaremos no tribunal.

As palavras de Leda eram punhaladas no espírito daquele que tudo fizera para lhe corresponder aos anseios de mulher caprichosa. Aquilo era o fim.

Diante disso, Alberto sabia que não haveria mais ambiente para permanecerem juntos. Então, melancólico e vencido, respondeu:

– Se é assim que você vê as coisas, Leda, faremos da forma mais adequada para que seu desejo se concretize. Dormirei aqui esta noite e, amanhã, procurarei um lugar para me alojar, longe de vocês. Depois falaremos sobre os termos da separação, já que não creio que nos restará muita coisa para dividir além das roupas, bens pessoais e algumas lembranças.

– Você pode ficar com as lembranças... eu não pretendo carregá-las comigo. Quero esquecer o passado. Eu sou nova ainda, falarei com minhas amigas. Tenho certeza de que Moira poderá me amparar nesta hora difícil.

– Bem lembrado, Leda. Agora você conhecerá quais suas verdadeiras amigas. Boa sorte.

Alberto saiu da sala, mas, enquanto deixava o ambiente, ainda escutou o comentário irônico da esposa, insatisfeita:

– Nossa desgraça foi esse maldito espiritismo que entrou na cabeça desse homem fraco. Depois que se meteu nesse caminho, parece que se tornou um frouxo. Além disso, se fossem bons mesmos, por que motivo tais espíritos deixaram que tudo isso acontecesse? É coisa do Satanás, isso sim...

E para que Alberto escutasse, mesmo à distância, dava vazão ao histerismo, gritando:

– Vai lá no centro, seu inútil! Vai fazer uma macumba pra se safar da desgraça em que você nos colocou! Fale com seus chefes e mande resolverem esse problema. Afinal, você não é empregado deles? Eles que nos socorram agora, seu traste.

Nas palavras torpes de Leda, a culpa de tudo era do mundo espiritual. Que fosse ao centro espírita pedir seu emprego de volta, que falasse com os Espíritos para que lhe devolvessem com juros e correção todas as horas de serviço gratuito que havia prestado aos sofredores.

Era obrigação das chamadas "entidades" tirá-los dessa enrascada. Além disso, intimava o marido para que abandonasse aquele "antro" agora que a vida financeira havia ido para o abismo, para que coisa pior não viesse a lhes acontecer.

Infelizmente, Leda estava em surto de desequilíbrio emocional e mental. No entanto, ao seu lado, uma grande quantia de entidades necessitadas se divertia com a desgraça da família de Alberto. Espíritos desajustados e infelizes que os acompanhavam havia muito tempo, vitimados por seus excessos e deslizes, vítimas de engodos, furtos, traições que, em excitação festiva, comemoravam o sucesso de suas iniciativas persecutórias pela dor que espalhavam no caminho dos antigos desafetos.

Triste expressão da maldade humana, a satisfação com que tais espíritos vingadores se divertiam era digna da compaixão dos corações esclarecidos das entidades generosas que a tudo assistiam.

Certamente porque, eram sérios candidatos a um lugar na grande Nau Transportadora que aguardava aqueles que, nos diversos departamentos da vida, não logravam elevar o teor de suas vibrações.

Fossem os desencarnados ali conspirando contra a felicidade daquela família, fossem os seus integrantes indiferentes, levianos e egoístas, todos teriam de enfrentar as consequências de suas atitudes diante do tribunal da Verdade.

19

AS ATITUDES RENOVADAS DE ALBERTO

A noite do pobre médium Alberto foi extremamente difícil. Não conseguiu adormecer pelo volume frenético de pensamentos que circulavam em sua mente. Acostumado a avaliar situações e encontrar soluções criativas para os problemas financeiros da empresa, não lograva se conduzir com a mesma agilidade, agora que os problemas o envolviam na área pessoal, nas questões da família e do destino.

Suas ideias migravam dos deveres de marido e pai para as obrigações de ser humano, diante de leis indefectíveis que governam todas as coisas. Se fosse o mesmo Alberto do passado, quando não conhecia a doutrina espírita, facilmente se inclinaria para a solução mais fácil, aquela que o levaria a mais graves compromissos financeiros para manter as aparências familiares. Contrairia empréstimos e tomaria recursos emprestado, os quais nunca mais devolveria, comprometendo outras pessoas e espalhando a sua desdita pela vida dos seus semelhantes.

Muito bem relacionado como era, não lhe faltariam oportunidades de novo emprego, ainda que com menor salário, conseguindo manter as aparências.

Depois de tantos anos aprendendo sobre as realidades da vida, a importância dos conceitos espirituais para a evolução de cada filho de Deus, não se via mais à vontade para a prática da insanidade, da leviandade financeira e da desonestidade social. Sentia a intensa necessidade de colocar um basta a essa vida de "faz de conta" na qual, por culpa dele mesmo, todos os seus mais íntimos tinham se desenvolvido e se perdido moralmente. Eram bibelôs caprichosos, cuja fé se fundamentava no altar do talão de cheques recheado consumido na cerimônia dos prazeres, nada mais.

Possuía alguns recursos que lhe garantiriam vida modesta e, com isso, saberia recomeçar. Deixaria o que restasse, depois da solução de todo o processo, sob a posse da esposa.

Conceder-lhe-ia a separação até mesmo porque já não conseguiria viver ao lado daquela que, com o passar dos anos, se transformara de maneira tão radical. Sabia da influência das entidades inferiores, mas, também conhecia as leis de sintonia, recordando que sem a participação da maldade dos vivos, a maldade dos mortos não teria onde se apoiar.

Leda, por falta de alimento espiritual, havia reforçado em si mesma as antigas falhas e tendências que, ao invés de corrigir pelo aprendizado de novos e mais nobres caminhos, estimulara graças às facilidades materiais que encontrara. O marido também acreditava que já não lhe seria a melhor companheira, durante o estado de pobreza ou simplicidade material no qual ele passaria a viver.

Amanheceu o dia de maneira triste para o ex-gerente financeiro.

Levantou-se, arrumou as coisas que lhe serviriam de imediato, colocando tudo em duas malas, recolheu seus livros, seus pertences pessoais e documentos e, sem dizer nada a ninguém, deixou a casa, tomando rumo ignorado.

Depois que se acomodasse, forneceria o endereço quando julgasse conveniente. Caso precisassem localizá-lo, dispunha ainda do telefone celular.

Assim que as imobiliárias abriram o expediente comercial naquele dia, Alberto iniciou a procura por um teto simples e afastado, de custo baixo e que pudesse abrigá-lo imediatamente.

Não lhe foi difícil encontrar modesta casinha de fundos, por sorte localizada no mesmo bairro do centro espírita, facilitando duplamente seu esforço de recomeço, porque lhe garantia o anonimato além de permitir-lhe a continuidade à frequência regular aos estudos e trabalhos espirituais, para onde poderia se deslocar a pé mesmo.

Como não possuía mais nenhum compromisso com a empresa, restava-lhe tempo para leituras, meditações e trabalho mediúnico.

Naquele dia, o tempo fora destinado aos acertos da locação e à instalação de suas poucas coisas. A casinha, inclusive, já possuía algum mobiliário, e a proprietária era uma senhora que residia na parte da frente do imóvel, onde poderia, inclusive, guardar o próprio veículo.

Quando caiu a noite, Alberto se sentia em paz!

Parecia que havia saído de uma imensa turbulência que o consumia já há muitos anos, perdido no centro de uma família de doidivanas da qual parecia que nunca poderia sair. Definidos os caminhos pelo teor das decisões do dia anterior, libertara-se das amarras familiares e do emaranhado complexo de deveres profissionais, voltando à estaca zero, sem trabalho, sem esposa e sem filhos que, já na idade adulta, deveriam aprender a viver por sua própria conta.

Apesar disso, seu coração estava arrasado.

Tomou um banho, trocou de roupa e, bem mais cedo do que de costume, dirigiu-se ao Centro Espírita onde pretendia conversar com o dirigente encarnado.

Assim que chegou, foi recebido por Alfredo, o zelador que, cuidadoso, varria a frente da instituição para que permanecesse limpa quando da chegada dos trabalhadores da noite.

– Ora, Dr. Alberto, o senhor por aqui tão cedo?

– Sim, meu amigo. Resolvi "madrugar" porque preciso conversar com Jurandir. Por acaso ele já chegou?

— Sim, doutor. O nosso irmão presidente é dos primeiros que chega. Deve estar lá no salão arrumando as coisas.

— Ah! Que bom saber... posso entrar e falar com ele?

— Ora, doutor, a casa é sua mais do que minha. Vá entrando...

Agradecendo o carinho daquele homem simples, Alberto dirigiu-se para o interior, onde encontrou Jurandir às voltas com as cadeiras, a mesa dos trabalhos, os livros espíritas que cada um usava para elevar pensamentos e sentimentos enquanto não começava a reunião mediúnica, etc.

— Ora, Alberto, você por aqui tão cedo?

— É, seu Jurandir, graças a Deus eu posso estar aqui com um pouco de antecedência para falar com o senhor.

Vendo o abatimento do amigo de tantos anos, Jurandir convidou-o a que se sentasse para melhor conversarem.

— Vamos, meu irmão, pode falar...

— Sabe o que é, seu Jurandir, eu não estou passando por uma boa fase e, assim, acho justo informá-lo de que não me julgo com equilíbrio suficiente para trabalhar mediunicamente durante este período. Isso não quer dizer que eu não estarei aqui. Virei ao trabalho, cooperarei com minhas orações, se possível receberei passes magnéticos, mas, para a segurança da tarefa mediúnica, não acho prudente me ofereça diante do estado espiritual tão abatido como o que me encontro.

Jurandir observava com olhar fraterno e compassivo o amigo que, com coragem moral e lisura de caráter, se confessava necessitado de ajuda, expondo suas próprias mazelas.

Pensou consigo mesmo quantos médiuns havia por aí que não tratavam a mediunidade como coisa séria e responsável, preferindo agir como atores e atrizes de teatro, fazendo de conta que estavam em equilíbrio e, certamente, colocando em risco a limpidez e autenticidade das manifestações mediúnicas obtidas por seu intermédio.

– Entendo os seus escrúpulos, meu amigo – respondeu Jurandir. No entanto, não será isso fruto de um exagero de sua parte? Você sempre esteve envolvido em difíceis problemas na empresa, pressões de todos os lados, exigências dos patrões, dificuldades administrativas e, ao longo desses tantos anos, sempre soube ser, como médium, neutro e seguro nas transmissões do mundo espiritual.

Compreendendo as preocupações de Jurandir que, como dirigente, não queria descartar um trabalhador experiente apenas por uma suposta indisposição, Alberto aprofundou-se nas explicações visando melhor situar a questão:

– Sabe, seu Jurandir, é que como o senhor mesmo falou, eu aprendi a ser controlado quando o problema era profissional ou envolvia questão da vida de terceiros. No entanto, o problema que me aflige neste momento é pessoal. Parece que todas as desgraças do mundo caíram sobre minha cabeça de tal forma que, de uma só vez, perdi o emprego, estou sendo processado, perdi quase todo o patrimônio pessoal e, por causa disso, perdi aquilo que não soube cultivar adequadamente: minha mulher e meus filhos. Aliás, estes eu já não tinha há muito tempo e, refletindo melhor sobre tais questões, não os culpo por terem agido como agiram. A culpa é toda minha mesmo. Mudei-me de casa só com meus pertences pessoais, enquanto minha esposa providencia a separação legal. Meus filhos devem tomar seus rumos próprios, cientes que estão de que não poderão mais contar com o abastecimento financeiro que eu lhes propiciava. Este é o motivo que me permite chegar aqui bem antes do horário. Estou desempregado e, para me abrigar, consegui alugar uma casinha de fundos, não longe daqui. Assim, estarei presente no centro em todos os dias de trabalho.

A dor de Alberto transparecia de sua fisionomia, ainda que suas palavras tentassem manter a dignidade de quem está caindo sem perder a fé em Deus.

Por detrás de tantas infaustas ocorrências, no entanto, Jurandir sabia enxergar o heroísmo do sincero adepto do cristianismo verdadeiro. Alberto estava no amargor do testemunho real.

Poderia ter desistido de tudo, fugido da cidade, mudando-se de ares para recomeçar a vida em outro lugar, sem o peso do insucesso profissional.

Compungido pelo estado de abatimento do companheiro em luta, Jurandir dirigiu-lhe um olhar de amizade sincera ajuntando o oferecimento do auxílio de que se podia fazer portador:

– Todas as provações são maneiras de crescimento, meu irmão. Estaremos sempre do seu lado, não importa quanto tempo dure a sua situação. Louvo a sua coragem e a resolução de sua conduta em não fugir do trabalho espiritual. Muitos existem por aí que, no primeiro apagar das luzes da sorte, repudiam as responsabilidades espirituais e se afastam do trabalho, não sem muitas vezes maldizerem os espíritos amigos que os amparavam até aquele instante. E quanto aos seus problemas de sustento pessoal, gostaria que fosse muito sincero conosco sobre suas necessidades. Você sabe que nós amparamos irmãos aflitos que padecem tão distantes de nós e cujas vidas se desenvolvem à margem de nossos caminhos. Com que maior alegria poderemos estender auxílio fraterno a um companheiro de tantos anos que, fiel ao serviço de Jesus, continua secando lágrimas alheias sem pensar nas que lhe escorrem do rosto, Alberto.

Por fim, alguma palavra de alento chegava ao coração do pobre homem. Compreendendo a oferta fraterna e respeitosa, certamente correspondente ao auxílio alimentar que Jurandir lhe apontava, o médium, emocionado, respondeu:

– Puxa vida, seu Jurandir, o senhor não sabe como sua mão estendida me emociona. Há muito tempo ninguém tem um pensamento de bondade e preocupação comigo – disse, enquanto não conseguia mais conter as lágrimas que lhe brotavam do próprio coração. Uma explosão de soluços fez com que Alberto escondesse o rosto entre as mãos e se debruçasse sobre o próprio corpo. Jurandir, igualmente emocionado, enlaçou-lhe os ombros hipotecando-lhe a solidariedade fraterna, sem impedir, contudo, que chorasse convulsivamente.

O transe de dor levou alguns minutos para diminuir, sobretudo porque Alberto carregava aquele fardo de pranto arquivado no peito havia muitos anos.

Quando cessou a torrente de angústias, o médium procurou refazer-se, secando a face orvalhada e, organizando os pensamentos, afirmou:

– Tomo o doutor Bezerra de Menezes por testemunha de minhas palavras, seu Jurandir: não é o orgulho pessoal que me faz recusar a oferta de ajuda desta casa, na forma de alimento para minhas necessidades. Por agora, posso lhe dizer que não preciso ser mais pesado nos ombros desta instituição que já é tão carinhosa comigo, uma vez que guardo alguns recursos, enquanto não consigo trabalhar em algo. Não terei, porém, qualquer dificuldade em aceitar esse auxílio caso me veja às portas do crime, quando, então, o procurarei para recebê-la. Além disso, resta-me o carro que, se precisar, venderei. Naturalmente que só poderei me desfazer do veículo caso não tenha que entregá-lo por força do confisco legal.

Ao se referir à questão judicial, sentiu-se no dever de aclará-la plenamente para que não existisse qualquer segredo que viesse a tisnar a relação de confiança entre Jurandir e ele. Relatou, assim, com detalhes, as circunstâncias em que se viu enredado, a conivência com as atitudes irresponsáveis dos patrões, a demissão e a acusação que contra ele foi lançada para comprometer-lhe a vida tanto quanto a responsabilidade que lhe pesava em função do cargo de confiança que exercia. Então, sua derrocada era um conjunto de circunstâncias, mas que, entre elas, nenhum deslize moral, nenhum tipo de delito financeiro contra quem quer que fosse. De sua parte, sua grande culpa era a da omissão, por não ter-se afastado da gerência da empresa enquanto havia tempo, enfraquecido pelo temor da perda do salário e das facilidades que o mesmo propiciava à família.

Por isso, trazia a consciência tranquila no que dizia respeito a qualquer maldade ou torpeza de que alguém o pudesse acusar.

Jurandir entendeu a sua posição e, então, para deixar bem definidas as coisas, ponderou:

— Bem, meu irmão, vamos fazer uma coisa. Iremos submeter a sua situação à orientação dos irmãos espirituais, que nos poderão dizer sobre o seu estado geral e a sua segurança mediúnica. É verdade que um momento tão tormentoso pode comprometer um pouco o equilíbrio mediúnico dos trabalhadores inexperientes, menos acostumados aos percalços desse tipo. Observaremos o conselho dos nossos dirigentes invisíveis. Enquanto isso, você continua conosco, servindo na doação de energias, na vibração em favor dos necessitados e, se houver alguma suspensão temporária de suas atividades na psicofonia, assim que a tempestade passar o trabalho será retomado. Enquanto isso, gostaria de pedir que me ajudasse na organização do centro, nos dias de trabalho, caso haja disponibilidade de tempo de sua parte.

— Nossa, seu Jurandir, isso seria a minha maior felicidade. Estou desempregado, mas não quero ser desempregado. Quero trabalhar em alguma coisa, ser útil e aproveitar o tempo, só pelo prazer de agir. Preciso ocupar minha mente e não vejo melhor oportunidade de me preservar contra os maus pensamentos e minhas fraquezas do que me oferecendo aqui nesta casa, que tanto me tem ajudado e sustentado nas horas mais duras de minha jornada. Estarei aqui em todos os dias de trabalho para qualquer coisa que o senhor precisar.

— Pois bem, então, Alberto. Falarei com Alfredo para que o oriente sobre as atividades que, por falta de trabalhadores disponíveis nestes horários, tenho eu próprio que realizar. Assim, você me ajuda e eu poderei me dedicar a alguns compromissos que tive de abandonar em decorrência das tarefas de organização e limpeza que me fazem chegar aqui sempre mais cedo. Não quero, com isso, colocar todo o peso em suas costas, mas já que você está disposto, isso será muito importante para nós.

Observando o sorriso voltar ao semblante do Alberto, Jurandir advertiu:

– No entanto, preciso lhe dizer que se trata de coisas simples, sem qualquer realce. São arrumações, uma vassourada no salão, limpar e organizar as cadeiras, observar se há copos descartáveis, se não falta ordem e higiene nos banheiros, se não acabou a água do garrafão, e outras coisinhas miúdas que as pessoas não se dão conta do quão importantes são para as tarefas da casa espírita. A maioria que deseja trabalhar no centro está buscando postos de realce, querendo aparecer. Alguns pleiteiam coisas simples e anônimas com segunda intenção e tangidos pela velha vaidade que insiste em fazer morada nos corações ambiciosos, esperando usar o trabalho singelo como trampolim para cargos mais importantes. Parece que os espíritas não se conscientizaram de que Jesus lavou os pés de seus mais próximos seguidores, demonstrando com atitudes como é que cada um de nós deveria se acercar do trabalho efetivo.

Consultando o relógio, Jurandir observou que o horário já avançava, e dentro de trinta minutos seria necessário abrir as portas da instituição.

Então, aproveitando-se da disposição do companheiro, ali mesmo lhe assinalou algumas tarefas pendentes e, com isso, pôde dedicar-se a pensar nos trabalhos da noite, organizando os pedidos de orações e os casos delicados que deveria submeter ao aconselhamento dos espíritos.

Em lugar de Alberto, naquela noite, dona Dalva seria a médium através da qual Ribeiro se manifestaria, dando seguimento à tarefa esclarecedora do grupo de trabalhos.

Alberto se sentia reviver com as pequenas tarefas, que cumpria com o devotamento e o entusiasmo do recém-contratado, como se aquele fosse o seu primeiro "emprego". Procurando esquecer o homem importante que havia sido, agora se fiscalizava nas menores coisas, sempre interessado em fazer o melhor, inclusive nos detalhes, procurando não pesar nas preocupações do amável dirigente que o acolhera de braços abertos. Trabalharia dando o melhor de si sem nada reclamar. Começaria do zero, como ajudante do zelador e, assim, se apoiaria em Deus para enfrentar a dor daquela hora de isolamento afetivo, quando encontrara albergue seguro não entre os parentes, sangue do seu sangue, mas junto dos corações estranhos, daqueles que eram apenas irmãos de ideal cristão, trabalhadores do Bem em lutas com a vida, a caminho da evolução. Lembrou-se do exemplo de Jesus que, guardadas as devidas distâncias, também passara pelo mesmo tipo de problema:

"Quem é minha mãe, quem são meus irmãos? E olhando aqueles que estavam sentados ao seu redor: Eis, disse, minha mãe e meus irmãos; porque todo aquele que faz a vontade de Deus, este é meu irmão, minha irmã e minha mãe." (Marcos, capítulo III, v. 20, 21, e 31 a 35)

20

CONVENIÊNCIAS E INCONVENIÊNCIAS
(I)

Os espíritos amigos acompanhavam os esforços de Alberto na transformação de suas atitudes mais profundas, deixando de se prender às coisas do mundo, abrindo mão de direitos que, por certo, poderia exercer nas lutas jurídicas infindáveis contra seus antigos patrões, alegando sua inocência e tentando safar-se com parte de seu patrimônio, lutas essas, desgastantes e, muitas vezes, infecundas. Não porque não fosse lícito recorrer aos tribunais humanos, cuja existência corresponde a um avanço da civilização, mas porque, entendendo como necessária a própria modificação, se recusava a usar os velhos métodos das disputas e contendas, tomando o caminho mais fácil, aquele em que as coisas são regidas pelas circunstâncias mundanas. Decidira confiar-se à Bondade Divina na administração da Justiça, que sobre ele pesaria inflexível, tanto na acusação quanto na defesa, tudo baseando-se nas suas condutas como Espírito Imortal.

Bezerra, Jerônimo e Adelino acompanhavam, emocionados, a disposição daquele filho de coração limpo, apesar da dor que suportava nos embates do testemunho moral. Tal admiração por parte das entidades se lastreava no valor moral que estava demonstrando no momento difícil, que envolvia desemprego, injustiça, abandono, solidão, perdas reunidas num único momento de sua vida. Pouca importância atribuíam aos agentes causadores daquela triste circunstância, graças aos quais podiam reluzir as virtudes do irmão encarnado.

Todos sabiam que Alberto tinha escolhido, entre suas provas na presente encarnação, aquela que agora chegava para testá-lo vivamente. Abandono afetivo da família e dos antigos amigos, solidão, derrocada material, desvalia social, perda de importância – era preciso perder para recomeçar sem os antigos vícios. Apesar da dificuldade e das pressões sociais e familiares, soubera, até aquele momento, manter a mente limpa dos pensamentos inferiores, aberta para a nova forma de viver e o coração distante da mágoa, da raiva ou da decepção, desculpando os entes queridos e assumindo, como sua culpa, a maneira tão ególatra e irresponsável pela qual eles viam o mundo. Por isso é que contava com a sintonia elevada a aproximá-lo dos amigos invisíveis que, a todo o instante, o cercavam de boas palavras, estímulos afetuosos e apoio vibratório.

No entanto, a mesma coisa não poderia ser observada em relação ao caso Peixoto, mesmo que muito parecido, em suas causas básicas, ao do companheiro de centro espírita.

Na reunião daquela mesma noite, como já se havia entrevisto antes, Peixoto, o médium desajustado, compareceu à reunião conduzindo o amigo Alceu, rico empreendedor que estava às turras com a esposa que pleiteava a separação com a respectiva divisão do vasto patrimônio.

Era possível observar, nos pensamentos do endinheirado senhor, as imagens mentais produzidas pelas estimulantes palavras de Peixoto, prometendo:

– Vamos hoje, meu amigo. Seu caso é grave e, assim, falarei com Jurandir para que lhe seja dado um atendimento "especial".

Essa expressão "ATENDIMENTO ESPECIAL" era um abre-alas que Peixoto usava mesmo sabendo das disciplinas da casa, que não permitiam a presença de estranhos que não pertencessem ao círculo dos trabalhadores comprometidos com a reunião mediúnica. Insistia em desrespeitar as determinações, notadamente quando, com isso, desejava prestar um favor para obter rendimentos que lhe interessavam.

Iludido com a palavra fácil de Peixoto, que lhe prometera todo o tipo de privilégios no atendimento de seu caso, Alceu ali estava não como alguém que deseja, realmente, acordar para as realidades espirituais da vida. Acostumado a "ouvir dizer" sobre o Espiritismo, também julgava que ali se resolviam problemas materiais e emocionais, arrumavam-se casamentos ou se conseguiam separações vantajosas. Afastava-se o "olho gordo", conquistavam-se postos de realce nas tertúlias profissionais, venciam-se adversários com táticas mágicas.

Peixoto não se ocupara de informar ao amigo sobre a necessidade da própria transformação, até porque não lhe era conveniente intrometer-se em questões de vida pessoal de alguém que, rico e indisciplinado, era tão importante aos seus interesses, desagradando-o com recomendações indesejadas.

Por isso, recheado de promessas, Alceu chegou ao centro espírita carregando a arrogância que lhe era própria, a dos indivíduos que vão a qualquer evento público ou certame comercial contando com o tratamento privilegiado dos que podem pagar e, por isso, recebem as homenagens de todos. Sem apresentar a alma aberta para o auxílio verdadeiro, queria a solução do problema, disposto a pagar quanto fosse necessário para que tal se desse, sem o menor esforço de sua parte.

Assim que chegaram, Peixoto procurou Jurandir em particular para expor o caso de Alceu, deixando o amigo na entrada do centro esperando por seu regresso.

– Olá, seu Jurandir, tudo bem? – falou apressado, sem interesse verdadeiro em saber qual era o estado geral do dirigente da instituição.

– Olá, Peixoto, vou bem... e você?

– Bem... eu estou bem e não estou – respondeu o médium, propositadamente reticente.

— Ora, aconteceu-lhe algo, meu irmão? Perguntou Jurandir, demonstrando interesse fraterno no oferecimento de ajuda. Você sabe que nos dias de reunião de desobsessão tudo costuma ficar um pouco mais complicado, já que as entidades sofredoras são aproximadas dos respectivos médiuns, muitas horas antes do trabalho.

— Sim, seu Jurandir, disso eu sei, sim...eu... eu estou bem,... mas estou sofrendo por causa de um problema que não é meu.

— Entendo, meu amigo. E no que nós podemos ajudá-lo?

Vendo a disposição do dirigente em fazer algo em seu benefício, passou a falar abertamente do caso Alceu.

— Sabe o que é, seu Jurandir, eu tenho um amigo que está sofrendo muito. Sabe, é muito bem postado na vida, mas, de uns tempos para cá, está sendo perseguido por entidades que querem acabar com sua existência – falou Peixoto, tentando florear as dificuldades de Alceu com o intuito de conquistar o interesse de Jurandir. Ele tem um bom casamento, mas, desde alguns meses, sua esposa o está fustigando com um processo de separação que, ao que nos parece, quer apenas dividir o patrimônio do casal. Ela modificou totalmente o comportamento, parece uma outra pessoa e não há o que o pobre homem faça que a tire dessa ideia fixa. Eles não são espíritas, mas, como se trata de uma pessoa de meu relacionamento pessoal, falei-lhe das influências das entidades perseguidoras e de nossos trabalhos aqui na noite de hoje. Então, demonstrou tanto interesse em resolver essas pendências, tanta vontade em solucionar as suas diferenças com a esposa e com esses espíritos perturbadores, que não tive como deixar de trazê-lo aqui, mesmo sabendo das regras da casa. Expliquei-lhe que não poderia estar conosco se não obtivéssemos a autorização do dirigente dos trabalhos, e por isso aqui estou, colocando o caso desse nosso irmão para que o senhor o autorize, se julgar conveniente, a que participe da nossa reunião e, quem sabe, sentindo-se acolhido, consigamos ajudá-lo, à sua família e aos espíritos que os perseguem.

Sabendo que Peixoto era um médium indisciplinado e sempre

muito preso às conveniências mundanas, Jurandir não se deixou envolver com as labiosas expressões que lhe apresentava. Além do mais, pela sintonia que mantinha com Ribeiro, sabia que aquela não era a verdade real. Poderia, sim, estar acontecendo uma separação, mas as vibrações que o caso lhe transmitia demonstravam que, por detrás de tudo isso, interesses e problemas mais graves pendiam tanto sobre Alceu quanto sobre o próprio Peixoto.

— Você sabe, meu amigo, que nem sempre podemos admitir em nossas reuniões pessoas despreparadas para o entendimento daquilo que aqui vai acontecer.

Vendo que Jurandir não se deixara tocar tanto quanto se era de esperar, Peixoto se fez de mais submisso ainda.

— Sim, seu Jurandir, o senhor, que é o nosso dirigente, tem toda a razão e eu informei tudo isso ao nosso irmão. No entanto, mesmo assim, ele insiste em participar em busca de uma explicação espiritual ou de um aconselhamento sobre como proceder. Além do mais, a sua presença física neste ambiente poderia facilitar a comunicação de algumas das entidades que os atrapalham, tirando a esposa do caminho correto do matrimônio. Por isso é que julguei que não seria de todo inoportuno aceder aos seus desejos, estando entre nós como mero ouvinte.

O mentor espiritual da instituição, além de Bezerra e seus dois tutelados em tarefas já estavam cientificados de todo o contorno do "caso Peixoto" e sabiam que aquilo era puro teatro através do qual Peixoto pensava ser, ele mesmo, o agente mediúnico a permitir que os problemas de Alceu fossem encaminhados, obtendo os dividendos que tal auxílio certamente conseguiria na gratidão do ricaço infeliz.

Para não atrasar o andamento das tarefas da noite cujo início já se acercava com a chegada dos diversos médiuns, Jurandir pediu que tanto ele quanto Alceu esperassem à entrada da instituição, sentados em pequena sala, a fim de que ele próprio julgasse como seria mais adequado agir. Em seus pensamentos sabia que, da mesma maneira que não deveria deixar de atender a um caso sério, não poderia permitir que alguém inescrupuloso se valesse de uma atividade mediúnica sagrada visando aliciar favores financeiros.

– Sim, seu Jurandir, nós esperaremos a sua resposta, mas, por favor, leve em consideração o meu pedido, afinal, há muitas décadas milito nesta casa como um simples servo do trabalho cristão, sem nenhuma pretensão de infringir as rotinas fixadas pelos nossos mentores para o melhor resultado dos atendimentos. Além do mais, Alceu sempre pareceu ser uma pessoa muito agradecida e generosa. Certamente não ficará indiferente às necessidades desta casa, no auxílio aos necessitados.

– Claro, Peixoto, os Espíritos levarão tudo isso em consideração, certamente.

Aguarde uns quinze minutos e falaremos novamente.

Afastou-se o dirigente enquanto o médium se dirigia ao amigo, antecipando-lhe o sucesso da empreitada, arriscando, presunçosamente:

– Tudo está acertado, Alceu. Já falei com o Jurandir sobre o seu caso e ele foi lá dentro arrumar uma cadeira a mais pra você poder participar da reunião. Lembre-se, no entanto, que não deverá falar nada a não ser que alguém lhe pergunte alguma coisa, certo?

– Tudo bem, Peixoto, fico muito grato pela atenção que estão dando ao "meu caso" e espero sair daqui hoje com a solução do problema. Quem sabe, se tudo correr bem, não me torne um colaborador da instituição. O que você acha?

– É, meu amigo, tem sempre muita gente precisando de ajuda por aí, mas não falemos disso agora. O mais importante é resolvermos o seu problema! – exclamou Peixoto, pensando mais intensamente na ajuda de Alceu à sua causa econômica do que aos ideais da casa do Cristo.

Jurandir, assim que deixou o solicitante, penetrou pequena e isolada sala na qual, através da oração sincera e direta, buscou o amparo do dirigente espiritual para que o inspirasse sobre aquele caso, sobretudo porque rompia com importantes rotinas da instituição e dos trabalhos mediúnicos.

— Não pretendo ser o definidor de quem merece ou não merece ser recebido, irmão Ribeiro. Apenas que não acho adequado quebrar as ordens da casa sem, antes, ouvir os sábios conselhos dos verdadeiros dirigentes espirituais deste trabalho de Deus. Por isso, ajude-me com a intuição necessária. Você sabe como é o Peixoto e qual é a verdadeira necessidade de Alceu. Aqui me coloco como aquele que obedece.

A oração demonstrava humildade daquele que, mesmo na condição de dirigente encarnado de uma instituição religiosa, mantinha a sua cabeça no lugar, sem julgar-se na posição do infalível decidido de todas as questões, detentor de sabedoria e acuidade que poderiam dispensar os conselhos do mundo invisível. Conhecendo-lhe a fidelidade e obediência, apesar de saber de todos os interesses e conveniências envolvendo o médium interesseiro, Ribeiro não tardou em aclarar mentalmente as dúvidas do amigo encarnado.

— Meu irmão, obrigado por nos permitir ajudá-lo nesse momento especial da evolução desses dois amigos encarnados. É verdade que Peixoto continua negociando com as coisas de Deus, interessado em obter vantagens da atividade no Bem. No entanto, também é verdade que ele precisará aprender com suas próprias atitudes. Além do mais, Alceu é um irmão endurecido, que certamente poderá ser beneficiado ao contato com algumas circunstâncias especialíssimas que envolvem o seu caso. Por isso, ainda que não modifiquemos a regra que visa seriedade e discrição, abriremos uma exceção educativa. Pode permitir que ambos participem nesta noite que, certamente, trará inesquecíveis lições para todos.

A intuição era clara, como um pensamento que lhe brotava da mente espiritual para o cérebro físico, acalmando suas dúvidas.

Dirigiu-se à saleta de espera na qual Peixoto apresentou o visitante ao dirigente, ressaltando em Jurandir uma infinidade de qualificativos, conduta típica dos que se valem da lisonja para abrir portas nos caminhos por onde têm que passar, contando com a vaidade dos que escutam.

– Bem, é um prazer conhecê-lo, meu irmão – disse Jurandir, dirigindo-se a Alceu. Não creia, no entanto, em tudo o que Peixoto lhe acaba de dizer porque, nesta casa, os únicos com tais atributos são os espíritos abnegados que nos amam, sabem de tudo o que se passa conosco e nos amparam com discrição e paciência. Eu, como qualquer outro, sou apenas um apêndice físico deste trabalho imenso que eles realizam. Por isso mesmo, quero dizer-lhe que nossos amigos acederam à sua participação excepcional nesta noite, não sem antes solicitarem-lhe discrição, bons pensamentos, silêncio e oração, em qualquer situação que lhe ocorra. As conversa entre os que estão na sustentação energética e os espíritos só é possível caso nossos Mentores Espirituais nos dirijam a palavra. Por isso, trouxe papel e lápis para que, enquanto esperam pelo início da reunião, possa você escrever o nome de sua esposa e o endereço da família, de maneira que as equipes de trabalho do mundo invisível já possam ir adiantando as providências. Quanto a você, Peixoto, pode sentar-se à mesa para a preparação indispensável. Vamos?

Com um gesto de cortesia, demonstrou-lhes a necessidade de se deslocarem para o ambiente dos trabalhos, enquanto que Alfredo, o zelador, verificava se havia mais algum trabalhador chegando antes de fechar as portas do centro espírita que, então, só seriam reabertas ao final das atividades da noite.

Todos se posicionaram no salão, tendo, Jurandir, o cuidado de colocar Alceu sentado próximo dos trabalhadores experientes e sabedores dos procedimentos adequados quando um ou outro "novato" se apresentasse na reunião. Localizara Alceu entre Plínio e Alberto, na fileira dos doadores de energia para as atividades que se iniciariam.

A oração simples marcou o início dos trabalhos, logo seguida da leitura do Evangelho, dos comentários precisos e rápidos e, depois, com a diminuição das luzes teve início o trabalho mediúnico. Ribeiro se faria escutar através de Dalva, com conselhos morais visando o aproveitamento das experiências da noite.

Esta providência visava a preparação das mentes ali presentes, harmonizando-as a fim de que, convocadas a mais nobres e elevados padrões de vibração no Amor Verdadeiro, entrassem na sintonia adequada aos objetivos pretendidos, conectando cada médium com os respectivos dirigentes mediúnicos que organizariam o campo energético individual para a aproximação das entidades aflitas que se manifestariam naquela noite.

– Boa noite, meus filhos – falou Ribeiro, através da médium Dalva.

– Boa noite – responderam, discretos.

– A tarefa da transformação não espera. Cada um de vocês é convocado a pensar nos próprios interesses de crescimento e evolução para que retirem da vida o melhor que a vida tem a lhes oferecer. Pessoas há que, com a desculpa da inteligência, outra coisa não fazem senão investir tudo o que possuem em aquisições condenadas. Verdadeiras sumidades da cultura lutando para ajuntar coisas perecíveis, como se investissem toda a fortuna pessoal na aquisição de um navio de peixes. Jamais conseguirão alimentar-se de tantos peixes, por mais lhes sejam agradáveis ao paladar e perderão todo o investimento se não o dividirem com outras pessoas, seja pela comercialização ou pela caridade. Tratando das coisas de Deus, gratuitas por excelência, é indispensável que observemos que todos os bens que ajuntamos continuam a pertencer ao Criador, que nos emprestou a posse sobre os mesmos. Não somos donos de nada. Por isso, não desejamos que iniciem o trabalho desta noite sem meditarem nas importantes modificações de pensamento e sentimento. Se não o fizerem, continuarão aplicando valores da energia, da inteligência e da vontade para adquirir coisas perecíveis e sem valor maior do que os peixes que apodrecem. Somos constantemente acompanhados por entidades que nos conhecem e, com facilidade, identificam o núcleo de nossas necessidades e interesses. Não nos iludamos com ideias de milagres ou de soluções fantasiosas para coisas que fazem parte das nossas próprias lutas pessoais para as quais é indispensável nossa própria mudança. Sem ela, continuaremos como os doentes que querem a saúde, mas que, invariavelmente, continuam a envenenar-se. Entidades que aqui serão atendidas estão na faixa comum dos iludidos pelas coisas do mundo, relatando como se encontraram perdidos no mundo espiritual, depois de terem visto fechar sobre seus corpos a cova rasa do cemitério, sem terem amealhado as riquezas indispensáveis da alma. Morrem magnatas e despertam indigentes. Escutem e aprendam, filhos queridos, apagando a ilusão mentirosa dos interesses da matéria, não importando quão difícil lhes seja a vida, em seu cortejo de provas e testemunhos. Mãos à obra, meus filhos.

Depois de breve pausa, antes das despedidas, Ribeiro dirigiu-se a Alceu, nos termos seguintes:

— Estas advertências também são para você, querido filho visitante desta noite. Esteja aberto para os ensinamentos que lhe toquem, sem qualquer consideração de desvalia pessoal ou de tristeza. Se lhe foi autorizada a participação na tarefa de hoje, de maneira excepcional, é que Deus, em sua Infinita Bondade, haverá de considerar a sinceridade de seus propósitos na construção de uma Nova Vida.

Um pouco tímido diante das circunstâncias, mas recordando-se de que poderia responder se lhe dirigissem a palavra, Alceu ensaiou breve resposta, lavrada no verniz da boa educação:

— Agradeço as palavras de estímulo e aqui estou como quem escuta com atenção.

— Que Jesus o ilumine... — respondeu Ribeiro.

— Amém... — falou Alceu.

21

CONVENIÊNCIAS E INCONVENIÊNCIAS
(II)

A reunião mediúnica teve início, com o atendimento das entidades que eram encaminhadas, uma a uma, a cada um dos médiuns sentados ao redor da mesa, ocupando-se Jurandir de realizar a conversação individual.

A primeira a apresentar-se para o diálogo naquela noite, comunicou-se através de Lorena, médium psicofônica. Apesar da seriedade e do controle que exercia sobre o comunicante, podia-se perceber o estado de insatisfação que as primeiras palavras deixavam patente:

– Não adianta vocês se colocarem em meu caminho. "Ele" vai pagar por tudo o que me fez! Enquanto não destruir sua vida e sua família, não desistirei e ninguém aqui poderá me impedir.

– Olá! – falou Jurandir, procurando infundir calma ao espírito agitado. No que podemos ajudar?

– Podem ajudar se não se meterem onde não são chamados. Se aprenderam mínimas noções de respeito, respeitem minhas decisões. Ele parece muito injustiçado, mas não passa de um "homem" insano e rude. Pensa que tudo pode com o seu dinheiro, que estará sempre por cima e que nunca precisará temer o mal que já cometeu por aí. Mas eu serei, como tenho sido, o espinho em sua carne. E vou destruir todos os que estão no mesmo caminho. Podem pedir por ele quanto quiserem, podem me amarrar aqui, me prender, mas não adianta. Nós somos MUUUUUUUUIIIIITOSS.

Nas primeiras frases trocadas entre a entidade e o esclarecedor, começava a ser atendido um dos espíritos que se encontravam junto a Rafael e sua família, aquele patrão de Alberto, sobre quem, poucas horas antes, havia desabafado com Jurandir, contando-lhe os dramas pessoais. A identidade do espírito não era, de fato, importante de se conhecer, porque não passava de mais um infeliz, iludido pelo ódio, imaginando conseguir paz e felicidade através da vingança. Apesar de não ter nenhuma ligação com o próprio Alceu, as palavras da entidade caíam-lhe nos ouvidos como severas advertências, como acusações diretas por atitudes que somente ele próprio, Alceu, conhecia. Por sempre ter estado envolvido por muitos interesses em conflito, a construção de sua fortuna se deu com o prejuízo de muita gente, muitos infelizes que acabaram postos de lado para que ele próprio brilhasse. Criaturas que, sem forças ou poder suficiente para se oporem às suas ambições, juraram prejudicá-lo de uma forma ou de outra. Como o pobre visitante carregava a consciência cheia de nódoas e fatos infelizes, desconhecidos de todos os presentes, as palavras da entidade pareciam revelar os segredos longamente arquivados no cofre da culpa, fazendo-o tremer na cadeira por se imaginar desmascarado em seus erros diante de todos.

Começou a ficar nervoso e impaciente, não conseguindo mais prestar atenção nas palavras que eram trocadas, ainda mais depois que recebera aquele "ele vai pagar por tudo o que me fez" como uma ameaça pessoal dirigida contra ele próprio. Muitas vezes escutara isso das vítimas de seus golpes ou negociatas.

A comunicação, entretanto, não tinha nada a ver com o seu caso pessoal. Depois de mais alguns minutos de conversa, a entidade, que se recusava a desistir do impulso vingativo, acabou encaminhada para o plano espiritual a fim de dar lugar à seguinte que, já devidamente vinculada ao próximo médium, era contida em sua fúria pela disciplina firme que o trabalhador encarnado sabia exercer sobre suas faculdades.

Jurandir, então, dando continuidade, prosseguiu, dizendo:

— Meire, concentre-se e, se sentir alguma aproximação, pode permitir a comunicação.

A médium, que já estava sob a atmosfera vibratória do mentor amigo que controlava sua mediunidade, e sentindo a influência da entidade necessitada que falaria por seu intermédio, sentiu as alterações fisiológicas costumeiras, com o acelerar da respiração e dos batimentos cardíacos e, assim, não lhe foi difícil veicular as ideias que lhe brotavam da mente, como se sua boca apenas repetisse aquilo que lhe ocupava o centro do pensamento, sem a participação criativa de seu raciocínio.

— Quem pensam que são para me trazerem até aqui?

Tratava-se do espírito de uma mulher revoltada. Atrelada aos processos de perseguição dos médiuns da instituição, buscava usar de suas fragilidades sexuais para induzi-los a condutas infelizes fora dos trabalhos espíritas. Particularmente, estava ligada aos médiuns Cássio e Moreira, trabalhadores imaturos das lides do Bem que, sem maiores compromissos com a própria evolução, imaginavam que a mediunidade fosse um mecanismo neutro e automático, para cujo exercício não se fazia necessária qualquer modificação moral, qualquer disciplina de pensamentos e sentimentos. Haviam chegado à mediunidade pela porta da obsessão, mas pouca coisa haviam aprendido ao contato com as orientações fraternas dos amigos invisíveis. Cássio, que era servidor da mediunidade em dois dias da semana, se imaginava livre dos espíritos inferiores, vacinado contra suas influências. Por isso, nos outros dias da semana, frequentava todo o tipo de festas em companhia de pessoas menos dignas, imaginando que isso nada tinha a ver com seus trabalhos mediúnicos. Disso decorria que, todas as noites, entidades perniciosas o buscassem para a continuidade das festas na região inferior, aproveitando-se de suas energias. Aí se via exposto às emoções primitivas, embrenhando-se facilmente nas atividades sexuais desajustadas tão comuns nesses níveis vibratórios degenerados. O médium, no entanto, era outra pessoa quando chegava o dia e o horário dos trabalhos na casa espírita, onde se fazia passar por equilibrado cooperador, prestimoso e simpático.

O mesmo se dava com Moreira que, fora da instituição, costumava ser encontrado em visitas aos bordéis, na companhia de infelizes mulheres e nas mais esdrúxulas aventuras do corpo sem freios.

Havia muito tempo, ambos vinham sendo acompanhados de perto pelos cuidados de Ribeiro e de outros amigos invisíveis, que viam suas leviandades como efeito da ignorância e dos vícios do passado, do que propriamente decorrentes da maldade deliberada. Então, naquela noite, procurando ajudar aos dois médiuns atacados por muitos espíritos, Ribeiro havia conseguido trazer ao trabalho do esclarecimento encarniçada vampirizadora sexual que se valia das forças de ambos com a finalidade de afastá-los das tarefas salvadoras do Bem.

– É uma satisfação podermos conversar com você. Quais são suas necessidades? – falou Jurandir, exprimindo um sentimento de fraternidade pura em favor da própria entidade.

Importante se mencione que tanto Cássio quanto Moreira se encontravam na reunião, esperando a sua oportunidade de manifestação mediúnica. Por isso, para que ambos escutassem a comunicação que lhes serviria de importante alerta como um aprendizado construtivo, os dirigentes espirituais preferiram usar outra médium, deixando os dois imaturos trabalhadores totalmente conscientes para testemunharem o diálogo franco.

– Satisfação é a minha em encontrar o meu favorito aqui, hoje. Vocês foram muito ousados em me trazerem aqui na presença dele. Pois se desejam que eu me afaste, quero dizer-lhes que não sou eu quem o procura, mas, sim, o contrário.

Sem declinar-lhe o nome, a entidade se referia a Cássio, com quem tinha maior ligação vibratória.

– Entendemos seu interesse por nosso irmão. Por acaso tem algum sentimento por ele? – com a pergunta, Jurandir pretendia conhecer melhor a questão à qual se referia a entidade desconhecida.

– O maior sentimento que tenho é o de prazer. Somos sócios

no desfrute, somos os que compartilhamos a euforia. Não pensem que estou perturbando o equilíbrio do pobre... não! Estou correspondendo aos seus desejos mais secretos, aos seus chamamentos mais íntimos. Quem vocês acham que é o maior responsável? Aquela que está quieta em seu canto, mas que é convocada pelos pensamentos lascivos do homem provocador ou "o homem que parece mansinho, mas que, no fundo, é um lobo devorador?"

Esse é o meu caso. Nada mais faço do que corresponder aos convites sedutores para aventuras e excessos prazerosos, nascidos no pensamento e no sentimento "dele"!

Todos escutavam a conversa reveladora que, apesar de não comprometer a nenhum dos presentes, era importante lição para todos eles, servindo a carapuça a quem desejasse vesti-la.

Cássio e Moreira ouviam o diálogo trazendo a mente afogueada pelos pensamentos de luxúria que costumavam alimentar, recordando-se das inúmeras condutas impróprias a que se entregaram sigilosamente. O arrepio que lhes percorrera as fibras nervosas desde a base da coluna até o córtex cerebral indicavam, certamente, que as vibrações da entidade tinham endereço certo, compartilhadas em grau de afinidade com o espírito comunicante. No entanto, permaneceram calados, como se nada lhe dissesse respeito. Os dois, com culpa no cartório, se fazendo de santos imaculados, mas, certamente, supondo serem eles o tal "predileto" a que a infeliz comunicante se referia.

No entanto, na plateia, eis que Alceu estava à beira do desespero.

Isso porque, entre seus segredos íntimos, a conversa do espírito poderia também estar se referindo a ele próprio. Apesar de ter-se achegado a Peixoto com a história da esposa que queria a separação para ficar rica com o seu dinheiro, a realidade, que só Alceu conhecia, era a de uma vida de leviandades, arduamente suportada pela esposa traída, na qual ele, como marido insatisfeito pela monotonia do casamento, se permitia todo tipo de envolvimentos físicos e aventuras com mulheres variadas, enquanto negligenciava o carinho com que deveria abastecer o coração de companheira. Todas as semanas, as necessidades sexuais, transformadas em vícios cruéis, exigiam mais de Alceu. Mulheres exuberantes, pagas pela facilidade de seus recursos financeiros, transitavam em sua rotina masculina. Festas lúbricas se sucediam na escuridão de apartamentos luxuosos da chamada "Classe Alta", disfarçadas de reuniões de trabalho, encontro com clientes ou viagens de negócios. A esposa infeliz ia suportando as indiferenças do marido, suspeitando que a licenciosidade estivesse, realmente, embasando todas essas condutas. Tudo caminhava normalmente, no entanto, até que uma daquelas beldades contratadas pelo rico empresário, imaginando as imensas vantagens de um relacionamento mais próximo e sabendo-o infeliz ao lado da mulher que não mais o atraía, ousou informar a esposa das loucuras do marido, deixando recados em secretárias com o relato das aventuras de Alceu, com os endereços e horários que ela mesma poderia confirmar. A ideia era a de plantar a discórdia no caminho do casal, facilitando a separação e, então, aproveitar o caminho livre para atacar de maneira mais direta o "partidão solitário e carente".

Tudo isso fundamentou na esposa o desejo de separação definitiva. Sem aceitar a divisão dos bens, Alceu qualificara a conduta de sua mulher como motivada pela ambição, ainda que ela alegasse o seu comportamento de homem irresponsável.

Em virtude de seus procedimentos ilícitos, as palavras daquela entidade novamente pareciam dirigir-se ao visitante que, a estas alturas, começava a suar frio, com a queda de pressão produzida pelo nervosismo e pelo medo. Arrependia-se por ter aceitado o convite de Peixoto para uma reunião que, mais do que um encontro de consolação para suas dores, mais parecia um tribunal de acusação.

– Reunião especial para mim... – pensava Alceu, enquanto secava o suor abundante que lhe escorria pela face e ganhava o interior da roupa. Quem esse Peixoto pensa que é para me fazer passar por um apuro como este? Isto aqui é um massacre. Como podem saber de minhas fugidas? Certamente minha esposa falou com Peixoto sobre isso e o bandido, sem me revelar nada, veio com essa história de me trazer aqui pra tentar me impressionar com essas acusações. Que coisa mais baixa...! Esses espíritas sempre me pareceram charlatães mesmo, mas este Peixoto está passando dos limites comigo.

A comunicação prosseguiu por mais algum tempo, demonstrando que o espírito comunicante não desistiria da exploração de sua vítima. Referia-se a Cássio, não a Alceu. Mas, na falta de nomes, seu relato servia para todos os que tivessem alguma "culpa no cartório".

Terminada a manifestação de Meire, chegara a vez de Peixoto receber a próxima entidade. Na mente do médium não havia a menor suspeita do que estava se passando no interior de seu "amigo" na assistência. Com o desejo de ser o canal de maiores revelações no caso de Alceu, Peixoto se entregou ao transe mediúnico com a ideia fixa no caso. Isso fez com que os mentores espirituais aproveitassem a sintonia do médium e aproximassem, realmente, o espírito que se ligava ao próprio visitante. Peixoto nada sabia do perfil psicológico de Alceu, mas interessado em ser o "salvador da pátria", queria porque queria ser o canal através do qual a tão prometida "comunicação especial" fosse obtida.

– Vamos lá, Peixoto – falou Jurandir, segundo a praxe da reunião.

Envolvido pelas vibrações estranhas da entidade que era orientada pelos mentores luminosos da reunião, o médium sentiu um frêmito a percorrer-lhe, caindo em transe profundo, afastando-se do corpo pela ação enérgica do Espírito que tentava ajudá-lo nas questões da mediunidade, a fim de que observasse os frutos amargos de sua conduta leviana, com os próprios olhos.

Sob a direção do mundo espiritual que dirigia a reunião, foi aproximada do médium a entidade que acompanhava Alceu.

– Que bom que chegou a minha vez! – falou alto, pela boca de Peixoto que, em espírito, afastado do próprio corpo, observava a cena sem entender direito o que estava se passando. De onde estava sua alma, distinguia o corpo carnal acomodado à cadeira e a entidade disforme e escura que se justapunha à estrutura física parcialmente abandonada.

– Em que podemos ajudá-lo? – foi a pergunta de Jurandir.

– Na verdade, quero cumprimentar o meu amigo, o visitante desta noite.

Quando escutou estas palavras, Alceu respirou fundo porque algo lhe dizia que a comunicação era dirigida a ele próprio, tanto quanto pensava isso a respeito das outras, também.

– Ah! Que bom... você o conhece? – perguntou Jurandir.

– Ora, claro que conheço. Sou eu quem o inspiro todos os dias! Sou eu quem velo pela defesa do patrimônio que me pertenceu e que, há quase trinta anos, precisamente, ele pensou que poderia tirar de mim. Olá, Alceu... lembra-se de mim? Sou Gonçalves, o antigo e verdadeiro proprietário dos negócios que hoje você pensa que comanda.

Aquele nome produziu um verdadeiro furor na mente do pobre assistente da reunião. Gonçalves havia sido o antigo proprietário que, por muito confiar em Alceu, a quem ajudara desde moço, deixara-lhe procuração com amplos poderes administrativos por ocasião de longa viagem de passeio ao exterior. Viagem de descanso sugerida pelo próprio protegido, que se manteria à frente dos negócios zelando de todos os detalhes para que ninguém notasse a ausência do efetivo dono.

Aproveitando-se da confiança irrestrita que o velho lhe depositara e dos amplos poderes de que se vira investido, Alceu adotou medidas administrativas e legais que alteravam a organização dos negócios, modificando as estruturas diretivas da empresa, alegando estar cumprindo a vontade do proprietário, que se ausentara exatamente para que tudo fosse providenciado da forma menos difícil, já que pretendia, a partir de então, afastar-se dos maçantes compromissos negociais. Gonçalves fora, então, transferido para inútil galeria de honra, assumindo um posto decorativo e distanciado de todo poder decisório. As modificações foram rápidas, contando Alceu com toda a influência do dinheiro para acelerar as tramitações indispensáveis, empossado na direção geral do empreendimento.

Decorridos os primeiros três meses de afastamento do antigo dono, homem casado, mas sem filhos, Alceu alterara bruscamente as rotinas da empresa, modificando o campo de atividades, diversificando investimentos, modificando o perfil dos empregados, favorecendo a aposentadoria dos mais velhos, aqueles que ainda se ligavam a Gonçalves pelos laços do afeto e da gratidão graças aos longos anos de serviço.

Os relatórios que Alceu enviava a Gonçalves através dos meios disponíveis eram cada vez mais genéricos e evasivos. À distância, o velho, que de nada sabia, passou a perceber a existência de problemas procurando, então, antecipar o regresso ao Brasil. Quando chegou, no entanto, a tragédia já se havia consumado. Nada mais lhe garantia a liderança do grande empreendimento. Nas altercações que se seguiram entre ambos, as acusações e ameaças se fizeram cruéis. Gonçalves pretendia retomar na Justiça o controle de seus bens e, para isso, usaria de toda a sua influência sobre os conhecidos juízes que lhe frequentavam a roda social. Alceu, no entanto, bem calçado no aconselhamento de astutos advogados, não pretendia ceder nos passos dados. Acossado pelas pressões de todas as partes, aconselhado por seus representantes legais, tramou a morte do casal através dos serviços criminosos de alguns capangas que, desconhecendo quem os assalariava, receberiam significativo valor para eliminarem Gonçalves e a esposa em um suposto assalto seguido de sequestro, pondo fim a qualquer ameaça à liderança do jovem e arrojado sucessor.

Tudo isso saltou à memória do ouvinte, que tudo fizera para se esquecer de tão tristes momentos em sua vida.

A eliminação de Gonçalves lhe garantiu o sucesso pretendido contando com o decorrer dos anos para que o tempo apagasse as lembranças.

Mas agora, como que saído do túmulo, lá estava o seu antigo patrão a falar-lhe pessoalmente:

– Vamos, responda! Parece que viu uma alma penada? – disse o espírito, dando sonora gargalhada.

Observando-lhe o silêncio, continuou falando com desenvoltura:

– Pensava que nossos crimes ficam apagados pela passagem do anos, não é? Pois aqui está o velho Gonçalves, meu amigo. Aquele que você mandou matar depois de ter roubado seus bens, valendo-se da longa viagem de descanso.

Reunindo todas as forças que ainda lhe restavam, premido pelas acusações diretas que contra si mesmo eram lançadas, Alceu respondeu, titubeante:

– Eu não sei quem você é! Não sei do que está falando! Como ousa me acusar de delitos graves como esses?

Vendo o desequilíbrio a se acercar da mente de Alceu, Gonçalves deu curso aos seus argumentos:

– Não sou eu quem o acuso. É você mesmo que sabe o que fez e que, por mais que negue os fatos com a boca, o suor frio de seu corpo o acusa sem que eu mesmo precise fazê-lo. Imaginava que a morte matava tudo, não é? Agora está vendo que não é assim, mesmo que diga que não acredita. O certo é que sou eu quem dirijo as coisas até hoje, lá na empresa. Você fez um belo trabalho na tentativa de me afastar dos negócios. No entanto, suas fraquezas me permitem comandar tudo. Aprecio o seu gosto por belas mulheres e observo o tempo que você dedica a aliciar essas moças para suas festas. Só lamento, é verdade, o tanto do meu dinheiro que você gasta com elas. No entanto, acho que esse é o salário que lhe pago para que EU continue no comando de meus interesses. Você continua a ser o meu empregadinho de sempre. Suas ideias são as que eu fomento, seus projetos são os que eu desejo e seu fracasso material será, por fim, a minha vingança. Por isso, estou tratando de transferir à sua pobre esposa, boa parte de meus recursos, porque a outra metade, certamente servirá como túmulo para as suas últimas ilusões. E depois que você chegar do lado de cá, meu jovem, poderemos nos encarar de frente e, então, teremos toda a eternidade para nos entendermos.

Alceu não suportou mais a conversa.

Perdendo o controle, levantou-se irado e, aos gritos, passou a ofender a entidade, o médium, os presentes, criando um verdadeiro tumulto fluídico que, por pouco, produz um grave dano à estrutura vibratória do próprio Peixoto que, fora do corpo, recebia todos os choques magnéticos nascidos no desajustado Alceu. Os mentores espirituais, que a tudo observavam e já haviam se preparado para tal desfecho, reconduziram Peixoto ao corpo físico para que voltasse à consciência, enquanto que Alberto, Horácio e Plínio continham o alvoroçado Alceu, pronto para agredir fisicamente o pobre médium que, acordando do transe profundo, não guardava nenhuma lembrança do que se passara. Sem entender nada, notava que era o centro do furacão, o alvo da ira do amigo a quem queria prestar convenientes serviços mediúnicos, com os fins já revelados.

– Seu mentiroso, embusteiro, feiticeiro de quinta categoria! Maldita a hora em que aceitei seu convite para vir aqui neste "trabalho especial" que resolveria meus problemas, como você mesmo me prometeu.

Alceu não cessava de agredir Peixoto, enquanto os fortes braços dos trabalhadores o continham, tentando reconduzi-lo ao equilíbrio.

– Seus bandidos, corja de enganadores, deixem-me sair daqui! Não fico aqui nem mais um minuto. Estão me prendendo? Sabem com quem estão se metendo? Tirem as mãos de cima de mim. Vou mostrar a vocês quem eu sou, realmente. Vou falar com gente importante e fechar este antro de mentiras e feitiçarias. Abram as portas e me deixem sair.

Para evitar maiores problemas encerrando aquele distúrbio inoportuno, mas, ao mesmo tempo, extremamente educativo, Jurandir autorizou que levassem o visitante até a porta onde o assustado Alfredo estava a postos, facilitando sua saída do ambiente.

Toda a conveniência de Peixoto desaguara na inconveniente verdade que, por todos os lados, ferira a alma de Alceu fazendo-o imaginar que o que se produzira naquela noite fora destinado a desmascarar suas condutas ilícitas em todas as áreas de seu caráter tíbio.

Ao mesmo tempo, Peixoto colhia a experiência dolorosa decorrente da leviandade mediúnica, imaginando que, se inicialmente poderia se valer do suposto amigo para resolver seus problemas financeiros, a partir daquele instante perdera todas as esperanças em conseguir sequer realizar-lhe um simples telefonema. Além de ser o principal responsável ou causador daquele constrangimento, expondo todo o grupo aos choques desagradáveis e à conduta desajustada de uma pessoa despreparada para participar de uma reunião como aquela.

Com a saída do perturbado indivíduo, todos voltaram aos seus assentos enquanto que Jurandir, envolvido pelos fluidos balsamizantes de Ribeiro, recolhia energias para colocar ordem nos pensamentos e sentimentos gerais, dando por encerrada a recepção de mensagens de entidades aflitas, aguardando a manifestação do mentor do grupo para a palavra final, muito esperada por todos.

Dona Dalva, a médium mais experiente dentre todos, se apassivou em concentração profunda permitindo a palavra do amigo de todos:

– Certamente que estão chocados com tais ocorrências, meus filhos. No entanto, isso não nos surpreende em nada, sobretudo quando temos alertado cada um de vocês sobre as condutas inconvenientes que misturam necessidades espirituais com interesses pessoais. Nossas disciplinas têm sua razão de ser, ao não permitirmos o acesso de pessoas despreparadas para assistir à reunião mediúnica, uma vez que elas não dispõem de entendimento para avaliar cada revelação ouvida. Certamente que Jurandir não pode ser culpado por tal circunstância. Submeteu-nos intuitivamente a autorização solicitada por Peixoto, momentos antes do início da reunião e, conhecendo a verdadeira intenção do querido irmão, permitimos que isso se desse. No entanto, desejávamos que aprendessem com esta triste experiência que não devemos facilitar o acesso de amigos que queiramos ajudar, de pessoas importantes para nosso afeto, de parentes e companheiros a quem queiramos agradar, num ambiente tão especial e delicado como o de um trabalho mediúnico como este.

Não estamos em um balcão de negócios nem em uma passarela para exibições do mundo invisível. Sempre que os interesses rasteiros nortearem pensamentos e intenções de cada irmão, podemos informá-los que os resultados serão muito trágicos.

Não me refiro apenas aos que se observaram aqui dentro. Falo de consequências muito severas para o dia a dia de cada um. Isso porque, com exceção desta última entidade comunicante que, diretamente, tinha vinculação com o infeliz visitante, cuja culpa íntima lateja há anos em sua consciência, os dois espíritos anteriores tinham ligação direta com vocês mesmos. Observem as advertências e saibam que, se espíritos tão inferiorizados no ódio e nos vícios conhecem suas condutas mais ocultas, imaginem nós que os amamos e estamos sempre procurando ajudá-los.

Parem de se iludir imaginando que são médiuns somente quando chegam aqui para os trabalhos semanais.

Disciplinem suas condutas fora daqui pelos padrões da Verdade e do Bem, porque esta será a única forma de que não se vejam vitimados pelos próprios comparsas de aventuras, gozos e negociatas.

A noite foi longa e, certamente, garantiu a todos nós vasto material para meditações profundas e, esperamos sinceramente, que também para MODIFICAÇÕES PROFUNDAS. Caso não se capacitem para os futuros trabalhos com as alterações esperadas, estejam certos de que circunstâncias fortuitas os afastarão desta casa sem que nós possamos fazer nada para impedi-los. Então, estejam preparados para viver entregues à própria sorte. Entenderam nossos alertas?

Depois de alguns minutos de silêncio, os presentes balbuciaram a afirmativa resposta, compreendendo claramente tudo o que Ribeiro lhes havia explicado e advertido.

22

CONSELHOS E ADVERTÊNCIAS

Terminada a reunião, surgiram os comentários sobre a ocorrência desagradável, tanto quanto sobre os desdobramentos que dela poderiam decorrer em face das ameaças proferidas pelo visitante em desequilíbrio. Peixoto, ainda confuso com tudo o que a sua insistência havia causado, estava arrasado. Parecia o menino que acendeu o fósforo sem saber que estava cercado de pólvora por todos os lados. Tinha vergonha e, assim que as condições de silêncio se apresentaram, pediu publicamente desculpas ao grupo de irmãos por ter conduzido até lá uma pessoa tão despreparada. Jamais imaginara que Alceu iria reagir daquela forma. Também não sabia dizer como é que sua faculdade mediúnica havia sido utilizada daquela maneira tão clara, através da qual Gonçalves viera a atirar na face do visitante toda sorte de revelações.

– Certamente, Peixoto – respondeu o dirigente da Instituição – os nossos coordenadores espirituais viram na ocorrência a oportunidade de despertar o pobre e infeliz empresário para que acordasse antes que fosse tarde. Naturalmente que ninguém gosta de escutar certas coisas e, assim, a fuga, a revolta, a falta de equilíbrio bem demonstram quão profundamente ele foi atingido.

– Bem... isso também é verdade, seu Jurandir. Mas o que eu não entendo é como a manifestação aconteceu justamente por meu intermédio. Eu me via fora do corpo, cercado por entidades amigas aqui mesmo, nesta sala, mas não conseguia impedir que as palavras do Espírito fossem ditas.

— Sim, Peixoto. À medida que você fora o elo de ligação entre Alceu e a nossa reunião, estava mais vinculado aos problemas de seu amigo. Assim, havia uma maior sintonia entre ambos e, por isso, nossos dirigentes invisíveis julgaram adequado se valer do laço energético entre vocês para permitir que o infeliz Gonçalves, vitimado na confiança profunda que devotara ao seu antigo funcionário, viesse chamá-lo à razão, fazendo-o entender que o mal não está esquecido, que todos teremos de prestar contas de nossos atos, e que nossas vítimas continuam vivas, mesmo depois que seus corpos desapareçam. Quem sabe se o acusado da noite, o mesmo que devia trazer a consciência endurecida ou amortecida, não comece a meditar no que escutou aqui.

— Mas eu não me recordo de nada do que o espírito disse a Alceu, como é isso?

— Ora, Peixoto, faz mais de trinta anos que você é médium! Como não se esclareceu sobre os diversos tipos de percepção mediúnica descritos em O Livro dos Médiuns? Porventura você é dos típicos espíritas práticos? Aqueles que dizem que o negócio deles é "praticar"? Sem estudo constante e metódico, meu amigo, o médium estará sempre surpreendido por fenômenos que acontecem através dele sem que seja capaz de entender o seu conteúdo.

Enrubescido pelos comentários em tom de brincadeira, comentários que, no entanto, correspondiam à verdadeira indiferença com que ele se dedicava ao estudo da mediunidade, não se encorajou a se defender porque aquela noite já lhe havia rendido suficientes decepções. Engoliu, então, o orgulho ferido e deu uma risadinha amarela, limitando-se a exclamar:

— É mesmo, né, seu Jurandir... a gente nunca perde por estudar!

Encerraram-se as despedidas e cada um levou consigo para o

lar as experiências surpreendentes da noite. Peixoto, no entanto, assim que deixou o centro espírita, dava sinais de desespero íntimo.

Acompanhado pelos espíritos que o estudavam, Jerônimo e Adelino, seguia pelas ruas no volante de seu veículo coordenando ideias que ainda não tinha tido tempo de organizar a contento.

Recordara-se dos motivos que haviam embasado o seu desejo de ajudar Alceu, levando-o inadvertidamente à reunião espírita. Iniciara aquela aventura contando com o apoio financeiro de um amigo agradecido e saía da reunião carregado de prejuízos e em maiores dificuldades. Alceu jamais se aproximaria novamente de Peixoto, e este não conseguiria mais qualquer benefício da amizade que julgava ter com o empresário. As acusações diretas, os xingamentos, o destempero emocional daquele homem aparentemente equilibrado, bem indicavam que não haveria mais, entre os dois, ambiente para qualquer tipo de intimidade fraterna ou conversa equilibrada.

À medida que o seu pensamento ia alinhavando estas ideias, tais considerações iam gerando mais contrariedade no sentimento de Peixoto.

– Trinta anos de serviço neste centro – falava ele, crendo-se sozinho no carro – e os Espíritos Dirigentes me colocam numa situação dessas. Sabendo que estou desesperado, em problemas de difícil solução e que Alceu era a porta de saída, a tábua de salvação, como é que foram deixar que tudo isso acontecesse? E, o que é pior, JUSTAMENTE COMIGO? Poderiam ter usado a Dalva como médium, ou então a Lorena ou o Cássio. Lá estavam também a Cornélia e a Meire. Mas não... resolveram usar este palhaço aqui para que o showzinho acontecesse.

E enquanto ia pensando nos fatos, somando a própria vergonha ao orgulho ferido, aos prejuízos materiais, aquela aparente humildade expressada no pedido de desculpas ao final da reunião ia se transformando em melindre explosivo, alterando o ânimo de Peixoto que, imaturo no espírito, sintonizara-se, uma vez mais, com os níveis inferiores do próprio EU, considerando-se injustiçado e infeliz. Abria-se, nele, mais uma vez, a porta da insatisfação, sempre movimentada pela maçaneta do interesse pessoal

– Acho que não custava nada aos espíritos que me conhecem e sabem há quanto tempo lhes sirvo com dedicação, que me facilitassem as coisas. Afinal de contas, estaríamos ajudando um sofredor. Não seria difícil trazer algum espírito que estivesse atormentando-lhe a esposa e, com isso, deixar claro que o problema seria conduzido da melhor maneira junto da infeliz causadora. A mulher de Alceu não sofreria nenhum prejuízo e o marido se sentiria bem atendido, saindo do centro espírita com esperanças renovadas. Mas não! Parece que fizeram as coisas para estragar meus negócios. Além de não ajudarem em nada na solução do problema da separação, ainda fizeram o infeliz ter um surto de raiva, justamente contra mim. E por falar nisso – continuava pensando o desajustado médium –, que mágica foi aquela em que me puseram fora do corpo de modo que eu não conseguia controlar o que era dito pelo espírito? Via tudo o que acontecia, mas não tinha como interferir. Claro que se eu pudesse receber um espírito que estivesse vinculado a Alceu, não deixaria que o mesmo se dirigisse ao novato naqueles termos que as pessoas me contaram depois. Acusá-lo de crime – sim, porque o que a Entidade disse para ele é um delito horroroso – é uma coisa muito dura. Não sei se os espíritos amigos permitiriam que isso se desse. Se eu, como médium consciente, não deixaria esse diálogo chegar a este ponto, atendendo às disciplinas de contenção e controle que os médiuns aprendem a adotar, como é que os Espíritos que dirigem a reunião foram permitir que uma coisa dessas acontecesse?

Apesar de já ter perguntado tais coisas ao final da reunião, Peixoto não assimilara as explicações de Jurandir. Preferia, agora, ao invés de considerar as necessidades espirituais de Alceu e os problemas pessoais que estava enfrentando, problemas estes que ele próprio, como amigo e médium só conhecia na superfície, levar seus raciocínios em outra direção:

— Acho que está havendo algum tipo de interferência negativa na direção dos trabalhos espirituais. Se tudo isso aconteceu desse jeito, é por falta de proteção espiritual efetiva no ambiente. Só pode ser isso. Será que não estaremos sendo conduzidos por uma equipe espiritual de enganadores? Não seria mais lógico que a gente ponderasse essa hipótese, porque se os espíritos sabem que um indivíduo está tão desequilibrado, como é que permitem que ele permaneça em uma reunião dessa natureza? É verdade que eu levei o "cara" até lá, mas, primeiro, fiz isso porque ele sempre me pareceu equilibrado, coisa que os espíritos amigos certamente poderiam saber não ser verdade, já que nos conhecem profundamente, usando seus meios espirituais. Mas, além disso tudo, eu pedi ao seu Jurandir que autorizasse ou não a permanência de Alceu na reunião. Ele nos fez esperar e voltou nos dizendo que havia obtido a autorização do mundo espiritual — continuava ele, em seu monólogo interior. Ora, se o mundo espiritual deixou, como é que não impediu que tudo acontecesse? Não estará havendo aí um sério indicativo de falha na segurança ou na vigilância dentro da própria casa espírita?

E lá ia o raciocínio de Peixoto sendo envenenado pela companhia espiritual negativa que o manipulava fora do centro espírita, na avaliação de seus negócios, na construção de seus golpes financeiros, na edificação de suas estratégias. Tudo estava sendo alinhavado por tais espíritos para afastar o médium do trabalho e, depois, usá-lo para que se perdesse, através da própria invigilância e da ausência de um estudo aprofundado de suas reações e tendências, vícios e defeitos de caráter.

Jerônimo e Adelino acompanhavam a estranha simbiose que se mantinha bem enraizada entre o médium em desequilíbrio e as entidades que se atrelavam ao seu psiquismo, produzindo-lhe todo tipo de questionamento e dúvida para, sem maiores problemas, afastá-lo do grupo.

— Talvez — continuava Peixoto pensando alto —, o problema maior seja o próprio Jurandir. Ele que deveria ter sido o filtro adequado para impedir a permanência de Alceu, foi quem autorizou a coisa. Talvez o tivesse feito por imaginar as possibilidades financeiras do atendimento de um homem tão importante quanto rico. Ah! Isso mesmo! Sempre o interesse por baixo das coisas. Certamente Jurandir foi tocado pela cobiça ao saber que Alceu era detentor de vasto patrimônio e, por isso, admitiu sua presença para garantir alguma polpuda doação para a instituição ou, até mesmo, o início de um relacionamento de amizade que lhe poderia render lucros pessoais. É... não tinha pensado nisso. Bem que pode ser essa a verdadeira causa dos fatos desta noite. E eu aqui, me penitenciando como o único culpado. Que nada, lá está o próprio dirigente do grupo cogitando das lucrativas consequências do atendimento ao empresário. É... isso me parece claro como a água cristalina. E se as coisas são assim mesmo, preciso falar com outros sobre estes fatos para alertá-los a respeito de tudo isso. Eles não estão cientes do que estou sabendo e, por isso, precisam ser informados.

Agora, os tentáculos negativos das entidades que tramavam não apenas afastar o pobre médium do grupo, mas, igualmente, comprometer o trabalho espiritual que lá se realizava, usavam Peixoto como um agente da discórdia, projetando em sua mente despreparada as imagens, para que seu raciocínio pudesse ser conduzido na direção do atentado à harmonia e à confiança que modelavam os relacionamentos no interior daquele colégio fraterno de almas devotadas ao trabalho do Bem.

– Sim... amanhã mesmo vou telefonar para o Cássio a fim de comentar sobre o comportamento de Jurandir. É melhor sondar primeiro o que alguns companheiros pensam de tudo isso, antes de levantar o problema aos demais. Nestes casos, os aliados são muito importantes. Depois do Cássio, vou procurar o Moreira e a Geralda. Sempre achei que eles não simpatizam muito com Jurandir. Se conseguir fazer com que pensem melhor, já seremos quatro e teremos mais força do que se fosse eu, apenas.

Os tentáculos escuros das entidades obsessoras encontravam

campo fácil para influenciar aquele pobre homem, despreparado para o entendimento dos deveres morais de qualquer médium sério. Seria instrumento de discórdia, imaginando estar prestando um excelente serviço de despertamento aos trabalhadores do grupo.

    O objetivo principal das entidades perseguidoras era produzir um desentendimento interno através do qual gerassem um distúrbio de confiança no âmago da instituição, ferindo a atmosfera de paz e respeito, fraternidade e sinceridade que existia entre seus membros, única força capaz de solidificar a tarefa do Bem no combate ao mal. Usando a ocorrência daquela noite como estopim que viria a detonar o explosivo arquivado na mente dos mais despreparados, os agentes da treva estavam seguros de que conseguiriam comprometer o trabalho que lá se realizava.

    E Peixoto seria o palito de fósforo a lançar a primeira fagulha.

    Adelino e Jurandir que acompanhavam, incógnitos aquele colóquio, se entreolharam espantados com a perspicácia e astúcia das entidades inferiores.

    Assim que Peixoto chegou em sua casa, já transformado de culpado em vítima das circunstâncias, deixaram o invigilante na companhia da monstruosa entidade espiritual que a ele se acoplara na saída do centro espírita, regressando à instituição com as informações obtidas.

    Assim que chegaram ao local, vazio de encarnados, mas repleto de espíritos, perceberam que Bezerra de Menezes e Ribeiro dialogavam em uma área do salão de tarefas.

    Tão logo identificados pelas duas entidades diretoras das tarefas, foram acolhidos com o carinho costumeiro, apesar de notarem a atmosfera de preocupações que envolvia o diálogo dos dois devotados espíritos.

    – Que bom que vocês chegaram, meus filhos. Estava agora mesmo comentando com Ribeiro as ocorrências de hoje.

— Sim, doutor, foram eventos fora de nossas rotinas — falou Jerônimo, desejando suavizar os comentários.

— Mais ou menos, meu filho. Certamente vocês já estão informados do plano trevoso de produzir um desajuste nas tarefas da casa, usando Peixoto como instrumento. A esta altura, o nosso infeliz irmãozinho já assumiu a sua posição de vítima e, manipulado pelos pensamentos inferiores a que não aprendeu a resistir, trama espalhar dúvida no coração de alguns outros médiuns invigilantes e trabalhadores da nossa intimidade que, certamente, morderão a isca e, ao invés de obstarem a proliferação do bacilo da calúnia ou da desconfiança, serão oxigênio fresco alimentando a fagulha acesa pela palavra leviana do irmão invigilante. Certamente que Peixoto usará para parecer coberto de motivos, as inúmeras décadas de trabalho mediúnico "prático" que prestou nesta casa, fantasiando-se de homem bem intencionado. Correrá os olhos nos livros de Kardec para encontrar frases que lhe sirvam à desculpa maliciosa de "levantar a discussão", dizendo estar preservando o interesse doutrinário através da liberdade de questionar e do dever de duvidar, questionando tudo. Como sempre acontece com todos os levianos bem disfarçados, tentará criar o ambiente de seriedade e gravidade do assunto para melhor iludir os incautos. Questionará a lisura e a honradez do dirigente amigo que, ao longo de tantos anos sempre lhe prestou a solidariedade fraterna nos momentos mais difíceis de seu crescimento espiritual. Esquecerá as inúmeras visitas que Jurandir empreendera junto ao leito de parentes enfermos, em casas e hospitais, os favores da instituição para criaturas em dificuldades materiais que foram atendidas graças à compreensão e sensibilidade da liderança de nosso irmão. Peixoto se esquecerá dos conselhos generosos e das horas consumidas por eles nos diálogos visando a solução dos problemas familiares mais intrincados, sempre recebendo de Jurandir o conselho lúcido e fraterno, coerente e amigo. Esquecido de toda a sorte de benefícios diretos e pessoais para só se lembrar deste pequeno incidente, estará cavando a própria cova, se assim poderíamos nos expressar.

Jerônimo e Adelino se entreolharam surpresos, ao constatarem que Bezerra já estava ciente de tudo o que eles haviam acabado de escutar no interior do veículo, onde Peixoto era emocionalmente manipulado e o plano ia se delineando em sua mente.

– Puxa, doutor, e nós aqui estávamos imaginando que iríamos contar alguma novidade a vocês...! O senhor já sabe de tudo?

– É que estamos em sintonia constante com todos os queridos irmãos encarnados que aqui trabalham. Se as entidades inferiores precisam segui-los para saber quem são, os seus verdadeiros amigos – que somos nós – estamos sintonizados com eles mesmo à distância, sabendo o que pensam, o que fazem, o que pretendem. Quando os espíritas encarnados estiverem mais conscientes de todos estes fatos, diminuirão sensivelmente as leviandades de conduta que se permitem, agora, somente porque, não enxergando seus tutores espirituais, imaginam que não saberemos o que estão fazendo.

Entendendo que o momento permitiria maiores esclarecimentos, Ribeiro comentou, sereno, mas firme:

– Nossos irmãos são crianças em crescimento. Acompanhamos seus passos com a antecedência dos próprios pais vigilantes que sabem o que pretendem seus filhos imaturos. Por isso, estamos avisando a todos sobre a necessidade das transformações. Reconhecemos que os eventos desta noite não são agradáveis para ninguém. No entanto, permitimos a sua ocorrência por vários efeitos apreciáveis e construtivos. O primeiro em função das necessidades do próprio visitante. Iludido na descrença por imaginar que Deus é uma grande lorota, recebeu hoje a injeção de Verdades que demonstram exatamente o contrário de suas ideias. Como está enterrado em problemas até o pescoço, tudo o que escutou aqui lhe serviu como uma injeção de vida na consciência culpada que tenta matar diariamente. Depois de trabalhado pela horripilante hipótese de que os espíritos sabem de nossas mais secretas quedas, não lhe restará dúvida alguma diante da comunicação de Gonçalves, pobre alma surrupiada em suas esperanças e em sua própria vida.

O segundo efeito benéfico foi o decorrente da decepção que o próprio Peixoto sentiu depois de todo o acontecido. Nosso invigilante irmão ainda não entendeu que a mediunidade é coisa séria e não um balcão de negócios onde o interesse pessoal comanda tudo. Afastamos Peixoto de seu corpo e permitimos a ligação direta de Gonçalves para que o médium aprendesse importantes lições e que, compreendendo que não é ele quem dirige o intercâmbio, colhesse os frutos amargos de seu comportamento interesseiro. O terceiro efeito esperado por nós, tem ligação direta com o que aconselhamos ao final da reunião, através de nossa Dalva. Que os médiuns e trabalhadores estivessem atentos, porque os que não guardarem vigilância e seriedade com os objetivos do trabalho espiritual serão, por causas naturais, separados dos outros, afastando-se do grupo.

Aproveitando a pausa que se fizera natural nas afirmativas de Ribeiro, Adelino completou:

— É o que estamos vendo agora começar a acontecer, então?

— Isso mesmo, meu filho – respondeu Bezerra, sincero e grave. Infelizmente, o mal prolifera naquele que ofereça ambiente interior fecundo para a maldade. Em todas as pessoas que ainda não aprenderam a ser transparentes, sinceras e limpas de coração, o lodo da malícia, da inveja, do ciúme adubam a terra íntima para a semente da discórdia nascer e crescer. Daí, os que se afinizarem nos mesmos processos inferiores, por se sentirem reunidos debaixo do mesmo patrocinador – a dúvida –, se deixarão contaminar e, por suas próprias pernas partirão em grupo para as experiências de evolução de que necessitam. Vão apoiar-se uns nos outros parecendo estar cobertos de razão, alimentando-se reciprocamente sem que entendam os meandros das entidades negativas que os manipulam, sempre baseadas no interesse material do qual estes irmãos ainda não se desvincularam. Em alguns, é o interesse de realce pela vaidade, em outros, o interesse de progresso material motivado pela ambição. Outros têm o interesse de descanso, motivados pela preguiça, outros o de permanecerem no cultivo dos prazeres fáceis, pela luxúria, outros mais de conquistarem afetos a qualquer preço, estimulados por suas carências afetivas.

Nós os conhecemos tão bem que, sem nos colocarmos como profetas da desgraça, saberíamos dizer, nome por nome, quais deles comporão o rol dos que deixarão esta casa, usando as mais inconsistentes desculpas. No fundo, entretanto, isto será uma benéfica purificação, representando a seleção natural que visa a harmonia do conjunto, harmonia esta dificilmente conquistada com a presença de elementos tão heterogêneos. Depois da natural turbulência, um ambiente de maior equilíbrio e de melhoria do trabalho beneficiará a todos nós. Estão sendo avisados sobre a necessidade de se transformarem realmente. No entanto, imaginam que isso é apenas aconselhamento rotineiro, destituído de profundidade. Perceberão, tarde demais para eles mesmos, que foram alertados com muita antecedência e, ainda assim, caíram na armadilha das trevas. A maioria se perderá no cipoal das próprias imperfeições porquanto, assim que deixarem o ambiente de trabalho sério, não encontrarão alimento espiritual adequado aos seus anseios. Da mesma forma, não estão imbuídos de suficiente espírito de abnegação para lutarem contra as adversidades e se apoiarem no combate ao germe do personalismo, do exclusivismo, da ideia de superioridade que nutrem um em relação ao outro, não conseguirão formar um grupo que se entenda. Serão, apenas, companheiros de motim embasados em reclamações diversas. Nenhum deles dispõe, ainda, das qualidades essenciais para ser um bom capitão do barco, nem destreza ou competência para entender as leis da navegação. Servem muito bem para esticar as amarras, baixar as velas, para servir comida ou levantar âncoras. Mas nenhum deles detém experiência ou a competência espiritual para assumir o comando do navio. Então, o que se vai ver é o grupo dos amotinados abandonar o navio e, no barquinho do individualismo onde transportam o seu grande cabedal de orgulho, moverem os remos cada um por sua conta, desejando chegar ao paraíso, mas não sabendo como fazê-lo. Vão navegar dessa forma até que se cansem e que padeçam sob o sol escaldante e a sede inclemente, não conseguindo chegar a lugar algum, restando, por fim, o arrependimento por terem sido tão tolos a ponto de abandonarem a nau que os protegia e transportava. Quando isso ocorrer em suas vidas, o peso do desencanto e do orgulho que carregam no barco da personalidade será o obstáculo maior para que aceitem voltar ao navio que abandonaram. Tudo isto, meus filhos, é benéfico para a instituição séria que, confiando em Deus, conta com a proteção superior que sustentará nos corações sinceros que aqui permanecerem na convicção da amizade real e da fé no Divino Amigo, o Cristo, que é o verdadeiro proprietário e Dirigente desta instituição.

Passaremos por um breve período de agitação que, em algumas semanas estará superado pela perseverança no Bem dos que aqui permanecerem. Certamente que alguns sofrerão com o peso da calúnia, da desconfiança, do questionamento vulgar e injusto e, até mesmo, da ingratidão. No entanto, os verdadeiros trabalhadores do Senhor não estão aqui à cata de lisonjas, homenagens, compreensão ou apoio. Servem, mesmo em plena solidão, procurando fazer o melhor. Entregam toda a sua defesa ao Pai que tudo sabe, continuando a trabalhar mesmo sob a saraivada de acusações e mentiras. Esse é o pedaço amargo dos que estão na responsabilidade. Pela forma como se conduzirem aos ataques, demonstrarão se estão ou não preparados para enfrentar os desafios da liderança. Só serão dignos da confiança superior se não se abaterem ou desanimarem à frente das tarefas do comando, nem desertarem das responsabilidades ante o Bem a ser feito.

E observando a atenção dos que o escutavam, arrematou Bezerra:

– Todos estão sendo testados neste momento de crescimento. Peixoto, os médiuns, trabalhadores e o próprio Jurandir passam pela prova. Os que perseverarem no ideal sincero, no entanto, estarão protegidos. Como nosso objetivo é o de observarmos os mecanismos de separação do Joio e do Trigo neste momento de transição da humanidade, creio que seria de todo interessante que vocês acompanhassem Alceu em sua rotina pessoal no dia que amanhece, da mesma forma que os parentes diretos de Alberto, bem como os seus antigos patrões,

Moacir, Rafael e, em particular a jovem Lia, amante deste último. Das atitudes que adotarem entenderemos a lógica superior que sabe avaliar em cada filho qual a sua efetiva condição espiritual estampada nas próprias reações ante aos desafios que se lhes apresentem. Quanto a nós, seguiremos monitorando todos os eventos, sendo certo que seremos mais produtivos com menos trabalhadores devotados e sinceros do que com muitos, indiferentes e dissimulados, presos às coisas do mundo.

Encaminhados nas rotinas de estudo a que se dedicavam, Adelino e Jerônimo despediram-se seguindo rumo às tarefas que se multiplicariam nos dias seguintes, avaliando os efeitos em cada pessoa, espírita e não espírita, das tentações, desafios, fracassos e quedas, todos como mecanismos de aferição do Bem Verdadeiro já pulsante no coração de cada encarnado que, nestas horas, está sob o teste seletivo para a grande transição.

23

ALCEU

Depois que saiu do centro espírita, extremamente abalado, Alceu não podia voltar para casa naquele estado. Sua esposa logo perceberia a brusca alteração emocional. Apesar de estar acostumado às pressões do mundo dos negócios, jamais estivera diante de tão complexas questões simultaneamente.

Precisava de tempo para pensar. Então, resolveu procurar conhecido restaurante onde, em ambiente tranquilo e ao influxo de alguma bebida relaxante, recobraria um pouco do equilíbrio, entre baforadas de seu cigarro favorito.

Ao lado dele, entidades inferiores enxameavam seus pensamentos.

– Não falamos que você não deveria ir, seu burro? – intuía a principal delas, espírito de parca evolução e interesses idênticos aos de Alceu. Bem feito, tomou na cabeça porque, além de um idiota, é teimoso.

Num mecanismo automático muito comum nos processos obsessivos já instalados, Alceu repetia mentalmente as mesmas ideias, falando de si para consigo mesmo:

– É, eu sou mesmo um burro, um idiota. Nunca deveria ter me metido nestes negócios de Espiritismo. Fui procurar e acabei encontrando. Sempre pensei que fosse uma questão de a gente pagar pra conseguir o que queria e pronto. Que eles fossem pedir umas velas, umas comidas quaisquer, algum dinheiro e só.

– Você pensa que esses lugares não são perigosos, que representarão a solução fácil para seus problemas? Pois fique sabendo, seu imbecil, que há "certos lugares" muito perigosos para todos. Tão perigosos que não entramos com você. Tá pensando que a gente é doido? Se você quer se meter com os luminosos, vai acabar queimado por tanta luz.

E o singular diálogo prosseguia enquanto a bebida ia fazendo efeito.

O que mais incomodava o pobre Alceu, espírito mesquinho e acostumado aos jogos de interesses, era o fato de que sempre conseguira a absolvição dos ilícitos praticados no passado à custa de oferendas feitas nos templos religiosos nos quais comparecera. Ele que, além de ter sido um ingrato funcionário, de ter fraudado a confiança do antigo patrão e, em consequência, ter contratado a morte dos dois inocentes, julgara que de tão graves atitudes conseguiria safar-se ofertando alguma fagulha de sua fortuna às igrejas tradicionais, sendo por elas considerado um benfeitor, digno dos maiores elogios.

– Mas que malditos sortilégios esses espíritas utilizam para fazer levantarem do túmulo as almas penadas? Não sei se Peixoto poderia saber de minhas relações sexuais, de meus problemas administrativos e minha "forma de tratar" meus funcionários. Talvez alguém pudesse ter-lhe contado. Quem sabe minha própria esposa, aquela cobra. Mas estou seguro de que ninguém sabe de fatos tão graves quanto os que envolvem Gonçalves e sua mulher. Por que diatribes de Satanás se apresentou o maldito velho a me cobrar da consciência as coisas de um passado tão distante? Já se passaram três décadas. Eu nem mesmo era casado. Nunca revelei tais fatos a ninguém, nem mesmo aos diversos padres que já passaram pela catedral, sempre desejosos de que nos confessássemos para a obtenção da salvação através das penitências. E olha que já deixei uma pequena fortuna nas doações que fiz para as inúmeras reformas. Sou tido como o maior benfeitor da comunidade religiosa, apesar de sempre solicitar o anonimato. Se gostam de alardear o meu nome aos quatro ventos, o fazem contra a minha vontade, porquanto sempre peço o contrário. E, mesmo assim, como pode me aparecer o Gonçalves e me "tacar na cara" essas coisas? Imagine se houvesse algum juiz, algum promotor ou qualquer autoridade policial naquela sala, escutando aquelas revelações tão secretas? Puxa vida, será que não havia? Eu não conhecia ninguém lá dentro além do idiota do Peixoto. Aliás, esse interesseiro cujo maior interesse em mim era sobre meu dinheiro, certamente que me prestou um grande favor. Com a sua conduta tão baixa, deu-me a excelente desculpa para me afastar de sua labiosa armadilha, através da qual, certamente, pretendia me ajudar para, depois, me arrancar algum dinheiro pelos favores prestados com essas rezas. Eu conheço bem esse "tipo" de gente. Sempre dando com uma mão para esperar receber algo na outra.

Só o pensar nas coisas criminosas que fizera há tanto tempo já deixava Alceu nervoso. Quanto mais imaginar que tais pessoas mortas poderiam ainda continuar por aí, denunciando seu crime, comandando seus negócios – como afirmara o próprio Gonçalves. Isso era algo inimaginável. Morto era morto e vivo era vivo. Mas as provas que tivera naquela noite eram incontestáveis. Só ele sabia daquelas verdades. Nem mesmo seu advogado fora informado de que a morte dos velhos fora "encomendada e paga" por ele próprio. Mesmo os bandidos que a haviam cometido, poucos meses depois haviam sido mortos também, em um enfrentamento com a polícia, segundo noticiaram todos os jornais da época.

Não restavam testemunhas.

– O que devo fazer? Disse que iria denunciar aquele antro de enganadores, mas acho que se mexer "nesse negócio" as coisas vão piorar ainda mais para o meu lado – meditava, temeroso, o empresário. Eu nunca acreditei nessas "coisas" de Espiritismo, mas, por via das dúvidas, a gente nunca pode ter certeza...

– Isso mesmo – murmurava o obsessor ao seu ouvido – deixe essa corja de intrometidos sossegada. Mais dia ou menos dia, acabam encontrando o que merecem. Além do mais, "ocê tá" com um medão danado, hein?! Corajoso... Há! Há! Há! – explodia a gargalhada da turma ao redor do empresário, que se imaginava sozinho naquela mesa de restaurante quase vazio.

Mais de trinta entidades o assediavam, entre elas, Gonçalves, a esposa assassinada, os dois ladrões contratados para matá-los, entre os outros diversos prejudicados ao longo de sua vida de "homem bem sucedido", como se orgulhava de dizer aos seus mais próximos.

– Bem, vou deixar esse povo macumbeiro, feiticeiro ou sei lá que raio de coisa quieto em seu lugar, desde que eles também não me venham provocar. Mas e quanto ao Gonçalves? Como faço me para livrar dessa perseguição? Será que ela é real? Acho que vou precisar me aconselhar com Dom Barcelos. Afinal, ele é versado em teologia e, certamente, entende disso mais do que eu.

As goladas do bom uísque e a nicotina tinham produzido o efeito narcotizante já conhecido, graças ao qual Alceu recuperara a calma para tomar o rumo de casa. Precisava dormir um pouco antes dos embates do novo dia.

Todavia, ainda assim, aquela seria uma noite muito agitada. Seus pensamentos giravam em sua cabeça e, as poucas vezes em que seu espírito se desprendia do corpo, via diante de si o velho Gonçalves, irônico e ameaçador, obrigando-o a voltar rápido para a organização física onde despertava, agitado. Como dormia sozinho em um quarto isolado, a esposa não testemunhava seu sono turbulento. No entanto, tudo aquilo era mais do que simples fruto de sua imaginação. No fundo sabia que tais imagens bizarras tinham muito a revelar aos seus sentidos lúcidos.

Era a volta da consciência amortecida aos estados de lucidez onde, primeiro a culpa, depois o arrependimento e, por fim, o trabalho de recuperação através da prática do bem cooperariam com

Alceu para a transformação real, depois de tantos anos envolvido pelos prazeres e desfrutes, farras e passeios, carros e bebidas. Agora que se via frente a frente com sua pior vítima, saber que ela o esperava para o ajuste de contas fazia seu sossego desaparecer. E o sono se tornara um tormento porque, cada vez que desejava descansar, repetia-se a cena da perseguição de Gonçalves, esperando para a sua vingança. A duras penas estava descobrindo que o crime é a armadilha que prende o criminoso.

Foi neste estado de desajuste que Jerônimo e Adelino foram encontrá-lo, na luta para tentar descansar um pouco. No fundo no fundo, Alceu e todos os outros eram sócios no mal ou no crime. Ele havia feito o que fez para ficar rico, mas Gonçalves, mesmo do lado de lá da vida, o usava como seu empregado. A vingança que o espírito ia construindo para seu algoz era lenta e cruel, uma vez que envolvia a perda de tudo, da família, do sossego, da saúde mental e, por fim, da própria vida. Depois de se impor pelos laços vibratórios da sintonia no mal, Gonçalves estimulava as fraquezas de Alceu a fim de que infringisse os comportamentos corretos com os excessos de seus desejos. Perderia o respeito por si próprio, atrairia pessoas inescrupulosas para o seu ambiente pessoal, destruiria a harmonia do lar arrasando o próprio casamento para que, depois de tudo perdido, sugerisse ao ex-empregado que tirasse a própria vida, a fim de terminar seus dias no abismo do suicídio, continuando a pagar por suas maldades.

Ao perceberem que Alceu permanecia agitado mesmo depois de ter-se contaminado com o álcool e as toxinas maléficas do cigarro, Jerônimo se acercou do infeliz e, aplicando-lhe passes magnéticos, conseguiu diminuir sua agitação, mantendo seu espírito justaposto ao corpo carnal, de forma que os seus perseguidores espirituais pensassem que não havia conseguido "pregar o olho". Considerando que seus intentos haviam sido atingidos, tais entidades se dariam por satisfeitas. Então, ávidas para aproveitar o restante da madrugada, muitas delas partiram em busca dos antros de prazer ou emoção onde iriam desfrutar o tempo de escuridão que lhes restava, junto aos outros encarnados emancipados pelo sono, permitindo que Alceu ficasse sem tantas companhias.

Quando a maioria delas partiu, restando apenas Gonçalves e o obsessor principal, Jerônimo se fez visível para ambos. Assustados com a intensa luminosidade, afastaram-se para um canto do quarto, levantando imprecações e xingamentos enquanto comentavam, um com o outro:

– Deve ser algum dos enviados de lá, do antro da luz, onde o nosso idiota boneco se meteu esta noite... – falou o comandante da perseguição.

– Acho que deve ser, mesmo – respondeu Gonçalves. Eu não tive muito tempo de ver nada naquele lugar. Só sei que alguém me levou até aquela mulher "alto-falante" dizendo que poderia falar tudo o que desejasse, que ela repetiria.

– Saia daqui, alma penada, este lugar é nosso – gritou o outro na direção da luminosa entidade.

Observando o medo dos dois remanescentes, Jerônimo os acalmou, dizendo:

– Estamos aqui em missão de paz, meus irmãos.

– A paz de vocês é guerra para nós – respondeu o mais arrogante dos dois.

– Pois não os vemos como nossos inimigos. Estamos desejando compreender os motivos que levam vocês e Alceu ao tormentoso patamar da loucura.

– Não somos loucos. Somos vingadores, isso sim. Fomos vítimas de um louco e enlouquecemos no ódio que nos faz estar aqui para o devido acerto de contas. E não vamos deixar que os "anjos" venham a se meter em nossos negócios porque, certamente, devem estar muito mal informados a respeito desse traste, se estão procurando defendê-lo.

– Conhecemos todos os problemas pelos quais vocês passaram, tanto quanto sabemos das responsabilidades de Alceu na dor de vocês. No entanto, as dores existem para que, um dia, passem. Nos parece que os dois irmãos gostam de cultivá-la, ainda que reclamem de sua causa, utilizando-a como desculpa para a sede de vingança. Continuam infelizes e doentes, mesmo depois de décadas de perseguição.

– É que o infeliz ainda não sofreu tanto quanto precisa. Estava na fase do desfrute e, somente agora, começa a fase da derrocada. Começará a perder a família e, com isso, grande parte dos próprios bens. Depois perderá todo o negócio, perderá os amigos, perderá a consideração dos outros, perderá a saúde e, por fim, perderá a vontade de viver.

Observando a dureza das entidades, Jerônimo não se animou em discutir, limitando-se a informar:

– Estamos aqui para ajudar a todos. Caso queiram me acompanhar, estão convidados. Caso não o desejem, fiquem por aqui que, dentro de algumas horas, traremos Alceu de regresso.

Olhando a luminosa entidade cuja beleza impressionava, desestimulando qualquer oposição, o obsessor principal respondeu:

– Vixe, tá pensando que a gente é burro mesmo? Pois saiba de uma coisa: Esse "cara" aí é nosso. Trate de trazê-lo de volta porque a gente sabe que os "anjos" não obrigam ninguém a fazer o que não deseja. Ele está conosco porque nos chama. Mas tenha certeza de que, quando voltar, vamos piorar muito o tratamento sobre ele. A escolha é sua.

– Que assim seja. Não digam depois que não foram convidados para modificar seus caminhos – respondeu Jerônimo, sereno e piedoso.

Tomou, então, o perispírito de Alceu em seus braços e, acompanhado por Adelino, que não era visto pelas duas entidades assustadas, deixou o recinto em direção ao Centro Espírita.

A noite ia alta e os trabalhos da casa, como de costume, se multiplicavam no atendimento dos necessitados.

A chegada de Jerônimo conduzindo o pobre e desajustado Alceu não causou surpresa aos dirigentes da instituição.

Já esperando por sua chegada, estavam também Peixoto, Cássio, Moreira e Geralda, trabalhadores comprometidos com as entidades inferiores que, agora fora do corpo, ali estavam para serem informados das derradeiras orientações.

Cada um possuía um tipo de lucidez maior ou menor sobre o encontro naquele ambiente.

O menos preparado para isso era Alceu, que era mantido sob a proteção direta de Jerônimo para que, por ele sustentado, tivesse clareza de pensamento e entendimento no aproveitamento aquela hora importante.

À frente de todos, Ribeiro, Bezerra e Adelino seguidos, logo depois, um pouco mais afastados, por Jurandir, Dalva, Alberto, Lorena, Meire, Cornélia, Horácio, Plínio e Alfredo, que se posicionavam em semicírculo, para os entendimentos daquela hora.

Ribeiro tomou logo a palavra para aproveitar aqueles breves momentos:

— Filhos queridos, vocês são trazidos aqui nesta hora importante de suas vidas para decisões muito sérias, que modificarão para melhor ou para pior o destino de seus espíritos. Por isso, abram bem os ouvidos e escutem com a mente e o coração aquilo que nosso amorável paizinho irá lhes comunicar.

Dito isso, cedeu o espaço para a palavra do generoso Bezerra.

— Meus queridos filhos, a hora da vida é cheia de alegrias e oportunidades. Na sua infinita bondade, Deus nos concedeu a inteligência e o sentimento para desenvolvê-los a fim de que nos garantissem a capacidade de escolher com conhecimento de causa. Seus destinos estão em suas próprias mãos. Tocados pelos interesses imediatos, suas almas estão se distanciando do caminho do Bem ao elegerem o negócio com os sentidos no lugar das responsabilidades morais com o próprio burilamento interior. Então, deliberamos reuni-los neste momento para este último encontro.

Dirigindo-se, agora, especificamente, a cada um deles, Bezerra procurou ser claro e direto, facilitando a fixação dos ensinamentos:

— Alceu, bendita a hora em que os fantasmas do passado podem ser exumados da consciência que pensamos ser, apenas, o velho caixão de ossos acabados. Aproveite, meu filho, a notícia da responsabilidade antes que o caminho se torne mais áspero. Seus adversários o espreitam e, por mais que tentemos fazer o Bem em seu favor, todos estamos na hora das próprias decisões. Se parar de se iludir ou de procurar justificativas fáceis para fugir da responsabilidade, demonstrará o desejo de se melhorar e estará à altura do auxílio que Deus lhe oferece todos os dias. No entanto, se desejar seguir outro caminho, prepare-se para as dores e as transformações indispensáveis que a hora da Terra comporta para todos. Informe-se sobre a doutrina amorosa que dá voz aos mortos e entenda que nossos desafetos se transferem de dimensão, mas nossas dívidas seguem conosco para onde formos. Não é mais a hora das aparências de bondade. Agora é o momento da Bondade Divina pulsar dentro em seu íntimo. Nenhum crime é grande demais para o coração de Deus, desde que o arrependimento do filho seja verdadeiro, e seu desejo de reparação, igualmente sincero.

Voltando-se para os outros quatro, considerou, paternal:

— Filhos de minha alma, temos estado juntos nesta jornada de construção do novo homem, durante todos estes anos. Depois de muitos trabalhos e aprendizados variados, estamos sendo chamados à aferição de nosso aproveitamento efetivo. As portas da Casa do Pai nunca se fecharão para nenhum de seus filhos. No entanto, existem escolas adequadas para cada tipo de estudante, bem como salas de aula com metodologias distintas de acordo com as necessidades de despertamento. Até agora, vocês têm sido admitidos aqui como trabalhadores de boa vontade, através dos quais, outros infelizes encontram o caminho. No entanto, vocês têm desperdiçado as oportunidades de caminhar pela estrada que têm aconselhado os outros a percorrerem. Anos e mais anos têm sido testemunhas do descaso com que têm tratado a Divina Mensagem. Contaminados pelos interesses materiais nas diversas áreas da personalidade, suas condutas têm demonstrado a falta de dedicação à obra divina, como seria de se esperar. Diante de tal circunstância e, uma vez que não existe violência na Casa de Deus, foram trazidos até aqui hoje para que sejam informados de que, a partir de hoje, para nós, não possuem mais vínculos de trabalho espiritual com esta instituição. Poderão aqui permanecer e, se modificarem suas inclinações, se vencerem a insinceridade, se se tornarem irmãos mais verdadeiros de seus companheiros, se pararem de viver vidas duplas, triplas ou múltiplas aqui dentro e fora daqui, se as suas transformações morais forem de tal monta que atestem o grau de sinceridade de seu arrependimento, poderemos recebê-los novamente no círculo dos trabalhadores devotados da causa. No entanto, mantê-los sob este compromisso tão grave sem que se conduzam como deveriam, seria agravar os efeitos dos desatinos que têm praticado por livre e espontânea vontade. Diante da lei, até agora vocês têm sido classificados como servos de Deus tramando contra a obra de Deus. Tentamos estender-lhes todo tipo de auxílio para que modificassem essa situação. Como nada mudou seus comportamentos, a última ajuda possível que nos resta é liberá-los dos compromissos para que suas atitudes equivocadas pesem menos sobre seus ombros, nas horas da apuração das responsabilidades. Quem sabe, com isso, obtenham uma consequência menos desagradável quando lhes tocar caminharem rumo aos próprios destinos. Estamos, pois, desligando-os desta Casa a benefício de vocês próprios e não por causas outras, como a mágoa ou o ressentimento enraizados nas atitudes do passado ou naquelas que estão pretendendo tomar contra a instituição. Saberemos compreendê-los como irmãos envolvidos pelas coisas do mundo das quais não quiseram se divorciar adequadamente, como aqueles que, servindo a Deus e a Mamon, tentaram conciliar as coisas celestes com as coisas mundanas, sem o conseguirem. Não se esqueçam de que, doravante, os efeitos de seus atos não poderão ser abrandados por nosso amparo nem nossos conselhos poderão ser ouvidos em seus pensamentos, uma vez já ter ficado claro não apreciarem esse tipo de aconselhamento. Daqui para a frente, seus atos atestarão plenamente o que são, seja no Bem seja no Mal. Que Jesus os ilumine sempre, filhos queridos. Quem sabe um dia nos encontremos novamente no mesmo lado da luta.

A palavra singela e fraterna de Bezerra escavava aquelas almas que, diante daquele luminoso espírito, pareciam apequenar-se nas misérias que guardavam dentro de si mesmas, iludidas sobre a manutenção de tais segredos diante dos olhares superiores.

Peixoto, impressionado, tentava resistir ao choro, sem impedir que lágrimas escorressem de seus olhos. Cássio não levantava a cabeça, recordando-se das leviandades praticadas às escondidas. Moreira, como Cássio, estava extremamente incomodado com o peso da consciência enquanto Geralda parecia fazer de conta que não era com ela. A pobre moça, perdida em seus sentimentos, não possuía a maturidade espiritual para observar tudo aquilo com seriedade, aprofundando as advertências de fora a meditar sobre si mesma, sobre a legitimidade de suas escolhas, na certeza de que Deus e seus prepostos tudo sabem a nosso respeito. Como a maioria dos Espíritas e dos Cristãos de todas as denominações, pensavam eles que poderiam parecer bons de dia e maus durante a noite, parecer honestos nas manifestações sociais ou coletivas, mas, na esfera pessoal, continuarem tão degenerados quanto a maioria do mundo.

Terminada a comunicação, cada qual foi levado de regresso ao seu destino, acordando no leito com as emoções daquela hora. Apesar de não terem registrado a exatidão dos conceitos daquele instante, todos sentiriam que haviam estado em momento muito grave e decisivo para seus destinos. Quem sabe se, com tudo isso pesando em seu inconsciente, adotassem outros caminhos que não os da calúnia, do amotinamento, da atitude mentirosa e esquiva, decidindo-se a não praticar os atos que tinham em seus planos, atendendo às sugestões inferiores das entidades que os manipulavam.

Em geral, o ser humano não valoriza adequadamente as vantagens de que desfruta nem as concessões com que se vê beneficiado, até o momento em que as perde. Então, soa um alerta íntimo e, daí para a frente, com a consciência despertada pela supressão dos benefícios naquilo que interpreta como um "rebaixamento", começa a lutar para a reconquista da antiga consideração.

O dia que se aproximava, então, seria a nova oportunidade para que cada um demonstrasse o que verdadeiramente desejava, no tocante aos próprios anseios.

Alceu, acordando no corpo depois de ter descansado, trazia o entendimento alargado pelos alertas daquele amoroso espírito e, ainda que não soubesse de quem se tratava, levantou-se da cama tocado por uma vontade, ainda que tênue, de procurar uma saída mais adequada para os infelizes compromissos do passado, uma explicação para aquele fenômeno tão intrigante de que se fizera observador direto sem conseguir controlar a própria reação.

Geralda despertou em sua casa, sem qualquer lembrança imediata ou remota daquele encontro espiritual. Sentia, contudo, o coração descontente, turbulento, apertado sem saber o motivo. Atribuíra este estado pessoal ao susto da noite anterior, quando o desconhecido Alceu quase pusera tudo a perder no ambiente físico.

– Sim – pensava ela –, essas ocorrências perturbam nosso espírito e, sinceramente, não sei onde estava seu Jurandir quando permitiu que um estranho permanecesse em nossa reunião. Acho que estas coisas não deveriam acontecer porque, depois, a gente é que "paga o pato", ficando com as sobras das vibrações densas.

Não eram os seus desejos amorosos reunidos para destruir o relacionamento de um casal comprometido que lhe surgiam como motivo para o mal-estar. Não! A causa de sua angústia íntima era o erro de Jurandir, que possibilitou a permanência daquele desequilibrado senhor na reunião da noite anterior.

Em outra casa despertava Cássio, o infeliz irmão desajustado na vivência das farras descompromissadas. Surpreendentemente, levantara-se do leito irritado, como que indignado com um sonho revelador no qual se sentira desmascarado. Das ideias que arquivara em sua mente de espírito naquela noite, ficara-lhe a noção de haver sido descredenciado pelos espíritos como uma represália por suas escolhas de vida, o que considerava uma ofensa à sua liberdade pessoal e o melindrara profundamente. Teria ou não o livre-arbítrio? Poderia, fora do centro espírita, levar a vida que melhor lhe aprouvesse ou precisaria ser um bonequinho dos Espíritos e dos conceitos do Evangelho? Por que os espíritos se metiam com sua vida pessoal se, dentro do centro continuava agindo dentro dos padrões e das rotinas seguidas? Não era má pessoa. Cumpria seus deveres, comparecia às reuniões, procurava ser assíduo, ajudava com alguns recursos financeiros, mas nunca lhe parecia estranho a discrepância entre o que doava para ajudar os aflitos, em qualquer parte, e as volumosas quantias consumidas em suas aventuras etílicas, nas festas de embalo ou na realização de seus caprichos.

Na verdade, Cássio era um trabalhador rotineiro, de superfície, imaginando que sua vida pessoal poderia continuar sendo a mesma pocilga desde que se oferecesse ao trabalho mediúnico em alguns horários da Casa Espírita. Além disso, supunha ainda que os seus protetores teriam de protegê-lo de todos os males e baixas vibrações, mesmo nos lugares inferiores que frequentava e onde desfrutava dos gozos mundanos. "É dando que se recebe" – costumava dizer, achando-se coberto de razão.

Continuando a pensar sobre o "sonho" da noite, que lhe parecia mais real do que de costume, dizia consigo mesmo:

– Se os Espíritos não mais me ajudarem, pois bem! Eu sei me virar sozinho. Quem disse que preciso deles? Afinal, aquele não é o único Centro Espírita da cidade.

Recebendo as sugestões mentais dos perseguidores invisíveis, começou a conjecturar:

— O caso Alceu é um bom exemplo de falta de proteção dentro do próprio Centro. Afinal, como é que os Espíritos Dirigentes de um trabalho que se diz tão sério e compenetrado deixam que um maluco se descontrole daquela maneira? Certamente que as entidades espirituais superiores, se estivessem tomando conta dos trabalhos, teriam impedido que aquele indivíduo fizesse aquele carnaval. Se eles sabem tudo, como deixaram que as coisas se tornassem insustentáveis?

Eram as mesmas sementes de discórdia que as entidades manipuladoras estavam semeando no interior dos outros três trabalhadores invigilantes. Era importante que Cássio apoiasse Peixoto para, assim, terem mais força e causarem maiores prejuízos ao trabalho espiritual daquela instituição. Além do mais, essas entidades estavam aliadas às outras que queriam garantir para si as energias do médium, companheiro de noitadas e aventuras nos ambientes pouco apropriados onde se associavam nas trocas vibratórias. Também desejavam afastá-lo da rotina de trabalho no Bem, nos dois dias da semana, quando vários de seus comparsas eram atraídos para o esclarecimento mediúnico, enfraquecendo a invisível "turma da bagunça".

Já Moreira, o outro irmão envolvido por espíritos do mesmo jaez, apresentava idênticos questionamentos aos de Cássio, valendo-se do incidente com Alceu para duvidar da integridade da Casa Espírita e da Direção Espiritual que nela se mantinha vigilante. Igualmente ferido em seu orgulho em virtude do cancelamento de seus compromissos de trabalho, ao invés de acatar o convite à regeneração moral, preferira vestir a fantasia de vítima e partir para o contra-ataque, criticando aquilo que não concordava, a condução dos atendimentos, as disciplinas consideradas por ele como exageradas, alicerçando suas acusações no exemplo do destempero de Alceu, impróprio para uma instituição que se supunha escudada na força de Bons Espíritos.

Peixoto, por fim, despertara carregando o coração oprimido,

com um peso muito grande em sua consciência, tocado pelas palavras de Bezerra sobre a supressão do compromisso. No entanto, a pressão das entidades inferiores que se ocupavam de sua sensibilidade logo se fez sentir, a fim de transformar seus pensamentos de arrependimento em sentimentos infantis de desestima, de indiferença para com suas necessidades pessoais, tão graves quanto precárias.

– Está vendo, Peixoto, o que dá ficar trinta anos servindo como burro de carga para os que alegam fazer o Bem? Quando você mais precisava deles, o jogaram na lata do lixo. Que cristianismo fajuto é esse? Estão querendo se desfazer de você, tirando o que seus méritos construíram ao longo de tantos anos de serviço. Como é possível uma coisa dessas?

E lá se foi Peixoto, imaturo, pelo mesmo caminho da autocomiseração.

Infelizmente, nenhum dos quatro trabalhadores da mediunidade havia se preparado para a vida seguindo os conselhos do Divino Mestre:

– ORAI E VIGIAI PARA NÃO CAIRDES EM TENTAÇÃO!

24

MOACIR E SUA FAMÍLIA POUCO EXEMPLAR

Se as realidades não eram fáceis para os trabalhadores da instituição que, bem ou mal, já possuíam algum entendimento das leis espirituais, é fácil de se entender como deveria estar a vida de cada um dos sócios da empresa falida.

Moacir, o sócio casado com Valda, trazia a mente fervilhante de preocupações. Certamente que não poderia fingir por muito tempo, mas, egoísta e sem visão de empresário responsável, tratou de procurar meios de se livrar do máximo de coisas de seu patrimônio a fim de salvar do confisco tudo o que conseguisse. Não que estivesse preocupado com Valda e seus filhos, todos já crescidos e capazes de sobreviver, segundo ele pensava.

— Preciso mesmo é salvar alguma coisa para dar seguimento à minha vida — falava consigo, enquanto ia revirando papéis.

Consultou um outro advogado especialista em golpes financeiros, entregando-lhe documentos pessoais e traçando uma estratégia para surrupiar dos credores o máximo que pudesse.

Não estava nem um pouco preocupado com o futuro dos muitos funcionários. Depois de ter demitido Alberto, fato que, por si só, levantou uma série de rumores internos, determinou que se suspendessem os pagamentos extras, sacrificando alguns para que todos recebessem, naquele mês, ao menos o salário básico. Alegaria um insucesso financeiro, um imprevisto qualquer gerado por um cliente que não pagou o que devia, causando o rombo nas contas daquele mês, e pronto. A estratégia era ganhar tempo antes que a ação dos poderes constituídos, através de seus representantes legais, caísse sobre a empresa com todo o seu peso. Então, além de agir dessa forma, o plano também envolvia o desvio de materiais e maquinários, aproveitando o final de semana sem funcionários. Para isso, arrumou caminhão, agenciou carregadores e, sem avisar ninguém, comandou a retirada de várias máquinas da linha de produção, informando os vigilantes do local que se tratava de máquinas que seriam enviadas à manutenção porque se encontravam defeituosas, retirando-as do galpão para dar-lhes destino incerto, ocultando-as em depósito desconhecido para futura venda.

Moacir sabia, no entanto, que mais cedo ou mais tarde, precisaria revelar a real situação à Valda, antes que a sua irmã Alice, esposa de seu sócio Rafael, o fizesse.

Para tanto, reuniu a família a fim de contar sobre o novo panorama.

– Juliano – disse ao se dirigir ao filho mais velho –, você precisará devolver o carro e desfazer o negócio ou, então, terá de pagar o financiamento com seus próprios recursos.

Ouvindo a notícia à queima-roupa, o filho protestou, meio a sério meio na brincadeira:

– "Qualé", velho, "tá" me punindo por alguma coisa errada que pensa que fiz? Tudo bem, se o "babado" é esse, eu pago com meu salário... não "tá" pensando que vou perder a "máquina", justo agora que estamos nos conhecendo um ao outro.

Vendo que o filho não estava chegando ao âmago da questão, Moacir continuou:

– Então é bom você também procurar um outro salário, porque desde sexta-feira você não é mais empregado da empresa.

Juliano caiu das pernas.

– Poxa, "cara", como é que você quer que eu sobreviva sem meu salarinho? Aliás, do que é que estão me acusando para uma punição tão radical? Tenho certeza de que não fui eu... afinal, eu nunca apareço por lá, oras!

– Não, Juliano. Dentre as muitas burradas nas quais você é doutor, desta vez você é inocente.

– Quanto a você, Sabrina, pode esquecer as férias nos Estados Unidos. Não teremos como pagar a passagem e a estadia.

Mais rebelde e altiva, Sabrina retrucou, agressiva:

– Mas o que é isso? Um complô contra a nossa felicidade? O que deu em você, pai? Quer destruir nossa família?

– Não, minha filha. Não é nada pessoal. Além disso, creio que seria bom você também começar a procurar um emprego. Afinal, com seus vinte e seis anos, já está mais do que na hora de ganhar a vida por sua conta, caso queira continuar a ter dinheiro para comprar suas coisinhas.

– Mas eu nunca precisei trabalhar na vida! O que vão dizer as minhas amigas com tamanha humilhação? Você, pelo menos, vai continuar a pagar o combustível do meu carro, não vai?

– Não, minha filha. O emprego também tem essa finalidade. Se quiser andar de carro, precisará encher o tanque.

Aquilo parecia um pesadelo para a jovem e impetuosa Sabrina.

Sem resistir a tais notícias, a filha virou-se para Valda, que se encontrava na sala, e disse:

– Você está por trás disso, não é? Nunca gostou de mim. Sempre preferiu o Juliano e convenceu o pai a estragar minha vida.

A mãe, que nada sabia do assunto, assustou-se com a reação de sua filha, respondendo:

– Não, Sabrina, não estou sabendo de nada.

– Pois então é bom saber, Valda, que nós teremos que deixar esta casa. Vamos sair, porque ontem mesmo mandei avaliá-la, pois precisarmos vender nosso patrimônio livre.

– O quê? Ficou maluco, marido? O que é que minha irmã vai pensar de mim? Enquanto ela fica lá no bem bom, a gente se muda daqui para onde? Sempre confiei na sua capacidade administrativa e sei que o que você está planejando é para o nosso bem. No entanto, não quero deixar esta casa que, para mim, é o marco de nossa posição social. A própria Alice nos inveja por causa dela, sempre dizendo que gostaria de ter uma moradia como a nossa. Não vou deixar que isso aconteça. Pode esquecer. Eu não assino nenhum documento para vender.

Vendo que todos estavam sem entender a profundidade do problema, Moacir foi mais claro:

– Valda, se você demorar muito, perderemos tudo e não precisaremos assinar coisa nenhuma.

Usando de ironia diante de tais informações, a esposa sorriu e respondeu:

– A sua solução é a saída dos que estão quebrados, Moacir. Ora essa, não podemos dar aos outros a impressão de que estamos mal de vida. Esse negócio do Juliano devolver o carro, da Sabrina não viajar nas férias, isso vai fazer os outros pensarem que nós regredimos socialmente.

– É isso mesmo, Valda. Estamos falidos. Não temos recursos nem para fazer compras. É só questão de algumas semanas ou poucos meses. Enquanto isso, quanto mais coisas conseguirmos vender, mais poderemos garantir algum recurso para depois da tempestade.

– Falido? – falaram os três quase ao mesmo tempo, atônitos

– Isso mesmo... éfe, a, éle, i, de, ó! FALIDO – respondeu Moacir, soletrando a palavra para deixar tudo bem claro. Por isso é que Juliano não tem mais emprego, carro ou salário, Sabrina não poderá passear como planejou nas férias e nós teremos que deixar esta casa antes que a Justiça venha confiscar nosso patrimônio pessoal.

– Mas isso não pode estar acontecendo, marido. O que ocorreu com a empresa? Sempre pareceu tão sólida... Alberto sempre soube administrá-la tão bem!

A referência ao antigo funcionário fez a mente de Moacir encontrar o "culpado" pela bancarrota, tirando de suas costas a responsabilidade e livrando-se da vergonha familiar ao assumir a responsabilidade pelo insucesso financeiro.

– Sim... foi ele o principal culpado. A gente vai confiando nas pessoas e, um dia, quando se dá conta, tudo foi perdido. Tenho culpa por ter sido bom, por ter entregue a Alberto a tarefa principal na condução financeira da empresa, mas, negócios malfeitos, tributos não pagos, acabaram por explodir sobre nossas cabeças e, assim, vamos perder tudo, caso não ajamos rápidos.

– Mas que salafrário – afirmou Juliano. Sempre pareceu tão sério, tão correto, tão austero. Ficava me olhando quando lhe apresentava as contas de meus gastos, como se me censurasse sem palavras. Agora entendo o porquê desse comportamento. Já estava roubando a gente...! Certamente queria que sobrasse mais dinheiro para ser desviado. E a Justiça? Onde está a Justiça? Como é que a gente, uma família inteira, vai ficar nesta situação enquanto esse "cara" sai por cima?

– Ele também será atingido por tudo. Nós já o demitimos e está enfrentando as mesmas dificuldades junto aos seus familiares, suponho. Nunca mais tive notícias, mas, como Gerente Financeiro, também será chamado a prestar contas na solução das dívidas.

Trazendo a conversa para a direção que desejava, Moacir continuou, informando:

– Então, Valda, temos que fazer tudo o que for possível para não afundarmos junto com a empresa. Você tem muitas joias. A gente vai vender tudo e guardar o dinheiro bem escondido, porque essa gentalha vai investigar até nas nossas meias para descobrir onde é que pusemos o dinheiro.

A esposa estava chocada com tamanho furacão que se abatera sobre eles. Então, espírito medíocre que era, passou a raciocinar em níveis comparativos tendo sua irmã Alice como referência principal, como sempre fizera nas inúmeras disputas sociais, nas coisas fúteis ou nas extravagâncias.

– Mas e o Rafael com a Alice? Por acaso vão ter de vender a casa deles?

Entendendo que Valda precisava ser acalmada em sua vaidade, Moacir exagerou no que pôde:

– Bem, querida, se isso é tão importante para você, Rafael está mais desesperado do que nós. Ele, a esposa e os filhos vão sair com uma mão na frente e outra atrás. Certamente vão acabar nos procurando para pedir ajuda.

– Ufa – disse Valda, aliviada. Como Deus é bom. Eu não suportaria vê-los felizes enquanto a gente afundava.

O marido sabia que Valda precisava sentir-se acima da irmã para poder enfrentar a derrocada social não como alguém que perdia tudo, mas como alguém que continuava a estar por cima da outra que invejava.

Tudo isso era uma mentira que ele inventara de última hora, já que, desde a derradeira conversa, duas semanas antes, não mais havia falado com o antigo sócio.

O certo é que a estratégia deu o resultado que esperava. A desgraça de Alice significava um refrigério para a sua vaidade, encarando a derrocada de uma maneira mais amena por imaginar a irmã em piores situações.

— Bem, Moacir, sei que você está empenhado em arrumar as coisas. Então, vamos fazer tudo da forma como sugere. Aliás, diante de tantas notícias ruins, não seria bom a gente ir ao Centro tomar uns passes? Sempre fomos muito invejados por tanta gente, a começar por Rafael e Alice. Com toda certeza, estamos numa situação delicada assim por conta de tanto "olho gordo".

Sem querer contrariar a esposa, Moacir acenou com a cabeça, concordando com o alvitre sugerido.

— Estou segura de que Deus não nos vai faltar nesta hora difícil — falou a mulher tola e superficial.

— Pois eu vou é cuidar de minha vida, que não é Deus quem paga minhas contas — falou Juliano. Já que vou ter de ganhar a vida, vou começar a fazer o que me compete. Quem sabe não consigo dinheiro pra tirar vocês do buraco...

— Só se for traficando droga, meu irmão. Afinal, não lhe vai faltar clientela... — atalhou Sabrina, provocando Juliano com comentários sobre as más companhias que elegera como seus "melhores amigos", todos eles consumidores de drogas como Sabrina já sabia há um bom tempo.

— Sabe que não é uma má ideia, retrucou o rapaz, cínico. Mas depois que eu estiver bem, não me venha você querendo uma ajudinha, hein, Sabrina. Vire-se como pode, até porque seu corpinho esbelto tem atrativos que o meu não possui. Aliás, desempregada é uma situação em que você nunca estará, afinal, você já nasceu com o emprego fixo. Cuide do seu corpo e se faça uma boa funcionária... Há! Há! Há!

Sabrina fuzilou o irmão, igualmente provocador porquanto, da mesma forma que ela conhecia o tipo de amigos que ele possuía, o irmão também estava ciente de como Sabrina cultuava os prazeres físicos, dormindo com qualquer bonitinho que aparecesse por aí.

Dois exemplares de uma juventude digna de compaixão. Um, acostumado a consumir drogas, resolveria seus problemas financeiros passando à categoria dos que ganhariam dinheiro vendendo entorpecentes aos próprios amigos de aventura, fazendo-se intermediário entre os grandes traficantes e os consumidores abastados que conhecia.

A outra, bonequinha cobiçada pela beleza física, aproveitar-se-ia dela para cobrar pelo prazer que, até aqueles dias, desfrutava gratuitamente na companhia de rapazes em ebulição hormonal, destruindo relacionamentos, exercendo sua capacidade de seduzir rapazes, sobretudo os comprometidos, pelos quais tinha especial atração. Era a "virtude" de que mais se orgulhava Sabrina: sua capacidade de impor-se sobre homens que já se relacionavam com outras para fazê-los romper esses compromissos. Seu ego só se contentava em vencer suas competidoras no interesse dos rapazes.

Juliano conhecia Sabrina tanto quanto Sabrina o conhecia.

Para ambos, a conquista dos recursos para levar uma vida no mesmo padrão não seria muito complicada ou difícil.

***

Assim, estava decidida a jornada dos integrantes daquela casa, todos inclinados às facilidades delituosas, sem quaisquer preocupações éticas na adoção de condutas que prejudicassem os demais.

Não se importavam que o sucesso que buscavam viria destruir ou ferir a vida alheia, desde que isso lhes facultasse o gozo das mesmas facilidades e prazeres.

Sempre o interesse pessoal sobrepujando o respeito ao semelhante.

Entrementes, não eram obrigados por nenhuma força sobrenatural a se conduzirem por esse caminho espinhoso. Poderiam ter escolhido outros caminhos, assumindo as responsabilidades pelos erros, suportando o peso da lei, honrando o maior número de compromissos possível ao invés de buscar a ilicitude como solução para as dificuldades. No entanto, o velho e traiçoeiro ORGULHO se aliava ao sempre vigilante EGOÍSMO para fazer prosperar em cada um a indústria da maldade, não se importando com as vítimas que produzissem, desde que isso lhes garantisse a manutenção do velho status e mantivesse as aparências.

Por óbvios motivos, nenhum deles estava habilitado a fincar raízes na Nova Humanidade, aquela que se construía sobre os escombros fumegantes da personalidade indiferente, mesquinha, ególatra e orgulhosa.

Talvez restasse alguma chance de salvação à infeliz Valda, também contaminada em seus pensamentos materialistas, mas que ainda sugeria o recurso da oração para tentarem reverter o quadro sombrio que pesava sobre os destinos. Era a única inclinada a buscar ajuda em Deus, mesmo que fosse somente naquele momento, premida pela circunstância adversa.

Quem sabe, escutando alguma mensagem elevada, pensando sobre os problemas, meditando acerca das Verdades do Espírito, ainda fosse capaz de se deixar tocar por um raio de esperança. Quem sabe se, melhorando interiormente com o aprendizado e com o amparo dos Espíritos Amigos, ela não conseguiria ajudar o marido a adotar uma outra postura, fazendo-o dirigir seus esforços para a solução do problema, para a modificação de condutas, para o cumprimento dos deveres morais, ainda que isso não os mantivesse no mesmo padrão de vida.

Tanto quanto você, querido(a) leitor(a), os espíritos amigos viam tal possibilidade de modificação de comportamento, como algo extremamente improvável. No entanto, desde que existisse a mais remota chance de arrependimento e reforma, as mãos invisíveis se empenhariam para que essa insignificante oportunidade fosse explorada ao máximo. Era o que tais amigos tentariam, valendo-se da ida de Moacir e Valda ao centro espírita, no qual solicitariam o aconselhamento de como se opor a tal estado de coisas e a melhor maneira de "neutralizar" o olho gordo de muitos.

Enquanto isso, as vidas de Rafael, Alice e seus filhos, igualmente se modificariam ao sabor da desgraça financeira.

25

RAFAEL, ALICE E FILHOS

Passando pelo mesmo drama financeiro que o sócio, Rafael necessitava adotar certas estratégias para revelar aos próprios familiares a brusca modificação da vida de todos.

Dominado pela esposa, mulher impetuosa e cheia de ambições, sabia que precisaria de um cenário para explicar tão grande e repentino insucesso financeiro a fim de que tal situação não fosse atribuída à sua própria incompetência.

Na verdade, a derrocada financeira era de responsabilidade de todos eles, criaturas indisciplinadas, gastadeiras, arrogantes, vaidosas e orgulhosas, indiferentes para com o futuro. No entanto, ninguém estava preparado para assumir a sua parcela de responsabilidade na tragédia coletiva. Todos achavam que as obrigações dos administradores da empresa eram as de abastecê-los de facilidades e recursos, nada mais.

Na desgraça que se abateu sobre o núcleo produtivo representado pelo negócio, a maior cota de culpa recaía, certamente, sobre as esposas de ambos os sócios e sobre Leda, esposa do gerente Alberto, mulheres caprichosas, astutas e sonhadoras, ambicionando sempre facilidades e demonstrações de poder financeiro pela exorbitância de gastos e confortos inesgotáveis que exigiam, ensinando os filhos a serem tão ou mais irresponsáveis do que elas próprias, cultivando neles a falsa ideia de que a vida era essa sucessão de emoções, num carrossel de aventuras e luxos inúteis.

A falta do equilíbrio, da noção de limites, as exigências materiais e o jogo da sedução eram armas muito usadas por elas, fazendo com que seus respectivos maridos, infantis fantoches em suas mãos, se contorcessem conforme elas iam puxando as cordinhas da dança, o que, por fim, levou ao naufrágio o navio no qual todos estavam abrigados.

Moacir e Rafael, escudados na competência e seriedade de Alberto, acostumaram-se a receber dividendos sem se preocupar com o futuro do negócio ou com a manutenção do equilíbrio financeiro. Acomodados sob os cuidados diligentes do gerente, imaginavam que sempre nadariam no oceano das facilidades, conduzindo-se como os piores inimigos da empresa, sempre afrouxando os controles e disciplinas para garantirem retiradas e mais retiradas para seus gastos.

Fracos de caráter, também se permitiam afundar nos já mencionados excessos, ao lado de moças de conduta inadequada, além dos gastos desmedidos com bens ou objetos para a exibição social.

Rafael, conhecendo o caráter firme da mulher, engendrou para a esposa uma explicação aparente. Em sua versão, a culpa de Alberto e de Moacir era ainda maior, isentando-se com o fato de estar atrelado à produção, afastando-se do controle financeiro e administrativo.

Isso seria suficiente para que, no cômputo da desgraça, a sua participação ficasse reduzida. Alice, nem de longe, desconfiava que Rafael possuía uma outra família em cidade distante, na qual mantinha um filho ilegítimo nascido do relacionamento com a funcionária Lia.

Ao ser informada sobre a perda das condições estáveis em decorrência de toda esta situação, na versão que lhe foi exposta pelo marido, Alice, que se demonstrava muito mais perigosa na construção de estratégias e arrojada no jogo da vida, imediatamente quis saber da situação da irmã e do cunhado no cenário apresentado, sendo informada de que também estavam em dificuldades muito sérias.

– Muito bem! Se a desgraça é de todos nós, vamos mostrar para eles que estamos por cima. Vou reunir minhas economias e sairemos em viagem. Nada melhor do que uma viagem internacional para apagar a ideia de desgraça, falência ou de miséria rondando a nossa porta – disse a pobre Alice, ainda tão refém das aparências.

– Ma... mas... – balbuciava o esposo, acostumado a obedecer as vontades de Alice – você não acha que seria mais adequado que a gente guardasse esse dinheiro com cuidado ou que comprássemos alguma coisa no nome de terceiros, uma casinha, para a gente se abrigar nas horas mais complicadas que, certamente, mais cedo ou mais tarde haverão de chegar?

– O quê? Morar no subúrbio? Apertar-me entre móveis e caixas de papelão que não caberiam em qualquer casinha de quinze cômodos? E as minhas roupas? Vocês, homens, não têm o problema que nós, as mulheres, possuímos. Como posso transferir o meu quarto de roupas para caixas de papelão e deixar amontoadas por aí? Quanto Valda daria de risadas de minhas caixas! Não, nada disso. A viagem é a melhor saída. Além do mais, se as coisas estão tão pretas assim, melhor a gente vender tudo mesmo e se mandar daqui.

Lembrando-se de tantos golpistas que se saíam bem nas disputas humanas ao fraudarem leis e autoridades fugindo para longe para que não perdessem o fruto de seus crimes e de suas apropriações inadequadas, a mulher estabeleceu o rumo, decidindo pelo próprio esposo:

– Bem, Rafael, se tudo vai acontecer como você nos diz, tratemos de vender nossos bens o mais discretamente possível e, assim, com dinheiro vivo, a gente vai embora e vive lá fora com conforto e sem os riscos de nos transformarmos em mendigos por aqui. Se lá tivermos que comer pão com mortadela, pelo menos estamos em Paris, em Roma ou em algum país distante. Ninguém nos está vendo. O problema é estarmos por aqui, não podendo ir mais aos mesmos restaurantes, pegando ônibus lotados, andando de metrôs, deixando de frequentar as rodas da sociedade... isso sim é a desgraça maior. E assim, você também se livra das perseguições judiciais. Até porque, a sua função na empresa era secundária. Você cuidava da produção. Não tem por que responder pelos desmandos de Moacir e Alberto. Vamos logo, querido, que a sorte não espera. Coloque os carros à venda, vamos ver se conseguimos um bom dinheiro à vista dando um desconto no valor, antes que nossos nomes e bens estejam no serviço de proteção ao crédito ou que haja buscas de nossas coisas. Se não vendermos a casa, tudo bem. Ao menos, com a alienação dos carros, já temos dinheiro para irmos para bem longe daqui.

Sentindo que a esposa não admitiria contradição em suas decisões, Rafael baixou a cabeça e, relembrando dos filhos, aventurou-se apenas a dizer:

– O que faremos com Gabriel e Ludmila? Os dois estão com suas vidas ligadas às nossas. Deveriam deixar tudo para trás para nos seguirem por onde fôssemos? Cada um tem sua vida, seus relacionamentos, seus interesses. Como faremos com eles?

De espírito prático e a demonstrando a frieza de suas decisões, Alice respondeu, direta:

– Bem, eles já são adultos, Rafael. Precisam aprender a se decidir sobre os caminhos que devem trilhar. Se desejarem vir conosco, terão de pagar suas passagens vendendo suas coisas ou arrumando dinheiro de alguma forma. Quando querem ir a festas ou comprar coisas, sabem como fazer. Eu procurei juntar recursos para uma emergência, guardando parte das finanças que você me dava para meus gastos pessoais. Que eles possam ter feito o mesmo. Se não o fizeram, podem se livrar de seus veículos. Agora, caso não desejem vir conosco, que fiquem por aqui mesmo, deixando a gente mais livre pra podermos desfrutar nossa vida em outro mundo mais civilizado do que este Brasil de pobres e medíocres. Quando eles chegarem, eu mesmo vou falar com os dois.

Rafael nada dizia sobre as suas outras responsabilidades familiares. No entanto, sabendo que as coisas se complicariam também para os lados da antiga amante que, vivendo uma vida bem menos confortável do que a dele e de Alice, lutava para garantir para o filho um futuro mais seguro, também seria muito prejudicada com a partida dele para longe. Então, assim que saiu de casa para levar seu carro para a venda, passou a meditar em uma maneira de amparar o filho adulterino evitando, igualmente, que a amante revelasse o segredo de Rafael para toda a família, como sempre ameaçou fazer. Então, precisaria compor as coisas com muito cuidado, antes que a situação de precariedade financeira acabasse por desencadear a outra.

Só de pensar nessa hipótese, Rafael sentia calafrios na espinha, uma vez que conhecia de perto a ferocidade de Alice, que seria potencializada pela descoberta de uma traição tão antiga, além do desvio de recursos para a manutenção da família clandestina.

Rafael, assim, estava no meio de duas pressões femininas, as quais ia administrando com o cofre aberto nas duas direções. O problema agora era, justamente, o esvaziamento do cofre. E, então, logo começariam os telefonemas cobrando pelos pagamentos mensais não realizados. Então, antes que tudo acontecesse, Rafael precisava conversar com Lia, pessoalmente. Aproveitando-se da saída, ao invés de ir a uma concessionária de veículos, dirigiu-se ao litoral, onde moravam Lia e o filho, para que a informasse desses detalhes antes de ficar a pé.

Diferentemente de Moacir, Rafael mantinha algumas economias bem escondidas da própria família e, com isso, pretendia acalmar as violentas reações de Lia diante de uma situação tão calamitosa como a que eles passariam a viver dali por diante.

Desde a separação, o casal se havia avistado poucas vezes, não obstante o fato de todos os meses Rafael enviar, através dos cuidados de Alberto, a pensão alimentícia para o filho menor. No entanto, falavam-se, eventualmente, pelo telefone como se fossem amigos que há muito não se viam. O tempo e a distância fizeram esfriar as ansiedades físicas que, na afinidade de gostos e desejos, haviam incandescido as paixões carnais que os unira no passado.

A chegada de Rafael, sem avisar, colheu Lia de surpresa, sem qualquer pensamento preconcebido a respeito do motivo da visita.

Além do mais, apesar de todos os oito anos que se haviam transcorrido, Lia mantinha os atrativos físicos do passado, aqueles que Rafael tanto apreciava. Dessa forma, o reencontro físico daquelas duas almas afinizadas seria algo muito forte para ambos, ocasião para reavivarem as antigas paixões, na troca das efusivas emoções.

Tão logo se viram a sós depois da recepção junto ao modesto lar, a recordação do passado fez incandescer novamente a emoção não de todo extinta dentro deles e, sem maiores explicações ou barreiras, em poucos minutos estavam novamente nos braços um do outro, ela plenamente correspondida pelo amor daquele homem que, apesar de casado, não a havia esquecido, e ele alimentado por alguém que o desejava verdadeiramente, cansado de ser menosprezado por Alice, fria e superior, indiferente e dominadora.

Tudo era muito surpreendente para ambos. Rafael não resistiu à emoção de rever a antiga paixão ali, assim, tão disponível. As carícias se sucederam naturalmente. A paixão sexual reavivada fez periclitar o pensamento do homem desacostumado àquela efusividade feminina. Nos braços de Lia, ele voltava a se sentir pleno, alguém importante e querido, desejado e abastecido, enquanto que ao lado de Alice a sua vida era a de um reles empregado sob o comando da esposa. Estas emoções reacenderam em Rafael as antigas aspirações de Amar e ser Amado. E depois que as lembranças haviam renovado em ambos a satisfação de se sentirem os mesmos apaixonados do passado, Rafael já não sabia se abandonava Lia e o filho para continuar sendo escravo de Alice ou se, realmente, não seria melhor abandonar Alice à própria sorte. Ainda mais agora que, com os filhos crescidos, estaria livre e por sua própria conta, ficando em companhia da antiga amante.

Lia não se havia casado com ninguém porque, no fundo, sonhava com a volta do antigo patrão aos seus braços macios e sedutores. Aventurara-se com outros homens em situações passageiras e sem maior profundidade emocional. Namoricos ou relacionamentos sexuais superficiais para saciar as necessidades da emoção ou do estômago. No entanto, compromissos sérios não assumira com nenhum outro homem, porque desejava estar totalmente livre para o momento em que Rafael retornasse, como ela sempre esperara que acontecesse um dia. Assim, foi a atração física que dominou os dois nas primeiras horas do reencontro, quando as palavras não eram mais importantes que as carícias.

Quando, por fim, o tórrido ambiente se asserenou permitindo que a conversa pudesse voltar a ter importância, Lia sorriu e disse:

— Ah! Eu nunca tive um patrão tão competente e generoso como o senhor!

Compreendendo a brincadeira com as experiências do passado, Rafael respondeu no mesmo tom:

— E nunca uma funcionária fez tantas e tão importantes horas extras como você, minha querida. O tempo passou, mas parece que estamos em meu escritório, altas horas da noite, deitados no tapete macio, sentindo nossos corações pulsarem.

— Ah! Rafael, você foi o único homem que me fez sentir tudo isso, querido. Quanta saudade eu tinha de voltar a estes momentos especiais em seus braços.

Enaltecido com a conversa íntima que lhe alimentava o ego, Rafael deitou longo beijo nos lábios da submissa Lia. Depois disso, perguntou pelo menino:

— Como está "nosso" pequeno?

A palavra "nosso" fez Lia sentir um tremor no íntimo do ser. Era a maneira de Rafael dizer-lhe que não a havia riscado do mundo pessoal, mas, ao contrário, reconhecia a existência de um laço familiar que os unia.

— Querido, você nem vai acreditar como cresceu. Foi à escola e deve chegar no fim da tarde. Sempre pergunta quando o pai virá vê-lo, mas sempre lhe digo que você é muito ocupado e, quanto puder, aqui estará. Ele vai ficar muito feliz em sentir sua presença aqui, hoje.

– É, Lia, como o tempo passa e como as coisas mudam. Parece que só a sua graça e o seu calor não desaparecem – falou ele, malicioso. Porventura não estarei ocupando o espaço que já pertence a outro homem em sua vida?

– Nunca, meu querido. Tive alguns relacionamentos nada sérios de vez em quando, mas jamais me deixei desiludir quanto à necessidade de me manter livre para um dia poder viver ao seu lado. Então, nunca deixei que qualquer outro ocupasse o que lhe pertence.

A revelação da mulher emocionava o sentimento de Rafael.

Em sua mente, o turbilhão da dúvida o levava de roldão, passando da ideia de abandonar a antiga amante afastando-se para sempre, à ideia de abandonar a mulher, entregando-a à própria sorte e refazendo a vida afetiva ao lado daquela esfuziante companheira.

– Mas você não veio até aqui, depois de tanto tempo, meu querido, apenas para matar a saudade de meu corpo, não é? – perguntou a moça, experiente.

– Não, é claro... quer dizer... isso foi muito bom... mas... – titubeou Rafael.

Entendendo que chegara o momento das decisões, começou, então, a abordar o assunto da falência da empresa.

Lia escutava seus argumentos e notícias com o olhar curioso, sem demonstrar reações desagradáveis e agressivas. A moça sabia que Rafael estava sob pressão e que de nada lhe adiantaria agir de forma impetuosa, preferindo ser carinhosa e doce para que o rapaz se sentisse acolhido.

– Não deve ser fácil, meu bem, ter de enfrentar as dificuldades que você está precisando defrontar. Eu bem que percebi haver algo errado quando observei que o pagamento do mês veio menor do que de costume. Entretanto, não quis ligar por imaginar que, em mais alguns dias, ele seria complementado, como já aconteceu em outras épocas. Mas, pelo que vejo, as coisas estão piores do que eu supunha.

– Sim, Lia. Tudo está caindo aos pedaços e, agora, minha esposa inventou de arrumar as malas e mudarmo-nos para outro país. Deseja ela fugir da situação constrangedora de ficar pobre.

A informação de Rafael foi uma punhalada no coração da moça. Ainda mais depois que haviam reavivado a chama da emoção longamente reprimida. Ainda assim, apesar de fazer um olhar de tristeza, Lia se manteve paciente e serena.

– Sim, meu querido, entendo. E você veio até aqui para me avisar de que não vai mais voltar a me procurar, não é?

Observando que Lia falava isso em um tom de compreensão e carícia, Rafael olhou-a profundamente nos olhos, imaginando como teria sido mais feliz se tivesse preferido ficar com a amante ao invés de continuar com o relacionamento mentiroso e superficial que o consumia sem abastecê-lo.

Então, usando de toda a sinceridade que poderia exprimir a Verdade de seus sentimentos, respondeu:

– Sabe, Lia, quando tudo aconteceu, preocupei-me com o seu destino e do pequeno Sérgio. Ainda que não pudesse ser um pai e um marido à altura do que vocês mereceriam ter, não desejava deixá-los sem conforto material. Então, sem que minha família soubesse, vim até aqui para falar sobre esse assunto com você. No entanto, ao voltarmos aos velhos tempos e sentir as emoções que pensava apagadas dentro de mim, olhando-a como estou fazendo agora, não sei mais se quero ir embora para longe...

As palavras de Rafael soavam aos ouvidos de Lia como sinfonias de esperança.

– Sim, Rafael, continue.. pode falar o que quiser... eu não irei exigir nada de você... como não tenho feito isso ao longo destes anos todos.

— Sim, querida. Tenho sido injusto com você e com nosso filho. Privilegiei a mulher com quem me casara, mas de quem há muito estou apartado, pela ausência de afeto compartilhado. Alice se perdeu nas coisas do mundo material, festas, shows, shoppings, roupas, recepções, e eu me perdi de mim mesmo ao achar que minha felicidade estava no financiamento de todas estas loucuras. Alice me aceitava em sua cama apenas como o marido a quem deveria submeter-se sexualmente por dever. Desde aquela época em que nos conhecemos, minha esposa não me faz sentir a emoção dos primeiros dias de casado, não se fazendo diferente de um robô que cumpre tarefas sem demonstrar emoções.

As revelações da intimidade do antigo patrão eram demonstrações vivas de que tudo o que ela houvera semeado naqueles tempos, ficara sob a terra da personalidade para eclodir um dia, no momento em que as vulnerabilidades emocionais criassem o clima certo para a germinação da semente.

— Agora que a revejo — continuava Rafael —, e que, sem maiores dificuldades ou explicações, nos entregamos um ao outro com a facilidade e a emoção dos melhores dias de nossa relação, percebo que não estou morto como Alice me faz sentir e que a vida que eu construí ao lado dela foi uma mentira bem ornamentada. Nossa mansão mais se parece com uma tumba funerária repleta de mármores e cortinas caras, mas absolutamente fria de sentimentos verdadeiros. Eu pensava que meu destino era o de morrer dessa forma, sendo tangido por essa mulher perigosa que, mesmo hoje, decidiu o que faríamos, sem que eu tivesse qualquer importância na decisão de um destino que também me pertence. Então, Lia, preciso confessar que o seu calor e o seu carinho me devolveram não só as emoções sinceras que a gente trocou e que estão aqui dentro, mas, também, a vontade de viver nesse clima de saúde, de jovialidade, de afeto sincero, porque reconheço que isso é muito melhor do que tudo o que tenho tido com Alice. Meus filhos já cresceram e estão encaminhados para seus compromissos afetivos. Alice é tão calculista, que decidiu nosso destino sem sequer perguntar-lhes se gostariam de ir conosco. E quando eu levantei essa questão, demonstrou que não está nem um pouco preocupada com o que será deles. Está pensando nela própria e nas malditas aparências. Por isso, eu, que vim aqui para lhe dizer certas coisas, afastando-me, agora confesso que estou precisando ficar aqui, ao seu lado. Você estaria disposta a me perdoar por todo este tempo de indiferença?

A emoção tomara conta da garganta de Rafael, apequenado pelas condutas do passado diante daquela que não houvera sido contemplada com suas atenções de marido e que suportara a qualificação de "outra" em sua vida.

O homem chorava com o rosto mergulhado nas próprias mãos, usando o travesseiro do leito onde os dois ainda se encontravam como apoio.

Lia nunca havia visto aquela demonstração de sinceridade por parte do amado de sua vida. Não tinha por que duvidar de seus sentimentos, sobretudo agora que, de sua parte, poderia recomeçar a construção do antigo sonho ao lado do homem amado.

Ela enlaçou-se ao corpo trêmulo de Rafael, com a paixão à flor da pele, no discurso silencioso dos que se amam a ponto de esquecerem anos da estiagem da solidão, e sussurrou-lhe:

— Seremos felizes, meu amor. Por fim seremos felizes.

— Mas agora eu sou um quase derrotado, Lia. Não tenho mais as facilidades de outrora. Mesmo assim, você me aceitaria?

— Ora, Rafael, quero você, não o seu dinheiro. É certo que a riqueza é sempre um fator importante em nossa vida e, assim, não posso mentir dizendo que, quando o conheci, não pensei nas vantagens de ser a esposa e a dona de tudo o que você tinha. No entanto, com o passar dos meses e com o aprofundamento de nossa relação, descobri um homem que me abastecia de emoções novas e sentimentos verdadeiros e, graças ao amor que desenvolvi por você, encontrei forças para suportar a distância, as dificuldades, as tentações, sem transformar sua vida num inferno de cobranças e espinhos. Então, ainda que você não tenha nada, temo-nos um ao outro e, juntos, saberemos superar os desafios como uma família que se quer, sem qualquer obstáculo que nos afaste.

Rafael sentia-se renascer diante de uma pessoa que lhe dava o alimento mais importante para o Espírito: a compreensão, a amizade, o respeito e o carinho da verdadeira companhia.

Olhando para o rosto de Lia, onde se viam brotar as primeiras marcas do tempo sem que isso a privasse da antiga beleza, Rafael abraçou-a e, talvez como há muito tempo não o fazia, tomou a decisão que julgava ser a mais importante de sua vida:

– Então, está decidido. Ficaremos juntos. Volto para casa cheio de amor e esperança. Anunciarei a Alice que não irei para o mesmo destino que ela, entregarei os bens que ainda poderão ser vendidos, ficarei com meu carro, que vou vender para a gente ter alguma coisa para começarmos. Além do mais, possuo algumas economias que ela não sabe e, com isso, garantimos um período de estabilidade, enquanto procuro um emprego por aqui onde possa ganhar meu salário com decência.

Lia não sabia dizer se estava sonhando ou se, realmente, a felicidade sorrira para ela, depois de tantos anos de amargura e solidão.

Acertados os planos, voltaram à troca de carícias que haviam interrompido nos longos anos de separação, saciando a fome de alegrias.

Ao final da tarde, foram à escola esperar a saída de Sérgio que, por fim, estaria na companhia do pai para ser informado sobre a grande notícia: a de que ele viria residir em sua companhia. A alegria do menino foi intensa e emocionante porque, ao longo de sua vida infantil, sempre se sentira lesado emocionalmente, diante de colegas que falavam de seus pais, que eram levados e buscados por eles enquanto ele próprio não tinha o que dizer quando lhe perguntavam onde estava o seu. Era sempre a mesma desculpa:

— Minha mãe me falou que ele está viajando, mas que vai voltar logo.

Agora, finalmente o pai havia voltado ao mundo de Sérgio, mas, além disso, havia voltado ao Mundo Real. Pelo menos era esta a ideia de todos naquele momento de sonhos que se construíam sobre a esteira da desgraça financeira da empresa de Rafael.

É assim que as criaturas começam a entender como uma tragédia pode ser vista como um conjunto de novas oportunidades, quando sabemos entender as coisas boas que podem surgir de dores ou desafios que nos fustiguem a carne ou as emoções.

Enquanto Rafael acertava os detalhes com Lia e Sérgio, lá em sua casa, Alice conversava com os dois filhos. Gabriel, jovem com seus vinte e dois anos, era fruto de seu meio, vivendo das facilidades e luxos que lhe eram propiciados pelos pais, enquanto que Ludmila, com vinte e um, estava muito apaixonada por seu namorado Fernando, circunstância esta que a impedia de se afastar do Brasil, apesar de não entender como é que uma desgraça financeira daquela magnitude houvesse recaído sobre suas cabeças. No entanto, como se sentia amada pelo rapaz, que tinha excelente condição material, certamente não teria por que abandonar o relacionamento só para seguir a mãe em uma empreitada tão maluca.

Gabriel também tinha namorada, mas, em verdade, o relacionamento era regado pelo dinheiro do pai que, agora não mais existindo, não mais possibilitaria à bonequinha que se nutria com mimos e caprichosos presentes o mesmo estilo de namoro de antes. Então, a sugestão materna lhe caiu como uma solução excelente, até porque, como ele mesmo gostava de repetir, "mulher a gente arruma em qualquer lugar, não é?"

E sem pretender afastar-se da fonte de suas rendas, Gabriel concordara totalmente com a mãe aceitando suas sugestões e saindo para vender tudo o que possuía, inclusive seu carro. Arrecadaria o recurso de maneira mais rápida possível para que, comprando passagens para o exterior, voassem para longe dos problemas.

Ludmila ficaria para administrar a situação até que toda a maré ruim passasse e a família pudesse regressar ao Brasil. Cuidaria da própria vida, coisa que já fazia antes mesmo da fuga dos pais para fora do país.

Certamente poderia contar com a ajuda do namorado que, já planejando o futuro de ambos, vinha falando em casamento havia alguns meses.

A noite ia alta quando Rafael regressou ao lar, encontrando apenas a esposa esperando por ele.

Ali haveriam de ter a conversa decisiva.

26

SEPARANDO O QUE SEMPRE ESTEVE SEPARADO

Alice escutou de Rafael o que jamais pensou que escutaria.

– Como? Você não vai viajar comigo? Como assim...? não estou entendendo!

– Sim, Alice, acho que a sua decisão é sábia, e você deve seguir seu caminho para o lado que mais lhe agrade. Eu, no entanto, não penso em sair daqui.

– Mas nós combinamos tudo ainda hoje pela manhã, Rafael – falou ela amainando o tom da voz, como estratégia para vencer a oposição do esposo.

– Não, Alice, nós não combinamos nada. Foi você quem impôs a decisão, como sempre faz. Só que, desta vez, você vai assumir a viagem sozinha, porque eu não irei.

– Mas o que é que vai ficar fazendo por aqui, ainda mais sem mim? Fugindo dos credores, da polícia, dos Oficiais de Justiça?

– Não vou ficar por aqui. Eu também irei embora para outro local, mas, certamente, não será para o exterior.

– Oras boas... – exclamou Alice, irritada – quer dizer, então, que você não concorda com o destino que eu lhe apresentei.. então, tudo bem... fala aí, experiente e viajado marido... qual o destino que seria do "seu" agrado e que fosse melhor do que Paris, por exemplo?

Perdendo a paciência com as ironias da esposa, fortalecido pelo reavivamento da paixão ao contato com Lia, respondeu com palavras cortantes para ferir o orgulho da esposa:

– Qualquer lugar nesta terra, um rancho no meio do brejo, uma cabana na beira do rio há de ser melhor do que Paris, desde que você não esteja no rancho ou na cabana!

Alice escutou aquilo como se não estivesse ouvindo bem.

– Co... como é...? Pode repetir o que disse? – falou, surpresa e agitada.

– É isso mesmo que você escutou. Não há lugar melhor no mundo do que qualquer um onde você não esteja. Então, se quer ir para Paris, Londres, Nova Iorque, vá como quiser. Eu, no entanto, não desejo viajar e, na realidade, o que mais quero é ficar longe de você.

– Pelo que estou entendendo, então, Rafael, está me dizendo que, depois de todos estes anos administrando a sua incompetência, a sua fraqueza, a sua falta de personalidade, sendo a sua esposa, sua empregada e sua mãe ao mesmo tempo, você vem me jogar na cara esse absurdo e essa tamanha ingratidão?

– O quê? Minha esposa, minha empregada e minha mãe? Você deve ter enlouquecido sem que tivesse notado isso antes. Desde quando sua atitude foi a de uma esposa? Seu negócio sempre foi gastar mais do que Valda, sua irmã. E muito mais do que seu marido, eu sempre fui o seu banco. Além disso, jamais você se comportou em qualquer circunstância com o intuito de me servir. Nosso batalhão de empregados cuidava de todas as coisas de tal sorte. Em verdade, talvez me sentisse mais feliz se tivesse me casado com uma das nossas funcionárias daqui de casa porquanto, certamente, elas cuidam mais de mim, se preocupam mais comigo – mesmo recebendo o salário que lhes pago – do que você que, apesar de muito bem remunerada, sempre foi uma indiferente. Agora, comparar-se a minha mãe, ora, Alice, faça-me o favor. Lave sua boca com água sanitária antes de invocar minha mãe, que não merece ser tão rebaixada dessa maneira. Minha mãe se incomodava com os filhos, você não está nem aí para o destino deles. Minha mãe era carinhosa e deixava de gastar consigo mesma para garantir uma camisa melhor para seus filhos. Você nem sabe onde os seus se encontram. Quando Ludmila apresentou os primeiro sinais do amadurecimento físico, ao invés de conversar com ela, você marcou uma consulta com a ginecologista, deixou a menina com a acompanhante e foi fazer compras no shopping ao lado, lembra? Se é uma coisa que você nunca soube o significado, é dessa palavra, Alice: MÃE!

A coragem de Rafael parecia saída de um filme de cinema, abastecida por um vigor que, de há muito, a própria Alice não presenciava.

– Puxa, meu marido resolveu virar macho depois que empobreceu... – retrucou a esposa, arrogante e cínica, não podendo responder aos argumentos certeiros do marido. Você, Rafael, é o primeiro gato rugidor que eu conheço. Todos os homens, enquanto são miseráveis, são gatinhos que se calam quando os leões, os mais poderosos, rugem para dominá-los. Acovardam-se, com seus miadinhos servis, porque precisam agradar os grandes que lhes deixam as sobras, formando uma corja de aduladores. Todavia, quando os pobretões ficam ricos, se transformam em leões rugidores, mostrando que se tornaram poderosos porque subiram na vida. Mas você, rapaz,... você, quando era Leão, era covarde como um gato. E agora que virou gato, está querendo bancar o Leão rugidor. Você não acha que perdeu o bonde, não?

– O que eu acho, Alice, é que já é hora de você seguir o seu caminho e eu o meu. Se sou gato ou leão, se mio ou rujo, não é você mais quem vai constatar. Seja feliz com um leão qualquer e eu vou encontrar uma outra companheira.

Rafael desejava terminar logo a conversa, mas Alice, ao contrário, desejava continuar a discussão.

Então a esposa voltou à carga:

– Há! Há! Há! Faça-me rir, Rafael. Já não é suficiente a

surpresa de me mandar viajar sozinha? Naturalmente está pensando que é insubstituível, não é? Pois fique bem seguro de que, se uma coisa é verdade, é que assim que você sair por esta porta, estará riscado de minha vida e, no seu lugar, será muito fácil encontrar alguém para me acompanhar à Europa, um companheiro ainda mais viril e atraente do que um fracassado como você.

– Claro, Alice, o mundo está cheio de garotos de programa como aqueles que você tem conhecido nas suas festinhas particulares com as suas outras tão "decentes" amigas, além da sua irmãzinha pervertida. Todos eles escorados na bolsa farta de velhas pelancudas, de mulheres maduras ou dominadoras o suficiente para sugar-lhes a carne fresca em troca de se sentirem desejadas na mesma medida em que lhes pagam as contas. Esse tipo de homem, mesmo, será fácil para você encontrar por aí, um desses macacos musculosos que lhe sirva para carregar as malas e saciar seus apetites durante a viagem.

Vendo que a esposa ia ficando cada vez mais vermelha de ódio, Rafael não se conteve mais, prosseguindo a série de ofensas à dignidade feminina.

– Ora, Alice, você deveria se envergonhar de precisar pagar para que algum desses desconhecidos se animasse a beijá-la. Pensei que seu conceito a respeito de si própria não fosse descer tanto assim ao nível dessas mulheres que, apesar de endinheiradas, se fazem rasteiras da pior estirpe cuja carência as transforma em consumidoras de emoções compradas. Você se acostumou tanto a consumir que, sem perceber, ingressou no mercado de emoções onde a gente sempre quer comprar a Verdade, a Sinceridade, a Honestidade, mas somente encontramos Mentira, Fingimento e Astúcia, revestidas de músculos e hormônios. Essas pessoas acabam pagando por uma coisa e levando outra, e este é, exatamente, o seu caso: Vive comprando "gatos", mas eles pulam fora na velocidade da lebre! Há! Há! Há!...

Alice não suportou aquilo.

De punhos cerrados, partiu para cima de Rafael, que a segurou com firmeza antes de levar o primeiro soco, atirando-a longe de si próprio.

Aos gritos, alucinada pelo ódio, ferida no amor-próprio, sobretudo por ver suas condutas levianas atiradas na sua face quando julgava tudo muito bem escondido, ela estava fora de si.

– Você me paga, infeliz! Pois fique sabendo que eu não lhe darei sossego pelo resto da vida. Você jamais vai ser feliz enquanto eu existir.

E usando de sarcasmo tanto quanto a mulher o fazia, Rafael respondeu:

– Mas isso já é assim há muito tempo, Alice. Se essa é a condição para sua felicidade, fique feliz, porque eu já não sou feliz enquanto você existe...! Mas com o seu afastamento, a felicidade talvez me encontre e eu possa repousar a minha cabeça nos ombros de uma mulher de verdade, não de uma fabricadora de contas, de uma alucinada do espelho, de um cartão de crédito com pernas.

Chorando em descontrole, Alice retorquiu:

– Alguma balconistazinha, uma garotinha de mau hálito, alguma sardenta desdentada que esteja à altura de um derrotado e falido como você. É só isso que você vai encontrar pela frente.

Erguendo os braços para o alto, como se estivesse entronizada nos mistérios de algum ritual satânico, Alice verberou em alto brado:

– Pois eu invoco aos deuses da má sorte e os conclamo a se atirarem sobre você, Rafael, para que a felicidade nunca ande pelo mesmo caminho que você e que seu coração possa amargar a solidão para sempre. Que nenhuma mulher o faça feliz, que qualquer uma que se aventure ao seu lado seja somente para fazê-lo chorar. Essa maldição eu rogo para você, maldito homem que um dia aceitei como meu marido.

Assustado com o grau de desequilíbrio de Alice, Rafael procurou manter o controle sobre si mesmo, dizendo antes de sair:

– Certamente aprendeu esses rituais satânicos na companhia das outras bruxas que se metem nos antros onde os rapazes se despem para as mulheres se sentirem desejadas, não foi? Pois saiba de uma coisa, Alice, até mesmo para ser feiticeira, a pessoa tem de ser competente e ter moral. O seu currículo é tão desprovido de competência e seriedade, que nem como ajudante do capeta você conseguiria emprego. Aliás, até Satanás a evita, porque não ganha um salário suficientemente alto para sustentar seus gastos. Além do mais, não gaste seu "latim" com maldições inócuas. Saiba que eu já sou bem mais feliz do que você. Adeus.

A saída do marido não interrompeu o surto que dominava Alice, que continuou vomitando impropérios por todas as juntas além de emitir os piores dardos energéticos pelos centros vibratórios de seu corpo. Desacostumada a ser contrariada, a postura firme de Rafael a desafiava, levando-a ao descontrole. Além do mais, a firmeza do marido lhe conferia convicção de que ele já devia estar com o pé em outra canoa. Havia convivido muito tempo com ele para não conhecê-lo. Tamanha segurança de opinião, certamente estava motivada por uma base afetiva consolidada que lhe assegurava a posição de equilíbrio emocional naquela decisão tão importante em suas vidas, notadamente na de abandoná-la. Para Alice, realmente, Rafael era apenas o pagador de suas contas graças à riqueza que havia conquistado, no patrocínio de suas farras e extravagâncias mais eloquentes, a quem ela própria dedicava quase nada de carinho, além de algumas esporádicas carícias nas horas da intimidade. Trazia constantemente inquieta a própria alma, buscando aventuras variadas e, também como Valda, sua irmã, buscava todo tipo de recurso para vencer seus desafios, inclusive o de recorrer às artes da magia negra, dos rituais esdrúxulos e das forças inferiores da natureza para conseguir seus desejos.

Segundo acreditava, havia sido dessa maneira que conquistara Rafael, nos idos tempos do começo do relacionamento, recorrendo a toda sorte de sortilégios que lhe foram apontados por pessoas desqualificadas, nos trabalhos de magia que fizera ou mandara fazer. Com essas forças ocultas, segundo acreditava, mantinha a submissão do marido que, ao longo dos anos, se fizera verdadeiro cordeirinho em suas mãos. Tão comum se tornara essa realidade, que Alice passara a abusar do poder que sobre ele exerce, imaginando que o encantamento jamais poderia ser rompido.

Todavia, diante dos fatos que acabara de presenciar, a realidade nova era bem diferente, com Rafael de nariz empinado, determinando outros rumos para a própria vida, independentemente de controle da mulher.

– O que será que aconteceu? Será que é porque não fui mais falar com pai Serapião? É..., bem que me mandaram voltar para continuar os trabalhos, mas, como no fundo queriam mais dinheiro, resolvi dar um tempo. Será que foi por isso? Acho que preciso voltar lá pra ver como refaço o pacto. Até hoje tudo funcionou tão bem...

Pensando um pouco melhor, considerou:

– Mas será que não é melhor deixar as coisas assim? Afinal, esse idiota foi embora mesmo e, como está pobre, não acho que seja conveniente botar dinheiro bom em cima de defunto ruim. Acho melhor ir lá pedir ajuda é para mim mesma e meu futuro. E, claro, se não ficar muito mais caro, botar uns espinhos no caminho desse folgado, fazê-lo sofrer com umas dores para estragar os planos do idiota. Acho que preciso ir lá no pai Serapião logo. Afinal, Gabriel já foi vender o carro e logo estaremos com as passagens compradas.

Lá ia, então, a desditosa mulher enveredar-se pelos caminhos obscuros da magia, através dos quais, pensando em fazer mal ao seu semelhante, não percebia que era a si mesma que prejudicava terrivelmente.

✳ ✳ ✳

Saindo dali, Rafael tremia mais do que se tivesse enfrentado algum ladrão no meio da rua.

Jamais se sentira tão encorajado como naqueles momentos em que, lastreado na emoção renovada pelo contato de Lia, colocara fim num relacionamento que, obviamente, nunca havia existido. Em realidade, desde muito haviam se transformado em dois estranhos que dormiam juntos, sem carinho, sem cumplicidade, sem sinceridade. Tanto era verdade, que Rafael encontrara espaço para viver o amor com Lia, anos atrás, enquanto que Alice se perdia de aventuras em aventuras, nas festinhas que se realizavam nos diversos clubes especializados naquele tipo de entretenimento.

A ruptura, no entanto, fora traumática.

Sem conhecerem os efeitos negativos do ódio que as palavras desencadeiam, Alice e Rafael haviam atirado para todos os lados o lodo de seus sentimentos feridos, de suas diferenças, de seus insultos, atraindo ainda mais entidades hostis, mais perturbações desnecessárias.

Alimentando o sentimento negativo de Alice, entidades a fizeram recordar da necessidade de recorrer aos serviços da magia negra, não só para conhecer o próprio futuro como também para criar embaraços ao futuro de seu ainda marido.

Abrindo espaço mental para a agressão desmedida, Rafael recebeu em cheio os torpedos mentais que Alice lhe havia desferido e, sem o costume da oração protetora, sentiu a carga agressiva que a mulher disparara e que encontrou ambiente na sua irritação. Além disso, a culpa de sua consciência pelo adultério do passado o fazia sentir-se desonesto ao acusar a esposa de condutas levianas que eram de seu conhecimento, porque ele próprio não se escusava da mesma prática, sabendo que houvera sido desonesto e insincero. Ele também se valia de mulheres vistosas e curvilíneas para afogar suas carências. Como poderia o roto acusar o rasgado? Terminavam, então, a mentirosa vida conjugal pela pior maneira, de onde os dois colheriam amargos frutos por não terem sabido administrar a liberdade como concessão divina para a construção de um futuro mais nobre. Os dois sofreriam por tudo o que estavam fazendo, porquanto tais demonstrações de ódio recíproco eram um atestado do baixo padrão evolutivo de ambos.

27

O ESTÁGIO PREPARATÓRIO

A paisagem era penumbrosa e se assemelhava ao estado vibratório de tantas entidades ali concentradas, como se aquele ambiente se houvesse transformado em um grande asilo de desditosos e infelizes, loucos, criminosos, rebeldes e indiferentes.

Revolta e ira, perseguições e gritos, dores e angústias de todos os tipos e padrões se manifestavam como o cruel e triste resultado das opções milenares que tais espíritos haviam feito, agora definitivamente afastados do convívio humano.

Convidados às transformações que lhes garantiriam, ainda que na última hora, a possibilidade de prosseguirem sua evolução por caminhos menos ásperos, essa turba de indiferentes e gozadores da vida, imaginando que poderia se manter à margem da Justiça do Universo, viu-se colhida pelo amargo fruto de suas próprias sementeiras infelizes.

Entre outros, ali estavam as almas dos corruptos, exploradores dos vícios, governantes irresponsáveis, autoridades venais, pessoas orgulhosas, adeptas e cultivadoras do arsenal dos prazeres desvairados, religiosos venais, exploradores e desencaminhadores do rebanho de almas que estava sob sua responsabilidade.

Astutos negociantes se assemelhavam a lobos devoradores em busca de novas vítimas, sem que as possuíssem, agora, para atacá-las com sua astúcia.

Viciados carregavam a marca dos próprios deslizes nas estruturas deformadas de seus perispíritos, demonstrando as dependências químicas ou morais que definiram em suas condutas durante a vida física ou as que mantiveram, depois da morte, nos fenômenos da fixação mental.

Cada qual com sua história de dores e insanidades, violências e gozos infindáveis nos quais afogaram sentimentos elevados como a compaixão, a piedade, a solidariedade e o respeito pelos semelhantes. Eram uma grande massa de violentos desditosos, dignos de lástima e piedade pelo tempo desperdiçado e pela dor que infligiam a si mesmos.

Outra circunstância comum a todos era a do desprezo aos convites do Bem. Haviam recebido, das mil maneiras com as quais o Criador buscou despertá-los, algum tipo de convocação para a modificação de seus sentimentos e a renovação de suas atitudes. Optaram por ridicularizar a necessidade de transformação e não abdicaram das condutas nefastas, grafando a própria sentença de banimento, condenando-se ao exílio necessário, excluindo-se dos futuros promissores da humanidade renovada.

Dotados de vibrações incompatíveis com aquelas que se instalavam na Terra e já tendo definido a estrada que melhor lhes servia, não mais seria possível continuarem perturbando a existência dos que se esforçavam em busca da elevação espiritual, lutando para adotar uma vida compatível com os princípios morais adequados para a Nova Humanidade. Então, atendendo aos Decretos Divinos, uma vez ostentando as vibrações inadequadas, seguiam em novo curso de evolução, "Despedindo-se da Terra" com a finalidade de permitir que os que ficassem, livres de suas pressões psíquicas, pudessem continuar "Esculpindo o próprio Destino".

Assim, enquanto esperavam o traslado para outra morada celeste de padrão primitivo, eram provisoriamente transferidos para a estéril superfície da Lua terrestre, confinados à distância da azulada esfera dos homens. Tal medida de isolamento evitava que continuassem a atuar negativamente, usando seus tentáculos magnéticos sobre os vivos do mundo, já por si mesmos tão perturbados pelos fenômenos da grande transição. Além do mais, esse afastamento os favorecia uma vez que, com ele, já iniciavam a adaptação aos ambientes mais hostis para onde seriam levados, preparando-os para a migração coletiva à atmosfera do mundo a que se destinavam, com seu transporte para longe do orbe terráqueo.

Como se pode observar, não estava em curso uma medida punitiva, mas, ao contrário, providência duplamente salutar para alívio das pressões magnéticas sobre a humanidade encarnada e, simultaneamente, mecanismo de adaptação das almas inferiorizadas ao seu novo destino. Ainda muito ligados às coisas materiais, transportavam em seu psiquismo todo tipo de desejos e necessidades corporais. Sofriam, então, com a falta de alimento e de água por não encontrarem nada disso disponível no solo estéril do satélite terreno nas condições adequadas para utilização. Da mesma forma, não conseguiam suprir-se do magnetismo humano porquanto não estava disponível na Lua o manancial de energias vitais abundantes que havia na Terra e que costumavam sugar, vampirizando os encarnados.

A Lua não lhes fornecia qualquer similitude ambiental à antiga casa terrena.

Ao longe, divisavam o azul terrestre incrustado no veludo escuro do espaço, relembrando a grandeza de seus rios, lagos e oceanos, recordando-se da satisfação do copo de água que, agora, tanta falta sentiriam.

Gritos alucinados, imprecações de desespero, rezas do fanatismo cego, tudo se mesclava à ignorância dos que não se prepararam para o futuro. Por toda parte, a agressividade e a violência se associavam ao desespero e ao medo.

Imenso contingente de entidades que, conscientes de seu destino, mesmo sabendo que o tempo terreno estava terminado, continuavam a demarcar seu território de influência, produzindo combates violentos, organizando-se em grupos ou milícias, revivendo as antigas práticas que ficaram no passado.

Compreendendo que, reunidos num mesmo local os ases da maldade, da crueldade e da ignorância, outros frutos não produziriam que não os da amargura, da perseguição, das disputas sangrentas, não era de se espantar que os campos vibratórios do satélite estivessem poluídos com os mais terríveis miasmas fluídicos, nascidos deles mesmos com a finalidade de fazê-los comer do próprio pão amargo.

A dor era superlativa, sobretudo pelas necessidades fisiológicas que, como já se disse, continuavam dominantes em seus espíritos. Graças a tal debilidade, era verdadeiro martírio mental para boa parte dos espíritos visualizar a imensa esfera aquosa ao longe, com seus mananciais generosos e frescos a recordá-los do prazer de um copo de água fresca a abastecer seus corpos. Fugiam, então, para o outro lado do satélite terrestre onde não fossem tentados pela beleza azul. No entanto, do outro lado encontravam-se com outro desafio: A luz intensa proveniente do Sol atuando sobre seus perispíritos e dando-lhes a ideia de que estavam sendo queimados vivos sem se consumirem, desertificando ainda mais suas esperanças. Fugindo do tórrido ambiente em busca da área lunar sombreada, dependendo da posição ocupada pelo satélite terrestre nas etapas do ciclo lunar, viam-se colhidos pela gélida escuridão que a muitos horrorizava.

Não importava, pois, o local onde buscassem abrigo, suas mentes dominadas pelas rotinas da vida terrena, das quais não se haviam libertado pelo esclarecimento do Espírito, não encontravam solução para tais necessidades simples: ou se sentiam perseguidos pela sede sem fim, queimados pela Luz e Calor de um Sol inclemente ou congelados na escuridão sem fim de um espaço inóspito.

Despreparados para o Reino de Deus pelo desprezo dos ensinamentos espirituais, não haviam aprendido a se defenderem através da mudança mental. Assim, fugiam como loucos, migrando de lado a lado do satélite, como se a imensa horda bárbara fosse uma maré de espíritos a balançar-se, ora para um lado ora para outro, similar às marés oceânicas na superfície da Terra. Nenhum pensamento de arrependimento, nenhuma maturidade espiritual ou desejo de transformação.

Todos se igualavam, dominados pela maldade e pelo egoísmo.

Naturalmente, entretanto, ainda faltava a chegada de muitos que comporiam a grande caravana dos, literalmente, desterrados. Boa parte continuava na Terra, vivenciando as últimas experiências vestindo o escafandro da carne transitória, enquanto outros, como espíritos já desencarnados, mas vizinhos dos humanos em diferentes padrões de ligação energética, também estavam sendo gradativamente trazidos ao satélite terrestre pelas naus transportadoras já descritas anteriormente, grandes veículos destinados ao traslado dos espíritos definitivamente selecionados para o exílio onde prosseguirão suas experiências evolutivas no rumo do crescimento espiritual.

Nesse grande movimento seletivo instaurado no mundo, os esforços superiores visavam despertar o maior número de seres para que não desperdiçassem as últimas chances de evitar o triste degredo que, mesmo não tendo um caráter vingativo, correspondia à perda das facilidades do progresso já experimentado no mundo, trocado por uma atmosfera primitiva, áspera e hostil. Por isso é que Deus, através dos avanços tecnológicos atuais, mormente nas telecomunicações, multiplicava o chamado às ovelhas do rebanho espalhadas por toda parte.

Descobertas e inventos, satélites e ondas, os computadores e todos os seus correlatos, miniaturizados em telefones celulares, aparelhos de rádio, agendas eletrônicas, eram os recursos que a Inteligência Soberana utilizava para amplificar a iluminação da inteligência das Leis do Universo, com a compreensão de seus mecanismos visando o aproveitamento do tempo para a transformação moral, de forma a que se salvasse o maior número de filhos.

– O mundo tem pressa – falam, espantadas, as pessoas ao constatarem a velocidade com que tudo acontece em suas vidas.

– Deus e Jesus têm pressa – asseveram as inteligências superiores incumbidas de auxiliar a humanidade na busca de sua melhoria essencial.

Por isso, por todas as partes pulsam as comunicações com a

finalidade de espalhar mais depressa essa mensagem convocatória, mostrando aos encarnados os efeitos dos desatinos, as consequências de condutas inadequadas, as dores produzidas pela mentira, pela crueldade, cujo único objetivo tem sido o de garantir a riqueza de alguns, fazendo crescer a pilha dos infelizes.

Estando praticamente toda a humanidade coberta pelas ondas do rádio, da televisão, do telefone, imagens e palavras podem ser vistas e escutadas por toda parte. Daí o ensinamento de Jesus contido em Mateus, capítulo 24, versículos 12 a 14 se torna claro apontando para o hoje da Humanidade:

6 E ouvireis de guerras e de rumores de guerras; olhai, não vos assusteis, porque é mister que isso tudo aconteça, mas ainda não é o fim.

7 Porquanto se levantará nação contra nação, e reino contra reino, e haverá fomes, e pestes, e terremotos, em vários lugares.

8 Mas todas estas coisas são o princípio de dores.

12 E, por se multiplicar a iniquidade, o amor de muitos esfriará.

13 Mas aquele que perseverar até ao fim será salvo.

14 E este evangelho do reino será pregado em todo o mundo, em testemunho a todas as nações, e então virá o fim.

Os tormentos experimentados no ambiente magnético Lunar narrados aqui superficialmente eram, apenas, o estágio de preparação para as temíveis aflições que se fazem necessárias ao despertamento dos alienados e trânsfugas da Lei Divina, no cortejo de dores e ranger de dentes que são abundantes nos mundos inferiores para onde serão encaminhados.

28

RESUMINDO

De acordo com as diversas experiências pessoais, cada um dos personagens observados por Jerônimo e Adelino era livre para a construção do caminho, fundados nos princípios da Lei de Causa e Efeito que, no nível de evolução espiritual da humanidade terrena, é a lei que auxilia no desenvolvimento do discernimento através das atitudes autodisciplinadoras da vontade.

Em que pese o esforço do Mundo Espiritual que, através de diversos caminhos e religiões, tem aconselhado a todos a que se transformem pela adoção de condutas compatíveis com um melhor futuro, nos momentos importantes da Grande Transição em curso no planeta, os interessados não se veem seduzidos pelas ideias de contenção voluntária, de correção de procedimentos, de abdicação do mal, de elevação do Espírito. Tais conselhos são vistos ou ouvidos como cantilena monótona estragando a emoção da experiência depravada, castradora da liberdade de conduta que, sob a desculpa do livre-arbítrio, tem feito o ser humano se conduzir abaixo da linha da animalidade. Então, mesmo com o amparo dos Amigos Invisíveis, grande parte das pessoas não tem se esforçado na modificação de seu caráter, e assim não poderão esperar coisa melhor do futuro, senão aquele cortejo de dores e ranger de dentes que estão construindo com suas próprias mãos.

Se observar cada um dos amigos até agora apresentados ao seu entendimento, querido(a) leitor(a), facilmente entenderá onde estão se equivocando.

Observe, por exemplo, a conduta de Leda, a esposa de Alberto, revoltada com a perda da posição social, atacando o marido de maneira vil, com a ajuda ou o apoio dos próprios filhos, Robson e Romeu. Os três viveram às custas do esforço sagrado do genitor, mas, sem titubeios ou delongas, se fizeram inimigos justamente contra aquele que sempre lhes garantira as facilidades como uma demonstração de seu amor paternal.

Leda, depois da separação do casal, aproximara-se ainda mais da péssima companhia, aquela Moira que, socialmente, era a referência para o grupo de mulheres inúteis, consumistas, preocupadas com a apresentação de riquezas, os modismos e as aparências. Entre as mulheres que, em verdade, mais se pareciam com cobras fantasiadas de cisnes, Leda transitava com naturalidade, sentindo-se no meio das suas afinidades mais queridas.

Vivia, agora, consumida pelo medo de ver descoberta a sua situação de "pobretona" da turma, sob cujo epíteto veria comprometidos a aceitação e o respeito das próprias amigas em relação à sua pessoa. Tentava viver equilibrada entre esses dois mundos – o mundo real e o das aparências – caminhando sobre ovos para que suas novas condições não fossem do conhecimento das outras. Por tudo isso, a revolta contra o ex-esposo aumentava em seu coração porque, segundo suas equivocadas avaliações, fora Alberto o causador de tudo aquilo, colocando-a nessa situação ridícula de ter de ficar fingindo o tempo todo.

Seus dois filhos não eram diferentes. Romeu, perdido nas práticas da sexualidade fácil, elegera o caminho da venda do corpo para saciar os desejos de moças e senhoras em boates e casas noturnas dedicadas ao deleite feminino. Robson, por sua vez, recusara a ideia do pai de arrumar um trabalho honesto para ganhar a vida, o que considerava uma vergonha. Preferiu aliar-se a certos amigos ambiciosos, que se organizavam para a prática de variados ilícitos, através dos quais conseguiria recursos fáceis, ligando-se ao contrabando de produtos eletrônicos e ao narcotráfico.

Peixoto, o médium materialista do "caso Alceu", resolveu afastar-se do centro espírita por perda do entusiasmo em decorrência de não se ver ajudado pelos amigos invisíveis depois de décadas de dedicação aos trabalhos espirituais.

Já Alceu, o amigo endinheirado, repentinamente defrontado pelos próprios crimes, limitou-se a renegá-los, procurando o aconselhamento com Dom Barcelos, Bispo Católico que, sabendo ser Alceu dono de expressivos recursos, cooperou decisiva e deliberadamente para o abrandamento de sua consciência, explicando que qualquer delito por ele cometido no passado estaria redimido graças ao pagamento da penitência que, no seu caso, seria cooperar com as reformas de um amplo pavilhão do palácio episcopal deteriorado pelo tempo e que precisava ser recuperado. Além disso, segundo as palavras do alto prelado, o Espiritismo se valia desses sortilégios para impressionar os incautos e, assim, extorquir-lhes dinheiro, coisa que era condenada pelo próprio Cristo. Por esses caminhos, Alceu matou em seus pensamentos qualquer ideia de modificação interior, de transformação verdadeira, comprando a consciência tranquila pelo preço que o Bispo lhe cobrara, prosseguindo a pelejar contra a mulher, negando-lhe a separação amigável e levantando obstáculos para a divisão do patrimônio, mas sem demonstrar qualquer interesse em se corrigir. Seguia com o seu estilo leviano e arrogante de viver, comprando pessoas e impondo sua vontade pelo preço de sua bolsa.

Geralda, a médium interessada no envolvimento amoroso com Aloísio, sentindo-se contrariada pela dificuldade de solução de seu problema emocional e pelas disciplinas de conduta que a doutrina espírita recomendava a todos os seus adeptos sinceros, também escolhera afastar-se da instituição para, com isso, continuar livre para assediar o rapaz, usando de sua astúcia feminina para tentar romper os esponsais que o prendiam à noiva e que tinham sua consolidação no casamento marcado para breves meses. Esse era o curto prazo que a desesperada Geralda possuía para conseguir intrometer-se entre os noivos. Planejava seduzir o jovem de alguma forma. Como estaria sob as vistas diretas de Jurandir, dentro da instituição espírita não conseguiria realizar esse plano. Então, afastara-se de lá para que, distante dos compromissos morais, garantisse sua felicidade ilusória com a destruição do bem-estar emocional de Aloísio e Márcia.

Cássio, da mesma forma, perdido nos meandros da vida festiva, também não demonstrava qualquer intuito de modificar a sua rotina, demonstrando satisfação por ter deixado a instituição espírita onde se considerava um prisioneiro de disciplinas e na qual estagiara alguns poucos anos como médium, sem entender absolutamente o verdadeiro sentido de uma Doutrina Cristã de Amor e Responsabilidade. Agora, segundo seus pensamentos, finalmente estava livre de quaisquer amarras para poder realizar suas vontades, sem peso de consciência ou limites representados pelos dias e horários de exercício mediúnico, ficando à mercê das entidades inferiores às quais abraçou em decorrência de afinidade vibratória inconfundível.

Moreira seguia-lhe os passos, também afastando-se dos compromissos mediúnicos da casa espírita, sem fugir das práticas infelizes que o uniam às entidades promíscuas que frequentavam os prostíbulos nos quais ele gastava a saúde do corpo e as energias da alma.

Moacir e Rafael, antigos patrões de Alberto, encontravam-se metidos em mais problemas. O primeiro, por fraudar os procedimentos apuratórios subtraindo máquinas e pertences da empresa, furtando o patrimônio dos trabalhadores para garantir o seu próprio futuro, em prejuízo de sua família e do próprio sócio. Sua esposa Valda entregara-se aos cuidados do marido, preocupada tão somente em não ficar abaixo da condição de sua irmã, Alice, a quem invejava e com quem competia em cada palmo de vida social no sentido de ter a primazia de ser mais exuberante e rica. Afligia-se, agora, ao desespero, vendo que sua irmã viajara para a Europa, enquanto ela amargava a desgraça que ruía sobre sua cabeça aqui mesmo, no Brasil. Seus filhos, Juliano e Sabrina, não seriam mais sábios que os pais. O rapaz, envolvido pelas más companhias e usuário de drogas nas festas de embalo, passaria a sustentar-se tornando-se fornecedor de entorpecentes para os amigos da classe alta, sem levantar suspeitas, e Sabrina, mocinha alvoroçada pelos hormônios da juventude, ganharia dinheiro com o comércio do corpo, coisa que já fazia de graça, por simples desfrute. Nada mudaria para nenhum dos dois. Apenas começariam a ganhar pelo que já faziam, normalmente, sem nenhum lucro.

    Rafael, o outro sócio, vitimado pela mesma situação de insolvência financeira, escolhera caminho diferente, reatando antiga relação amorosa com a amante, afastando-se da esposa Alice, que optara pela viagem ao exterior como fuga das responsabilidades familiares e da humilhação de se ver diminuída no mundo das aparências que lhe era tão importante. Aparências por aparências, responderia aos boatos de fracasso financeiro com uma mudança para a Europa, confundindo as más línguas. O marido, como já se viu, declarara sua independência, mudando-se para o litoral na vivência do acalorado romance com Lia, reatando a velha paixão. Ele, no entanto, também fugia da responsabilidade financeira, deixando para trás todos os funcionários e as dívidas do negócio falido, bem como os próprios filhos, preferindo albergar-se em cidade distante, em endereço desconhecido de seus credores, com a ideia de reiniciar a vida sem o peso dos deveres. Leviano quando rico, leviano e meio depois de pobre.

    Enquanto Alice, depois de amaldiçoar o marido e deixar pagos a Pai Serapião os trabalhos de magia para estragar-lhe a vida, tomava o rumo desejado ao lado do filho Gabriel. Ludmila permaneceria no Brasil à espera de sua união com Fernando, união esta que, certamente, resolveria seus problemas financeiros dada a situação equilibrada do namorado. Apostando todas as suas fichas na nova condição de casada com o rapaz a quem se devotava com sinceridade, não desconfiava, entretanto, que o próprio noivo, apesar de possuir excelentes recursos materiais, olhava para ela como um excelente investimento que viria a somar-se ao seus avantajados recursos, ampliando-os ainda mais. Fernando não estava tão interessado na moça quanto, efetivamente, no que pertencia à sua família. Além do mais, como mandava a boa prudência, nunca seria interessante consorciar-se com alguém que estivesse em pior condição financeira, porque isso significaria diminuição do patrimônio. O casamento, na visão do noivo, deveria juntar o necessário – o dinheiro, ao útil – o sentimento, sacrificando-se sempre o segundo em detrimento do primeiro. Se o panorama fosse o inverso, faltando o dinheiro, de nada valeria contar com o segundo, porque isso seria uma prova de burrice. Esse era o significado da união para o rapaz. Fernando não queria ser o marido de uma pobretona oriunda de uma família sobre a qual pesaria, ainda, a fama de derrotada e falida. Foi por isso que o entusiasmo do rapaz se transformou em indisfarçável decepção quando Ludmila lhe narrou, em sigilo, as novas condições de sua vida. Frio e calculista, Fernando logo raciocinou em termos de negócio. Vendo que, ao invés de somar recursos de Ludmila aos seus, ele teria de dividir os seus com a noiva e, por tabela, com os seus parentes, tratou de colocar panos frios no relacionamento. Não foram necessários mais do que quinze dias para que Ludmila se visse abandonada pelo pretendente até então muito decidido em levá-la ao altar. Estava sozinha, sem noivo, sem pais e sem irmão. Repentinamente viu-se abandonada no mundo, com seus vinte e um anos vividos na abastança, precisando, agora, administrar-se na mais completa solidão e, o que era pior, sem perspectivas futuras.

Alfredo, humilde servidor da casa espírita, prosseguia o zelador da instituição, além de aprendiz espiritual, ao lado de Jerônimo e Adelino.

Jurandir, o dirigente temporariamente responsável pela instituição, continuava acolhendo os que chegavam, conduzindo os trabalhos pelas disciplinas espirituais de seriedade e respeito, compreensão e fraternidade. Enfrentara a tempestade de calúnias e mentiras orquestrada por Peixoto com o apoio dos já mencionados companheiros sem esmorecer na tarefa, encontrando o apoio dos outros irmãos, devotados trabalhadores, tanto encarnados quanto desencarnados.

Alberto, o médium renovado pelas novas posturas íntimas, ainda que fracassado em sua vida financeira e familiar, demonstrava-se corajoso e dedicado. Entregara-se ainda mais às atividades, aceitando as disciplinas sugeridas pelos Espíritos Dirigentes do trabalho e que tinham em vista a reconquista do equilíbrio necessário para as tarefas mediúnicas, sem se melindrar ou assumir postura depressiva. Tornara-se ainda mais achegado ao coração de Jurandir, apoiando-o no esforço do dirigente encarnado e compartilhando algumas tarefas que pesavam sobre o amigo, liberando-o para outras atividades próprias de suas responsabilidades.

Todos estes membros da família humana, aqui descritos, simbolizam uma infinidade de criaturas que, com maiores ou menores semelhanças, está por aí, levando a própria vida segundo as leis do mundo material, imaginando que são as únicas verdadeiras.

Cada dia que se viva afastado da realidade superior, das lutas do Bem, dos esforços de construção de uma nova personalidade pelo empenho no combate aos defeitos, pela redução das necessidades materiais é tempo desperdiçado na edificação de si mesmo.

A maioria dos seres encarnados está vivendo como se a vida não fosse algo sério e decisivo para a modelagem dos próprios destinos. Transformam a religião em um meio fácil de limpar a consciência sem pagarem pelos erros cometidos, de conseguir vantajosas condições materiais sem que realizem esforços, de atingir as zonas celestiais sem qualquer esforço de purificação, como se o Paraíso admitisse estelionatários falando de virtudes, devassos censurando outros pecadores, mesquinhos e caluniadores falando em nome do Evangelho.

É por isso que o Evangelista Mateus, em seu capítulo 25, versículos 31 a 34, fala do Grande Julgamento, da seleção necessária para que se despolua a Humanidade dos elementos perniciosos com a finalidade de permitir-se a evolução coletiva sem os entraves produzidos pelos elementos incompatíveis com a nova ordem onde o Bem, finalmente, predominará:

31 E quando o Filho do homem vier em sua glória, e todos

os santos anjos com ele, então se assentará no trono da sua glória;

32 E todas as nações serão reunidas diante dele, e apartará uns dos outros, como o pastor aparta dos bodes as ovelhas;

33 E porá as ovelhas à sua direita, mas os bodes à esquerda.

34 Então dirá o Rei aos que estiverem à sua direita: Vinde, benditos de meu Pai, possuí por herança o reino que vos está preparado desde a fundação do mundo;

A construção do Novo Mundo exigirá, necessariamente, uma nova humanidade, lastreada em conceitos mais nobres e no entendimento moral mais elevado porquanto não se consegue construir prédio novo usando os mesmos e apodrecidos materiais.

Depois de vinte e um séculos de paciente edificação dos conceitos espirituais, na pacienciosa escultura do Plano Divino, Jesus deixou claras todas as indicações de como o ser humano precisaria proceder para que se fizesse escolhido na decisiva hora de seu destino. Da mesma maneira que, ao seu tempo, as pessoas aguardavam por um Messias, no tempo presente também não têm sido escassos os avisos sobre a iminência da separação do joio e do trigo, da seleção das ovelhas e dos bodes.

A abundância das leviandades e a multiplicação da violência no caminho de um mundo que se esmerou tecnologicamente não podem mais conviver pacificamente. Com os avanços propiciados pela inteligência a melhorarem as condições de vida através das conquistas tecnológicas, a Terra se equipara a um belo cristal esculpido com zelo e cuidado, que não poderá mais ser manipulado pelas mãos descuidadas de um gorila. Daí ser indispensável que, ou os homens que se assemelham aos primitivos se humanizem para que estejam à altura das conquistas aqui realizadas ou, então, sejam remetidos de volta à selva ancestral, aos ambientes inferiores nos quais se desenvolverão.

E esse apartar, iniciado há longas décadas, segue acelerado com a transferência de entidades, saindo as inadequadas para o futuro e chegando espíritos melhorados, através dos processos da reencarnação.

Assim, querido leitor (a) que estas páginas que trazem experiências variadas na vida de pessoas comuns, algumas com atividade religiosa, outras sem qualquer compromisso com a fé possam servir de alerta para que se tenha uma pálida ideia do que está esperando por todos os filhos de Deus estagiários deste planeta em hora de avaliação final com vistas à evolução. Quantas guerras se necessitarão para abrandar o ódio do coração dos homens? Quantas epidemias precisarão ceifar milhões de vidas para que as criaturas meditem sobre a perda de tempo e as condutas mesquinhas e indiferentes que têm garantido opulência para uma minoria e misérias para bilhões?

Estejam convictos, no entanto, de que não serão esquecidos nenhum de seus habitantes. Todos serão rastreados e avaliados segundo seus atos e vibrações pessoais. Então, será demasiado tarde para modificar os próprios destinos.

Quando, então, os maus, invejosos, orgulhosos, ciumentos, caluniadores, lascivos, estiverem sendo transportados para o ciclópico corpo de outra escola planetária, migrando ao longo da vastidão escura do Cosmo, como detritos de um orbe a se transformarem em adubo no outro, de longe vislumbrarão o planeta azul ficando à retaguarda, enquanto verão se ampliarem as sombras do mundo primitivo que os espera, nova sala de aula para rebeldes, onde se renovarão pela penúria e pelo arrependimento. Então, entre lágrimas, choro e ranger de dentes talvez lhes ocorra lastimar pelo tempo perdido e orar pedindo a Deus lhes permita, um dia, regressar à aconchegante Terra, ainda que o façam na condição de um de seus mais ínfimos animais, sem entenderem que, nos planos do Pai Generoso e Bom, seu regresso está garantido, não como bichos, mas, sim, como Espíritos Humanos lapidados pela Dor, a caminho do Bem.

29

CORNÉLIA AMPARANDO MARCELO ÀS PORTAS DA MORTE

Dos diversos trabalhadores espíritas sob a avaliação de Bezerra e seus auxiliares, Cornélia era a que estava enfrentando as maiores dores morais no testemunho de sua fé.

Cornélia afastara-se do trabalho mediúnico direto havia quase um ano em decorrência da tragédia familiar que vivia, relacionada ao filho Marcelo, que lhe exigia cuidados intensos. Jamais a doutrina espírita lhe fizera tanto sentido quanto agora, envolvida pelas dobras da dor e do resgate na própria carne. Por isso, apesar de não comparecer ao centro para os trabalhos normais, mantinha-se fiel aos ensinamentos de amor e renúncia nos quais era acompanhada por seu esposo Lauro que, diferente dela, nunca se filiara a qualquer igreja ou prática religiosa formal.

A história de Marcelo e o drama familiar que o envolvia expressava o sofrimento de tantos pais e irmãos inseridos no contexto da dor sem remédio que vitima, em geral, os membros mais inexperientes no entendimento das coisas elevadas do Espírito.

Marcelo, um dos filhos do casal Cornélia e Lauro, rapaz imaturo e pouco afeito às coisas espirituais, desde cedo declarara a própria independência, desejando buscar a liberdade da rua, onde daria vazão às próprias inclinações sem se sentir vigiado pelos olhares paternos nem atormentado pelos deveres familiares, notadamente o de conduzir-se de acordo com os ensinamentos recebidos.

Tratava-se de um espírito sem compromissos sérios com a vida e que trazia em seu passado diversas peregrinações pelas facilidades destruidoras do caráter sadio. A presente encarnação fora planejada de modo que a sua insana busca por aventuras desaguasse na oportunidade de reerguimento, na companhia de pais humildes e disciplinadores, conquanto amorosos e vigilantes, visando a sua própria edificação. Renascido em lar simples, sem as facilidades econômicas do passado, lar esse que dependia do trabalho de seus membros para ser abastecido dos recursos materiais indispensáveis à manutenção de seus integrantes, revoltava-o o fato de todos precisarem trabalhar com afinco e, depois, compartilhar os recursos pessoais para cooperar com o progresso comum. Comida, roupas, eletricidade, telefone, escola, tudo dependia do esforço compartilhado, não havendo espaço para a ociosidade de ninguém. De espírito fraco, Marcelo não se conformava com o que o destino lhe oferecia, no caminho áspero do trabalho, como a estrada dura e a disciplina como o meio de tornar-se melhor. Não aceitava trabalhar para todos nem privar-se das facilidades que sua alma almejava desfrutar novamente. Por isso, assim que se viu com idade suficiente e com recursos financeiros que lhe garantissem o próprio sustento, afastou-se do ambiente familiar onde era querido, onde encontrava amigos sinceros e amorosos que velavam por sua segurança e onde, fatalmente, conseguiria enfrentar a luta contra as próprias inclinações. Com a desculpa da necessidade de espaço ou almejando dar o tão sonhado "grito de liberdade", embrenhou-se na floresta inóspita do mundo, onde o custo dessa liberdade costuma ser a dor, o sofrimento e a decepção.

Jovem, portanto, transferiu residência em companhia de Alfredo, "amigo" que o acolheu com o compromisso de dividirem despesas.

Infeliz gozador do passado, Marcelo viu, na figura do novo companheiro, a tábua de salvação que poderia livrá-lo das disciplinas da família, que ele considerava um peso, castradora de suas vontades e cheia de limitações ao exercício de sua liberdade. Agora, em companhia do amigo, garantiria para si o "espaço" que sempre pleiteara, considerado como o território para as leviandades ocultas, fora da supervisão de pai e mãe.

Então, não tardou para que, na companhia do rapaz, Marcelo se iniciasse nas facilidades perniciosas do mundo livre. Conheceu pessoas, envolveu-se com mulheres, penetrou o mundo da droga e, de degrau em degrau, foi descendo a ribanceira, envolvendo-se cada vez mais nos cipoais venenosos de vícios e aventuras impróprias, com a desculpa de que deveria provar de tudo para descobrir o sentido da vida sem a interferência de outras pessoas. E com o apoio de um viciado ou de outro pervertido, Marcelo ia reconhecendo o velho mundo, aquele ao qual já havia pertencido outrora, em vidas anteriores, onde viciara-se naquelas atitudes superficiais e perigosas. De nada lhe valeram as advertências dos pais quando de suas escassas visitas à família. Quanto mais os escutava, mais repulsa sentia contra aquele "estilinho" de vida decadente, ultrapassado, no qual dois adultos tinham de guiar os filhos escolhendo seus caminhos. Coisa do passado, forma de viver que, segundo suas ideias, havia perdido a razão de existir. Segundo Marcelo e seus amigos frustrados, a família era uma invenção da sociedade para manter seus membros alienados, onde os mais velhos dominassem os mais novos impedindo-os de se desenvolverem de acordo com suas próprias inclinações naturais. Algo como uma prisão revestida de grades de carinho para melhor controlar a vida dos outros.

Então, com toda essa "filosofia" na cabeça, Marcelo não tinha olhos para perceber o buraco onde ia se afundando. Tudo aquilo que ouvira de seus pais, os conceitos de honestidade, responsabilidade, disciplina, repudiara radicalmente, afastando tudo isso de seus comportamentos. Responsabilidade, caráter, seriedade de conduta, respeito aos semelhantes, eram conceitos da "prisão família" e, portanto, não serviam para nada. Não lhe causaram qualquer constrangimento as doses de bebidas sempre maiores que compartilhava com os "amigões", nem o batismo nas drogas mais pesadas, que comemorava como um ritual de iniciação no grupo que o acolhera como mais um membro. Não percebia que suas condutas eram motivadas pelo desejo de ser aceito em um outro tipo de "família". Repudiando a família que o recebera e criara com zelo e carinho, buscava, contraditoriamente, tornar-se membro de outra família, aquela que reunia criaturas despreparadas como ele, frustradas, complexadas, preguiçosas e rebeldes em um único conjunto, no meio do qual poderiam dar vazão aos seus comportamentos nocivos, fazendo tudo o que desejassem sem censuras, livres para o exercício das diversas aberrações. Não se importou quando, da droga fácil, migrou para as orgias sexuais e, junto com ambas, para a prática de delitos visando conseguir os valores para alimentar seus vícios.

Sim. Marcelo havia descido toda a escadaria da decência ao lado dos mesmos amigos, aqueles que considerava a própria família até o dia em que surgiram os primeiros sintomas da debilidade orgânica decorrente da enfermidade do sistema imunológico, demonstrando que o jovem havia antecipado o irremediável encontro com a morte.

Quando as feridas explodiram em sua epiderme, a fraqueza invadiu seus membros e a prostração colou-o à cama, a família dos desajustados expulsou o membro podre de seu seio.

Marcelo foi banido do grupo assim que a ambulância o levou ao hospital. Dali, Marcelo não teria mais para onde voltar. Seus amigos deixaram-no entregue a si mesmo, porque não tinham nenhum interesse em perder a própria liberdade para cuidarem dele.

O amigo Alfredo entregou as coisas de Marcelo na portaria do hospital e, para se livrar de qualquer responsabilidade, deixou o nome e o endereço dos pais do rapaz, como responsáveis por ele. Já havia mais de quatro anos que o filho não mandava notícias nem procurava por ninguém.

Em casa, no entanto, a dor do afastamento fustigava o coração dos pais. Durante as noites, Cornélia e o marido se angustiavam nas horas da oração, meditando no destino do filho, que sabiam não ser dos melhores. Tinham a convicção de que o rapaz era orgulhoso demais para voltar ao seu lar com a cabeça baixa, além do fato de se presumir senhor de si mesmo, para chegar derrotado.

Lauro, o genitor, possuía mais extensa a ferida no coração, porquanto doía-lhe a postura de repúdio de Marcelo perante tudo o que ele e a esposa haviam feito para ajudá-lo. A ausência, o sofrimento que seu egoísmo produzia em seus corações, a distância deliberada, as más companhias, eram estiletes no coração do pai que, apesar disso tudo, ainda o amava como antes. Por isso, incontáveis vezes o pai perambulava pela cidade, sempre pensando poder encontrar o filho por acaso.

Toda procura, no entanto, redundava num grande fracasso.

Marcelo tivera o cuidado de mentir sobre seu endereço para que não fosse encontrado, evitando ser perturbado. Haviam, pois, perdido totalmente o contato, e só quando o filho os procurava é que se reviam. Mas já se haviam passado quatro anos de silêncio. Cornélia, indo ao centro espírita para as reuniões regulares, em todas elas colocava o nome do filho na lista de orações, rogando a ajuda espiritual para a proteção do rapaz. Suas preces eram recolhidas pelos mentores da casa com a emoção dos que admiram o amor puro que brota do coração materno ou paterno, ainda que por aqueles que não se fizeram dignos de serem amados. Equiparado ao Amor de Deus por seus filhos transviados, o amor de Cornélia era exemplo para os próprios espíritos, que tudo faziam para acalmá-la tanto quanto ao esposo que, em casa, não havia amadurecido para o interesse espiritual, apesar de acompanhar Cornélia eventualmente, como ouvinte de palestras e recebedor de passes.

Ao longo dos anos, a preocupação acerca dos destinos de Marcelo haviam avassalado os pensamentos e desejos de Cornélia de tal forma que, durante a noite, seu espírito, ao invés de ir aos trabalhos da instituição onde era esperada para o desempenho das tarefas que lhe eram próprias, saía pelas ruas na busca do filho perdido.

Entidades nobres que velavam seus passos a seguiam controlando-a e protegendo-a de ataques de espíritos agressores, uma vez que desejavam impedir que, mesmo em espírito, Cornélia vislumbrasse a real condição do filho amado.

Então, as noites eram infindáveis caminhadas, de becos em becos, expondo-se aos encontros mais assustadores. Nada disso, entretanto, diminuía nela a determinação de encontrar o pobre e infeliz Marcelo.

O regresso ao corpo no dia seguinte era carregado de um sentimento de tristeza, apesar do amparo que seu protetor espiritual lhe estendia incessantemente. O Amor de Cornélia e a proteção dos Amigos Invisíveis era o escudo de sua alma contra os ataques das vibrações trevosas dos lugares onde se metia.

Algumas vezes, durante o sono, os amigos a procuravam, convocando-a para voltar ao trabalho. Apesar de aceder ao convite por alguns dias, eis que, logo depois, voltava Cornélia a ausentar-se dos deveres, demandando continuar as buscas infrutíferas.

Tudo ia nesse passo, quando um telefonema do hospital trouxe a notícia do paradeiro de Marcelo.

Ninguém se apresentava para retirar aquele trapo de gente, nem o setor de assistência social sabia do paradeiro dos amigos a quem Marcelo, insistentemente, pedia que fossem chamados para retirá-lo daquele lugar. Não queria que os pais o vissem nem que recebessem qualquer solicitação. Aquilo seria a maior vergonha de sua vida, no orgulho gigantesco ferido pela derrocada total.

No entanto, mesmo proibidos pelo enfermo de procurarem a família, não restou outra alternativa à direção hospitalar do que comunicar-se com os pais para informá-los da condição do filho doente.

Marcelo, nessa época, já era homem feito, com seus vinte e

cinco anos corroídos pelo "estilo de vida" que adotara. Porém, o destino que o esperava – A MORTE FÍSICA – iria encontrá-lo em qualquer parte em poucos meses.

As dores e feridas estavam controladas com medicamentos, mas a fraqueza persistia, e a falta de forças físicas impedia as suas reações nervosas. Então, não protestou contra o hospital quando lhe disseram que seus pais haviam sido informados tanto de seu paradeiro quanto de sua situação.

Cornélia e seu marido imediatamente correram para a casa de saúde, com o coração apertado pela dor de quem ama e pela notícia trágica do fim das forças do rapaz.

Lauro carregava no coração uma ansiedade mesclada com revolta por tudo o que o filho ingrato fizera sua mãe e ele próprio sofrerem.

– Por que ficou tanto tempo longe, sem dar qualquer notícia? Somos nós quem mais o amamos na Terra. Por que fez isso conosco? – eram os pensamentos do pai que, nesse momento, procurava calar a insatisfação para que não perturbasse o reencontro que os esperava no hospital.

Aquele momento, fatalmente, seria muito difícil para as partes, mas, tanto ela quanto Lauro estavam amparados pelo amor de Ribeiro que, acompanhando o caso desde o princípio, sabia que Marcelo precisava do sofrimento a fim de que recomeçasse o trajeto da subida espiritual.

Muitas vezes se faz necessário esgotar todo o combustível de insanidades para que a alma se declare, finalmente, cansada das leviandades, tendo bebido todo o fel do cálice de desgostos com o qual se desilude das ilusões cultivadas e das facilidades buscadas com avidez.

O quarto coletivo já intimidava os visitantes pelo volume de dor ali acumulada tanto quanto pelas condições dolorosas dos ali abrigados, todos em estado terminal.

Marcelo não sabia como se dirigir aos seus pais. Tinha consciência de que era um farrapo humano. Apesar disso, orgulho ainda existia como vestimenta defeituosa da alma, a lutar contra a renovação do espírito. Porém, chegara a hora das verdades e estava encerrado o tempo das fantasias.

Cornélia dirigiu-se ao leito do filho, no encontro doloroso do Amor com a Imaturidade.

– Marcelo, meu filho – foram as únicas palavras que conseguiu dizer, enquanto tentava conter na garganta o choro convulsivo diante do estado aflitivo do rapaz.

– Mãe... – falou a voz fraca do rapaz –, não parece, mas sou eu mesmo... Pai... estou morrendo...

As frases curtas do enfermo eram estiletes no coração dos que o amavam.

Ali estava a família verdadeira. Aquela que não fugia dos compromissos do Bem e que receberia os seus membros derrotados para ajudá-los a se reerguerem.

A presença de Lauro e Cornélia ao seu lado, depois que todos os seus amigos o abandonaram sem qualquer explicação, teve o condão de trazer Marcelo ao entendimento do quanto estivera errado em seus conceitos sobre o lar, ao longo de tantos anos de loucuras. Sua carência física e emocional fizeram brotar, pela primeira vez em muito tempo, as lágrimas do arrependimento. E sem palavras nem discursos, pai e mãe se inclinaram sobre o corpo do filho, juntando suas lágrimas às do moço desditoso. Não lhes incomodava nem o mau cheiro de suas feridas, nem o risco de contágio, nem a sua aparência de cadáver.

Seus pais o amavam, mesmo depois de quatro anos de fuga e indiferença, de arrogância e erros. Nenhum dos dois recordava o passado. Não era mais necessário voltar ao ontem para saber quem havia acertado e quem havia errado.

Essa era a certeza mais importante desse reencontro. Marcelo estava necessitando deles e isso era tudo. Então, depois de se recomporem e de transformar em felicidade aquele momento doloroso, Lauro saiu em busca da direção médica, responsável pelo rapaz.

Assim que o médico chegou no quarto, Lauro lhe disse:

– Doutor, eu e minha esposa desejamos autorização para levar Marcelo de volta à sua casa, à nossa casa.

Ouvindo aquelas palavras, o próprio doente se sentiu no dever de protestar:

– Mas pai, eu não tenho casa. Estou este trapo de gente, apodrecendo vivo. Não é justo que vocês me levem para lá... Chorava de vergonha. Soluçava, no esforço de resgatar um mínimo de decência.

– Não, meu filho, este bendito hospital que tem cuidado de você é uma casa abençoada, mas, lar é lar, não é mesmo, doutor? – perguntou Cornélia, emocionada com a reação do próprio marido, reação que ela mesma não esperava, diante das manifestações de contrariedade que Lauro sempre demonstrava ao falar de Marcelo.

– Bem... sim... – disse o médico, um pouco relutante – a casa dos pais é o porto seguro que todos nós jamais esqueceremos. O problema são os cuidados que Marcelo exige.

– Não importa, doutor. O senhor nos explica o que é preciso fazer e a gente cuida dele como se fosse no hospital – falou Lauro, decidido.

Sabendo que o rapaz não teria muito tempo de vida mesmo, e que o hospital necessitava daquele leito para atender um outro paciente que, como Marcelo, também não teria muitos amigos para acolhê-lo, o médico se prontificou a explicar como deveriam proceder. Para isso, pediu licença ao doente, afastando-se na companhia dos visitantes para fora do quarto, onde poderia falar com franqueza.

Marcelo, por sua vez, não estava iludido quanto ao que o esperava. Havia visto aquela enfermidade vitimar o corpo de muitos rapazes e moças. Visitara alguns deles antes da morte e, por isso, sabia que seu tempo se esgotava. No entanto, jamais imaginara que poderia, um dia, morrer em casa, ao invés de perecer isolado e anônimo, no meio de estranhos num hospital qualquer do mundo.

Seu coração, emocionado, continuava a produzir as lágrimas de arrependimento. Ribeiro, em espírito ao seu lado, alisava seus poucos e desgrenhados cabelos, infundindo-lhe novas energias para o aproveitamento máximo daquele final de estágio reencarnatório.

Ao influxo do amigo espiritual, Marcelo acomodou-se em sereno repouso, como se a esperança viesse a acender a luz da paz no coração. Certamente morreria pelas próprias culpas e excessos. No entanto, morreria nos braços de sua família verdadeira. Poderia pedir desculpas, conseguiria redimir-se ao menos pelas palavras e, quem sabe, servir de exemplo para os que, jovens e irresponsáveis, se iludiam com uma falsa liberdade, aquela que era usada como arma e não como instrumento de crescimento.

Mais do que nunca, agora, sonhava em voltar para casa. Mesmo que fosse para aguentar as acusações de seus irmãos, de ouvir os juízes maus e condenadores de todos quantos não fossem capazes de perdoar-lhe a insânia.

Não se importaria com nada. Procuraria amar a todos, mesmo àqueles que não o aceitassem. Sabia que tinha culpa nisso tudo e, portanto, compreenderia com humildade e aguentaria o que tivesse de suportar. Todo sacrifício valeria a pena para poder estar, novamente, sob os cuidados de Cornélia e Lauro.

Lá fora, o diálogo com o médico foi aberto:

— Preciso informá-los de que Marcelo não deverá viver mais do que um ou dois meses. As crises serão maiores, seu corpo frágil se ressentirá de diversas infecções e, por isso, quanto menos exposição externa, menores riscos para a sua precária saúde. Poderemos colocar à disposição de vocês aparelhos que monitorem algumas funções de Marcelo e, em qualquer emergência, a ambulância poderá trazê-lo para cá. Será necessário realizar sua higiene íntima com muito cuidado para que as fezes não contaminem as feridas abertas.

– Doutor, nós faremos tudo o que for necessário, conforme as suas orientações de que, aliás, muito necessitamos também. Queremos, sim, levar nosso Marcelo para casa.

– Pois bem, senhor Lauro e dona Cornélia. Vamos providenciar a remoção. Acho que um de vocês precisará ir com ele na ambulância enquanto seria bom que o outro fosse embora, providenciar um lugar adequado para receber o doente. Seria importante que ele ficasse em um quarto com banheiro próximo para facilitar as coisas.

Cornélia olhou para Lauro, como a lhe dizer que era no quarto do casal que o filho ficaria. A cama mais larga e o banheiro acoplado facilitariam todos os cuidados, realmente. Ela e Lauro se revezariam, um dormindo no quarto, em uma poltrona, e o outro no sofá da sala ou no outro quarto da casa, ocupado pelo irmão mais novo, o único que ainda morava com os pais.

Cornélia resolveu dirigir-se para casa a fim de organizar as coisas, preparando o ambiente e os membros da família para o retorno do filho perdido. Lauro permaneceria no hospital assinando os documentos finais e acompanhando o traslado daquele tesouro de amor que recuperaram do lodo, ainda que fosse para tê-lo em suas mãos por apenas mais trinta ou sessenta dias.

A disposição dos dois enchia o coração do filho de esperança e paz.

– Por fim, uma família de verdade – pensava o doente –, a família que eu sempre tive, mas não sabia que tinha. Obrigado, meu Deus, obrigado por esta bênção que eu não mereço.

Era a oração que o jovem, descrente inveterado, agora ensaiava com o pensamento, descobrindo o poder do amor como mecanismo de recuperação da alma perdida.

Ali começava para Marcelo o reerguimento longamente planejado pelo mundo espiritual. E para Cornélia, Lauro e seus familiares, o testemunho mais importante de suas vidas também era aguardado neste período de atendimento às dores daquele infeliz, que recuperava a sanidade mental graças às tragédias materiais e morais.

A partir daquele dia, todos se sacrificaram para acolher o filho pródigo que regressava ao lar. Na casa espírita, a notícia do reencontro do filho causou alegria, possibilitando a organização da visita fraterna com a aplicação de passes magnéticos e a conversação amiga a benefício do doente.

Jurandir e Alberto, acompanhado às vezes por Alfredo ou por Dalva, semanalmente se dirigiam ao lar de Cornélia para fazerem a prece e envolver Marcelo nos banhos vibratórios de esperança e força.

As primeiras semanas foram um pouco conturbadas pela dificuldade dos cuidados que seu estado de saúde exigia. No entanto, segundo as próprias orientações do mundo espiritual, Marcelo estabilizaria as funções orgânicas pelo tempo necessário ao aproveitamento das lições que lhe chegavam para limpar as chagas de sua alma.

Realmente, as coisas se passaram daquela forma prevista por Ribeiro, com a ação de Bezerra de Menezes auxiliando no reequilíbrio biológico, visando o aproveitamento das novas oportunidades.

A conversa amiga e alegre dos visitantes enchia Marcelo de bom humor. Ele sempre costumava dizer, ao final do encontro:

– Olha, gente, de um jeito ou de outro eu vou acabar baixando um dia lá nesse centro espírita de vocês, hein! Vocês é que se prepararem para me receber. Quando é que voltam aqui?

– Ora, Marcelo, se você está tão decidido, a gente vai esperar você chegar lá primeiro – respondiam os amigos, sorrindo.

– Ah!, não... isso vai demorar um pouco ainda. Preciso da energia de vocês para me recuperar. E como é que pensam que vão conseguir entrar no céu se não for fazendo a caridade para com um miserável como eu?

– A gente não vem aqui por caridade não, Marcelo. A gente vem porque gosta muito de você.

Todos sorriam para disfarçar a emoção e a vontade de chorar, enquanto o doente não conseguia guardar as lágrimas no cofre dos olhos, pensando em quanta coisa boa havia perdido em sua vida.

Os passes magnéticos e o carinho dos que o circundavam fizeram o vaticínio dos médicos cair por terra. Marcelo ganhara peso, se reequilibrara fisicamente, já conseguia sair da cama e andar até a sala. Olhava o sofá onde seu pai dormia todas as noites para lhe deixar a própria cama. Sentia o calor humano dos irmãos, que vinham lhe trazer presentinhos todos os dias, lembranças, fotografias, cds com músicas agradáveis, docinhos e alguns outros agrados.

Nenhum deles lhe dirigiu qualquer palavra de censura ou reprimenda, sobretudo porque se deixaram tocar pela compaixão que o seu estado de saúde impunha por si mesmo.

Era o próprio Marcelo quem tomara a iniciativa de usar-se como exemplo para que os sobrinhos e o irmão mais novo nunca fizessem o que ele havia feito.

Quando se reuniam à sua volta, Marcelo recomendava, como quem ensina com suas próprias quedas:

– Não se iludam com as coisas do mundo, por mais sedutoras que possam parecer. Vejam meu estado. Tenho vinte e cinco anos e pareço um velho. Vou viver mais alguns meses quando, em verdade, se tivesse escutado o pai e a mãe, estaria aqui com vocês, sem dar tanto trabalho, por muito tempo. Que a vida que me resta possa servir para alguma coisa. Estou como estou por minha culpa, minha leviandade, porque pensava que a família era a prisão de minha liberdade, castradora de minha personalidade. Precisei chegar a isso para entender que a família é o único lugar onde se encontra quem ama a gente de verdade.

E suas palavras eram tão sinceras, que não havia quem o escutasse e não se emocionasse até o mais profundo de sua alma.

Ali estava um derrotado moral que se esforçava para erguer os outros, tomando a si mesmo como demonstração de equívoco a não ser imitado.

Era um exemplo vivo, não palavras ou teorias.

Marcelo estava refundindo os próprios valores.

Jerônimo e Adelino acompanharam atentos todo o processo de reencontro do filho perdido, sua volta para casa e os meses que levaram o tratamento de seu espírito com vistas ao aproveitamento da experiência final, a mais importante de sua vida, encaminhando-se para a desencarnação.

Assim, no dia em que o falecimento ocorreu, na serenidade do lar, Marcelo e os membros de sua família estavam reunidos. Nos momentos que antecederam o desenlace, pressentindo a chegada da hora final, o rapaz pediu que todos estivessem com ele naquele quarto que se fizera pequeno e, com lágrimas de emoção, pediu que o perdoassem não só pelo sofrimento do passado, mas pelas dificuldades que criara no presente, pelos transtornos que causara na família, pelos gastos que impusera, sem nunca ter cooperado com nada.

Suas palavras, nascidas de um coração agora humilde, eram o atestado da transformação daquele ser, que deixara para trás o charco lodoso da queda moral e se reconstruíra passo a passo, no rumo da autolibertação. Descobrira, por fim, no que consistia a verdadeira liberdade.

– Orem por mim, meus irmãos, orem como quem ora por um insano que acordou a tempo de reconhecer suas loucuras. No entanto, estejam certos de que eu só consegui reconhecê-las porque recebi o Amor de vocês. Se não fosse isso, talvez ainda restasse em meu interior alucinado a ideia de que o egoísmo e o orgulho são capazes de fazer algo de bom por alguém. Graças a vocês e ao pessoal do centro, vou partir da vida como um devedor feliz, um condenado que se arrependeu sinceramente de seus crimes e que sabe que deverá responder por cada um deles.

Emocionando a todos os que lá se encontravam, pelo esforço com que buscava proferir as derradeiras palavras, por fim, completou:

– Não sei... para onde vou... mas, quando estiver bem,... quero que saibam que... trabalharei muito... para... um dia... poder recebê-los... do lado de lá... de uma forma que... vocês tenham orgulho de mim... tanto quanto... hoje, eu tenho orgulho de pertencer à família...

E encerrando o desligamento definitivo, encontrou forças para dizer:

– Desculpa, mãe, desculpa, pai... obrigado... por tud...

E, sob a comoção geral, entregou a alma aos amigos espirituais que o estavam sustentando até aquele momento, nos ajustes finais do desenlace do pobre rapaz que se recuperava como espírito.

No dia de sua desencarnação, completavam-se onze meses que Marcelo havia deixado o hospital.

30

ATITUDES LIVRES E DESTINOS ESCOLHIDOS

– Doutor Bezerra, nosso Marcelo será levado para o grande transportador? – perguntou Adelino, interessado nas condições evolutivas do filho de Cornélia e Lauro.

– Não, meu filho. O grande navio tem outro destino e está sendo abastecido de espíritos que não guardam mais condições de permanência no presente educandário terrestre. Marcelo teria se tornado um de seus passageiros caso não houvesse modificado verdadeiramente a sua atitude mental no período mais importante de sua vida. Se houvesse resvalado para a revolta, para o orgulho altivo que não aceita ajuda de ninguém, que não se conforma com as humilhantes condições impostas pelas circunstâncias criadas por ele próprio, teria demonstrado incompatibilidade com as novas vibrações da Terra e da nova Humanidade. Seria, então, encaminhado para o mesmo destino daqueles que não se modificam, que continuam entrincheirados nos velhos refúgios do mal, da fraqueza moral, da violência e do vício. Agora que escolheu outra estrada, os Departamentos da Justiça e da Misericórdia do Universo consideram seu caso como o dos criminosos sinceramente arrependidos, como aconteceu – guardadas as devidas proporções – com Saulo de Tarso na estrada de Damasco.

A palavra do ancião venerável era ouvida com imensa atenção por todos os espíritos que acompanhavam o diálogo, na Casa Espírita.

– Marcelo foi considerado um aluno rebelde que, arrependido dos equívocos e suportando com resignação a dor dos meses finais de seu corpo, pôde ser, finalmente, resgatado de si mesmo e encaminhado à recuperação. Seus sofrimentos finais foram considerados como etapas depuradoras, uma espécie de depuração dos males praticados e, apesar de não terem tido o mesmo volume de seus erros pretéritos, foram aceitos com paciência e humildade e, graças a isso, foram tão produtivos e vantajosos que lhe facultaram a permanência na Terra, ainda que em situação de enfermo do mal sob observação da enfermagem do Bem, a caminho da saúde plena. Ficará em nosso orbe, como um aluno que, ainda que com notas baixas, atingiu o limite mínimo para a aprovação. Certamente que não contará com regalias reservadas aos alunos aplicados. No entanto, poderá continuar seu crescimento espiritual em reencarnações de aprendizado e disciplina em ambientes menos favoráveis, no seio de povos menos desenvolvidos, onde a carência de recursos e meios o auxilie a não mais se iludir com facilidades materiais, valorizando cada conquista como um recurso de crescimento e não como arma de destruição.

E se estas novas experiências forem bem aproveitadas por um Marcelo renovado, quem sabe venha a renascer um dia no seio da família que o ajudou nesta hora tão amarga de seu destino, graças a cujo apoio e carinho reordenou a trajetória evolutiva ao invés de seguir para o triste exílio em planeta inferior à Terra.

Nesta etapa evolutiva, Lauro e Cornélia foram os seus maiores benfeitores. Pela forma como ambos se conduziram nesse transe doloroso, demonstraram ser bons alunos, capacitados para o entendimento das diretrizes planetárias, construtores de uma nova humanidade e enfermeiros do Bem. Apesar de lutarem contra as próprias deficiências, souberam vencer os obstáculos que carregavam no coração e, pela força de suas deliberações amorosas vividas na forma de renúncia, compreensão, tolerância, compaixão, passaram no exame com louvores dignos de excelentes e aplicados estudantes.

O mesmo, infelizmente, não acontece em outros casos que temos estudado. Vejamos nosso irmão Alberto e seu drama pessoal. Com exceção do próprio médium, os que com ele se relacionaram como parentes, patrões e familiares, todos devedores da vida pelos erros do passado, estão garantindo o ingresso na grande embarcação. Leda não viverá mais do que cinco anos nessa ciranda de vibrações inferiores que, abastecendo-a de fluidos enfermiços, desencadeará a tumoração cancerosa que ceifará sua vida sem que demonstre qualquer arrependimento eficaz. O destino de Robson e Romeu, seus filhos, não será muito diferente, candidatando-se à morte prematura nas aventuras a que se entregarão para manterem as mesmas facilidades. Moacir e Valda, sem transformações de vulto, padecerão a decepção e as consequências da vida sem o glamour do passado, além de receberem as cargas vibratórias negativas de todos os seus empregados, infelicitados em decorrência da desonestidade com que os donos conduziram o negócio. Juliano e Sabrina escolherão o caminho doloroso do ganhar a vida destruindo outras vidas, ele com a droga e ela com o sexo. Alice, esposa de seu sócio, perdida nos sonhos de grandeza, perceberá que a fuga só a fará afundar mais depressa na miséria, enquanto o filho que a acompanha, iludido e sem personalidade, se apegará ainda mais ao caráter dominante da mãe, submetendo sua vida às ordens dela, engajando-se em gangues e perdendo-se em delitos a fim de conseguir dinheiro para agradá-la ou para conseguir o pão de cada dia. Cairá na clandestinidade e, para não serem expulsos, precisarão fugir de um lugar para outro.

As revelações feitas pelo experiente espírito acerca do futuro de todos os envolvidos na trama do destino surpreendiam os ouvintes.

– Quanto a Fernando, o ex-namorado de Ludmila – a filha de Rafael e Alice, que permaneceu na frente da luta – ao abandonar injustamente a pobre jovem na hora mais dura de seu destino, demonstrou-se tão frio e cruel, que não deixou alternativa para si mesmo senão a de ser excluído da Nova Humanidade e do Novo Mundo, com a aquisição do passaporte para o exílio. Já Ludmila, demonstrando força de vontade e fibra de caráter, enquanto não se deixar arrastar pelo ódio contra o ex-noivo, pelo desânimo ou pela revolta diante das dores que está enfrentando, estará recebendo nosso apoio direto e, se permanecer firme, suportando as investidas do mundo sem vacilar, é a única que ainda detém, além de Alberto, a direção do próprio destino sob seu controle, demonstrando condições de integrar a Nova Humanidade. Com relação ao seu pai, Rafael, ele tentará ser feliz ao lado de Lia. No início, tudo será muito bom porque estarão relembrando a euforia dos encontros da intimidade como dois pombinhos apaixonados. No entanto, os dois se transformarão em espinho, um para o outro, uma vez que, já livres para viverem uma união legítima, o desaparecimento da atmosfera proibitiva de antes, que tornava mais quente e prazerosa a ligação entre ambos, fará enfraquecer a paixão. Sem as facilidades financeiras, Lia se desencantará com o novo companheiro ao mesmo tempo em que Rafael, desacostumado ao trabalho duro, terá muita dificuldade em se adaptar à nova rotina de esforços contínuos para ganhar a vida honestamente. Logo estarão esgotados os seus recursos e, no decorrer de menos de cinco anos, todo o encanto terá acabado. Se aproveitarem as espinhosas estradas que terão pela frente sem se comprometerem com novas quedas, talvez ainda possam ser admitidos na experiência terrena, renascendo, no futuro, em ambientes difíceis e hostis junto a comunidades menos avançadas. No entanto, pelo grau de egoísmo e orgulho que há em suas vibrações pessoais, se candidatam mais à repetição dos velhos comportamentos do que da própria transformação, o que impedirá a permanência de ambos nas dependências do planeta renovado.

Recordando-se dos amigos encarnados que, iludidos com as questões da mediunidade, haviam se afastado dos trabalhos da instituição, Jerônimo indagou, respeitoso:

– Prezado Doutor, e quanto aos nossos irmãos desertores? Por já terem conhecimentos espirituais isso poderá ajudá-los a permanecer junto aos construtores da Nova Humanidade?

– Bem, meu filho, o conhecimento é uma coisa boa e ruim ao mesmo tempo. Traz discernimento para ajudar nas tarefas do crescimento ao mesmo tempo em que confere mais responsabilidade aos seus detentores.

O caso deles é o dos que se tornaram médicos e, ao invés de se dedicarem a salvar vidas, passaram a cometer abortos ou eutanásias.

Ou dos químicos que, ao invés de usarem de seus conhecimentos para acelerar o progresso científico da humanidade, se tornaram fabricantes de bombas, usando a combinação de substâncias para destruir seus semelhantes. Peixoto, Cássio, Moreira e Geralda escolheram a estrada do mundo, mesmo conhecendo os ditames da Lei Divina. Na verdade, pretendiam viver as coisas de Deus com a mesma sem-cerimônia e superficialidade com que vivem para as coisas do mundo. Para eles, então, meus filhos, a estrada será mais áspera do que para os demais. Peixoto usava da mediunidade para atrair simpatias e recursos que resolvessem o problema de sua ambição. Cássio está brincando de viver, perdido nas aventuras da euforia imaginando que pode servir à luz e à escuridão ao mesmo tempo. Moreira, viciando as forças genésicas no exercício desbragado da sexualidade junto às irmãs infelizes, está de tal forma comprometido com entidades inferiores, que não conseguirá sair desse cipoal sem sofrer terrivelmente. Geralda, por sua vez, amesquinhada pela carência de afeto, está empenhada em fazer o mal para suprir-se de carinho, roubando-o de outra. Esses defeitos demonstram graves distorções em suas almas, mesmo depois de tudo o que escutaram e aprenderam aqui, do que leram em obras esclarecedoras, do que conseguiram sentir através da própria mediunidade. Na verdade, são companheiros equivocados que não desejam corrigir seus comportamentos, rebeldes à disciplina espiritual que julgam tola ou excessiva. Então, apoiando-se mutuamente, encontraram forças para romper compromissos de trabalho livremente assumidos na instituição. Esse é o tipo de trabalhador menos qualificado para as tarefas da construção da nova ordem de vibrações no planeta. Dizem querer servir ao Cristo, mas são rebeldes aos seus pedidos e avessos ao trabalho. Isso porque, ao invés de se compenetrarem da seriedade e autenticidade do Cristianismo, apenas se fantasiaram com seus princípios, corrompendo-os com as condutas íntimas, com as atitudes ocultas, com os sentimentos deturpados. Não poderão ser admitidos na escola se, ao invés de se tornarem auxiliares dos professores, são os primeiros a fraudar as disciplinas escolares, explorando a ignorância dos outros alunos.

E fazendo um gesto de lamento, terminou:

— Eles não poderão permanecer aqui. Padecem da pior enfermidade: a falsidade e a mentira que os contaminou profundamente. Escolheram o afastamento do caminho sério e precisarão aprender em outras lutas a não mais o fazerem. Por isso, perderão a concessão terrena, para migrar a mundo inferior no qual, certamente, alicerçados nas experiências mediúnicas e na recordação dos princípios que não levaram a sério, recomeçarão a construção da estrada da fé viva, ajudando os outros a se esclarecerem nas coisas da alma. Infelizmente, nossos amigos estagiam aqui neste mundo pela última vez, sobretudo porque, no caso deles, detentores da tarefa mediúnica, eram o devedor a quem se empresta um pouco mais a fim de que se recupere, coisa que não se empenharam em fazer. E como é um trabalho de última hora, os maus empregados não poderão voltar à mesma seara. Relembrando o Divino Mestre, terminou a lição:

— Recordemos as palavras de Lucas, no capítulo 12 de seu Evangelho:

47 E o servo que soube a vontade do seu senhor, e não se aprontou, nem fez conforme a sua vontade, será castigado com muitos açoites;

48 Mas o que a não soube, e fez coisas dignas de açoites, com poucos açoites será castigado.

E, a qualquer que muito for dado, muito se lhe pedirá, e ao que muito se lhe confiou, muito mais se lhe pedirá.

Não são, pois, novidades, para nenhum de nós, as palavras de Jesus, que ensinam que muito se pediria a quem muito houvesse recebido e que, os que não souberam a vontade do Pai, mas cometeram graves delitos, seriam menos punidos do que aqueles que, tendo sabido a vontade do Pai, houvessem cometido infrações simples. Nessa situação eles se encontram e a seus casos específicos se aplicarão as palavras do Mestre.

31

HÁ MUITAS MORADAS NA CASA DO PAI

Nas infindáveis constelações de sóis e galáxias que flutuam sobre as cabeças dos homens, reflete-se o incomensurável Amor de Deus, garantindo às criaturas a oportunidade do aprendizado e a construção da evolução segundo suas opções livres diante das leis inderrogáveis que regem a Vida de Seus filhos.

Muitas moradas representando as muitas chances de evolução contrastam com a velha fórmula do Céu e do Inferno apregoada até hoje por muitas religiões, que resumem o Universo a um paraíso de beatitudes ou a uma fornalha de crueldades.

Incompatíveis com o senso de evolução gradual e permanente, tais religiões não sabem como vencer as contradições existentes entre a Bondade e a Justiça de Deus quando ensinam que, vivendo uma única vez, a alma tem seu destino fixado de forma definitiva no venturoso Éden de delícias ou no temível Tártaro de sofrimentos. Algo muito semelhante a uma escola que só possuísse uma única classe de primário e que, observando o desempenho dos alunos durante um ano, ao final do curso conferisse o diploma universitário aos aprovados, enviando os reprovados para um forno crematório.

As concepções do Paraíso e do Inferno, como resultante da experiência de uma única vida, aviltam a ideia de um Deus Bom, de um Pai, tanto quanto revoltaria a qualquer um a conduta de um genitor que cozinhasse seu filho em azeite fervente porque teve nota baixa em uma prova da escola.

Com Jesus, o ser humano pôde aprender sobre a existência do reino do mundo e do Reino de Deus. Dessa forma, o Divino Mestre ensinou sobre a necessidade de compreenderem as modificações interiores indispensáveis para que aqueles que viviam atrelados ao reino do mundo conseguissem se preparar para ingressar no Reino de Deus, o único verdadeiro e adequado aos que são os Filhos de Deus.

A vida na Terra se apresenta, então, como o período de desenvolvimento e avaliação de condutas, pensamentos e sentimentos, visando credenciar cada filho para o ingresso em outras fases evolutivas, vencendo suas fraquezas e debilidades, como se fosse um estágio de depuração da alma para suas futuras trajetórias em lugares melhores. A capacitação do pré-primário seria, apenas, o pré-requisito para o ingresso no primeiro ano através da alfabetização mínima que facilitasse ao estudante compreender as lições que viriam, um pouco mais complexas, mas que se construiriam com base no abecedário. O primário era o adestramento da criança no código da linguagem para que compreendesse os demais ensinamentos. Desse modo, os estágios iniciais não representavam a integralidade da Escola nem esgotavam todo o conteúdo da aprendizagem a ser assimilada pelo aluno ao longo de uma vida inteira de estudos.

O Reino de Deus abarca, pois, todas as séries gradualmente superpostas que são salas de aula nas quais os alunos vão sendo modelados e melhor preparados em suas capacidades espirituais.

O reino do mundo é a sala do pré-primário.

Jesus, como o professor responsável por ela, orienta seus alunos iniciantes sobre o código da alfabetização espiritual, relatando que a aprovação para os próximos estágios depende, fundamentalmente, do entendimento dos mecanismos das leis do Espírito. Com essa lição bem entendida e colocada em prática, os alunos poderão ingressar em estágios mais adiantados, nas outras salas de aula da grande Escola do Universo.

Então, a todos ensina a necessidade de serem simples, pacíficos, brandos e humildes de coração, solidários, fraternos, sinceros e verdadeiros. De se apartarem do mal, do orgulho e do egoísmo para que tenham a base firme sobre a qual serão edificadas as outras lições do porvir.

As muitas moradas são as outras esferas que servem, em diferentes níveis, como planos evolutivos para a imensidão das almas existentes, essas sim, contadas ao infinito, e que povoam os rincões do Universo sem limites.

Daí estarem os Espíritos Amigos, acompanhando o destino das criaturas para ampará-las nos exercícios diários através dos quais cada um conseguirá juntar as letrinhas, compreender a construção das palavras e, por conseguinte, entender a estrutura das frases. Com isso a criatura se inserirá no contexto dos que compreendem o Alfabeto Divino e podem ocupar o seu lugar na ordem da Vida como novos Agentes de Deus, Ajudantes do Criador, Cooperadores do progresso, Administradores da Justiça, Servidores do Amor, Instrutores de Almas, Engenheiros de novas Civilizações, tudo isto como tarefa missionária desempenhada na grande escola universal.

Bezerra, Jerônimo, Adelino e outros irmãos aqui vistos como cooperadores responsáveis eram e são os ajudantes em tarefa.

As igrejas da Terra desempenhariam a função de aglutinadoras da Luz através dos ensinamentos espirituais, decifrando-os aos seus frequentadores através da explicação dos detalhes de funcionamento desse mecanismo aos que procurassem compreendê-los.

No entanto, fruto das distorções evolutivas e dos defeitos humanos, boa parte das religiões vilipendiaram o tesouro espiritual e, ao invés de oferecerem aos seus rebanhos o Verdadeiro Alimento, canalizaram seus interesses para as conquistas de vantagens imediatas, falando de Jesus, mas cultuando o Bezerro de Ouro. Aos que procuram seu abrigo e ensinamento em seus templos, reduziram as lições à multiplicação de cerimônias ou rituais herméticos ou místicos, sem aprofundarem as coisas, impondo-lhes a crença cega em dogmas ilógicos de uma teologia confusa e balofa, de olho nas carteiras e valores de seus fiéis.

Deixando-se arrastar pelo canto das sereias, inúmeras instituições religiosas não têm-se demonstrado firmes o suficiente para manterem a nau cristã no caminho reto do desinteresse material alfabetizando seus alunos humanos com a lógica das leis espirituais, preferindo confundir seus adeptos com a troca de favores ou de interesses, à custa dos quais, conseguirão ingresso nas vantagens do Céu.

Jesus deixara muito claro essa questão falando sobre as dificuldades dos ricos ingressarem no Reino de Deus, através da história do Jovem Rico relatada em Mateus, capítulo 19, versículos 16 a 24:

16 E eis que, aproximando-se dele um jovem, disse-lhe: Bom Mestre, que bem farei para conseguir a vida eterna?

17 E ele disse-lhe: Por que me chamas bom? Não há bom senão um só, que é Deus. Se queres, porém, entrar na vida, guarda os mandamentos.

18 Disse-lhe ele: Quais? E Jesus disse: Não matarás, não cometerás adultério, não furtarás, não dirás falso testemunho;

19 Honra teu pai e tua mãe, e amarás o teu próximo como a ti mesmo.

20 Disse-lhe o jovem: Tudo isso tenho guardado desde a minha mocidade; que me falta ainda?

21 Disse-lhe Jesus: Se queres ser perfeito, vai, vende tudo o que tens e dá-o aos pobres, e terás um tesouro no céu; e vem, e segue-me.

22 E o jovem, ouvindo esta palavra, retirou-se triste, porque possuía muitas propriedades.

23 Disse então Jesus aos seus discípulos: Em verdade vos digo que é difícil entrar um rico no reino dos céus.

24 E, outra vez vos digo que é mais fácil passar um camelo pelo fundo de uma agulha do que entrar um rico no reino de Deus.

Obviamente, querido(a) leitor(a), não se pode atribuir ao Cristo qualquer tipo de preconceito contra este ou aquele, notadamente porque, em suas condutas, Jesus jamais deixou de se acercar de pobres e ricos, virtuosos e pecadores.

O que se entende dessas palavras, no entanto, é que aqueles que já se entregaram ao reino do mundo desfrutando suas benesses e facilidades, raramente estão dispostos a abdicar de tudo o que lhes garante superioridade, respeito, admiração ou inveja alheia para, por vontade própria, caminhar na direção oposta, enfileirando-se com os desprezados, com os derrotados, com os que não são admirados. As lutas que o reino do mundo impõem aos seus adeptos ou seguidores são demasiadamente atrozes para que alguém que já tenha conquistado algumas de suas regalias se disponha a se desfazer delas.

Observem-se as condutas das personagens desta história. A derrocada material pelo insucesso do negócio, a perda da fonte de abastecimento fácil, a necessidade de procurar trabalho digno para a conquista do salário decente, a perda do luxo representaram para a maioria deles um retrocesso inconcebível.

Boa parte preferiu embrenhar-se no cipoal do crime ou mergulhar no lodo da depravação para garantir as aparências do mundo. Fugir da vergonha, aliar-se com outros poderosos, procurar favores à sombra dos endinheirados, agredir aqueles que já não lhes podem sustentar os prazeres, são comportamentos comuns à maioria dos que já se vestiram das púrpuras ilusórias, nas opulências levianas de um mundo de ostentação e superficialidades, aparências e mentiras.

Como aceitarão uma mudança tão radical em seu estilo de vida?

A evolução coloca os alunos diante das provas necessárias, tanto para a avaliação de suas conquistas quanto para a demonstração de suas fragilidades. No primeiro caso, o acerto e a correção de condutas revelam um aprendiz capacitado, que assimilou as lições que lhe foram ministradas. No segundo caso, a reação rebelde, agressiva ou leviana se incumbe de demonstrar o despreparo do aluno e, então, sua urgente necessidade de lições mais eficazes na construção do abecedário divino dentro da alma.

Exemplo de aluno na primeira situação, encontramos Alberto e Marcelo que, suportando o peso de seus erros, se conduziram de maneira correta, aceitando as duras lições do destino como experiências de crescimento. Não importa o que fizeram de errado. O essencial era como se conduziam na transformação para melhora do próprio caráter.

Marcelo se afundou na libertinagem e colheu os frutos amargos dessas escolhas. No entanto, mesmo no final da vida, arrependeu-se sinceramente e converteu-se em exemplo para os membros de sua família. Suportando as dores e a vergonha de suas atitudes, seria visto pelo mundo como um derrotado, um perdedor. No entanto, para o Reino de Deus, Marcelo surgia como um vitorioso de si próprio, mesmo que ainda fosse um enfermo da alma, a caminho da melhora definitiva.

Cornélia e Lauro também exemplificam os bons alunos que, podendo fugir da prova, poderiam ter deixado de atender às necessidades do filho rebelde e indiferente. Afinal, como pensa o mundo imediatista, por todo o bem que lhe fizeram, foram pagos com a ingratidão e o esquecimento. No entanto, colocados no teste do Amor Verdadeiro, foram capazes de sacrificar o orgulho e o amor próprio, a indignação e o ego ferido para atuarem como educadores reais, auxiliando o filho perdido e reconduzindo-o ao caminho novamente. Sobretudo em relação a Lauro, que nunca se dedicou a qualquer caminho religioso e que estava mais inclinado à atitudes mesquinhas, sua vitória foi a de um herói verdadeiro.

A compaixão em sua alma foi tão gigantesca, que neutralizou todos os pruridos do amor-próprio, do orgulho de pai, fazendo com que Lauro esquecesse de imediato qualquer reação de indignação para, ao contrário, sair em defesa daquele ser tão desditoso que tinha sob seus cuidados.

Com isso, demonstrou ser um espírito nobre, capaz de vencer o egoísmo e o orgulho destruidores, esquecendo tudo o que suportara por causa do filho perdido.

Quanto aos personagens que se encontram na segunda condição, na de maus alunos, de alunos rebeldes, levianos ou agressivos, não será difícil enumerar aqueles que não merecerão conquistar a aprovação final.

***

Observe sua vida, querido(a) leitor(a) porque estas são circunstâncias que acontecem na vida de todas as pessoas, todos os dias de todos os meses de todos os anos.

A decepção amorosa, o desejo de ser feliz à custa da infelicidade dos outros, a falta do emprego aconselhando a prática do delito, a calúnia descoberta na boca do melhor amigo, a ingratidão dos filhos, a traição dos afetos, a humilhação pública, a injustiça das leis humanas, são situações dolorosas que aferirão a conduta do filho de Deus que você é, de maneira que sua alma possa brilhar com uma grande nota de aprovação ou ver-se enevoada pelo fracasso diante da oportunidade, exigindo nova prova que, no futuro, venha aferir sua modificação nas mesmas áreas onde já fracassou anteriormente.

A Terra, portanto, como sala de alfabetização do Espírito, está na hora do exame final de seus alunos, testando-os para selecionar os que poderão nela permanecer, matriculados para cursos mais avançados, apartando os que precisarão dela ser retirados, a fim de irem habitar outras moradas na casa do Pai, nas quais o ensinamento também é muito eficiente, mas os métodos de ensino são bem mais exigentes e rigorosos.

32

EM BUSCA DOS ELEITOS

Compreendendo as palavras de Bezerra, os espíritos que o ouviam naquele ambiente meditavam sobre conceitos que valiam tanto para os vivos da carne quanto para os próprios desencarnados, uma vez que eles também estariam submetidos à aprovação ou reprovação nos cursos da Terra. Então, para ampliar o campo de reflexões, Jerônimo indagou:

— Amado paizinho, a maioria dos casos sob nossa observação é de irmãos que estão se condenando ao exílio, incapazes de fazer parte da Nova Humanidade. Relembrando a pergunta que os apóstolos dirigiram a Jesus certa ocasião, ouso indagar: Porventura, haverá os que se salvam?

Bezerra acenou em sentido afirmativo, completando o ensinamento:

— Ora, filhos do coração, se é grande o número dos temporariamente indisciplinados a imporem-se o degredo transitório para núcleos de aprendizado mais difíceis, certamente que a escola terrena não será esvaziada de alunos. Bons alunos existem que poderão, apesar de seus defeitos variados, continuar a frequentar suas aulas, porque demonstraram aproveitamento compatível com as expectativas pedagógicas do currículo divino, tendo demonstrado sincera disposição para a superação de suas limitações. Certamente que, num primeiro momento, vocês poderão dizer que se trata da minoria dos habitantes da Terra aqueles que estarão em condições de permanência no planeta. Realmente, será assim. Porém, para a nova sala de aula já estão chegando outros alunos, atraídos pelas melhores estruturas escolares geradas pela purificação da atmosfera vibratória da Terra com o afastamento dos renitentes e obstinados no Mal. Essas medidas profiláticas permitirão que seus futuros habitantes se identifiquem numa mesma sintonia de aspirações e inclinações para boas coisas. Para identificarmos aqueles que se qualificaram para a permanência no mundo, caso desejem aprender mais, poderemos excursionar pela superfície da Terra, aqui nas proximidades, para observarmos os critérios de seleção vibratória em ação.

Com todos demonstrando interesse em tão importante oportunidade de aprendizado, Bezerra continuou explicando:

– Se vamos sair a campo, é sempre bom que preparemos adequadamente a observação. Tenho aqui um exemplar de *O Evangelho Segundo o Espiritismo* para que ele nos sirva de roteiro de estudos.

Tirando do bolso de seu alvinitente avental de médico um igualmente luminoso livro, abriu-o no capítulo terceiro, na parte destinada por Kardec à explicação sobre MUNDOS REGENERADORES.

Selecionando parte do texto que guardava essencial ligação com a experiência que se propunham realizar, Bezerra considerou:

– Encontramos no Evangelho as seguras indicações dos critérios espirituais que possibilitarão a qualquer interessado possam promover a chamada "SALVAÇÃO", objeto de pergunta de Jerônimo e das preocupações de grande parte dos seres humanos. Uma vez que a Terra caminha na direção da regeneração, o Evangelho oferece as indicações qualificadoras dos que poderão habitar um mundo dessa categoria.

Tomando o exemplar, iniciou a leitura de pequeno trecho:

"**– 17. Os mundos regeneradores servem de transição entre os mundos de expiação e os mundos felizes. A alma**

QUE SE ARREPENDE encontra neles a calma e o repouso e acaba por depurar-se. Sem dúvida, em tais mundos o homem ainda se acha sujeito às leis que regem a matéria; a Humanidade experimenta as vossas sensações e desejos, mas liberta das paixões desordenadas de que sois escravos; NELES NÃO MAIS DE ORGULHO QUE FAZ CALAR O CORAÇÃO; DE INVEJA QUE O TORTURA, DE ÓDIO QUE O SUFOCA. Em todas as frontes, vê-se escrita a palavra amor; perfeita equidade preside às relações sociais, todos SE REVELANDO a Deus e tentando ir a Ele, seguindo suas leis."

– Basta atenção na leitura para começarmos a observar onde estão as importantes indicações dos critérios de seleção na avaliação dos candidatos, tomando-os pelo modo de proceder nas menores coisas. Como podem observar, o mundo regenerador é um orbe habitado por espíritos que se arrependeram. O ARREPENDIMENTO sincero é a primeira condição essencial para nele ter assento, porque é a expressão da consciência que reconhece o erro cometido – ao invés de atribuí-lo a outrem – demonstrando a responsabilidade pelos próprios atos. Ao mesmo tempo, é o primeiro passo para a correção do erro, como consequência da culpa e do desejo de melhorar. Sairemos em busca dos verdadeiramente arrependidos, os que estarão revestidos da primeira condição para a salvação. Não se trata, porém, do arrependimento mentiroso, daqueles que se arrependem de não terem roubado mais, de não terem sido tão cruéis quanto poderiam ter sido, de não terem prejudicado os outros como seria possível fazer. Não estamos falando aqui de arremedos de arrependimento nem dos que se lastimam por ter perdido a chance de serem melhores do que foram. Estaremos em busca do arrependimento que significa reconhecimento da própria culpa em grau amplo e absoluto. É a posição da alma em relação ao juízo que faça sobre si. Não se trata do sentimento vinculado apenas a um âmbito da vida, como alguém que se arrepende de ter falado uma palavra torpe, mas que continua a agir de maneira indigna. Temos muitos que se arrependem no varejo, mas que continuam agentes do mal no atacado. Compreenderam?

— Sim, doutor, respondeu Adelino. Estaremos procurando os que fazem do arrependimento o resultado de um profundo exame de consciência sobre seu modo de ser e viver, e não sobre pequenos comportamentos do dia a dia.

— Perfeitamente, meu filho. Os estudiosos das estrelas sabem que, através da luz que elas emitem, podem descrever os diversos materiais de que são formadas, porque cada elemento químico produz uma coloração em determinada faixa de onda do espectro. Decodificando o raio luminoso que esses focos estelares emitem desde os profundos rincões do Espaço, sem saírem da Terra, os Astrônomos sabem dizer quais são os elementos químicos de que são compostos. Isso também ocorre em relação à luminosidade ou ao campo de energias que cada criatura produz. Observando as emanações que circundam cada pessoa, economizaremos tempo e encontraremos mais rapidamente aqueles que buscamos. Cada pessoa possui um padrão de sentimentos. Nesta etapa de nossas buscas, fixemos nossa atenção na questão do arrependimento. Sua luminosidade específica se projetará ao redor daquele que estiver sob a sua influência, evitando que percamos tempo com outros estados interiores, ao mesmo tempo em que a intensidade dessa luz indicará se é um arrependimento fugaz ou se, realmente, atingiu as fibras mais profundas da Alma.

Terminada a explanação, Bezerra se voltou para o grupo e convidou:

— Podemos ir?

Além do querido médico, o grupo expedicionário era composto pelos experientes espíritos Ribeiro, Jerônimo e Adelino, que apoiariam os demais nos deslocamentos, além de Alberto, Alfredo, Horácio, Plínio, Lorena, Dalva, Cornélia e Meire, os trabalhadores desdobrados durante o sono de seus corpos.

— Nosso primeiro destino será um dos cárceres de nossa cidade. Não há melhor lugar para entendermos o peso da culpa e a ação do arrependimento do que esse, no qual os homens têm de enfrentar o peso dos equívocos na própria carne, recordando que não importa se a Justiça terrena cometa erros ao aprisionar inocentes. O importante é que nos lembremos que a cada pessoa só acontece aquilo que está dentro de suas necessidades evolutivas, inclusive as injustiças decorrentes dos equívocos legais, fazendo cada um suportar os males que, um dia, tenham igualmente provocado. Poderia não merecer o cárcere segundo a exatidão dos cânones jurídicos, mas, em realidade, estava em débito com os Códigos Divinos, que o conduziram ao ambiente onde permaneceria com a finalidade pedagógica e expiatória.

Impulsionados pela vontade firme do condutor do grupo que os organizou, Ribeiro, Jerônimo e Adelino, nos vértices de um quadrado, Bezerra localizou os outros no seu centro, criando um campo de forças que os circundava, protegendo os que eram menos experientes, ajudando-os nos processos de volitação até o destino.

Vista do alto, a cadeia era uma grande mancha escura na qual a revolta, violência, ódio e conflito davam o tom, não importando se observassem o local das celas onde ficavam os presos ou o lugar onde se localizavam os escritórios administrativos.

Soldados, agentes, funcionários, tanto quanto os detentos, todos pareciam prisioneiros de inferioridades morais e mentiras que os mantinham jungidos ao sistema repressivo para os aprendizados evolutivos indispensáveis.

Fosse como cumpridores da sentença dentro dos cárceres ou como seus guardadores, todos estavam lá para que aprendessem que as quedas geram consequências para os que se projetam nos delitos. Os primeiros precisariam arrepender-se e procurar melhorar ao contato com o isolamento enquanto que os guardas, funcionários, autoridades deveriam ocupar o lugar de auxiliares do reerguimento moral de seus semelhantes infratores, servindo-os com o desejo de ajudá-los na retomada da dignidade aviltada.

No entanto, os condenados se perdiam na escola de crimes e violências enquanto que os não condenados se esmeravam na conduta promíscua, no explorar as necessidades dos encarcerados, através da concessão de favores ou facilidades mediante o comércio espúrio e vil de vantagens materiais ou outras, facilitando ou dificultando a vida dos apenados, segundo os ganhos conseguidos ao contato com os familiares que os visitavam. Extorsões e ameaças eram práticas consideradas normais naquele meio, fosse entre os presos, fosse entre os que deveriam fiscalizá-los.

– Não se incomodem na observação dos equivocados. Eles já assinaram a dupla condenação, que lhes garante, além da permanência neste ambiente infeliz, a partida para a outra penitenciária mais distante. Nosso foco será encontrarmos os que estiverem tocados pelo ARREPENDIMENTO – advertiu Bezerra.

Caminharam por pavilhões escuros, onde só se observava o conjunto de emanações pestilentas como moldura escura e densa revelando a natureza espiritual de seus ocupantes. No amontoado de corpos em sistema de promiscuidade, não havia como encontrar, segundo os critérios aprendidos, onde pulsassem as ondas do mais ínfimo arrependimento. Foi então que, ampliando a sua capacidade de penetração, Bezerra exclamou:

– Vamos ao outro lado. Lá ao fundo, diviso a emissão de um campo de energias luminosas compatível com o que buscamos.

Chegaram ao fundo onde, em cárcere abarrotado, homens se amontoavam na tentativa de dormir, enquanto outros não conciliavam o sono, ainda que a noite já fosse alta.

Sem se prenderem na observância dos que se entregavam às necessidades do sexo animalesco em ambiente tão impróprio, fosse com a anuência de seus companheiros ou através da violência do mais forte sobre o mais fraco, o grupo pôde encontrar um homem infeliz, entregue à oração.

Tratava-se de um rapaz que ali se achava já havia alguns meses e se entregara ao furto pelo desejo de obter ganhos mais rápidos para sustentar os filhos. Prejudicara o estabelecimento onde trabalhava e, depois de longos furtos, levantou a suspeita do proprietário que, cansado dos inúmeros prejuízos, flagrara o ladrão em pleno ato, surpreendendo-se ao constatar que se tratava do próprio funcionário. O benfeitor, que lhe garantira o emprego, era a sua vítima. Levado ao cárcere pela prisão em flagrante, não conseguiu liberdade por já ostentar a situação de reincidente. Naquele dia, o pobre havia recebido uma cartinha escrita pelos filhos, sob a guarda da esposa.

O papel vinha grafado desordenadamente, já que cada filho queria fazer um desenho mais bonito do que o outro, como um presente ao genitor. Espalhadas pelas linhas, frases puras que diziam: "papai, eu te amo"... "tamo cum saudades"... "volte logo"... "um beijão... pai". A mãe lhes havia contado que o pai precisara viajar a trabalho e que demoraria a voltar, mas que iria colocar a cartinha deles no correio para que ele a recebesse. Naquele dia de visitas, então, a mulher havia ido à cadeia ao encontro do marido e colocara em suas mãos o pequeno documento junto com amorosa carta escrita por ela mesma e que, apesar da precariedade de seus conhecimentos, vinha cheia do verdadeiro afeto, dizendo:

"Meu bem... ti amo. Quiero que saiba que as coisa tá tudo bem. Os menino tá bão... só a Michele qui chora pidino o pai. Eu sei que ocê é um home bão i qui si feiz isso é pruque quiria dá coisas boa pra nóis. Mais quero ti dizê qui a gente prefere passá fome cum ocê do nosso lado do que tê coisas boa cocê longe de casa. Fui prucura um devorgado do estado pra vê se ele fais as coisa andá mais rápido. Num fais ninhuma bestera aí drento não, hein? Nossos fio tão esperano a vorta do pai e eu a do meu cumpanhero. Ti quero... to cum sodade. Bejo, Juana."

A lembrança dos filhos, o carinho de seus pequenos, o amor e o sacrifício de Joana eram alimento para o espírito de Benedito, o preso envergonhado que, naquele momento, segurando os pedaços de papel que lhe valiam mais que pepitas de ouro, chorava silenciosamente, improvisando uma prece a Deus, na qual pedia perdão por seus erros. Lembrava-se de seu ex-patrão a quem vinha furtando sistematicamente e a vergonha aumentava ainda mais o seu pranto. No entanto, a recordação do lar distante, do carinho dos filhos e da simplicidade ingênua e amorosa da esposa aprofundavam em sua alma o arrependimento por tudo o que já havia feito de errado na vida. E a oração que sua alma elevava ao Criador, do interior medonho daquele antro, era a marca pura do ARREPENDIMENTO verdadeiro. Nunca mais, jurava ele, iria realizar qualquer ato que prejudicasse os outros. Havia se iludido com o sucesso dos primeiros furtos, conseguindo bens sem esforço e se sentindo um bom pai por trazer para casa o que os filhos lhe pediam. Comprometia-se a suportar a cadeia além de jurar que, quando saísse, procuraria pelo ex-patrão e lhe pediria perdão pela atitude infeliz, pela fraqueza de caráter. Não sabia quanto tempo ainda permaneceria naquela situação tão dolorosa, mas, pela saúde dos próprios filhos, jurava que se emendaria, que superaria qualquer dificuldade através do trabalho honesto, ainda que fosse pedindo esmola. Lembrava-se da primeira vez que fora preso, em uma época na qual não era pai, nem tinha família para criar. Era um irresponsável, que queria fazer as coisas da sua maneira e pensava que poderia afrontar a vida sem consequências. Todavia, agora que sentia o amor dos que contavam com seus exemplos, que se fizera responsável por outras criaturas e era querido com carinho verdadeiro, sentia que estava perdendo muito mais do que poderia ter ganho com as práticas delituosas.

– Estão vendo, meus filhos. Benedito está se abrindo para uma conscientização completa sobre os deveres de um chefe de família. As vibrações luminosas que partem da sua mente e do seu coração são tão intensas, que vencem a atmosfera densa deste cárcere e podem ser captadas por espíritos amigos, que estarão se empenhando em ajudar o esforço de Joana para apressar-lhe a libertação, liberdade esta que deverá vir no tempo justo, visando a cristalização dos ensinamentos, marcando seu espírito para sempre com o selo do dever, depurando-o no cadinho do sofrimento. Benedito é um doente que está em processo de tratamento eficaz, aceitando a medicação representada pela restrição dos direitos como alguém que aproveita a dificuldade para crescer com ela. Se, quando deixar esta cadeia, cumprir com estas palavras tão sinceras, se não se permitir voltar à desonestidade, se procurar o irmão lesado para desculpar-se, certamente contará com merecimento que o autorize a permanecer neste mundo.

Todos os espíritos do grupo identificaram as emanações luminescentes que brotavam do pobre preso e, unindo-se às expressões de sinceridade que emitia, juntaram à dele as próprias orações, avalizando a solicitação de socorro e amparo aos Céus, que certamente responderia em favor de um Benedito melhorado, graças à aceitação de suas culpas, ao remorso pelos atos praticados e ao ARREPENDIMENTO a que chegara, propiciado pelo carinho semeado pelos seus entes mais queridos em um pobre pedaço de papel.

Ao redor, a escuridão física e moral campeava, inalterada. Mas no coração do pobre Benedito luzia a esperança de uma nova vida, como um possível integrante da Nova Humanidade, que seria composta não de seres purificados, mas, ao contrário, de espíritos desejosos de melhoria, a partir do reconhecimento dos próprios equívocos e do esforço na reedificação da existência.

Naquele lugar não havia mais ninguém em cujo coração este tipo de reação se encontrasse tão patente e verdadeiro. Somente Benedito poderia ser enquadrado no conceito de arrependimento efetivo a lhe permitir o direito de aqui permanecer, como um aluno preparado para as lições que a Terra forneceria aos que haviam-se empenhado na mudança e que, por isso, conseguido a própria SALVAÇÃO.

Deixando aquele ambiente de dor e aprendizado, Bezerra alçou voo com o grupo, agora levando-os à outra parte da cidade onde, segundo suas palavras, poderiam encontrar outros exemplos de ARREPENDIDOS VERDADEIROS. Iam na direção de um dos Hospitais existentes na comunidade.

33

DOENTES DO CORPO E ENFERMOS DA ALMA

A chegada do grupo ao hospital foi rápida.

Todavia, diferentemente do cárcere, o ambiente vibratório era muito distinto. Trabalho em todas as direções e nos dois lados da vida. Naturalmente que a presença do Doutor Bezerra naquela Casa de Esperança era motivo de alegria para todos, especialmente aos dirigentes desencarnados da instituição, previamente informados da chegada do grupo de estudos que o acompanhava.

Para ganharem tempo aproveitando os minutos, após as rápidas saudações entre todos, foram deixados à vontade pelos anfitriões.

Tomando a palavra, explicou Bezerra:

– Observem, meus filhos, que aqui, as vibrações favoráveis tornarão menos penosa a nossa pesquisa uma vez que, quando se defrontam com o sofrimento na área da saúde física, em geral, as pessoas se tornam mais inclinadas aos estados introspectivos. Quando a dor visita a carne, fazendo cada um recordar-se de que não passa de singelo passageiro do ônibus da vida, as reflexões naturalmente explodem nos pensamentos. Aqui, isolados em leitos ou convivendo com diversas dores simultâneas, não lhes falta tempo para fazer aquilo que em outras condições orgânicas, geralmente, não gostam muito: PENSAR!

Encaminhou-se com o grupo, então, para o corredor principal daquele vasto nosocômio.

Aproveitando a oportunidade, Adelino comentou, desejando facilitar o aprendizado dos encarnados que, interessados, obteriam importantes informações:

— Quando de minhas experiências nesta área, querido Doutor, sempre me admirei do poder da enfermidade para abrir a mente e o coração a novas ideias, como se a dor fosse o bisturi da fé.

— Não resta dúvida, meus filhos, que a dor é uma importante aliada dos seres humanos como ferramenta por eles mesmos manipulada, uma vez que das suas atitudes decorrem as necessárias consequências e, por isso, as dores são sempre escolhas evolutivas. Mesmo quando a alma as solicite para acelerar seu crescimento através de provas variadas, são alavancas a serviço da vontade ou do desejo do próprio interessado. No entanto, observaremos sempre uma coisa interessante: Quanto mais grave é o estado ou o problema, mais profunda costuma ser a entrega do enfermo aos estados de arrependimento. Doentes existem que, estagiando neste hospital por motivos banais, perdem a oportunidade de meditar na transitoriedade da vida e na leviandade de suas condutas porque não se sentem ameaçados, naquele momento, pela possibilidade da Morte. Então, almeja tão somente o regresso às suas moradias o mais rápido possível, para que continuem levando o mesmo estilo de vida de antes. Mas quando a dor se torna incisiva, quando as causas geram efeitos danosos através de incômodos mais terríveis, cada encarnado é levado a aprofundar-se no raciocínio do porquê daquele estado e qual a sua efetiva participação naquele evento. O isolamento hospitalar, a dependência da ajuda alheia, a convivência com outros doentes, a visão de outros sofrimentos quase totalmente desconhecidos da maioria, fora daqui, facilita aos que caíram no estado de isolamento meditativo que procurem abrir-se para Deus através da prece pessoalmente realizada ou solicitada como intercessão de terceiros a seu benefício pessoal. A ausência de familiares às suas ordens, com a respectiva falta que lhes faz aquela companhia que nunca valorizaram, a dependência emocional e material para as mínimas coisas e necessidades fustigam o orgulho, a arrogância, despertando o sentimento de solidariedade e admiração pelas pequenas coisas. O medo da morte como um ponto final de seu período na Terra, a perda dos bens que juntaram com avidez e egoísmo, sentindo-os esvaírem-se pelos dedos, a derrocada de seus negócios, o fim de seus planos mirabolantes, a dúvida sobre o destino desconhecido, a falta de vivência espiritual ou de conhecimentos que os ajudem a encontrar calma, tudo isso e muito mais vai esculpindo a alma no silêncio das horas vividas em um leito hospitalar.

Todos acompanhavam a palavra inspirada daquele que conhecia profundamente os efeitos benéficos de tais circunstâncias na vida das criaturas.

– Então, meus filhos, surpreendem-nos as orações aflitas nascidas no pensamento de homens indiferentes, de mulheres amesquinhadas pela superficialidade, de pessoas sem qualquer ligação com Deus. A maioria destas preces, é verdade, fruto do medo, das angústias e do receio do desconhecido. No entanto, muitas vezes divisamos a dor física desatar a dor da consciência e, nas manifestações de fervoroso arrependimento, aqueles que começam a despertar para um outro tipo de entendimento se beneficiarão tanto pela certeza da despedida que se acerca quanto pela convicção de que nunca vão morrer, o que faz os diques do remorso darem vazão ao rio de lágrimas da culpa que lavam o espírito, ao menos no sentido de aliviar o peso da consciência no regresso à vida indestrutível e verdadeira. Todos sabem que precisarão assumir seus delitos e superar suas faltas de forma que suas experiências em um leito hospitalar, para os que saibam aproveitar os conselhos da dor e do silêncio, da solidão e da necessidade, são advertências celestes para que não se perca mais tempo.

Dirigindo-se ao interior de um quarto coletivo, Bezerra indicou aos alunos que o seguiam:

– Neste ambiente, perceberão que vários seres estarão usando a oração de alguma forma e, se não estiverem atentos, poderão imaginar que são todos convertidos aos novos rumos. No entanto, se é normal que a debilidade física faça os lobos guardarem as garras, amoitando-se nas tocas, isso não quer dizer que eles deixaram de ser lobos. Daí deveremos observar, com objetividade, o estado de vibrações ligadas ao arrependimento verdadeiro, não somente aquele que faz todos desejarem vencer os obstáculos e regressar às suas vidas, porque não há nenhum dos internados em um hospital que não sonhe em retomar suas atividades cotidianas. Todos querem sarar e se confessam a Deus como anjos injustiçados à espera do socorro do Pai. No entanto, não será muito grande o número dos que desejarão superar seus estágios inferiores com a autenticidade daqueles que aceitaram a beleza da lição.

Abeiraram-se, então, do primeiro doente:

– Observem seus pensamentos – disse o médico amigo – antes de acionar avançado aparelho representado por uma maleável tela que, flutuando à frente do acamado, facilitaria a visualização do conteúdo de suas ideias.

– Alberto, meu filho, diga-nos o que sua visão observa ao redor de nosso primeiro irmãozinho.

Procurando corresponder à expectativa do professor e de seus amigos de lição, o médium fixou-se atentamente sobre o encarnado que, em vão, tentava dormir.

– Observo, doutor, que este irmão vive um intenso conflito mental. Parece misturar as palavras de uma oração com os pensamentos confusos, como se estivesse falando e respondendo ao mesmo tempo. Escuto que diz: "Ah! Meu Pai amado, tire-me daqui. Preciso voltar para casa porque tenho quem necessite de mim". No entanto, logo depois, exclama: "Que será que aconteceu com Francisca, a maldita que não veio me ver mais uma vez? Será que já não arrumou outro? Enquanto estou na pior, deve estar bem feliz com a minha ausência. Terá que ter uma boa desculpa para me dar, quando resolver vir aqui novamente." E depois recomeça: "Ah! Meu Deus, veja como sou infeliz. Já não bastam minhas dores? O que fiz para merecer os tormentos da traição dentro da própria casa? Sou um desgraçado... Mas a infeliz há de me pagar, vai ver só...".

Acenando com a cabeça, Bezerra concluiu a observação, estendendo a tela sobre a cabeça do doente para facilitar a visualização para todos do grupo:

– Vejam as imagens do condensador de pensamentos. Trata-se de um irmão fustigado pelo ciúme atroz, que o tem perseguido como fantasma a rondar-lhe a casa mental, encaminhando-o ao sanatório. Todavia, acumpliciando-se nessa teia de perseguições, nosso doente se afinizou com espíritos inferiores com tal precisão, que reage às ideias que lhe sugerem sem qualquer oposição do pensamento lógico. Sua esposa está à frente das responsabilidades do lar, precisando acolher os três filhos pequenos que exigem dela atenção e cuidados. Mas o marido não reflexiona a respeito dos compromissos da companheira, ainda mais assoberbada com a sua ausência. Desajustando o centro mental e, na falta de maturidade afetiva, envenenou-se de tal forma com tais suposições que, como consequência, destrambelhou o fígado com os dardos agressivos de pensamentos e sentimentos aflitos, assimilando ainda mais as emissões tóxicas das entidades que se conjugaram à sua leviandade. Não sabe o que é orar de maneira verdadeira e mesmo quando, como agora, poderia meditar mais profundamente, seus pedidos de ajuda são entremeados pelo controle mental dos sócios desencarnados, que continuam a puxar as cordinhas do pensamento fazendo com que mescle os pedidos de socorro ao juízo condenatório e ideias agressivas contra a esposa, mulher que o vem tolerando por amor às crianças. Não será aqui que encontraremos o que estamos buscando. Este irmão continua doente e prosseguirá enfermo mesmo que o fígado, à custa de tratamento e remédio, se recomponha, o que será muito improvável que aconteça, infelizmente.

Deixando aquele leito, caminharam para o seguinte, onde outro homem idoso dormia um sono agitado.

Chamando Dalva, Bezerra fez o mesmo pedido que fizera antes a Alberto.

— Bem, doutor, o que consigo observar é que este irmão está lutando em vão para sair do corpo físico, angustiado pela preocupação com alguma coisa que se passa longe daqui. Esta dificuldade é motivada pelo medo gerado no doente porque, ao lado do leito, há um espectro negro que o apavora, fazendo-o regressar à fortaleza física como alguém que retorna à trincheira assim que vislumbra o inimigo a espreitá-lo.

— Muito bem, Dalva, isso mesmo. Vamos avaliar o motivo desse comportamento.

Estendendo novamente a tela sobre o tronco do agitado ancião, ela imediatamente iluminou-se com a cena que se desdobrava:

— Vejam só o que se passa neste caso. O nosso amigo está agoniado com o destino dos bens que juntou, mas que, agora, jazem longe de seu controle. Vivendo para a vida material e tendo nela o foco de suas preocupações durante todo o seu transcurso, está impedido de fiscalizar seu patrimônio porque a doença o afastou do controle do cofre. Sofre com a perspectiva de ver diminuídos os ganhos, de não obter as polpudas remunerações dos que tomaram empréstimos de suas mãos e que, neste momento, segundo imagina o pobre homem, estariam se locupletando às suas custas, sem efetivarem as quitações a que se comprometeram. Por não confiar em ninguém, adotou a vida solitária de quem só se relaciona com quem está em idêntico padrão de vida. Só que, agora, sem afetos mais dedicados, percebeu-se no centro de terrível armadilha. O espectro sombrio que o ronda é composto dos inúmeros espíritos vingadores, aqueles que foram por ele muito prejudicados, que deixaram a Terra prometendo vingança e dos outros companheiros avarentos que o inspiram na sovinice desmedida, desequilibrando sua lucidez. Nosso amigo, infelizmente, está perdendo a oportunidade de aprender com a doença a meditar no que o espera. Não conseguirá sair deste hospital a não ser para ver levarem seu corpo ao necrotério. No entanto, isso só vai tornar mais desesperadora sua situação, uma vez que se recusará a deixar o envoltório físico e, para ocultar-se dos perseguidores, ver-se-á obrigado a se esconder em um organismo apodrecido ou precisará encará-los. Não encontraremos aqui, também, o arrependimento que buscamos.

Observando do outro lado um dos doentes no qual a visão espiritual identificava um halo de luzes, Bezerra levou o grupo até a sua cama.

– Observem este irmão. O que você consegue divisar, Cornélia?

– Bem, doutor Bezerra, observo-o em profunda oração. Está pensando na dor que o conduziu ao leito. Está dizendo: "Meu Pai, você sabe que meu sofrimento existe e que fiz por merecê-lo. Sempre abusei da comida e da bebida e agora estou pagando o preço por isso. Ajude-me a sair desta, Senhor. Tenho sido um bom filho de Deus. Cumpro meus deveres na igreja e pago o dízimo de tudo quanto recebo. O próprio pastor me admira pela fidelidade aos cultos e já foi até minha casa por duas vezes, almoçar com minha família. Valha-me, Senhor. Estou seguro de que o sangue de Jesus tem poder. Prometo que, saindo daqui, vou controlar a boca para que meu colesterol não me traia novamente..."

Realizando o mesmo procedimento já adotado nos anteriores, Bezerra abriu a tela flexível sobre o doente que orava com a unção dos crentes e perguntou:

– Este irmão está envolto por um halo de luzes e realiza uma oração na qual reconhece seus desajustes e faltas como a origem deste problema físico. Para vocês, ele demonstra estar vibrando no padrão do arrependimento que buscamos?

Apesar das emissões luminosas à sua volta, todos foram unânimes em negar que ele estivesse nas condições procuradas.

— Parece que seu estado interior não se encontra vinculado à modificação mais profunda. Observem a tela. Vemos que nosso companheiro tem uma vida boa, agradável e sem maiores dificuldades graças à fé que o sustenta. Frequentador de igreja, conseguiu agregar-se aos que auferem as vantagens materiais da prática religiosa e, com a justificativa de ser fiel a Deus, granjeando-lhe os favores para as facilidades do mundo, passou a comer e desfrutar da vida, ajuntando recursos na área do conforto que se lhe depositaram nas artérias, comprometendo o funcionamento do coração. Motivado apenas pela palavra bíblica e adepto de uma fé sem obras, tem um negócio comercial que serve à instituição religiosa e sua clientela é composta, em sua maioria, dos outros fiéis, fazendo com que esteja constantemente dependendo do culto na defesa de seus equívocos para a manutenção de seus ganhos. Vida fácil, com a abundância do garfo e do conforto, contaminou-se no egoísmo e na indiferença para com os sofrimentos do mundo. Acostumou-se a pedir coisas a Deus baseando-se nas doações feitas à igreja, mesmo quando reconhece sua culpa pelas condições deterioradas em que seu corpo se apresenta. É um irmão como outro qualquer, vivendo pelos padrões da maioria para a qual a fé é apenas um meio para se conquistar o reino do mundo. Tem um sentimento sincero e acredita em Deus, o que o faz rodear-se dessas claras emanações. Teve uma vida sem crimes graves, mas sua fé não o transforma nem o qualifica para representar o ARREPENDIMENTO que estamos procurando. Nosso irmão não é mau, como grande parte dos religiosos de todos os tipos em todas as religiões. Mas é um profissional da crença, vivendo envolvido por interesses e vantagens almejadas, não se aprofundando no Verdadeiro Amor de Jesus pela miséria dos seus semelhantes, o que o faria menos obeso ao dividir alimentos, menos amolecido por exercitar-se no amparo aos doentes, menos acomodado por exercer a compaixão perante os irmãos de Humanidade.

Ao redor, outros doentes adormecidos não apresentavam condições de avaliação, ausentes que se encontravam graças à libertação do sono do corpo físico.

Mudaram de quarto para que a experiência prosseguisse.

Com sobeja experiência nas dores humanas, Bezerra conhecia cada qual pelas emanações que visualizava sem necessidade de qualquer aparelho. Então, conduzindo o grupo que o seguia, atento, foi direto ao leito de uma jovem que padecia dores terríveis na região ventral. Sua condição física não permitia que dormisse. No entanto, seu sofrimento não impedia que intensas luzes fossem emitidas pelo coração e pela mente vigilante.

Observando-a, Bezerra exclamou:

— Creio que encontramos nossa tão esperada paciente.

E indicando-a para Dalva, solicitou a anamnese rápida das condições da infeliz:

— Bem, doutor, nossa irmãzinha está nestas condições dolorosíssimas por acabar de praticar um aborto. Um foco infeccioso domina o centro genésico na área onde a violência foi cometida, alimentado pelo seu sentimento de culpa e pela dor moral daquela que, agora, não sabe o que fazer para consertar aquilo que, em seu íntimo, sabe ter sido um crime contra um inocente. Vejo o espírito que chora à sua cabeceira, ainda preso ao calor de seu corpo, suplicando socorro àquela que ainda chama de "mãezinha". A cena é de uma tristeza sem conta. Preciso me controlar para não me entregar à dor de ambos, doutor.

Aprovando o controle da experiente médium, Bezerra afagou-lhe a fronte e disse:

— Isso mesmo, minha filha. A responsabilidade mediúnica deve sempre administrar-se com seriedade para que não comprometa o equilíbrio da tarefa nem a limpidez da informação.

E repetindo as experiências anteriores, explicou:

— Esta é Valquíria. Trata-se de uma moça que, às portas do matrimônio com Daniel, reencontrou-se casualmente com Pedro, o antigo namorado da juventude que, naqueles idos tempos, a trocara por outra mais interessante. O tempo passou para ambos e, assim que Pedro soube que a ex-namorada estava com os pés no altar para desposar Daniel, procurou-a com a ideia de retomar a influência sobre o sentimento da infeliz, que jamais esquecera o rapaz nem abdicara da paixão que por ele ainda nutria, mesmo casando-se com outro. Pedro não se imaginava substituído nas atenções de Valquíria nem aceitaria, no seu orgulho e imaturidade, perder o posto para um desconhecido. Assim, fez porque fez, até conseguir fazer parecer casual um encontro bem urdido por sua astúcia masculina. Valquíria, que nunca o havia esquecido, apesar da proximidade do casamento, viu renovar a velha paixão, a requeimar-lhe o peito. A princípio manteve-se firme, afirmando seu compromisso com Daniel. No entanto, o antigo amor se fez mais incisivo e, com a desculpa de uma "despedida", conseguiu a complacência da jovem para as intimidades sexuais que por ela também eram tão sonhadas. Valquíria acabou se entregando a Pedro como a moça apaixonada, enquanto que o rapaz dela se valia apenas para se reafirmar como o dominador de seu coração feminino, comprovando a fascinação que ainda exerce sobre ela.

Em questão de uma semana, o primeiro encontro se multiplicou em mais quatro, nas tórridas aventuras onde os hormônios dominam os raciocínios. Depois de ter se saciado com a jovem, o astuto Pedro afastou-se sem dar notícia, deixando-a às portas do desespero. Convivendo com a culpa pela traição desconhecida pelo noivo, Valquíria já pensava em romper com Daniel, acreditando nas promessas de união do antigo namorado. A inexplicável ausência do rapaz, no entanto, coincidiu com a constatação infeliz de que seu corpo começava a gestar uma nova vida. Era a desgraça sobre a desgraça. Temendo os resultados desastrosos de uma gravidez de outro homem, Valquíria não teve coragem para escolher o caminho da responsabilidade moral. Preferiu a solução simplista da extinção da gravidez no silêncio e no anonimato. Procurou pessoa despreparada para esse procedimento motivada pelo baixo custo compatível com suas posses e entregou-se àquilo que, julgava ela, seria a solução para suas angústias. A desgraça, porém, se patenteou com o processo infeccioso que, surpreendendo a todos, inclusive o próprio noivo, trouxe-a ao leito hospitalar no qual, sob os cuidados gerais dos médicos encarnados e dos seus amigos invisíveis, enfrenta os efeitos danosos de sua atitude enquanto luta para não ver sua vida ceifada tão cedo.

Fazendo breve pausa para que todos pudessem meditar na situação triste da infeliz criatura, Bezerra continuou:

– O que faz o caso de Valquíria ser promissor é que, a seu favor, temos observado uma transformação verdadeira, que brota de seu coração arrependido. Sentindo-se suja e indigna, Valquíria voltou-se para a fé em Deus, agarrando-se aos seus santos de devoção juvenil. Sobretudo à nossa Mãe Santíssima tem ela recorrido. Ninguém melhor do que a Mãe para entender a dor da mulher que não desejou a maternidade, envolvida pelo cipoal da afetividade descontrolada e pelas ilusões do coração, manipuladas por um outro infeliz e indiferente.

A esta altura, todos se emocionavam com o valor daquela mirrada criatura.

– Tão intensas têm sido as suas orações, que encontramos nela mesma o material adequado para auxiliar a recomposição das defesas do organismo, estimulando suas vibrações de autoperdão, fazendo-a recordar-se de que os infelizes são aqueles sobre os quais Jesus se debruça com maior carinho. Quando algum visitante vem trazer o bálsamo da oração neste ambiente de sofrimentos, ela o recebe independentemente da religião e, emocionada, agradece o carinho da prece sincera. Em seus pensamentos mais decididos, já solicitou a Jesus que a ajude a ser mãe desse mesmo espírito, ainda que tenha que padecer muito para que isso aconteça. Esse é um dos motivos que estamos permitindo a permanência da entidade junto dela para que, nos esforços da futura maternidade dolorosa, ela consiga redimir-se perante ele também. Com o aborto, criaram-se laços de espinho que, agora, estamos lutando para converter em laços de carinho, ajudando o espírito abortado a perdoá-la e a esperar a nova oportunidade de voltar ao mundo pela mesma via que o repeliu uma vez. Quando

Valquíria adotou essa atitude mental de verdadeiro arrependimento, ainda estava envolvida em uma névoa de dor e ódio contra o antigo namorado. Pedro ainda pesava em sua consciência.

Para abreviar a descrição, Bezerra estendeu a tela cinematográfica sobre o leito e disse:

Vejamos como tudo aconteceu.

Foi então que ganhou vida à frente do grupo uma cena encantadora. Via-se Valquíria rezando, agarrada a uma medalhinha de Maria na qual depositava não apenas as confissões sobre sua perversidade, mas, também, o arrependimento por suas atitudes, pedindo ajuda: "Mãezinha dos infelizes, onde estiver no Céu neste instante, olhai para esta miserável que sou. Veja meu coração enegrecido e minha consciência aos farrapos. Talvez mereça a morte prematura pela covardia de matar quem precisava viver, mas, mesmo que meu corpo pereça, continuarei sendo a malfeitora comum que carregará para onde for as marcas do próprio crime. Mãe, só um coração como o seu pode escutar o desabafo de uma mulher indigna como eu. Não bastou, entretanto, que matasse meu filho indefeso. Mãe, eu ainda odeio aquele homem que me usou. Como é possível que um amor tão longamente guardado no sigilo do meu coração se pudesse converter em tamanho ódio? Ajude-me, mãezinha querida. Você viu trucidarem seu filho e teve forças para não odiar seus matadores. Pelo amor de Deus, mãe, preciso me perdoar e perdoar Pedro."

A esta altura da rogativa silenciosa, as lágrimas escorriam de seus olhos com a mesma intensidade com que também caíam dos olhares dos Espíritos que testemunhavam aquela confissão, que prosseguia mais pungente: "Mãe, eu nada mereço, mas ouso pedir-lhe não que me salve, mas que me ajude a não odiar. Salve-me de mim mesma, mãezinha...". Neste momento, a tela iluminou-se com um brilho indescritível, por começar a registrar a presença de luminosa entidade que comparecia à cabeceira da infeliz mulher. Tratava-se da própria Mãe de Jesus, que se fazia presente naquele cenário e que viera atestar-lhe a confiança no futuro e a aceitação de seu pedido. Sob a comoção de todos os que assistiam àquele filme da vida real, Maria inclinou-se na direção da doente e, com o carinho próprio das que amam acima dos crimes praticados pelo ser amado, afagou-lhe o cabelo empapado pelo suor produzido no esforço da emoção e, com a outra mão luminosa, tocou o coração de Valquíria, dizendo: "Sim, minha filha, somente o perdão verdadeiro é saúde para sempre. Abençoemos Pedro com nossas preces também"! Sem ouvir o pedido com os ouvidos, mas extremamente emocionada pelo envolvimento superior de que era objeto, na mesma hora Valquíria atendeu à solicitação daquela Alma Rutilante cujo Amor Maternal ainda não foi conhecido por nenhuma mulher humana. Envolta pelas lágrimas de gratidão, a moça, por primeira vez, orou por Pedro, rogando a Deus que os perdoasse pelo mal que ambos haviam produzido. Como não se inserir nas condenações, quando ela também cooperara para que a gravidez acontecesse? Além do mais, a escolha do aborto partira dela mesma. Injusto acusar o rapaz. Elevou ao Criador, então, um sentimento tão verdadeiro e nobre, que todo o hospital, repentinamente, se viu iluminado pelo perdão sincero de seu coração, somado ao Amor Celeste de Maria, que a visitava. Na vibração de todos os quartos se sentiu a emissão dessa química divina, perpassando os outros doentes, atingindo entidades perturbadoras que fugiram assustadas, atraindo a multidão dos trabalhadores espirituais, que acorreram até aquele lugar para participarem do divino banquete de esperanças. A cena era por demais emocionante para que os que a observavam não se entregassem às lágrimas copiosas, sobretudo ao divisarem com os próprios olhares tão sublime Espírito.

Igualmente emocionado, Bezerra desligou o aparelho que fazia vivo o passado daquela irmã, e disse:

– Desde esse dia, Valquíria reescreveu seus caminhos. Daniel, o noivo, a visitava todos os dias e, envolvida nessa mesma atmosfera de elevação, ainda ontem, em um supremo momento de autossuperação, confessou sua fraqueza ao coração do rapaz, liberando-o do compromisso que ela não soubera honrar. Ferido em seu orgulho de homem, Daniel reagiu como um animal atacado. No entanto, apesar de Valquíria estar rompendo o compromisso de noivado, solicitou-lhe um tempo para meditar na continuidade ou não do relacionamento. Ele também nos tem merecido a atenção, recebendo a visita e o aconselhamento dos Espíritos amigos que estão reajustando o quadro reencarnatório de Valquíria. De ontem para hoje, Daniel obteve, durante o sono, a explicação dos porquês de todo este problema que os envolvia, acordando hoje um tanto mais apaziguado. Sem se lembrar do que vivenciara durante a noite, começou a ver Valquíria não mais como o homem traído, mas como o irmão mais velho que entende as fraquezas do caráter apaixonado que a noiva carregava desde muito tempo. Certamente que, com aquela dolorosa provação, Valquíria matara para sempre o sentimento que um dia havia nutrido por Pedro. Agora lutava pela própria vida. Que tipo de homem seria ele se não fosse capaz de lhe estender a mão na hora difícil? Como poderia casar-se com ela e ser fiel na alegria e na tristeza, na saúde e na doença se, podendo dar testemunho de seu afeto, fugisse como o fizera o próprio Pedro? Como se mostraria diferente do outro? Então, com os pensamentos transformados pelo amor, Daniel regressou aqui há poucas horas para abraçar a noiva e reafirmar o compromisso. Queria ser seu marido e que as dores desta hora difícil seria o cimento que os uniria ainda mais. E se fosse o desejo de Valquíria ter como filho o mesmo espírito que abortara, ele a apoiaria e aceitaria ser o pai carinhoso daquela alma infeliz. Daniel se fizera maior do que a própria Valquíria, na nobreza de sentimentos e na humanidade de atitudes.

A emoção era muito forte no coração de todos. Bezerra fez breve pausa de refazimento e, emocionado, rematou:

— A moça, que já se conformava com a solidão, recebeu a notícia como se não fosse verdade. Não acreditava no que ouvia. Imaginando quanto deveria estar sofrendo o rapaz ao superar tamanha dor moral dizendo-lhe aquelas palavras, somente então é que pôde avaliar o tamanho maiúsculo do amor que ele nutria por ela, Amor que fora capaz de suportar tudo, como a própria Mãe de Jesus a havia aconselhado: "Sim, minha filha, somente o perdão verdadeiro é saúde para sempre". Valquíria foi tomada de uma crise de choro convulsivo, que misturava emoção e arrependimento, culpa e remorso, pequenez e felicidade. Nunca ninguém demonstrara por ela um amor tão verdadeiro, capaz de romper as barreiras de um preconceito tão atroz e primitivo quanto o que Daniel estava superando. Sentiu-se preenchida por suas palavras como um bálsamo de alegrias a preludiarem a felicidade completa. Que mais poderia ela desejar da vida? Seria a esposa mais fiel ao lado daquele tão digno companheiro. Seria a mãe mais extremada do filho rejeitado pelo medo e pela imaturidade. Sim... seria tudo o que de melhor Deus poderia esperar dela. Eis aqui, meus filhos, a prece do coração verdadeiramente arrependido, compromissado com novas rumos num caminho de bênçãos e felicidade para todos. Certamente que o Amor vencerá neste drama, porquanto resgatou os corações do lodaçal do erro e do crime para as alvissareiras luzes da esperança. Todos eles terão desafios a vencer, mas, doravante, as fragilidades da culpa, em Valquíria, foram transformadas na força do arrependimento real, potente elixir que, a serviço da harmonia, transformará os centros orgânicos em dínamos geradores de saúde, de equilíbrio e vontade de viver. Se Daniel não houvesse se conduzido com a nobreza que demonstrou, Valquíria teria muito mais dificuldade de vencer estes momentos duros, porque estaria desabastecida da afetividade que, como vocês sabem, é um poderoso alimento para o espírito. No entanto, com a companhia do coração amigo e devotado, com a decisão de ser feliz e reparar seus erros perante o futuro marido e o Espírito do futuro filho e, sobretudo, com o olhar doce e generoso da Mãe de todos nós, em breve o casal se unirá para que a criança regresse pelos canais da maternidade abençoada, como um filho especialmente desejado.

E para terminar, perguntou:

– E então, encontramos o que buscávamos?

Enquanto todos secavam as lágrimas, limitaram-se a sorrir e acenar positivamente com a cabeça.

– Se é assim, então, depois de termos nos entendido sobre a questão do Arrependimento, agora é bom começarmos aqui mesmo o estudo das outras condições necessárias aos encarnados para serem admitidos na Regeneração.

Tomou o Evangelho e releu a frase:

"– NÃO MAIS DE ORGULHO QUE FAZ CALAR O CORAÇÃO, DE INVEJA QUE O TORTURA, DE ÓDIO QUE O SUFOCA."

Falando com seus alunos, completou:

– Vamos procurar, agora, os que estão vencendo o orgulho, a inveja e o ódio. E aqui será, também, um bom lugar para começarmos a busca.

34

PROCURANDO AGULHA NO PALHEIRO

Dentre todos os desafios do ser humano, as lutas contra o orgulho e o egoísmo são as mais ferozes e as que sempre contaram com o menor número de vitoriosos. Sendo a matriz de, praticamente, todos os outros defeitos de caráter, estes dois defeitos costumam ser estimulados em uma sociedade que os cultiva desde muitos séculos, transportando-os de geração a geração através dos ensinamentos e exemplos dos mais velhos.

Poder-se-ia dizer que os males da Humanidade são decorrência da existência dessas duas debilidades da personalidade que, na equivocada interpretação de seus defensores, são vistos, o primeiro, como virtude própria de quem é superior e o segundo, como imposição da sobrevivência. Na sucessão das gerações, os mais antigos transmitem aos mais novos tais conceitos, enraizados desde a convivência da família, passando por todas as áreas do relacionamento humano nas relações sociais, nas competições profissionais, nas realizações do personalismo, na conquista de posições de realce ou bens graças a condutas ególatras que garantam a ascensão do indivíduo no contexto da comunidade, tornando-o falsamente superior e alimentando seu orgulho.

Irmãos siameses, orgulho e egoísmo se ligam um ao outro e ambos lutam para que nada os ameace.

Por isso, o orgulho pede o respeito dos outros, e o egoísmo trabalha para conquistar as coisas materiais, esquecendo o direito e as necessidades dos demais. O orgulhoso encara a derrocada material como algo inaceitável, tudo fazendo para que mantenha a pose, o realce e a importância diante das pessoas. Quando o orgulho é atacado ou se vê abatido pelas circunstâncias, o egoísmo entra em campo no esforço de tudo fazer para sustentar e reerguer o "irmão" desconsiderado. Cega o humano invigilante e o transforma numa máquina agressiva, determinada a reconquistar o antigo brilho para, logo a seguir, vingar-se dos que o ridicularizaram, aos quais passa a tomar por inimigos.

Então, em uma sociedade onde tais defeitos são parte da cultura de seus membros, encarados mais como virtudes, a procura por pessoas que os combatesse no dia a dia tornaria a tarefa do grupo espiritual liderado por Bezerra ainda mais árdua.

Se era verdade que nos cárceres e nos leitos hospitalares da Terra os Espíritos encontrariam outros Beneditos e Valquírias, no exame do quesito "orgulho inexistente" ou mesmo que fosse, apenas, "orgulho domesticado", a busca seria bastante penosa.

Aproveitando-se da oportunidade, Bezerra abordou o assunto, dizendo:

– Bem, na observação dos encarnados em busca dos que não se renderam à influência do ORGULHO, todos trabalharemos, identificando os irmãos que se encontrem nesse esforço de autossuperação, bastando que sintonizem e observem os encarnados, fixando-os pelos padrões vibratórios da Humildade. Transitarão livremente por todo o hospital em busca dos que estejam iluminados na faixa da humildade, na luminosidade que lhe é própria. Então, quando isso ocorrer, voltem até aqui e, então, iremos em busca do escolhido. Terão trinta minutos para realizar essa apuração, ao fim dos quais, com ou sem resultados, deverão voltar aqui. Esperarei por vocês. Para que nossa missão não se frustre, consideraremos não só as criaturas que tenham definitivamente vencido o orgulho – raríssimas. Consideraremos aceitáveis ou satisfatórias às nossas pesquisas aquelas que demonstrem empenho determinado na luta contra tal defeito e a marca distintiva dessa qualidade, como já lhes disse, é observada na faixa espectral da HUMILDADE.

Surpreendidos com a autorização concedida, tomaram seus rumos na observação nos diferentes andares da instituição de saúde. Por toda parte, médicos de plantão trabalhavam ao lado de enfermagem dedicada, além dos funcionários, que executavam o serviço indispensável ao bom funcionamento hospitalar.

Em todos os lugares, no entanto, nada das emanações luminosas da humildade. Doentes nos leitos pareciam dóceis quando suas dores ou incômodos estavam controlados e atendidos. Bastava, no entanto, que a dor eclodisse ou que qualquer desconforto os fustigasse, se transformavam em esbravejadores, humilhando os enfermeiros e auxiliares, funcionários e visitantes. Contrariados nas suas ansiedades, alguns chegavam a ser rudes mesmo com os médicos.

Por sua vez, iludidos pela falsa ideia de serem superiores em decorrência da formação intelectual ou acadêmica, a maioria dos médicos pouco valor atribuía aos que gemiam nos leitos, desvalorizando suas queixas e ignorando os avisos da enfermagem. Muitos deles mal se dignavam cumprimentar os demais funcionários, acostumados a olhar todos os outros com o orgulho da posição. Quase sem exceção, sonhavam com as riquezas materiais acumuladas sob a montanha das lágrimas dos sofredores, preferindo atender pacientes que pagavam gordas consultas do que se dedicar aos enfermos remunerados por convênios ou subsidiados pelo próprio governo. A medicina, há muito tempo, se convertera em negócio, a cada ano mais e mais concorrido, esfriando no idealismo a pulsação do ideal de servir. Certamente que no meio desses profissionais carreiristas, exceções se levantavam indicando uma réstia de esperança, representada pelos profissionais humanos, sacerdotes da saúde em benefício dos desvalidos do mundo. No entanto, mesmo os que traziam ainda a visão da medicina como elevado ministério de amor, enfrentavam obstáculos no meio médico porquanto, ou eram discriminados pelos demais ou isolados da comunidade acadêmica, ainda que fossem muito queridos dos pacientes e enfermeiros. Agora, nada garantia que eles, apesar de mais humildes nas tarefas profissionais perante seus pacientes, demonstrassem os mesmos valores em sua vida pessoal não se deixando contaminar pelos ataques enfurecidos do orgulho, disfarçado de mil maneiras. Fosse pelo agressivo zelo na preservação do próprio nome ou da fama profissional, fosse pelas lutas na defesa das prerrogativas ou privilégios de sua profissão, na competição em busca de pacientes, ou nos certames da inteligência nos conclaves médicos onde se esgrimavam suas reputações, geralmente encontrava-se o ORGULHO demonstrando o seu império avassalador e contaminando o sagrado idealismo que muitos ainda defendiam e tentavam viver.

Já os membros da enfermagem, por sua vez, acostumados a fazer da sua vida uma doação máxima para o alívio dos sofredores, demonstravam maior proximidade em relação aos aflitos. Seu trabalho pedia renúncia extrema, desde a higienização dos corpos à convivência com os doentes difíceis e temperamentais, fazendo com que desenvolvessem maior tolerância, paciência e devotamento, sem maiores exigências. No entanto, apesar das inúmeras vitórias que conquistavam para si mesmos, inclusive nos maus tratos recebidos dos médicos, não era comum encontrar neles desenvolvida a humildade real, indicadora da inexistência do orgulho. Atacados por doentes intolerantes, suportavam as agressões sem perdoar-lhes de coração as ofensas. Guardavam o sentimento ferido, descarregando a dor moral de um orgulho ferido através dos xingamentos feitos à distância do enfermo. Quando desconsiderados pelos médicos, calavam a indignação enquanto na presença do doutor irônico ou indiferente. Tão logo dele se afastassem, entretanto, destroçavam-lhe a personalidade nos fuxicos de bastidores, maldizendo-o entre um copo de café e o lanche, envenenando os demais enfermeiros e lançando vibrações de ódio na direção do arrogante facultativo. Excelentes enfermeiros, admirados por sua competência profissional e por terem avançado domínio das técnicas, eram víboras venenosas na intimidade de seus sentimentos, contentando-se com a fama de competentes, dando nenhuma importância à qualidades como Bondade, Compaixão e Simpatia.

Entre eles mesmos, as disputas por turnos, a perseguição decorrente das diferentes funções exercidas, as críticas pessoais nascidas do exercício das técnicas no manejo dos pacientes, os conflitos surgidos de pequenos equívocos nos procedimentos marcavam seus corações com placas de ódio mal disfarçados, estabelecendo-se grupinhos contra grupinhos, sempre em prejuízo do real objetivo de suas tarefas. Eram, em sua maioria, enfermeiros-enfermos, fingindo-se de humildes na presença de seus chefes para, logo depois, longe de suas vistas, desvestirem a fantasia, assumindo suas reais figuras, onde o orgulho era a marca dominante. Por causa das necessidades do salário, os subalternos engoliam as palavras toscas ou duras dos superiores sem, contudo, deixar de odiá-los em segredo. Guardavam as injustiças sofridas e esperavam, ansiosos, pelo sofrimento dos seus causadores, muitos se deliciando intimamente quando lhes chegava a notícia da enfermidade de seus chefes. "Bem feito"... "até que enfim, Deus existe"... "tomara que aprenda a ser mais educado"... "a Justiça tarda, mas não falta"... era com tais manifestações de orgulho vingado que os falsos humildes manifestavam a satisfação pelo sofrimento de seus algozes.

O tempo passava e ninguém retornava ao ponto de encontro carregando a boa notícia.

Terminado o prazo máximo, eis que se impunha a volta dos Espíritos que haviam saído no garimpo de virtudes pouco comuns.

Nenhum deles conseguira identificar, naquela imensa instituição, traços da humildade no combate ao orgulho.

– Mas não conseguiram divisar nenhuma pessoa em condições de se encaixar em nossa pesquisa? – perguntou Bezerra, sorrindo.

Quase todos acenaram negativamente com a cabeça, com exceção de Cornélia que, apesar de pouco animada, relatou:

— Bem, doutor, eu encontrei um funcionário que me pareceu, a princípio, bem qualificado. Havia acabado de ser humilhado por um doente que o xingara de todos os nomes por ter derrubado um vasilhame de metal enquanto organizava o quarto, atrapalhando seu repouso noturno. Diante das palavras duras, o pobre pediu desculpas, baixou a cabeça e retirou-se sem responder nada ao agressor. Logo pensei que poderia estar diante de um candidato. Então, segui-o por todo o trajeto. Seu coração estava ferido pelas duras palavras, mas em momento algum notei-lhe ódio contra o pobre enfermo a quem desculpava por reconhecer-lhe razão no destempero. Afinal – falava consigo mesmo – deveria ter tido mais cuidado ao fazer aquele trabalho naquele horário. Desejou ajeitar as coisas e foi estouvado. A culpa, portanto, era dele mesmo e o doente, assustando-se, reagiu daquela maneira pela aflição que lhe tomava o corpo e a alma. Todas as justificativas mentais indicavam existir uma maturidade espiritual capaz de suportar os embates e os males sem se deixar tocar pelos espinhos alheios.

A descrição atraía a atenção dos colegas que, atentos, queriam ouvir o desfecho do caso.

Depois de pausa rápida, Cornélia prosseguiu:

— Então, depois que terminou seu trabalho aqui, dirigiu-se para o centro dos funcionários da limpeza, onde foi informado que um outro funcionário seu amigo havia recebido uma promoção, com aumento de vencimentos. Bastou a notícia da melhoria do outro, que o equilíbrio desapareceu da mente do infeliz servidor.

— Como é possível que aquela "besta" seja promovida antes de mim? Por que não EU? Quem faz as leis neste lugar? Estou aqui antes dele, oras. De que adianta a gente se esforçar para fazer as coisas direito quando chega um imbecil como esse aí e vai passando a perna nos outros? O que será que está fazendo para subir tão depressa assim?... e daí por diante, meus amigos, o pensamento de indignação, misturando inveja e sentimento de inferioridade transformou o nosso candidato, levando-o, de vencedor do orgulho, a derrotado escravo do insidioso defeito. Observando-o mais profundamente, pude compreender que seu sonho era subir na hierarquia para, dando vazão às suas frustrações e recalques, sentir-se superior aos demais e pisar nos próprios amigos. Só então, é que pude ver quem era ele. Sonhava em ser chefe dos faxineiros daquela ala do hospital para, de cima de tão insignificante posição, humilhar os seus antigos companheiros de vassoura. Como o contemplado foi outro, o pobre homem está espumando de raiva, pensando em sabotar o trabalho do escolhido para ver se, com isso, consegue prejudicar-lhe a promoção.

Aproveitando a riqueza da exposição da médium, Bezerra ajuntou:

– Observem, meus filhos, que orgulho e humildade não são aparências físicas nem decorrência da riqueza ou pobreza material. Aqui temos uma boa demonstração disso. Um faxineiro pode ser considerado humilde porque tem que andar por aí, arrastando vassouras por entre baldes e sacos de lixo. No entanto, o orgulho arquivado em seu ser ambiciona tornar-se chefe dos seus amigos para neles descontar seus recalques e contrariedades. Certamente, quem vai sofrer por este estado de coisas serão sua esposa ou seus familiares que, não tendo culpa nenhuma pela promoção do concorrente, pagarão a conta da irritação do preterido e de seu orgulho machucado. O orgulhoso nunca se importa com os que fere, se isso for necessário para demonstrar sua indignação ou raiva.

Entendendo a lição, Horácio quis saber:

– Mas doutor, isso significa que ele não poderia protestar honestamente contra a injustiça? Se, de fato, uma injustiça acontece, os prejudicados não podem algo fazer para corrigi-la?

– Claro que podem, Horácio. Aliás, isso demonstra sabedoria e maturidade de espírito. No entanto, isso exige do interessado a exposição de seu descontentamento, ainda que de maneira legal e civilizada, através do pedido de explicações aos administradores a fim de que lhe explicassem os critérios usados na escolha para o preenchimento daquele cargo específico. No entanto, isso também demonstraria o descontentamento do funcionário preterido, a inveja em relação ao sucesso de outrem, entre outras coisas que o marcariam como um indivíduo despido de certos valores aparentes. Isso fez com que nosso irmão faxineiro escolhesse o silêncio ao invés de protestar pelas vias legais. Assim, sem demonstrar seus intuitos, se esconde para atuar na clandestinidade, bem disfarçado por uma aparente submissão pela qual dissimula o ódio para, na calada da noite, atuar para criar embaraços ao serviço numa forma primitiva de vingança. Essa escolha, sem dúvida, não corresponde ao melhor caminho. Seu comportamento atesta a inferioridade de seu espírito para enfrentar as adversidades de forma equilibrada. Com medo de se mostrar como é, prefere ser o que é sem que os outros percebam, usando dessa clandestinidade como vantagem para ferir sem ser identificado. Se houvesse escolhido os caminhos corretos, quem sabe entenderia que não foi contemplado com a esperada promoção porque se entregou ao comodismo, por não estar cumprindo suas tarefas com vontade, com o capricho esperado e, assim, poderia corrigir-se, esforçando-se para ser eleito na próxima oportunidade. No entanto, preferiu revoltar-se, prejudicando todo o conjunto. E este comportamento se reproduz aos milhões num mundo de competição como este que os homens construíram para si mesmos. Observando os fatos em seus aspectos intrincados, Cornélia, você está com toda a razão ao supor que este irmão não está enquadrado nas exigências.

Depois de terem percebido que seria difícil encontrar os que conseguissem demonstrar humildade suficiente naquele lugar, Bezerra convidou-os a partir para outro ambiente, onde prosseguiriam as lições.

Chegaram à via pública, agitada pelo movimento da madrugada daquele sábado. As pessoas estavam eufóricas e comemorando a chegada do fim de semana. Penetraram um barzinho onde pequena multidão se acotovelava, dificultado o trabalho dos garçons no atendimento das solicitações.

– Seu burro, não sabe escrever um pedido certo? – esbravejava um homem, de ânimo visivelmente alterado por causa dos diversos copos de bebida alcoólica já ingeridos.

– Desculpe, senhor... é que tem muita gente hoje e estamos aqui com dois garçons a menos.

– Não quero saber, seu incompetente. Sou eu quem pago seu salário... trate de me atender bem porque, senão, falo com o gerente...

– Mais uma vez, desculpe-me, senhor. Vou corrigir o erro... volto já já.

Afastou-se o garçom atacado que, aos nossos olhares, se mantinha em equilíbrio e serenidade. Sabia que aquele tipo de cliente se valia do álcool para exteriorizar suas debilidades emocionais nos desabafos comuns a tantos. Deveria ser um homem mal-amado, sozinho ou abandonado, carente e pouco acostumado a respeitar os outros. Juvêncio, o garçom, desde muito tempo fizera do seu serviço uma outra sala de aula na escola da vida.

Sem ter tempo para aprender as lições da educação formal, transformara o bar onde trabalhava nos turnos noturnos em um laboratório para a avaliação das condutas humanas. Juvêncio era velho conhecido de Bezerra que, como médico espiritual de sua família humilde, fazia o papel de tutor daquele espírito em crescimento. Sob a influência do médico devotado, o garçom encontrou os ensinamentos espíritas e passou a arquivá-los na memória através da leitura de muitas obras construtivas e esclarecedoras. Necessitando ganhar a vida em uma cidade de tantas competições, fora encaminhado para o exercício da tarefa que melhor combinava com suas necessidades de transformação moral na presente encarnação. Seria aquele que serve, aguentando o mau humor, a falta de educação, a arrogância dos outros e, assim, desenvolvendo as marcas da humildade em sua alma. Passara por estágios diversos ao longo de toda a trajetória desafiadora. No início, a intemperança lhe rendeu muitos dissabores. A falta de costume no controle do Orgulho e do Egoísmo faziam de Juvêncio uma bolinha de pingue-pongue, atirada de um lado pelas cacetadas da vida, na base da reação à provocação. Sempre que isso ocorria, Juvêncio sofria as decepções por estar do lado mais frágil da relação. Sua arrogância natural dava as caras nestas horas. Quanto mais isso acontecia, mais fácil para o rapaz identificar onde viviam escondidos, dentro dele, estes monstros terríveis, verdadeiros polvos de mil tentáculos e mil disfarces, prontos para arrastá-lo às profundezas do erro, da agressão e do descontrole.

Com o tempo, contudo, aprofundando o conhecimento de si mesmo e o entendimento das exortações de Jesus contidas em *O Evangelho Segundo o Espiritismo,* notadamente no capítulo que ensina o AMOR AOS INIMIGOS, o garçom encontrou o caminho da paz.

Graças ao conhecimento espírita, entendera que as criaturas eram o que eram em decorrência de suas debilidades evolutivas, mas, invariavelmente, todos caminhavam para a frente, vencendo-se à custa de muita luta ou sofrimento. Juvêncio, então, compreendia as limitações e procurava ser sempre o mais prestativo possível. Ganhava a confiança dos clientes assíduos daquele lugar com o seu sorriso espontâneo e sua solicitude natural. Enquanto muitos outros trabalhavam pela gorjeta, ele servia os outros em busca do aprendizado da melhor maneira de como superar-se a si próprio, conforme o próprio Jesus ensinara. "Eu estou no meio de vós como aquele que SERVE" – declarara o Cristo, do alto de sua magnitude espiritual. Tomando essa frase como roteiro diário, Juvêncio lutava contra o velho adversário que, a espreitá-lo, aproveitava-se de todos os momentos de distração para instigar em sua impulsividade masculina alguma reação mais agressiva ou descontrolada. Por isso, decidira vigiar-se, impedindo a si mesmo de reagir, não importava qual fosse a ofensa ou a circunstância dolorosa. Evitaria o revide e, controlando suas entranhas, acalmaria o impulso de atacar ou responder com violência, buscando, primeiramente, respirar fundo, afastar-se do local da provocação, recorrer à prece sincera e, somente depois de tranquilizado por dentro, meditar em como resolver a questão. Ao longo dos anos, aprendera que, muitas vezes, é melhor resolver o problema com condutas simples, como a de trocar a bebida solicitada pelo freguês, do que se obstinar em ter razão, mostrando que fora o cliente quem pedira errado. Assim, diminuía controvérsias ao invés de aprofundar os conflitos na defesa de seu ponto de vista. Naturalmente que se conduzia dessa forma nas questões mais simples do dia a dia, reservando a defesa dos princípios para outros momentos quando coisas mais sérias estivessem em jogo. No entanto, ali, preferira não discutir com um bêbado no esforço de explicar-lhe quem foi que se equivocou.

Já havia perdido as contas da quantidade de ofensas e xingamentos que escutara da boca dos ébrios de plantão, além das atitudes desrespeitosas dos endinheirados no trato, com os serviçais como ele.

Diferentemente de outros profissionais da mesma área, igualmente destrambelhados e agressivos, carregando o chamado "orgulho amordaçado" para não perderem o emprego, Juvêncio agradecia cada vez que alguém o maltratava, porque, assim, poderia avaliar o estado do adversário íntimo que lutava para matar, medindo-o pela intensidade do impulso do revide, usando da mesma agressividade recebida.

Terminado o seu trabalho naquele ambiente, esperava-o rápido descanso em casa dos pais, na qual convivia com os problemas da família complicada pelas doenças de seus integrantes. A mãe era muito idosa e viúva. Era ela, no entanto, quem ainda administrava uma casa onde dois filhos mais novos do que Juvêncio transitavam pela vida em situação de deficiência física. Um deles perdera a mobilidade das pernas e o outro era cego. Ambos viviam o resgate expiatório de terríveis danos promovidos nas existências de seus semelhantes em pregressas existências, mas, ao invés de estarem aproveitando essa oportunidade de refazimento moral e espiritual, enveredaram pela rebeldia e pela insensatez, exigindo de seus parentes sacrifícios ainda mais dolorosos.

Juvêncio precisava ganhar o salário para diminuir as necessidades da família, mas, apesar disso, não contava com o respeito de nenhum dos dois. O que dependia da cadeira de rodas, votava-lhe raiva injustificada, produzida pela inveja. Já o cego, taxava-o de aproveitador da vida por ficar fora todas as noites. Juvêncio os escutava, compreendendo que o sofrimento de ambos era o mau conselheiro de suas almas e, sem qualquer laivo de superioridade, deixava tudo de lado para ajudá-los tanto quanto podia, aliviando o trabalho da mãe idosa. Banhava o irmão aleijado ao mesmo tempo em que procurava ajudar o cego em tudo o que se fizesse necessário. No entanto, se o paralítico sentia prazer em fazer-se pesado para Juvêncio, o cego não admitia ajuda do irmão para nada, lutando para manter-se independente, cultivando o orgulho de não precisar lhe pedir nada. Mesmo quando tropeçava e caía, recusava o braço do irmão, dizendo em voz alta:

– Quem precisa de sua ajuda é o aleijado. Eu só sofro da visão. Não preciso de você. Pode deixar que me levanto sozinho.

Essa fala, repetida sempre sem qualquer cuidado, representava também uma agressão ao outro enfermo, que as ouvia sem ensaiar qualquer resposta por que, no fundo, exprimia cruel verdade.

Os dois doentes se antagonizavam constantemente. Luciano, o da cadeira de rodas, odiava a independência e a arrogância de Múcio, o cego, enquanto este, de alma arrogante e altiva, distraía-se em humilhar o outro, não se cansando de mostrar-se superior a todos. Nenhum dos dois aceitava o fato de Juvêncio não ser deficiente, como se o pobre garçom lhes tivesse roubado a felicidade. O rapaz era testado nas dores profundas e exercitava, diariamente, as lições da resignação, do amor aos inimigos e de fazer o bem sem desejar receber algo em troca.

Com isso, Juvêncio transformara suas vibrações num campo de cristalina emanação, onde a humildade dava o toque de seu perfume e luminosidade, indicando que era cultivada com o adubo do Amor segundo os verdadeiros critérios do Evangelho de Jesus. Depois de mostrar os efeitos positivos de tais eflúvios no equilíbrio do corpo e na estrutura do Espírito, Bezerra aplicou passes magnéticos sobre os dois enfermos que se encontravam adormecidos no lar modesto e, abraçando o tutelado como um pai faz com o filho que admira, beijou-o na face cansada, reforçando os laços de carinho que uniam os dois servos dos aflitos, que o transformava, tanto quanto o próprio Bezerra, em outra espécie de Médico dos Pobres.

— Aqui, queridos filhos, encontramos o exemplo rico de muitas das modificações necessárias para aqueles que desejam se salvar. Com exceção de Juvêncio, que está conquistando as vitórias indispensáveis ao seu progresso, Luciano espelha a inveja torturante enquanto Múcio corresponde ao expoente do ódio que sufoca. No aprofundar das coisas, observaremos que tanto a inveja quanto o ódio estão com suas raízes fincadas no orgulho ferido e no egoísmo avassalador. São incapazes de ver, no irmão trabalhador, o benfeitor de que tanto necessitam e que lhes abastece de comida o próprio prato diário graças ao esforço do trabalho digno. Para eles, o corpo deficiente representa diminuição de sua valia, apequenando-os. Deveriam estar inclinados ao aproveitamento da lição de vida, desenvolvendo a humildade, coisa que suas almas não estão dispostas a fazer, sobretudo na presença do irmão. Transportam em seus corações as nódoas dos defeitos profundos das vivências torpes de outrora e que lhes rendeu a limitação das faculdades orgânicas como bendita escola para o aprendizado de novas lições. Até que curvem a cerviz, que reconheçam a própria necessidade, que aprendam a pedir e agradecer, permanecerão no mesmo estágio e, assim, são sérios candidatos a se despedirem da Terra, ocupando dois alojamentos da Nau Transportadora. Juvêncio que, com paciência cristã, os suporta sem desejar-lhes o mal, conquanto também tenha débitos no drama de seus manos, cumpre a parte que lhe cabe com elevados índices de aproveitamento, o que lhe garante a posição de integrante da Nova Humanidade, construindo a regeneração primeiramente no próprio interior para, a seguir, integrar o mundo regenerado. O entendimento das leis do Universo que a doutrina espírita lhe conferiu facilitou em muito as decisões firmes nesse sentido, porque a fé raciocinada liberta a criatura dos complexos de culpa que a escravizam, dando-lhe a chave para a compreensão dos compromissos evolutivos e demonstrando como fazer para sair vitorioso da refrega humana sem contrair novos débitos.

A lição da noite havia sido longa e reveladora. No entanto, faltavam alguns aspectos que Bezerra desejava abordar para o complemento de tais ensinos.

Entretanto, devido ao horário, precisavam regressar ao Núcleo Espiritual que haviam deixado horas antes, a fim de que os encarnados pudessem ser recambiados aos seus corpos físicos, para a retomada das tarefas do novo dia.

Marcaram, então, um novo encontro para dias seguintes, quando seriam retirados novamente do ambiente físico através do sono visando o complemento das observações. Depois de acertados os detalhes, Bezerra e os outros três espíritos amigos retomaram a posição no quadrado fluídico que formavam ao redor dos amigos encarnados para, novamente com o campo favorável, retomarem a volitação em direção ao centro espírita para as despedidas finais e o posterior encaminhamento aos seus corpos em repouso, nos respectivos leitos. Antes de acordarem no novo dia, no entanto, Bezerra orientou os trabalhadores invisíveis que os reconduziriam de regresso para que aplicassem energias ativadoras da memória cerebral a fim de que os aprendizados da noite ficassem indelevelmente gravados na estrutura das lembranças físicas, como um instrutivo sonho que muito os ajudaria na própria vida pessoal.

O sábado marcava com os primeiros raios da alvorada o céu da cidade quando, um a um, amparados pelos seus protetores e pelos trabalhadores destacados por Ribeiro para acompanhá-los, reabriram os olhos no corpo carnal, deslumbrados com a grande quantidade de lembranças que traziam da experiência onírica da noite, sobretudo da felicidade de se envolverem em trabalho de tão alta envergadura moral, no entendimento dos processos que visavam o reajustamento do Homem Velho aos padrões exigidos pela Nova Humanidade.

35

O CASO LORENA

Tão logo surgiram os primeiros raios de Sol no horizonte da cidade, Jerônimo, Adelino, acompanhados de Ribeiro, dirigiram-se para a casa de Lorena, uma das médiuns do grupo que não se apresentara na noite anterior para fazer parte da excursão de aprendizado, como seria de se esperar, nem foi ao trabalho noturno do centro espírita após o adormecimento do corpo físico.

Conhecendo há muito tempo as suas dificuldades, Ribeiro e os outros dois compareceram ao lar para averiguarem os fatos que estavam motivando a ausência da trabalhadora.

Lorena, mulher de alma dócil e delicada, possuía muitas virtudes morais dignas de admiração. No entanto, a falta de coragem para enfrentar certos obstáculos era seu grande inimigo. Em decorrência dos compromissos com o passado, desposara homem de temperamento forte, às vezes quase violento que, nos tempos de namoro, encantou a alma frágil da moça. Imaginando-se protegida por um companheiro determinado e forte, deixou-se iludir pelo temperamento do rapaz como se fosse a princesa aprisionada na torre esperando pelo audacioso cavaleiro que a resgatasse com sua coragem e energia. Concretizada a união do casal, Lorena logo se viu diante de uma realidade nada romântica. A virilidade do esposo cobrava dela toda uma série de comportamentos e atitudes para os quais a moça ainda não se havia preparado convenientemente.

Acostumado aos levianos relacionamentos sexuais tão comuns às experiências de solteirice, Rubens desejava que a esposa o satisfizesse da mesma maneira que as prostitutas correspondiam às ansiedades físicas e emocionais. Viciado na área do prazer, perseguia a esposa com exigências alegando certas "necessidades masculinas". Se no início do casamento o marido se demonstrara paciente com a dificuldade da esposa em atender-lhe os interesses de afeto físico, com o passar do tempo, tal tolerância foi dando lugar aos comportamentos grosseiros, maneira pela qual o marido a forçava na submissão aos seus caprichos. Tendo desenvolvido sua sexualidade na companhia de profissionais experientes nas mais diferentes, esdrúxulas e inusitadas práticas sexuais, o esposo buscava o contato íntimo ansiando mais do que as tradicionais emoções na rotina das práticas naturais, que já lhe pareciam enfadonhas e sem graça. Aspirava por emoções renovadas, por carícias ousadas para as quais Lorena não havia sido preparada pela vida. Ao contrário, dos ensinamentos familiares e do amadurecimento cultural havido no meio em que crescera, a esposa se impregnara de certos preconceitos ou ideias que a faziam considerar determinadas condutas na área da intimidade, verdadeiras agressões beirando à perda da própria dignidade. Então, ao lado do amor que sentia por Rubens, Lorena viu crescer uma situação conflituosa, que a colocava em uma condição muito delicada. Observando a volúpia constante do marido, temia não lhe corresponder aos desejos descumprindo os deveres matrimoniais, arriscando-se a perder o esposo ou a vê-lo buscar o alívio de suas expectativas junto de outras mulheres. Por outro lado, para atender a tais apetites, deveria submeter-se a condutas que, segundo seus princípios pessoais, eram ofensivas à sua condição feminina. No começo, procurou dialogar com Rubens, explicando-lhe que necessitava de tempo e paciência para que fosse se adaptando melhor à relação íntima, com a finalidade de agradá-lo. Entretanto, a velocidade com que ela estava disposta a ir conquistando esse terreno era muito mais lenta do que a que Rubens desejava ver andando o carro do casamento.

    Lorena, nesse tempo, não era espírita nem frequentava qualquer instituição religiosa, coisa a que Rubens também era avesso, como a maioria das pessoas carnais, aquelas que estão profundamente escravizadas aos vícios do mundo material. A pressão das exigências sexuais diárias, a intolerância do companheiro, a submissão para evitar maiores brigas, a anulação de sua personalidade para agradar aquele que, depois de correspondido se contentava, abrandando suas pressões e retomando o trato carinhoso, isso ia minando as defesas mentais que Lorena possuía no equilíbrio de suas emoções.

Havia entendido o plano de Rubens: Se ela aceitasse fazer o que uma prostituta pervertida fazia – segundo seus conceitos pessoais sobre perversão e a prostituição – seria bem tratada. Se fosse uma mulher decente – segundo os padrões de decência herdados da criação – sofreria as violências morais e verbais e a dureza de um homem ainda na faixa da animalidade selvagem. Lorena tentou adaptar-se à primeira hipótese, mas, ao fazê-lo, violentara-se física, emocional e mentalmente. Não entendia o sexo como o marido o via. Para ela, era a exteriorização do Amor. Para ele, era saciar uma necessidade física. Então, a feria a modo grotesco, mal educado e chulo como o marido a usava, vendo-a como um pedaço de carne, sem considerar as suas próprias limitações ou necessidades. Ainda assim, Lorena escolheu fazer todo o possível para harmonizar-se. As pressões psicológicas e os dramas da culpa daí decorrentes desaguaram na periclitação de sua razão. Sofrendo uma relação ao invés de desfrutá-la, Lorena viu o casamento se tornar uma jaula, cobrando o preço da própria dignidade. O sigilo com que suportava essa situação, somado ao medo e à culpa, fizeram com que o desequilíbrio emocional a derrubasse ao estado do desalento, atingindo, em rápidos meses, a depressão completa.

Se o marido não era sensível às suas necessidades, encontrara refúgio no abatimento e no desencanto. Ao perceber o estado emocional tão debilitado, longe de assumir a cota de responsabilidade na exploração das energias de Lorena, Rubens qualificou o quadro como falta do que fazer ou de um trabalho fora de casa. No entanto, havia sido ele próprio quem se opusera, no seu machismo, a que a companheira ficasse exposta ao contato do mundo, com a desculpa de protegê-la. Os devassos e levianos têm sempre receio de que outros iguais a eles, valendo-se das mesmas técnicas, se aproveitem das respectivas companheiras usando-as como eles o fazem com a mulher alheia. Rubens era uma criança fazendo de conta que havia crescido. Agora, vendo o estado depressivo de Lorena, imaginou que se lhe conseguisse um trabalho, apesar dos pesares e riscos, poderia distrair-se um pouco saindo do estado de indiferença total. Ouvindo-lhe as sugestões, no entanto, a mulher não se animou com a ideia. Não queria sair de casa. Por mais que Rubens se agitasse, demonstrasse irritação ou nervosismo, isso em nada mudava o estado da esposa. A estas alturas, eclodia com maior força a sensibilidade mediúnica da companheira, contagiada pelas vibrações inferiores dos espíritos que acompanhavam o marido, dominando-lhe os centros genésicos. Atuando sobre ele, fustigando-lhe as emoções carnais, pressionavam Lorena a ceder além do seu próprio limite, o que propiciou a ruptura de suas emoções e o refúgio no desânimo de uma quase morta estirada sobre a cama, vítima deles todos, exigindo uma atenção que os ególatras não gostam de dispender com ninguém além deles próprios. Esse era o grande problema de Rubens. A egolatria, a exacerbação de si mesmo com a desconsideração de qualquer necessidade alheia era a doença grave que o marido carregava na alma, a matriz dos outros problemas, inclusive dos distúrbios sexuais gerados pela necessidade de se sentir o macho dominante. Entidades vampirizadoras de energia, percebendo a sensibilidade de Lorena, mais do que depressa acoplaram seus tentáculos fluídicos aos seus centros de energia vital, criando uma teia de fios invisíveis através dos quais suas disposições de viver iam sendo solapadas pelo consumo inexplicável de suas forças. Quanto mais ela dormia, mais desejava dormir. Isso começou a levar o marido ao desespero. Mesmo contra a vontade da esposa, comunicou-se com a cunhada, irmã de Lorena, pedindo ajuda, porque já não sabia mais o que fazer. Atendendo ao pedido secreto de Rubens, Carla improvisou uma rápida visita, pretextando saudades, e o que viu com os próprios olhos foi aterrador. Lorena estava mais morta do que viva. Precisava fazer algo urgente para interromper o círculo vicioso no qual a doente se mantinha, desânimo produzindo abatimento e abatimento a gerar desânimo.

Rubens precisava levá-la ao psiquiatra para que o tratamento medicamentoso fosse iniciado, visando tirá-la da crise. Carla, experiente no assunto, se opôs a essa medida como início do tratamento.

– Sim, Rubens – disse ela –, essa será uma opção adequada na hora certa. Mas antes de começarmos a entupir Lorena de remédios, gostaria de recorrer a um outro tratamento menos danoso.

Vendo que Carla se dispunha a ajudar e sem contar com qualquer experiência nesse setor, Rubens quis saber do que se trataria.

– Bem, cunhado, no lugar onde eu trabalho, existem várias pessoas que passaram por situações semelhantes e, então, pude observar o desenrolar de diversos problemas emocionais. Muitas pessoas recorreram ao tratamento medicamentoso como único recurso e, por fim, acabaram dependentes de remédios para dormir, calmantes, estimulantes, e toda a sorte de aventuras químicas. Já outras pessoas escolheram alguns tratamentos alternativos, menos agressivos e drásticos, cada um indo por um rumo. Pude comparar-lhes os resultados e constatei que boa parte deles se reajustou sem recorrer a remédios ou sofrer com a dependência de drogas.

– Sim, eu já ouvi falar sobre isso também. Mas eu não conheço nenhum tipo de tratamento alternativo. Já ouvi falar em homeopatia, em meditação, em florais, mas não sei se isso serve pro caso dela – respondeu Rubens.

– Em alguns casos isso ajuda, complementando o tratamento. No entanto, estou falando de outra coisa. Estou me referindo a PASSE MAGNÉTICO. Já ouviu falar?

Demonstrando ignorar a expressão, logo pensou:

– Tem algo a ver com aquele negócio de colchão com ímã ou pulseiras imantadas que a gente usa na pele para melhorar o estado geral? Já vi propagandas por aí. Colchão, pulseira,... mas esse negócio de passe magnético nunca vi, não.

Carla sorriu da ignorância do cunhado e esclareceu:

– Não, Rubens. Estou falando de uma prática de transferência de energias positivas e que ajudam na recuperação da pessoa, como aconteceu com várias amigas minhas lá no serviço.

– Puxa, se você já viu isso funcionando, quem sabe não pode ajudar Lorena também. É muito dolorido? É feito com choque elétrico? Será que custa muito caro? Se a gente precisar, será que parcelam o tratamento no cartão ou atendem no convênio?

Rindo novamente, Carla respondeu:

– Não, meu amigo. É um tratamento gratuito e sem qualquer prejuízo físico. Você não está imaginando que eu levaria minha irmã, ainda mais do jeito que está, num lugar que lhe aplicassem choques elétricos, não é mesmo, cunhado?

– Eh!... Claro que não.. né! Desculpa meu jeito meio bronco pra estas coisas, Carla. Mas é que eu não sei como isso funciona.

– Então é bom começar a aprender, Rubens, porque para que o tratamento seja mais eficaz, as pessoas que estão próximas ao doente também precisam participar, porque isso faz bem para todos, melhorando a situação do enfermo mais depressa.

– Tudo bem, se precisar fazer esse tratamento pra ajudar Lorena, vou junto. Não tem problema. Mas quero que você venha com a gente.

– Está combinado, então. Vou ver o endereço, marco o horário e pego vocês.

***

E foi assim que, para surpresa de Rubens, Lorena chegou à casa espírita e nela conseguiu, em algumas semanas de tratamento intensivo e disciplinado, restabelecer o equilíbrio emocional, deixando as influenciações espirituais de lado pela neutralização de suas pressões psíquicas. Ao mesmo tempo, Rubens também foi ajudado, melhorando o ambiente mental que o escravizava, afastadas inúmeras entidades que se associavam ao seu modo de ser, gerando imagens mentais degeneradas e provocantes com as quais manipulavam seu desejo, projetando-o ladeira abaixo no rumo da perversão e do abuso sexual.

A presença de ambos na casa espírita dirigida por Ribeiro foi o marco transformador de suas vidas, evitando que Lorena fosse conduzida à internação sob a medicação química, ao mesmo tempo em que possibilitou que desenvolvesse a mediunidade com segurança, tão logo venceu o período depressivo, reequilibrando-se.

Rubens, por sua vez, começou a receber instruções de Jurandir, nas palestras e conversas que iam elucidando certas dúvidas. Passou a entender o grau de sua responsabilidade nos eventos que culminaram no desequilíbrio da esposa e, não mais submetido às pressões das entidades infelizes que o exploravam, viu diminuída a ansiedade sexual, reconduzindo suas práticas ao interesse natural e sadio do bom entendimento, nos reflexos do mecanismo hormonal na estrutura biológica. A volúpia e o descontrole haviam sido modificados, transformados em um comportamento normal, sem o furor da voracidade. A sua melhora auxiliou a recuperação de Lorena que, fortalecida pelas novas vibrações e pelo carinho recebido de todos os que a atendiam naquela instituição, retomava o equilíbrio e o viço, começando a entender o mecanismo da mediunidade, que desabrochara naturalmente e passaria a fazer parte de suas rotinas.

O marido, porém, apesar de impressionado com a eficácia e seriedade do trabalho magnético, ainda não estava maduro para as transformações mais profundas no seu entendimento materialista do mundo. Estava consciente de que Lorena não poderia afastar-se das tarefas mediúnicas e do tratamento magnético sem sofrer prejuízos no seu equilíbrio emocional e que ele próprio, recebendo os benefícios de tal terapia, deveria valer-se do passe magnético para manter a harmonia e restaurar as boas vibrações que se desgastavam nas lutas diárias.

A partir do tratamento espiritual, tanto ela quanto Rubens passaram a se entender de forma mais harmoniosa, encontrando um ponto comum para a troca de intimidades que contentasse a ambos sem prejudicar nenhum deles.

Com o afastamento do marido dos antros de permissividade e a sintonia com os amigos espirituais, o quadro da paz familiar se completou, preparando-a para seguir adiante.

Nos anos que se sucederam, Lorena engajou-se nas tarefas da instituição, como médium de incorporação e trabalhadora das atividades da evangelização. Rubens a acompanhava regularmente, falhando algumas vezes na frequência, mas nunca criando obstáculos para as tarefas da esposa.

Ia levá-la e buscá-la sempre que não a acompanhava.

Fizeram amizades no núcleo de trabalhos e hipotecavam amizade sincera a todos os trabalhadores que, desde o primeiro dia, os haviam acolhido com verdadeira fraternidade, inclusive Jurandir, o dirigente encarnado que lhes servia de professor, confidente e irmão mais velho. Foi graças ao aconselhamento do presidente da instituição que Rubens entendeu serem inadequadas as práticas sexuais que exploravam a prostituição, como fizera nos tempos de solteiro e repetira, mesmo depois de casado, alegando as limitações da esposa.

Explicava-lhes Jurandir que todas as criaturas que recorressem a esse estilo de viver eram dignas da mais sincera compaixão, mas os malefícios energéticos havidos naqueles que se mantinham em contato com o prostíbulo, em decorrência do tipo de espíritos que o acompanhavam de regresso ao lar, conspurcavam o ambiente familiar com o lixo fluídico trazido de tais lugares, o que se fazia extremamente pernicioso para ele próprio, sobretudo quando, como acontecera depois da maternidade, cuidavam de dois meninos que haviam vindo engalanar a vida do casal.

Além dos filhos, os irmãos do centro espírita eram a sua família.

Acontece que, envolvido nesse clima de amizade, não pareceu estranho a Rubens que, certa manhã, Peixoto o procurasse para falar de coisas estranhas acontecidas lá no centro espírita.

Referindo-se ao "caso Alceu" sem revelar os verdadeiros detalhes da história e ocultando deliberadamente seu interesse financeiro no caso, Peixoto estava à cata de aliados para produzir uma divisão na casa espírita, naturalmente manipulado pelos amigos infelizes que, de há muito, o assessoravam na intimidade dos pensamentos desregrados.

Aliado a Geralda, Moreira e a Cássio, os outros três que como ele, Peixoto, também se haviam afastado, o velho médium usaria sua longa permanência no centro para, se fazendo de idôneo, sincero e bem intencionado, pintar as coisas de forma a criar o clima de desconfiança, de perigo iminente, de falta de direção segura da instituição.

Sabendo Peixoto do caráter impressionável de Rubens, que contrastava com a docilidade de Lorena, escolheu lançar a semente de joio no espírito do marido, sobretudo por não possuir com a esposa a mesma liberdade que tinha com ele. Então, astuto e ardiloso, planejou usar Rubens para denegrir a imagem de Jurandir, lançando-lhe a dúvida para que, como esposo da médium, se tornasse mais um aliado na pressão sobre a tarefeira, fazendo com que ela também deixasse o trabalho.

Por outra parte, Geralda atacaria na outra frente, tentando solapar as resistências de Lorena, insinuando-lhe a desconfiança que, na fatídica noite dos fatos, não comparecera à reunião devido a problemas pessoais. Não tendo presenciado as ocorrências, não as saberia avaliar com isenção e neutralidade. Geralda usaria a relação de amizade construída entre elas ao longo dos anos para conseguir a sua adesão aos novos planos do grupo. Sairiam do centro e abririam um outro grupo mediúnico, sob a direção do próprio Peixoto. Não imaginava, porém, que Lorena fosse lavrada em outra madeira que não a de Geralda, leviana e volúvel. Diferente da dissimulada ex-cooperadora, Lorena nunca fora aberta a comentários inferiores acerca de seus irmãos de tarefa, sobretudo quando feitos pelas suas costas, não sendo do tipo de pessoa que sorria pela frente e conspirava pela retaguarda. O esforço de Geralda não prosperou no coração da amiga que, apesar de educada, lastimou a maneira falsa daquela que tentava criar um clima de desentendimento no seio da instituição generosa que os havia acolhido. Porém, o mesmo não aconteceu com Rubens que, confiando nas aparências de respeitabilidade de Peixoto, mordeu a isca da dúvida e passou a ver as coisas de outra forma. Do dia para a noite, esqueceu-se de tudo quanto lhes havia sido entregue nos trabalhos magnéticos da casa espírita, que abrira suas portas em hora tão difícil de seus destinos. Parecia nunca ter sentido o carinho dos irmãos compreensivos e pacientes, a devoção das entidades espirituais no atendimento dos próprios perseguidores para libertá-los do mal. Bastou a simples notícia ardilosamente plantada pela fala mansa e pegajosa do velho Peixoto, para que Rubens, sem profundidade de avaliação, se deixasse ferir pelo veneno da calúnia, considerando que, se um homem tão respeitável como o encanecido médium, com décadas de trabalho espiritual naquele centro havia julgado tão graves os fatos ocorridos, fosse melhor Lorena tomar cuidado com as coisas que desconhecia e, por isso, mais prudente também deveria ser afastar-se das tarefas, por precaução.

Foi assim, então, que as mesmas entidades cujo objetivo era a destruição dos luminosos núcleos de trabalho do Bem e que já haviam usado os interesses inferiores de Peixoto, de Cássio, Moreira e Geralda para afastá-los de lá, se ajustavam em busca de novos amotinados, atacando o espírito prático e imediatista do marido imaturo a fim de que, envolvido pela calúnia em suas perturbadoras vibrações, se tornasse aliado e passasse a ser pedra de tropeço no caminho da mulher, prejudicando a paz da instituição espírita cujo único móvel era o de servir com desinteresse a todo tipo de aflições que lhe batiam à porta.

E foi por isso que, desde algumas semanas, Lorena começara

a falhar nos trabalhos da Casa Espírita, pressionada pelo esposo, que fazia o jogo das entidades inferiores ao agasalhar a semente caluniosa e fazê-la germinar na planta espinhosa da desavença. Rubens parecia voltar aos velhos tempos, tentando influenciar a mulher e criando embaraços para a sua ida ao cumprimento de suas responsabilidades. No início, a conduta do marido foi sutil, usando desculpas para solicitar a companhia da esposa ao seu lado em reuniões festivas na empresa onde ele trabalhava, viagem a passeio, convites para o cinema, sempre nos dias e horários incompatíveis com as tarefas mediúnicas.

Lorena, que sabia de seus compromissos, pretendendo evitar contrariar o marido em todas as solicitações, acedeu a alguns deles de maneira inocente, imaginando que isso fosse uma maneira de Rubens demonstrar o seu carinho, desejando-a mais tempo ao seu lado, fora das rotinas do lar. Naquele dia, logo pela manhã, aproveitando a ausência dos filhos, que já tinham se dirigido para a escola, o marido tocou no assunto delicado fazendo entender a Lorena que talvez não lhe fosse mais propício continuar a frequentar aquela instituição.

Foi nesse momento específico que Ribeiro, Jerônimo e Adelino chegaram ao lar do casal, compreendendo, de um relance, todo o contexto que envolvia o afastamento da servidora, observando como o médium está sempre envolvido por pressões, por influências de todos os tipos, dependendo muito de si mesmo, de seu equilíbrio e discernimento para que faça as coisas que precisam ser feitas, tome as decisões que tenha que tomar, não importando quem sofra ou reclame.

A conversa que Rubens iniciava de maneira aparentemente inocente, no entanto, despertou em Lorena a análise de todo o contexto daquela cena. A presença de Ribeiro infundiu-lhe o equilíbrio mediúnico indispensável para que intuísse, num relance, toda a trama inferior sem as ilusões produzidas pelas palavras melífluas, adocicadas e mornas com as quais a calúnia se traveste para fazer seus adeptos.

Foi somente quando Rubens abordou a questão, que a médium ligou a conduta de Rubens aos telefonemas de Geralda, que a procurara com a mesma abordagem. Sim... tudo estava bem claro. Havia um complô das trevas usando a invigilância dos homens para tentar prejudicar o serviço do Bem através dos próprios trabalhadores. Sabendo da importância da disciplina de pensamentos e sentimentos, Lorena refutou as ideias do marido, com uma firmeza que ele próprio jamais havia observado nela.

— Olha, Rubens, eu respeito muito as suas ideias e não me oponho às decisões que você toma acerca do que lhe toca. No entanto, quero deixar uma coisa muito clara a você: não estou brincando com a vida. Estou na Terra para evoluir e ficarei muito feliz se isso puder acontecer conosco ao mesmo tempo, um ao lado do outro. Porém, não me venha sugerir condutas que envolvam meu afastamento da mediunidade e das humildes tarefas que executo no centro porque eu não lhe dou esse direito. Eu decido se vou e quando não vou mais. E não será pela boca leviana de pessoas como o senhor Peixoto ou da própria Geralda que irei transformar as bênçãos que todos nós recebemos como água cristalina da esperança, em fel de desventura. Aliás, muito me admira que esse senhor de cabelo branco, bancando o humilde e experiente servidor que diz ser, esteja por aí, de telefone na mão, fazendo um complô em busca de adeptos. Por que, ao invés disso, não foi à casa espírita pedir que lhe explicassem as coisas estranhas que diz terem nela acontecido. Quem se serve do telefone para espalhar a notícia, conta com a nossa credulidade para nos manipular, Rubens. Tenho certeza de que, depois que Peixoto falou com você, a imagem mental que faz de Jurandir já se modificou. Estou segura de que, agora, imagina o nosso amigo como um fingido, um desregrado que não sabe o que está fazendo, que usa da firmeza para intimidar os outros a fim de poder fazer o que lhe dê na vontade...

Arregalando os olhos, Rubens exclamou:

— Credo, isso é que é ser médium! Como é que você sabe que estou fazendo exatamente isso?

— Ora, Rubens, é isso que as entidades inferiores estão plantando em sua mente, graças ao espaço que você abriu às palavras levianas de um irresponsável desagregador da paz, esse senhor Peixoto.

Quando um homem se vale do peso de sua idade para usá-lo na tentativa de desajustar um trabalho honesto, ou está muito desequilibrado ou não é um homem decente. Prefiro considerá-lo no primeiro caso, como um obsedado manipulado por entidades astutas a supô-lo como um ardiloso envenenador ou um homem mal. No entanto, é preciso estar atento para não cairmos no canto da sereia, meu bem. E você, que está todo cavalheiro e atencioso comigo, não se engane. Se pensa que pode, com sua melosidade me afastar do trabalho, esteja certo de que me afasto é de você.

E não pretendendo dar mais espaço para a conversação, terminou:

– Estamos entendidos?

Meneando a cabeça como quem não tem outra escolha, Rubens disse:

– Tudo bem. Se é assim que você quer, que assim seja.

Não foi necessária qualquer intervenção direta dos espíritos amigos para que Lorena assumisse sua posição firme, sem qualquer apoio externo, determinando sua vontade na direção correta em respeito à verdade que havia encontrado, recordando-se, sobretudo, dos ensinamentos do Evangelho através dos quais Jesus nos advertia o raciocínio:

CONHECE-SE A ÁRVORE PELO SEU FRUTO...
UMA ÁRVORE BOA NÃO DÁ MAU FRUTO...
UMA ÁRVORE MÁ NÃO DÁ BOM FRUTO...

Ribeiro acercou-se da irmã dedicada e, com carinho paternal, beijou-lhe a fronte preenchendo-a de satisfação espiritual. Logo depois, acercou-se de Rubens e, sobre seu coração imaturo, depositou um jato de luz a fim de acalmar-lhe as inquietações enquanto sussurrava aos seus ouvidos palavras de carinho e confiança de modo a diminuir-lhe as apreensões.

Depois, então, abençoando aquele ambiente no qual diversas entidades inferiores tinham se aboletado para assistir o desenrolar da trama e participarem com suas pressões, envolveu a todos numa onda balsamizante irresistível de energias, graças às quais, a maioria adormeceu onde estava, sem condições de ausentar-se do local.

Ato contínuo, comunicou-se mentalmente com trabalhadores da instituição, solicitando a vinda de um dos veículos transportadores que trabalhavam no recolhimento de espíritos como aqueles a fim de levá-los ao destino que lhes cabia.

Não tardou para que uma pequena caravana desse entrada no local, incumbindo-se de recolher quarenta e duas entidades inferiores adormecidas no mal, que se surpreenderiam desagradavelmente quando despertassem no estranho ambiente vibratório da Lua, à espera do destino definitivo que aguardava os espíritos banidos da Nova Humanidade.

– Bem, meus filhos, graças à vigilância de uma única irmã, diminuímos o estrago que o mal vinha engendrando, imaginando que a Obra de Deus se resume a uma pobre instituição física onde se tenta viver o Amor da forma menos imperfeita possível. Agora, já não temos mais o que fazer aqui.

Dando por encerrado o pequeno trabalho, Adelino desejou saber:

– Iremos visitar Peixoto agora?

Entendendo a preocupação do espírito amigo, Ribeiro respondeu:

– Não será necessário, meu amigo. Nosso irmão Peixoto já escolheu o caminho por sua própria conta e encontrará os espinhos de que necessite. Coloquemos nosso irmão em nossas preces porque ele não nos deseja como seus amigos. Já escolheu suas verdadeiras companhias e, assim, irá com elas para o destino comum que os aguarda. Quanto a nós, trabalhemos junto aos que ainda estão procurando um novo caminho. Vamos... temos muitos a ajudar nesse sentido.

36

JULGADOS PELO DIA A DIA

Nos dias que se seguiram, cada trabalhador da casa espírita prosseguia com suas rotinas naturais entre relacionamentos familiares e os aprendizados específicos decorrentes das lutas pela sobrevivência.

Todos traziam o espírito preparado para a continuidade das lições ao lado de Bezerra. Entretanto, as aulas seriam diferentes para cada um dos que lá estavam.

Foi com esse fim que Jerônimo e Adelino receberam de Bezerra a incumbência de acompanhar alguns dos trabalhadores efetivos da instituição por um período de vinte e quatro horas a fim de que, das experiências que vivenciassem, se extraíssem os ensinos fundamentais na compreensão dos mecanismos de seleção das criaturas.

A primeira a ser observada foi Meire, a médium que estivera no grupo de investigação dirigido por Bezerra.

Ao chegarem em sua casa, encontraram-na às voltas com a organização das crianças que se dirigiam à escola. À espera do veículo que os transportaria para o estabelecimento de ensino, o filho mais velho observou a falta de um dos livros escolares.

– Mãe, mãe, onde está o meu livro? Hoje é dia de prova e vou precisar dele... – agitava-se o garoto, nos seus dez anos incompletos.

– Ora, Luciano, como é que eu vou saber. Já falei que você tem que tomar conta de suas coisas.

— Eu estava estudando ontem, mãe. Depois fui dar uma volta enquanto a Maria ia limpar o quarto. Quando voltei, fui estudar outra coisa pensando que tinha guardado o livro, mas, agora, não estou achando – repetia, nervoso, por não conseguir encontrar o livro dentro de sua mochila escolar.

— Vá lá no seu quarto correndo, Luciano, procure rápido porque a perua deve estar para chegar... – falou a mãe, aflita.

Lá foi o menino, desesperado, atrás do material que faltava, enquanto Meire ficava com o outro filho mais novo, esperando o transporte.

E de lá, escutou o filho, descontrolado, gritando:

— Mãããããããããeeeeeee! Não estou achando... sem esse livro vou tirar zero na prova... Mãããnnnnnhhhhhêêêêêêêêêêêêêêê!

Meire começava a ficar agitada com a pressão, mas não podia deixar o filho mais novo sozinho.

Entrou com o pequeno, já nervosa.

— Fica aqui, Juninho, e quando a perua chegar, diz que eu já venho! – disse, trancando o portão da casa para que o filho não ficasse em perigo.

Lá se foi a mãe atender ao filho que, quase chorando de nervoso, revirava o seu armário de estudos:

— Foi a burra da Maria... essa mulher não pode ver as coisas fora de lugar que esconde tudo. A Maria arruma meu quarto de um jeito que só depois de dois dias é que eu encontro minhas coisas... – ia acusando, o menino, imputando à pobre funcionária a culpa pelo desaparecimento de seu livro.

Meire ia piorando a situação com o próprio descontrole. Virava e revirava as gavetas da escola e nada.

— Luciano, você não deixou o livro em outro lugar qualquer? Na sala, no quintal, na casa de seu amigo...?

– Não, mãe, tenho certeza, ele estava aqui antes da Maria-furacão entrar no meu quarto.

– Essa Maria, já falei para colocar as coisas no mesmo lugar para que não desapareçam depois da limpeza... – comentou Meire, irritada com a serviçal da família.

Nesse meio tempo, soou a buzina da perua de transporte escolar.

– Ah! Mãe, estou perdido... – falou Luciano.

– Isso é pra você aprender a pôr ordem nas suas coisas, seu menino distraído.

– Mas a culpa não é minha, mãe. É tudo culpa da Maria, aquela idiota. Se eu tirar zero – falava Luciano, chorando – a culpa vai ser dela.

Lá debaixo soou a voz do pequeno Júnior:

– Maaaaaaaaaaaaaaanhêêêêêêêêêê!!!!!!! A perua chegooooooooooooooooooou!

Sabendo que o transporte escolar não esperava, Meire disse a Luciano:

– Olha, vai indo com seu irmão que eu vou continuar procurando. Quando a Maria chegar, certamente ela vai saber onde colocou o seu livro e, então, levo até a sua escola na hora em que for pro meu trabalho... vai logo antes que a perua desista de esperar.

Contrariado com a ocorrência, Luciano saiu correndo e, juntamente com seu irmão, ingressou no veículo com o rosto vermelho de choro.

A empregada da casa ainda não havia chegado.

Meire, contaminada com o desequilíbrio do filho, começara a relembrar os defeitos da infeliz servidora. Agora, precisando atrasar seus compromissos profissionais para encontrar o livro do filho, a dona da casa relacionava os deslizes que a funcionária já havia tido no serviço do lar.

– Essa Maria é uma avoada mesmo. Já quebrou dois copos, só neste mês. Outro dia, foi embora e não varreu a sala. Semana passada deixou um litro de leite fora da geladeira, que o gato derrubou, fazendo a maior sujeira. Desse jeito não dá. A gente paga o salário correto, mas esses empregados abusam da nossa paciência.

Meire ia se inflamando com as recordações de pequeninas faltas, aliás muito naturais na vida de qualquer família.

Não se lembrava, por exemplo, que os próprios filhos Luciano e Júnior, tinham quebrado pelo menos cinco copos naquele mês, além de destroçarem o controle remoto da televisão e riscarem os dvds brincando de disco voador. Nem dava importância ao fato de ela própria ter-se esquecido de preparar o manjar para a recepção da noite na comemoração do aniversário do marido, o que fez com que, lá de seu trabalho, incumbisse Maria de fazer o mencionado doce, assoberbando a funcionária, já comprometida com as obrigações gerais da casa, agora com as tarefas de cozinheira. Foi essa a raiz do desastre que envolveu o faminto gato que Meire não havia alimentado no dia anterior e que foi defender-se da fome na embalagem de leite que estava disponível sobre a pia.

Na verdade, sem ser má patroa, Meire costumava exigir sempre dos outros e desculpar sempre as próprias faltas.

Quando a pobre Maria se apresentou ao serviço na hora costumeira daquela manhã, encontrou a patroa azeda.

– Bom dia, dona Meire – falou a jovem.

– Antes fosse bom dia, Maria. A coisa já começou pegando fogo por aqui.

E sem entender o que havia acontecido, a pobre funcionária perguntou:

– Mas o que aconteceu, "sinhora"?

– Quantas vezes já lhe disse para não mudar as coisas de lugar na hora da arrumação, Maria – disse Meire, ríspida. Luciano tem prova hoje e não achou o livro que precisava levar. Saiu desesperado e me deixou aqui, camelando para encontrar. Só você pra nos dizer onde foi que enfiou o livro do menino.

– "Num" peguei livro nenhum não, dona Meire – defendia-se a moça, observando a injusta acusação.

– Ora, Maria, então fui eu que escondi o livro do meu filho para ele tirar zero na escola e, depois, poder dar-lhe umas palmadas merecidas... deve ter sido isso, não é mesmo? – respondeu a patroa, ironizando.

– Olha, dona Meire, eu num sei quem é que foi, mas, "agarantcho" pra sinhora que eu é que num fui. Num vi nenhum livro onti. Varri o chão do quarto do Luciano depois que ele saiu, arrumei a cama, "drobei" as "cuberta", botei os "trem" dele nos lugar de sempre e só isso.

– Mas o certo é que o livro sumiu, Maria. E Luciano precisa dele pra prova na escola, hoje. Fiquei de encontrar e levar até lá. Você vai ter de procurar.

– Óia, dona Meire, "campiá" eu "campio", mas esse negócio tá me "cherano" as "arte" do coisa ruim...

– Que coisa ruim, Maria – respondeu Meire, sem paciência – tá ficando maluca você também?

– É que aqui oceis num tá custumado a vê as arte do capetinha.

– Que capetinha que nada, aqui na minha casa não tem essas coisas. E você não fica se escondendo atrás do capeta para tirar a culpa das suas costas não, Maria. Vai lá, com capeta ou sem capeta, e trate de achar o livro do Luciano.

– Tá bão, patroa, mas não foi curpa minha não. – tentava se inocentar a funcionária humilde.

Meire, nervosa, tinha que se arrumar para o trabalho enquanto a empregada revirava o quarto do menino, sem encontrar nada. Levantou o colchão, puxou os móveis, abriu os armários, tudo em vão.

Meia hora depois, pingando suor, Maria volta até a cozinha, onde está a patroa tomando café à beira da pia.

— Óia, dona Meire, se num foi o capeta, isso tá me "cherano" coisa do seu ajudante...

— Ora, Maria, me poupe dessas crendices... – ajudante do capeta – era só o que me faltava...

— É sim, dona Meire... é coisa do Saci-pererê... aquela coisa "muleca" que sai por aí dando sumiço nos "trem das pessoa". Eu cacei por "tudos lado", mas num vi nada de livro do menino. Só podi sê das arte do saci...

— Maria – disse Meire, irritada com a pobre e ingênua funcionária – já disse pra você parar de ficar pondo a culpa nos outros. Não quero mais saber de coisas sumindo por aqui. Para mim, isso foi arte da Maria mesmo e, pelo que estou percebendo, você nem é o capeta nem é o saci. Por isso, não estou mais com paciência para tolerar suas distrações. Hoje o que sumiu foi o livro do Luciano. Já pensou no dia em que o que sumir for o seu emprego?

Arrematando a conversa, diante de Maria, cabisbaixa, Meire saiu dizendo:

— Vou passar na escola e explicar pra professora que você sumiu com o livro do Luciano e ver se ela pode contornar o problema enquanto compro outro. E vou descontar isso do seu salário...

Triste com a acusação injusta, Maria não conseguiu impedir que os olhos se enchessem de lágrimas, procurando compreender o nervoso da patroa. Então, antes que ela saísse, respondeu:

— Se isso faz "farta pra sinhora, podi discontá do meu pagamento, mais qui num foi eu, isso é que num foi... foi o saci, isso sim...

foi o saci..." – falava Maria, chorando pela injustiça, sem se revoltar com a acusação.

Meire fechou a porta pensando onde foi que conseguira uma funcionária tão incompetente e tão burrinha como aquela.

– Só problema... só problema... logo cedo... pelo jeito, hoje o dia vai ser daqueles... – falava Meire consigo mesmo.

Quando começava a manobrar o carro para tirá-lo da garagem, viu acercar-se uma pessoa da vizinhança.

Era a mãe de Ronaldo, o amigo de Luciano.

– Meire, Meire... espere um pouco... – falava a mulher, acenando para chamar a atenção da motorista.

Abrindo o vidro do carro, Meire tentou mudar a cara de irritação, esforçando-se para sorrir e improvisando um falso "bom dia".

– Oi, Marisa, bom dia... O que foi?

– Olha, Meire, ontem o Luciano esteve lá em casa estudando com o Ronaldo, mas acho que se esqueceu de levar o livro de volta. Deixou-o lá. E como vão ter prova hoje, estou com o livro aqui pra lhe entregar. Desculpe não ter trazido antes, mas foi só agora que encontrei. Tinha caído atrás de uma almofada do sofá e ninguém percebeu.

Meire estendeu o braço, aliviada, pegou o livro "desaparecido" e sorriu, agradecida.

– Puxa vida, Marisa, que bom que você encontrou. Estou desesperada atrás dele desde que amanheceu. Estava indo até a escola falar com a professora e comprar um exemplar novo. Graças a Deus! Obrigada, minha amiga. Vou correndo entregar o livro pro distraído do moleque. Esses meninos... não perdem a cabeça porque está grudada no pescoço.

Despediram-se e, atrasada para o trabalho, Meire saiu acelerada pela rua, na direção da escola. Em sua mente, no entanto, as acusações contra a empregada agora pululavam como uma injusta condenação.

Com dificuldades para assumir a culpa e para dar o braço a torcer, na condição de patroa, Meire considerou:

– Maria é uma distraída mesmo. Se não foi neste caso, certamente já perdeu muitas coisas e, então, mereceu a reprimenda. Não vai saber que o livro sumiu por culpa do Luciano. Vou dizer que comprei outro e pronto.

Sua consciência, entretanto, lhe dizia sobre a necessidade de pedir desculpas à pobre e injustiçada moça.

O orgulho existente nas pessoas e em suas relações pessoais e profissionais, porém, a aconselhava em sentido contrário:

– Desculpa? Eu? A patroa não pode pedir desculpas porque, senão, a empregada cria asas e, aí então, ninguém mais aguenta a convencida. Melhor que esqueçamos o acontecido. Amanhã ninguém vai falar mais no assunto. Depois lhe faço um agradinho qualquer e tudo fica bem.

Chegou à escola, entregou o livro e partiu para o trabalho.

Ao seu lado, Jerônimo e Adelino se entreolhavam, observando como as pessoas ainda estão despreparadas para a modificação verdadeira, para a superação de seus defeitos nas pequenas coisas da convivência.

Meire correu para o trabalho. Estava atrasada e o chefe, sempre disciplinador, iria cobrar-lhe por isso. Já pensava em como ensaiar a desculpa. Inventaria que havia precisado levar o filho ao médico logo pela manhã, antes de ir à escola e que, assim, se atrasara.

Chegando ao escritório, escutou do enérgico e inconveniente chefe o irônico cumprimento:

– Boa tarde, dona Meire.

– Bom dia, seu Carlos. Desculpe-me o atraso, mas é que meu filho...

E sem esperar que ela completasse a frase, o superior hierárquico respondeu:

— Ficou doente logo cedo e a senhora precisou levá-lo ao médico, antes de ir à escola, não é mesmo?

Colhida de surpresa com a observação, Meire só conseguiu responder:

— Como é que o senhor sabe? Estava lá no pronto-socorro também?

— Não, dona Meire, é que todos os meses a senhora apresenta certas justificativas para o costumeiro atraso e, observando que neste mês ainda não havia usado o hospital, tinha certeza de que seu filho tinha ficado doente.

Sem graça, Meire se fez de ofendida, procurando contornar o mal-estar com um sorriso amarelo:

— É que o senhor não tem filhos, seu Carlos. Cada dia é uma surpresa nova. Ainda mais neste período de frio, vira e mexe a gente precisa levar um ou outro ao pronto socorro, é inalação, falta de ar, nariz escorrendo, gripe, bronquite... isso sim.

— Está bem... mas esteja certa de que vou descontar isso do seu salário – falou Carlos, rigoroso.

— Mas não é justo, seu Carlos. Estou sendo verdadeira com o senhor. Por favor, compreenda meu problema. Preciso do salário porque temos muitas despesas em casa. O senhor sabe como são as coisas, dois filhos consomem muitos recursos.

— Se é assim, deveria ter pensado melhor antes de engravidar. Não pense que será a empresa que vai arcar com gastos aumentados pela vontade de terem filhos. Trabalho é trabalho, não tem conversa. Somando os seus atrasos deste mês, vou descontar dois dias de serviço de seu salário.

Meire começava a ficar ainda mais irritada com o chefe, mas não podia lhe dizer nada.

— E se não estiver contente com o desconto, pense bem no dia em que descontarmos os 30 dias, no dia em que você não tiver mais o salário. Por isso, acho que seria prudente que parasse de abusar da nossa paciência, antes que perca o emprego.

As frases de Carlos feriam profundamente o orgulho de Meire que, envenenada na alma, a duras penas continha as lágrimas.

Tais advertências lhe eram feitas diante dos outros funcionários que, sem falarem qualquer palavra na defesa da colega, também temiam perder os próprios empregos. Meire não podia contar com o apoio de ninguém, a não ser de seu próprio autocontrole.

Respirou fundo, contou até dez e, então, sentou-se em sua mesa para que não demonstrasse o estado de desequilíbrio produzido por seu orgulho ferido e por uma raiva que lhe fazia tremerem as pernas.

Carlos se ausentou da sala.

Os amigos do trabalho entreolharam-se como a querer lhe prestar solidariedade, sem, entretanto, abrirem a boca. Sabiam que o chefe tinha o hábito de escutar atrás da porta para saber quem criticava sua conduta áspera e inadequada, pelas costas. Por esses critérios, ia escolhendo aqueles sobre os quais exercia maior fiscalização e era mais rigoroso, sempre procurando a eficiência do atendimento ao público no setor que era de sua responsabilidade.

A tarefa de Meire, naquele dia, era a de atender ao balcão, prestando informações ou recolhendo as reclamações dos clientes.

Estava tão nervosa e irritada que, na verdade, sua vontade era a de ofender qualquer cliente que viesse com palavras duras, entre os quais o próprio Carlos, seu chefe. Sabia, porém, que com ele não poderia extravasar sua raiva, por óbvios motivos.

Tudo o que seu superior lhe havia dito era verdade. Costumeiramente chegava atrasada no emprego e, como sempre, alinhavava desculpas mentirosas. No entanto, estar ciente disso não lhe bastava para acalmar o orgulho ofendido nem lhe garantia um pouco de equilíbrio e paciência para com o superior exigente. Pensava ela, dando ouvidos ao insidioso defeito que a dominava naquela hora:

– Ele não tem o direito de me jogar na cara as coisas desse jeito. Ainda mais na frente dos outros.

Esses pensamentos demonstravam que seu Espírito não houvera assimilado quase nada da excursão noturna de dias antes, quando acompanharam inúmeros casos de pessoas nas mesmas situações, onde, a eclosão do orgulho machucado tornava as pessoas incapazes de suportar qualquer ataque sem se molestarem ou se melindrarem.

Apesar disso, tinha que atender gente simples, gente do povo, clientes descontentes com os serviços da empresa, reclamando de produtos.

E seria ali que ela colocaria à prova a sua condição de candidata à Nova Humanidade.

Ao invés de recorrer à oração, pedindo forças a Deus para superar-se a si mesma ou apelar para os espíritos amigos, entre os quais estavam Jerônimo e Adelino, ali presentes ao seu lado, Meire se deixou levar pela leviandade do descontrole e, com a cara amarrada, começou o dia de trabalho da pior maneira possível.

Seca, atendia os clientes com má vontade.

– Com um cavalo vestido como esse Carlos na chefia, é melhor que esta empresa feche mesmo. Assim, ele também perde o emprego. Que se danem os clientes. Tomara que não comprem nada – pensava consigo mesma, como se isso fosse correto de sua parte.

Na verdade, sentindo-se injustiçada, procurava se vingar, sem se lembrar da injustiça por ela mesma praticada horas antes, com a pobre Maria, lá em sua casa.

A manhã ia seguindo nesse azedume, captando para si as inúmeras entidades infelizes que chegavam com os vários clientes, achegando-se à mulher graças à sua irritação somada à facilidade de sintonia que a mediunidade oferece aos espíritos.

A cada hora, com cada cliente e em cada atendimento ela via piorar seu estado geral.

Não demorou muito para que a dor de cabeça fizesse latejar seu crânio obrigando-a a recorrer a um comprimido. Mais uma vez culpava Carlos por sua dor física e votava-lhe pensamentos odientos de contrariedade e repulsa.

Os amigos invisíveis acompanhavam tais rotinas anotando-lhe as reações e catalogando seus sentimentos e pensamentos mais secretos.

Por três vezes, discutiu com clientes inconvenientes que procuraram o balcão da loja para reclamar de defeitos nos produtos ali adquiridos valendo-se de grosserias e palavras duras, que a funcionária escutava, absorvia e reagia com igual indignidade.

– Você é uma "cumpincha" desse povo ladrão que nos empurra produtos com defeito e, depois, não quer trocar. Hoje tem o Código do Consumidor pra prender gente que nem vocês – falava o cliente, querendo ter razão.

– Sim, tem o Código mesmo. E é por isso que o senhor não tem direito. O senhor modificou o produto quando ele não funcionou corretamente. O senhor abriu, quebrou o lacre, modificou as peças e, somente depois de tudo isso é que veio reclamar. Quem garante que não foi o senhor mesmo que o quebrou e, agora, está querendo um outro novo para pôr no lugar?

– Você tá me chamando de mentiroso, sua insolente? Tá dizendo que eu to inventando coisas? Você me respeite, senão eu chamo a polícia aqui mesmo. Por acaso, você sabe com quem tá falando? Está me acusando de desonesto, dizendo que quebrei o produto de propósito?

Não aguentando a pressão e a grossura do cliente, Meire respondeu com ironia:

– Vai ver, então, meu senhor, que foi obra do capeta ou do saci-pererê?

O cliente arregalou os olhos e respondeu, assustado:

— Não brinque comigo, não, sua moça. Eu sou Evangélico e sei que o Diabo tem muito poder. Mas neste caso, o diabo são vocês que fazem estas porcarias e, depois, na hora de consertar, ficam empurrando a responsabilidade para os outros. Tenha sido o diabo ou não, eu quero um produto novo, senão vou procurar o doutor promotor de Justiça.

Perdendo a paciência, descumprindo as determinações da própria empresa, Meire respondeu:

— Pois o senhor pode procurar o promotor, o bispo, o papa e até o Satanás em pessoa, mas esteja certo de que não vamos lhe dar um produto novo, não. São as regras da empresa e pronto.

Sem esperar a resposta indignada do cliente, gritou para a fila que esperava atendimento, amedrontada com a agressividade da funcionária:

— Próximo...

— Pois não saio daqui enquanto não resolverem meu problema... pode gritar quanto quiser.

Vendo a situação ficar no limite da agressão generalizada, porque os outros da fila também queriam ser atendidos e não tinham paciência para esperar a solução daquele caso, alguns colegas se levantaram de suas mesas e foram até o balcão dar apoio à Meire que, nervosa, estava à beira do descontrole.

Quase hora do almoço de um dia infernal, cheio de capetas e sacis por todos os lados. E tudo isso por culpa dela própria, das escolhas que tivera desde a manhã.

Pouco antes da pausa para a alimentação, eis que Carlos a convoca ao seu escritório.

— Era só o que me faltava. Ter de ir falar com essa cascavel horrorosa.

Lavou o rosto para acalmar-se, ensaiou um sorriso fingido e apresentou-se ao chefe:

— Dona Meire, acabei de receber um telefonema que pede a sua presença na escola de seu filho. Parece que ele passou mal.

Meire foi ficando branca, branca.

Vendo sua reação, o ríspido chefe tentou aliviar-lhe a preocupação:

— Não fique assustada não, dona Meire. Não parece ser nada grave. Mas a estou dispensando do turno da tarde para poder ir ver seu filho.

Sentindo, pela primeira vez, a compreensão do chefe, Meire agradeceu-lhe a dispensa, procurando sair rapidamente.

No entanto, antes que ela deixasse o gabinete, Carlos chamou-a novamente para lhe dizer:

— E, dona Meire, desculpe-me pelo mau juízo que fiz hoje a seu respeito. Seu filho devia estar doente mesmo. Não gosto de ser injusto com as pessoas. Perdoe-me...

Meire lhe endereçou um aceno de cabeça como a lhe dizer que não havia nenhuma mágoa no coração e saiu correndo em busca do veículo para ir à escola, onde Luciano, nervoso desde a manhã, tivera uma crise de bronquite justamente na hora da prova.

Enquanto dirigia o carro pelas ruas da cidade, Meire pensava consigo mesma:

— Não é que esse seu Carlos não é tão ruim quanto parece? Foi até capaz de se desculpar comigo... Mal sabe ele que o que contei era mentira mesmo...

E acompanhava o pensamento com uma gargalhada, zombando da inocência do chefe, colhido pelas armadilhas do destino. Mas mesmo sem querer, foi uma boa vingança, isso foi...!

Em momento algum, entretanto, pensara que Carlos, firme e disciplinador, tivera muito maior nobreza de caráter e agira com muito maior correção com ela do que ela o havia feito com a pobre Maria.

Ali estava o orgulho que faz calar o coração, o ódio que o sufoca, a falta de equidade nas relações sociais demonstrando seus efeitos danosos na atitude das pessoas.

Maria estava num caminho certo para a aquisição das virtudes que se esperavam de todos os eleitos para as novas etapas da Humanidade Renovada. Carlos, o chefe áspero, precisava limar certas arestas, mas trazia o senso de justiça acima do orgulho, sacrificando seu ponto de vista e solicitando publicamente o perdão pela injustiça supostamente cometida.

Meire, ao contrário, estava muito pior do que eles, mal encaminhada por si própria nas menores condutas de seu dia a dia, graças à impaciência, à arrogância, ao orgulho que não se desculpa, ao melindre, à mentira, à falsidade, à dissimulação e, o que era mais comprometedor, conduzindo-se por essa estrada apesar de se dizer Espírita e de ser médium atuante.

37

FORA DA CARIDADE NÃO HÁ SALVAÇÃO

Terminado o dia ao lado da pobre Meire, a noite esperava os membros do centro espírita para o trabalho regular no atendimento dos desencarnados necessitados de uma palavra de amor e compreensão.

No estado de ânimo em que se encontrava, a pobre médium não estava nos melhores dias. Vivenciando a mediunidade não como um apostolado, mas como um compromisso com dia e hora marcados, Meire se encomendava aos tratos dos amigos espirituais que deveriam ter o trabalho de "fazer-lhe uma limpeza" antes de se começarem as tarefas da noite. Como a maioria dos médiuns invigilantes ou despreparados para o mandato mediúnico, ela não passava de uma sensitiva, dessas que não se tornaram responsáveis por si mesmas, policiando suas condutas mentais, suas palavras, exercitando a humildade diariamente, o controle das emoções, a capacidade de compreender os erros alheios, adotando uma postura de correção íntima. Meire vivia como o mundo a empurrava e, na sua visão imatura, acreditava que os Espíritos deveriam protegê-la, inclusive contra entidades que a envolvessem.

Quando chegou ao centro espírita, estava exausta. Não havia feito uma prece sequer antes de se oferecer a Jesus e aos Espíritos.

— Ai, seu Jurandir, eu preciso de um passe. Hoje meu dia foi um desastre completo. Se não fosse a doutrina, não sei o que teria feito. Graças a Deus a gente tem o Espiritismo e pode contar com os seus ensinos para não perder o controle. Mas mesmo assim, acho que estou carregada. Meu chefe é um homem muito difícil e é um curso de paciência. Minha empregada é uma desastrada, meu filho teve um "piripaque", tenho que atender um povo sem educação, tudo isso vai desgastando a gente que, como médium, acaba pegando tudo de ruim que os outros trazem.

Ao seu lado estavam Jerônimo e Adelino que, desde as primeiras horas da manhã, puderam acompanhá-la e observar qual havia sido, efetivamente, a Verdade. Os dois se entreolharam com um sorriso que dizia muito mais do que milhares de palavras.

Que coragem ela tinha de se colocar na posição de vítima do mundo, jogando a responsabilidade de seu estado geral nas costas de pessoas que, de uma forma ou de outra, haviam demonstrado ser muito melhores do que ela própria! E fazia isso sem ficar vermelha de vergonha.

É que a pessoa, quando se vicia na mentira, nos exageros da autocomiseração, perde o bom senso e passa a se esconder atrás de desculpismos intermináveis com os quais espera obter a compaixão alheia, ficando na condição de "coitadinha".

Jurandir, que já conhecia a personalidade exagerada de Meire, encaminhou-a ao passe magnético para ver se, com esse atendimento, ao menos lhe garantia um pouco de equilíbrio e calma para os trabalhos da noite.

Realmente, a mulher era um verdadeiro caminhão de lixo. As vibrações degeneradas, a raiva vivida e exteriorizada em palavras e olhares, pensamentos e emoções vis fustigavam sua atmosfera psíquica, além de atrair uma grande quantidade de espíritos que necessitavam de amparo.

Os dois amigos que a secundaram naquela jornada diária se

acercaram de Ribeiro e Bezerra, no salão dos trabalhos mediúnicos, para relatarem as observações.

– E então, meus filhos, como foi o primeiro dia?

– Muito instrutivo, paizinho – exclamou Adelino. Pudemos observar como a rotina humana é administrada pelas criaturas como se as exortações do Evangelho fossem água cristalina somente para os momentos do culto. Fora dele, a maioria das pessoas prefere servir-se do fel do destempero, do lodo da raiva, da mentira, da acusação injusta. Então, pudemos observar a imensa quantidade de oportunidades do Bem que nossa irmã desperdiçou pela vivência dos velhos defeitos na convivência do dia a dia: o orgulho, o egoísmo e os daí decorrentes.

– E o mais interessante – completou Jerônimo –, é que ela se apresenta aqui a pedir passe magnético acusando o mundo à sua volta e culpando a todos pelos seus males pessoais. Não bastasse nada ter feito para aplicar o Evangelho que conhece de ouvir e ler, vem tornar-se peso exigindo a cooperação de encarnados e desencarnados para que resolvam o seu problema. É a velha história de recorrer ao Pai para que Ele nos abasteça dos bens que nós deveríamos estar produzindo.

Observando-os assim, francos, mas sem hostilizarem a irmã que acompanharam, Bezerra completou:

– E olha que nossa irmãzinha já melhorou em várias áreas de sua personalidade. A maioria dos encarnados está numa vida de faz de conta. As pessoas estão vivendo para o cemitério ao invés de viverem para a eternidade. Quando isso acontece, os encarnados se apegam às coisas da Terra, tentam resolver seus problemas no imediatismo, inventam desculpas, mentem e tergiversam, se permitem uma conduta sem pudores ou valores elevados se isso se fizer necessário à conquista dos bens do mundo que tanto disputam até os limites da sepultura, onde são obrigados a abandoná-los em definitivo. Quando, no entanto, as pessoas vivem para a eternidade, observam a durabilidade da vida verdadeira e não perdem tempo com as condutas mentirosas, mesquinhas, iludindo-se com falsas expectativas. Por isso, encontram motivação suficiente para viver experiências melhor definidas nos valores que defendem, nos princípios que cumprem, nas virtudes que ostentam. E desenvolvem coragem suficiente para fazer isso, mesmo quando tais atitudes os coloquem contra a maré da maioria, mesmo que sejam criticados, ironizados e tomados por tolos. A falta de firmeza da vontade na escolha deste caminho reto pode fazer a criatura desperdiçar as melhores oportunidades de crescimento.

O horário anunciava a necessidade de se prepararem para o trabalho.

Naquela noite, Bezerra falaria através de Dalva, exortando a todos à continuidade das lutas no Bem, no aproveitamento das horas, sobretudo falando acerca da Caridade, cujo capítulo respectivo de O EVANGELHO SEGUNDO O ESPIRITISMO competia aos encarnados ler e comentar antes do trabalho mediúnico.

Assim, o texto do capítulo XV da obra básica da Doutrina Espírita se fez ouvir, exortando os seres humanos a buscarem a salvação através da prática da Caridade:

(...)

34 Então dirá o Rei aos que estiverem à sua direita: Vinde, benditos de meu Pai, possuí por herança o reino que vos está preparado desde a fundação do mundo;

35 Porque tive fome, e destes-me de comer; tive sede, e destes-me de beber; era estrangeiro, e hospedastes-me;

36 Estava nu, e vestistes-me; adoeci, e visitastes-me; estive na prisão, e fostes ver-me.

37 Então os justos lhe responderão, dizendo: Senhor, quando te vimos com fome, e te demos de comer? ou com sede, e te demos de beber?

38 E quando te vimos estrangeiro, e te hospedamos? ou nu, e te vestimos?

39 E quando te vimos enfermo, ou na prisão, e fomos ver-te?

40 E, respondendo o Rei, lhes dirá: Em verdade vos digo que quando o fizestes a um destes meus pequeninos irmãos, a mim o fizestes.

41 Então dirá também aos que estiverem à sua esquerda: Apartai-vos de mim, malditos, para o fogo eterno, preparado para o diabo e seus anjos;

42 Porque tive fome, e não me destes de comer; tive sede, e não me destes de beber;

43 Sendo estrangeiro, não me recolhestes; estando nu, não me vestistes; e enfermo, e na prisão, não me visitastes.

44 Então eles também lhe responderão, dizendo: Senhor, quando te vimos com fome, ou com sede, ou estrangeiro, ou nu, ou enfermo, ou na prisão, e não te servimos?

45 Então lhes responderá, dizendo: Em verdade vos digo que, quando a um destes pequeninos o não fizestes, não o fizestes a mim.

46 E irão estes para o tormento eterno, mas os justos para a vida eterna.

Após a leitura e os rápidos comentários dos presentes sobre a passagem de Mateus, a prece harmonizou o ambiente, preparando os médiuns para o início do serviço da mediunidade, sempre inaugurado pela palavra da entidade amiga responsável pela instituição.

Naquela oportunidade, entretanto, Ribeiro havia cedido essa tarefa ao nobre Médico dos Pobres que, junto à médium com quem mais se afinizava, falaria sobre tão importante tema Evangélico:

"Em vão os homens têm lido as Sagradas Escrituras buscando vaticínios, revelações ou a solução de mistérios da fé como alguém que, olhando para o céu, procura pela luz, mas é incapaz de reconhecer a claridade do Sol.

Em inumeráveis passagens evangélicas encontram-se dispostas as orientações do Cristo acerca da estrada reta, do caminho da iluminação, das condições para a conquista da chamada Salvação.

Os capítulos e versículos das Escrituras nos oferecem verdadeiro manancial de passagens bíblicas nas quais a palavra lúcida do Divino Mestre assegura o roteiro da salvação a qualquer um que tiver olhos de ver e ouvidos de ouvir.

No entanto, ainda assim, boa parte da Humanidade cristã tem-se debruçado sobre estas frases sem lhes identificar a luz meridiana a fluir de cada sílaba, procurando decorar-lhes o fraseado sem entender-lhes a essência. Por tal estrabismo, ingênuo em algumas circunstâncias, mas deliberado na maioria dos casos, poucos têm-se valido de exortações tão lúcidas quanto de alertas tão oportunos.

Então, interesses de ordem material interferem nas pregações, nas interpretações, nos entremeios morais para desnaturar a autenticidade da mensagem cristã, sempre visando a conquista do reino do mundo em detrimento do acesso ao Reino de Deus.

A passagem evangélica desta noite não deixaria margem a nenhum equívoco, não fosse a malícia dos homens a reduzir o conceito mais nobre à sua expressão pecuniária mais sórdida. Observemos o extremo cuidado e zelo do Celeste Amigo ao informar como fazer para que, no momento da separação das almas, a seleção se fizesse por critérios muito claros.

Tive fome e me deste de comer – compartilhar o alimento que se possua.

Tive sede e me deste de beber – dividir o cantil com a necessidade de outrem.

Tive necessidade de alojamento e me alojaste – acolher o desamparado no momento do desamparo, abrindo o campo do egoísmo e o oásis do lar para um sofredor em uma condição de carência transitória.

Estive nu e me vestiste – compartilhar a roupa que se possua com alguém que se viu desprotegido na própria carne em um momento de desdita qualquer.

Estive doente e me visitaste – atenção com o sofrimento alheio na hora difícil da dor e do isolamento.

Estive na prisão e vieste me ver – compaixão diante de quem cometeu um delito, ao invés de julgamento e aversão pela criatura faltosa.

Se observarem com clareza, todas estas atitudes não envolvem o dinheiro.

Não encontramos Jesus dizendo:

Tive fome e compraste um lanche para mim, tive sede e me pagaste um refresco; tive necessidade de alojamento e me alugaste um hotel; estive nu e me compraste uma roupa; estive doente e me pagaste o remédio; estive preso e contrataste um defensor para me tirar da cadeia.

O dinheiro parece não fazer nenhuma diferença na exortação da caridade a que o Cristo se refere. Ao contrário, tudo está ligado a uma postura de doação do Espírito diante da dificuldade de seus semelhantes, combatendo o vilão que se chama Egoísmo. O egoísta faz de tudo para resumir a caridade a alguns trocados, porque lhe é mais fácil abrir o bolso do que ceder de seu tempo, de sua atenção, de seu conforto, de seu luxo, de sua abundância, de seu refúgio. É mais simples ao ególatra tomar uma ínfima parte de seu patrimônio para se desculpar dizendo que já fez a sua parte.

Então, dizemos para nós mesmos que praticamos a caridade e que, por causa disso, merecemos as bênçãos do Céu. No entanto, nada mais fizemos que dar coisas para não darmos de nós.

O esforço de Jesus nesse sentido é incisivo.

Trata de nos ensinar que a salvação depende de nos ofertarmos em tudo o que fizermos pelos outros. Mais proveito obtém para si mesmo aquele que já aprendeu a dividir o prato de comida que tem diante de si com um faminto que o busca pessoalmente do que aquele que, com seus milhões, financia um grande programa de abastecimento através da doação de cestas de alimento a pessoas que ele nunca viu nem haverá de ver.

Há pessoas cuja caridade consiste no árduo esforço de assinar uma folha de cheque.

Aí está a desnaturação do ensinamento cristão. Do alto das pregações religiosas, os representantes do culto viram a oportunidade de enganar os fiéis com a ideia de que a caridade era dar – dar para a igreja, para o templo, para o centro espírita, para os pobres. Tal pregação lhes garantiu o enriquecimento material e a conquista de poderes mundanos sem, no entanto, tornar melhores os fiéis que, ao se desfazerem de certa parte de seu patrimônio o fazem como alguém que está depositando em um fundo de investimento ao invés de se o fazerem pela bondade espontânea de seus corações. Geralmente, é a cobiça que tem motivado a maioria das atitudes caridosas, fundamentadas no sonho de um lugar melhor à custa das moedas espalhadas na Terra. Estaria, então, o Reino de Deus dependente dos cofres humanos? Teria sido essa a recomendação do Cristo? Os eleitos seriam os esbanjadores de dinheiro e não os demais? Claro que não. Essa foi a deturpação que os homens fizeram ao exortar seus irmãos a uma caridade de dar coisas, bens, comida, roupa, alojamento, como se a caridade ou o dar se esgotasse nele mesmo.

Nada disso está registrado no ensinamento evangélico.

A Caridade não é um objetivo que se esgota na assinatura de um papel valioso, na entrega de pratos repletos de alimento, na compra e distribuição de cobertores, dispensando os que fazem isso da obrigação de serem bons. Então, meus filhos, estejamos atentos ao entendimento da essência porque, em verdade, a Salvação existe, mas para aqueles que, entendendo a caridade como um meio, aceitam ser esculpidos por ela, dando coisas, comprando alimentos, roupas, remédios – se lhes é possível fazer isso com os recursos que possuam – mas, acima disso, tornando-se caridosos pela prática pessoal e direta do DAR-SE NAS COISAS.

Aquele que se limita a dar coisas, é o investidor que, ao tilintar das moedas, espera a aprovação de sua entrada no Paraíso.

Aquele que se dá, é o que, mesmo sem esperar o Paraíso, é convocado para nele penetrar pela força das preces que os infelizes elevam a Deus a seu benefício. Isso porque deu-se no pedaço de pão, no copo d´água, na roupa, no teto, na saúde, no tempo, compartilhando o próprio ser, solidário e fraterno, com aquele a quem faltava. Os que fizerem isso, esses encontrarão o Juízo Favorável na hora da separação das ovelhas e dos bodes.

Que Jesus nos perdoe a ignorância e a pouca vontade em seguirmos suas lições, mas que nos ajude a abrirmos os olhos para a compreensão de tais Verdades."

Encerrada a mensagem do amigo de todos, o trabalho de atendimento das criaturas desencarnadas teve início, coordenado pelos servidores do mundo invisível, que acercavam dos médiuns as entidades sofridas, revoltadas, maliciosas, aflitas, doentes autorizadas a se comunicarem na noite.

Sobre a instituição, jorrava a Luz proveniente do Infinito, marco de Esperança e Paz, como âncora na turbulenta face planetária, agitada pelas inumeráveis contendas físicas e morais da transformação indispensável.

Aproximando-se dos amigos que o esperavam para a continuidade das lições, Bezerra continuou comentando as lições:

– As escolhas dos homens os levaram a este estado de desajuste coletivo no qual, a benefício deles mesmos, a dor que produzem se incumbirá de selecioná-los. Estamos no limiar de um aprofundamento do bisturi da Verdade na chaga da ilusão. Com a superpopulação em sintonia com os padrões mais inferiores da vida, o ambiente pestilento de pensamentos e sentimentos desajustados cria o "caldo apetitoso" a abastecer e nutrir toda a gama de bacilos psíquicos e de seus correspondentes materializados, favorecendo o surgimento periódico e, em escala mundial, de epidemias e surtos generalizados, através dos quais a Justiça do Universo acelera a separação. Neste processo, cada qual será responsável pelo equilíbrio protetor ou pelo campo aberto à instalação da enfermidade em seu grau de nocividade ou pestilência mais grave ou fatal. O entendimento dos mecanismos espirituais na raiz das enfermidades do corpo facilitará aos que tenham conhecimentos nessa área a manter o equilíbrio, os cuidados essenciais para não se misturarem ao "campo enfermiço" dos desajustados pelo pavor, pelo medo da morte, pela paranoia do contágio, pela certeza do fim.

A maioria das pessoas não está preparada para o momento doloroso do julgamento seletivo. No entanto, os que estiverem perseverantes no Bem, ainda que contraiam os bacilos naturalmente transmissíveis pelos meios físicos variados, possuirão a estrutura biológica em equilíbrio para sustentar a luta vitoriosa contra a virulência, sem desprezo pelos tratamentos medicamentosos eventualmente disponíveis decorrentes do esforço da medicina e da farmacologia. Trata-se de um trabalho de amadurecimento do Espírito e, assim, suceder-se-ão ondas de dor e sofrimentos físicos, testando o comportamento da Humanidade, selecionando os melhores, aqueles que já estejam em outro padrão para que, mesmo que lhes pereça o corpo carnal e se vejam do outro lado da vida, tenham garantido o prosseguimento de suas trajetórias de crescimento evolutivo no ambiente bendito de uma Terra melhorada. Gripes, Tuberculoses, Cânceres, Infecções desconhecidas, são engendradas pelos próprios homens e desabam sobre eles em resposta direta ao padrão de seus pensamentos e sentimentos. Daí ser tão importante a transformação real, para que os irmãos de humanidade se apressem em obtê-la, sob pena de, como já sabem, não terem mais oportunidade de fazê-lo ainda no presente mundo. Já pensaram, meus filhos, na decepção daqueles que viveram a caridade pelo lado do investimento? Amargarão o arrependimento por milhares de anos.

Rompendo o silêncio ao aproveitar a pausa natural, Adelino dirigiu a palavra ao médico amigo:

— Querido doutor, aprendemos sempre a necessidade do desprendimento material. Como a Lei do Universo avaliará o desprendimento, se a entrega dos bens materiais não estiver dentro dos padrões da caridade aceitável? Há pessoas que doam fortunas no sincero desejo de melhorar o mundo. Estariam desprovidas de méritos?

Observando o sincero interesse, Bezerra afiançou, sorrindo:

— Claro que não, Adelino. O Bem, quando feito com unção, nunca é desperdiçado e se transforma em um passaporte para qualquer que o pratique. No entanto, a maioria das pessoas está iludida imaginando que o Céu é uma conquista que se faz na base de quantidades, esquecendo-se de que é no fundamento das qualidades que as suas portas estarão abertas. Pessoas existem que dão milhões para se fazerem conhecidas. Não estão dando nada. Investem motivados pela vaidade. Diz o nosso Evangelho que "a prodigalidade não é generosidade, mas, frequentemente, uma forma de egoísmo; aquele que atira ouro a mancheias para satisfazer uma fantasia, não daria uma moeda para prestar um serviço" (*). Daí não dever o indivíduo generoso descuidar-se dos próprios exemplos pessoais. Se já se tornou um benfeitor no atacado, não estará dispensado das demonstrações pessoais de desprendimento no varejo da vida, junto aos aflitos que o rodeiam, ao lado dos sofredores que cruzem seu caminho. Essa é a verdadeira prova que atestará estar apto à elevação essencial de sua alma. Isso porque, meu filho, a condição da riqueza é transitória, mas a situação de Bondade é definitiva. A primeira está ligada à quantidade, mas a segunda é conquista da qualidade.

(*) *O Evangelho Segundo o Espiritismo*, Cap. 16, item 14. IDE Editora.

Observando a compreensão de todos acerca de tais conceitos, Bezerra reiterou os compromissos feitos antes acerca da observação do dia a dia para que melhor avaliassem, nos homens e nas mulheres, a existência das virtudes importantes para a Salvação, segundo os critérios do Evangelho.

– Aproveitem as lições sobre a Caridade e fixem suas próximas observações nas questões ligadas à sua compreensão verdadeira – aconselhou o venerável servidor.

Despediram-se, então, para dar continuidade aos trabalhos, marcando para daí a alguns dias um novo encontro, naquele mesmo local, quando as observações finais seriam relatadas.

O dia seguinte vivido ao lado dos encarnados reservaria excelente aprendizado aos amigos espirituais.

38

A CARIDADE QUE NÃO SALVA

A cerimônia já se encaminhava para o final e, no grande ambiente da catedral em reformas, as pessoas se acotovelavam entre andaimes e escadas. Acostumados ao comparecimento semanal e rotineiro, cada um seguia os rituais repetindo as frases constantes do folheto orientador do culto daquele dia.

Jerônimo e Adelino, atendendo às exortações de Bezerra, lá estavam para os estudos ligados à caridade. Haviam escolhido começar por um templo religioso de orientação católica porquanto, certamente, no ambiente da fé encontrariam as referências à virtude em foco, para que a apreciassem em profundidade.

A um canto da nave, acercaram-se de um casal que, despreocupado com a cerimônia, observavam um mural quadriculado colocado sobre um cavalete, encimado pelo título escrito em letras garrafais: DOADORES DO PISO DA IGREJA.

Falando aos sussurros, a mulher dizia ao esposo, ambos já na casa dos cinquenta:

– Meu bem, olha só, os Oliveira doaram dez mil. Que coisa pouca. São uns muquiranas, isso sim, imagine...!

– É, querida, tirar dinheiro dessa gente não é fácil. Eles são muito financistas. Veja a família Barreto. Essa já é um caso de ostentação. Doaram trinta mil e estão em destaque no quadro.

— Como é que vamos fazer para não ficar atrás, querido? Não podemos deixar de figurar nessa tabela de benfeitores. Afinal, tudo bem que Jesus andava descalço, mas a sua Igreja está se esmerando em colocar granito de primeira no piso. A gente sempre está sendo observada por aquilo que aparece. Nossa demonstração de fé não pode ser menor do que a deles, senão vão pensar que estamos mal das pernas. Além do mais, a gente sabe que quem dá aos pobres, empresta a Deus, não é mesmo?

— Olha, Mariana, já sei o que fazer para conseguirmos desbancar os Barretos lá do alto, assumindo o lugar deles. Vou conversar com Dom Barcelos depois da missa e ver se, fazendo uma doação de cinquenta mil dividida em cinco parcelas de dez, ele nos coloca lá no alto. O que você acha?

— Bem, meu querido, creio que só se o Bispo for muito exigente ou estiver querendo proteger os Barreto. Do contrário, acho que ninguém poderá nos negar a posição principal. Mas como é que você vai fazer essa doação? Vai tirar das economias que estamos juntando para a nossa tão sonhada volta ao mundo do ano que vem?

— Ora, Mariana, pensa que eu nasci ontem? Claro que não. Jônatas, nosso amigo deputado, está organizando uma "boquinha" no governo para nossa empresa porque ele controla uma verba que precisa ser gasta até o final do ano. Caso não o faça, terá que devolver o dinheiro aos cofres públicos. Então, vamos usar nossa empresa para validar essa transação, recebendo e dando-lhe uma parte do valor para a sua caixinha pessoal. O que ficar com a gente, colocamos no rol das despesas ou nas doações para a caridade, e assim, além de fazermos o bem, causamos inveja nesse povo metido que gosta de aparecer. Jônatas conta com a gente e a gente conta com ele. E, no final, é Jesus quem acaba se beneficiando mesmo, com um granito dos melhores para o chão de sua Igreja.

— Eita, Lucas, você sempre dando nó em fumaça, meu querido. Os Barreto vão ficar loucos da vida.

E a conversa seguia por outros comentários pouco elevados enquanto a cerimônia chegava ao final, com a despedida dos presentes e o casal Ribas dirigindo-se ao gabinete do Bispo Barcelos, aquele mesmo conselheiro de Alceu, para os entendimentos necessários à organização do tão "generoso" ato de caridade. No dia seguinte, o nome da família Ribas estava no topo da lista, estimulando a corrida para a demonstração de grandezas e vaidades, orgulhos sociais e competições mesquinhas, sob o título de caridade. O próprio Bispo conhecia as mazelas humanas e delas se valia estimulando esse clima de disputa entre as vaidades para que, ao final, a catedral fosse a maior beneficiada. Da mesma forma, o Bispo esperava que a indignação dos Barreto gerasse uma outra doação de mais alguns milhares de reais e, assim, conseguisse manter as luxuosas reformas da catedral, com o mármore e o granito em detrimento da fome dos infelizes.

Jerônimo e Adelino entreolharam-se, compreendendo num relance que não estavam presenciando nada que se aproximasse do conceito real da Caridade preconizada por Jesus.

– Vamos a uma outra igreja, Jerônimo. Quem sabe encontramos alguma diferença.

Elegeram, então, uma denominação protestante para avaliarem a natureza da caridade.

Chegaram durante a pregação do pastor, entusiasmado e bem preparado, com a Bíblia na mão.

Defendia com intransigência o pagamento do dízimo por parte dos fiéis.

– Se você não quer colaborar com Deus, com que cinismo vai continuar se aproveitando do oxigênio, do copo de água, das facilidades que a Terra nos propicia? Não tem vergonha de receber de Deus todas estas coisas e de não deixar de ser egoísta? O dízimo é a única forma de demonstrarmos nossa gratidão ao Criador por tanto carinho para conosco. Já pensaram nos nossos pais e mães, sacrificando-se durante toda a sua existência para que os filhos tivessem pão à mesa, roupa limpa, escola, remédio, médico? E o que pensar se os próprios filhos lhes dessem as costas assim que se posicionassem na vida? Escalaram o mundo com os recursos que os pais lhes concederam e, depois de terem vencido na vida, se esquecem dos genitores, deixando-os à míngua! Que vergonha, meus irmãos. Quando você se recusa a entregar a Deus pelo menos a décima parte do que a bondade divina lhe permitiu ganhar, está usurpando do próprio Pai aquilo que Ele lhe está concedendo, demonstrando o quão indiferente e egoísta você é. E então, não reclame caso a sorte mude de direção, caso as coisas ruins comecem a acontecer em sua vida. Se você ficar doente, se perder o trabalho, se não conseguir dinheiro para pagar as contas, como é que vai voltar até a Casa do Pai para pedir uma ajuda se não se animou a ajudá-lo quando tudo ia bem? Então, os que não querem dar nada, não tem problema. Podem ficar com o dinheiro tão amado nos bolsos, podem guardá-lo no egoísmo que Satanás soprou em seu coração... sim... porque só mesmo o Diabo para conseguir se meter no caminho entre a sua generosidade ao encontro do nosso amado Pai. A ação do Maligno tem a dupla função de privar a obra de Deus dos recursos ao mesmo tempo em que demonstra o poder que exerce sobre o indivíduo egoísta, fazendo-o ainda mais indiferente para com os deveres cristãos. Então, como dizia, você pode ficar com o dinheiro no bolso, na carteira ou no banco, sem problemas. Deus vai entender o seu apego. No entanto, prepare-se para não encontrar outra mão amiga a não ser a do Demônio em pessoa. Se é esse o tipo de companhia que você deseja encontrar, tudo bem, vá em frente. Então, quando chegar a hora da contribuição, não demonstre nenhum tipo de amor a Deus. Esqueça do Pai que lhe deu a vida e diga para si mesmo que nunca mais vai precisar dele.

 A palavra eletrizante e o jogo de cena que o pregador usava, criavam nas mentes mais frágeis e amedrontadas uma noção de ingratidão, ideia que sabiam não ser adequada nem bonita para quem se dizia cristão. Além do mais, a aliança do egoísmo com Satanás aterrorizava os mais influenciáveis e, com isso, estabelecia-se o ambiente favorável para o golpe final.

— E não pensem que qualquer moedinha é suficiente para arrumar as coisas. Estamos falando do dízimo, algo sagrado, que corresponde a dez por cento de tudo o que você ganha, antes de descontar o imposto. E se você não tem emprego, o dízimo deve ser contado sobre as coisas que são de sua propriedade, de forma que o seu sacrifício em cumprir com esse dever bíblico demonstrará maior confiança e maior submissão a Deus, agradando-o mais ainda. Afinal, não é a Deus que você está pedindo para conseguir um trabalho? Que maior boa vontade haverá no coração do Pai do que arrumar a vida do filho responsável e cumpridor dos seus deveres, não é mesmo? Então, não regateiem com Deus. Se você é amigo Dele, ao invés de ser aliado de Satanás, lembre-se de que o Criador sabe quanto você ganha por mês, sabe quanto você tem guardado no banco, debaixo do colchão, dentro da caixa de sapato no seu guarda-roupas, no bolso do seu casaco. Então, não se façam de desentendidos. O dízimo é o sangue da Igreja de Deus. A hora é agora. Vamos, demonstrem que vocês amam o Pai Querido. Se não têm dinheiro, podem fazer cheques no valor correspondente. Caso não tenham cheques, podem sinalizar com o braço que nossos obreiros vão levar a máquina do cartão de crédito. Não importa de que forma será o pagamento. O que interessa é que vocês não deixem Deus falando sozinho.

Vamos lá, Aleluia, meu Pai. Aleluia, Aleluia, para que cada alma se erga no seu Reino de Bondade, na caridade do Dízimo espontâneo. Que todos sejam livres para cumprir os deveres que a Bíblia assinala. Vamos lá, meu povo de Deus... é agora... abram o coração abrindo o bolso!

E a multidão se revirava, cada qual procurando os recursos que possuía, demonstrando o medo de ser visto como um seguidor do Diabo. Os que não tinham dinheiro diziam aos vizinhos que iriam vender a televisão para trazer os valores depois, justificando-se por não oferecerem nada diante dos olhares dos demais.

Novamente, Jerônimo e Adelino se entreolharam.

Naquela avalanche de notas, moedas, cheques e cartões bancários não havia a menor demonstração da Caridade Cristã, uma vez que toda boa vontade dos fiéis estava canalizada pelo interesse em ficar rico no mundo, medo de Satanás ou pela consciência de culpa. Para conseguir cada um desses objetivos, surgia o dízimo que, segundo o pensamento dos crentes, representaria o seu Amor a Deus ou deixaria bem claro que o doador não fazia parte do bando do capeta.

Sob os olhares vigilantes e cúpidos dos membros da igreja, que recolhiam, em sacos, o dinheiro da coleta ao som das descontroladas Aleluias gritadas pelo pastor a cada pacote que subia ao púlpito, uma música estridente e agitada completava a atmosfera de hipnose coletiva estimuladora da prática de uma doação que, sob qualquer ponto de vista, não correspondia ao desprendimento sincero, ao doar-se nas coisas, ao desejar ajudar alguém ou ao condoer-se com o sofrimento alheio.

– É, meu amigo, neste culto também não encontraremos a expressão da Verdadeira Caridade. Vamos em busca de outra coisa.

Despedindo-se do ambiente com uma oração sincera em favor de todos os iludidos fiéis, saíram dali, escolhendo outro rumo para o aprendizado acerca da Salvação pela Caridade Real.

Vamos em busca dos nossos irmãos espíritas, que estão realizando um evento doutrinário onde, certamente, encontraremos algo que nos sirva para o entendimento da Caridade a que se refere Jesus.

Deslocaram-se para um centro de convenções no qual os Espíritas se reuniam na discussão de temas relevantes para a melhoria da Humanidade.

O ambiente menos agitado do que os anteriores ajudava na criação de uma atmosfera favorável. No entanto, algo não ia bem, segundo a observação direta feita por Jerônimo e Adelino.

Entre os participantes de rosto risonho e palavra amorosa, destilava-se a competição e as comparações depreciativas. À boca pequena, os comentários demonstravam o interesse de cada um na obtenção da hegemonia do auditório para a sua exibição de vaidade.

– Puxa, a palestra do fulano foi a mais concorrida até agora – comentava um dos assistentes, admirado.

– Também, acabou ficando no salão principal! Isso é sempre uma vantagem. Queria saber como é que ele conseguiu essa façanha. Deve ser amigo dos organizadores.

– Que nada, como tem muitos livros espíritas publicados, deve ter conseguido esse espaço privilegiado porque a venda de suas obras é muito vantajosa para a editora que financiou este encontro.

– É, é uma boa justificativa mesmo.

Mais além, encontravam-se os organizadores com os editores e representantes de diversas instituições espíritas, a discutirem alguns problemas de organização.

– É, eu entendo que não é possível agradar a todo mundo com o mesmo espaço na pauta dos eventos. No entanto, é um desrespeito fazer o fulano vir de tão longe para lhe darem somente duas conferências no dia de hoje. Sabem vocês quanto custa a passagem de avião, a estadia, o transporte e a alimentação? Tudo isso às expensas da editora – reclamava um dos responsáveis pela manutenção daquele certame de Cultura Espírita a um dos membros da Organização Geral.

Logo depois dele, outro vinha se queixando:

– A margem de lucro na venda dos livros está prejudicando o retorno de nosso investimento. Acreditamos que vocês precisariam rever essa questão. Afinal, sem nossa ajuda, não haveria este evento. Além do mais, o Doutor..., médium consagrado e famoso, também está descontente por não ter recebido a atenção que esperava. Para a sua Conferência, não foram feitas as chamadas no quadro geral. Acha que a Direção do Congresso está boicotando a sua participação e pediu que averiguássemos isso.

Outro, ainda menos delicado e mais embrenhado nas lutas por vantagens, cobrava de um terceiro membro da junta organizadora:

– Você me prometeu que, se eu conseguisse uma data na agenda do palestrante para que estivesse aqui, ele falaria no salão principal no horário nobre. Agora, estou vendo o cartão de eventos e a palestra não está agendada para o salão, em horário nobre.

Respondendo a tal questionamento, o aflito organizador tentava contemporizar:

– Sim, é verdade. No entanto, nós lhe concedemos quatro intervenções nas salas mais importantes depois do salão. Ele falará mais do que todos os outros.

– É, mas isso não interessa. Ou você cumpre o prometido ou, então, ele não vai ficar. Onde já se viu uma coisa dessas? Vocês estão pensando que nós somos crianças? Além do mais, nossa distribuidora de livros é das maiores do país e não cooperaremos mais com a organização caso não se cumpra o que foi prometido.

Enquanto isso corria pelos bastidores, nos palanques doutrinários se falava da Reforma Íntima, do Desinteresse, da Caridade Real, do Não Servir a Dois Senhores, da Importância da Compreensão nas Relações Sociais.

Os membros da junta organizadora se multiplicavam para atender a todos os reclamos, ao mesmo tempo em que procuravam não ferir as suscetibilidades de tão "caridosas" criaturas, para que não sofressem prejuízos financeiros ou ruptura dos diversos acordos firmados para que o evento chegasse ao seu termo.

Fora desses bastidores, as conversas entre os integrantes da equipe doutrinária ia acalorada:

– Mas o médium "x" está muito estrela. Está se deixando levar pela vaidade, o pobrezinho. Não está percebendo a obsessão que se aproxima pelo caminho da fascinação.

– É possível. No entanto, o caso dele não é o pior. E o escritor "Y", que adora polemizar falando pra todo mundo que Chico Xavier é a reencarnação de Allan Kardec. Ele deveria evitar essas discussões desnecessárias. Afinal de contas, isso não serve para nada, a não ser demonstrar seus próprios pontos de vista e gerar antagonismos.

– Por causa disso, não vale a pena a gente prestigiar a palestra dele, não. Vai pensar que está com tudo. Vamos dizer que temos um outro compromisso porque, certamente, está esperando nos encontrar no auditório. E tanto eu quanto você não podemos deixar a nossa imagem ligada à dele. O que vão dizer os outros? Vão começar a falar que concordamos com as suas teses.

Em outra rodinha de escritores e palestrantes, comentava-se com certo desdém ou censura o fato de um trabalhador, outrora dedicado à divulgação como médium de psicografia, ter deixado a seara espírita para aliar-se ao ganho de dinheiro através da edição de seus próprios livros:

– É um mercenário, interesseiro, vira casaca – falava um dos mais indignados.

– No "meu centro" não compramos mais livros psicografados por ele. É um Judas do espiritismo – complementava o outro.

– No entanto, meus amigos, não nos esqueçamos de que já prestou vastos serviços no esclarecimento de muitos irmãos leigos que se debruçam sobre suas obras com carinho e emoção – falou alguém mais inspirado pela tolerância evangélica.

– Bem, por esse prisma, não há como negar. É verdade mesmo – respondeu o primeiro, um pouco envergonhado pelo comentário negativo, destoante dos objetivos fraternos daquele encontro.

Jerônimo e Adelino, observando os meandros da alma humana ali colocada em realce na vitrine das vaidades, tinham dificuldade em encontrar nos participantes daquele conclave doutrinário as raízes verdadeiras de um desinteresse, de um desprendimento, de uma abnegação verdadeira. Esmero na apresentação pessoal, roupas bem talhadas, recursos avançados da tecnologia, – beleza de fora contrastando com a feiura íntima – nas disputas de bastidores, nos protestos dos financiadores a exigirem privilégios, no interesse dos organizadores em favorecer grupos ou representantes mais poderosos do movimento, além de se tentar, por baixo do pano, esvaziarem certos temas, dirigindo o interesse do público para outras atividades, tudo isso sorrateiramente.

Palestrantes convidados, escritores famosos, divulgadores bem engajados junto à equipe organizadora contavam com favores especiais, sobretudo porque emprestavam a sua popularidade para atrair mais público.

Tudo porque os organizadores desse evento queriam superar o sucesso do anterior, organizado por outro grupo espírita, nas competições impróprias ou nas comparações indevidas. Apesar dessas nódoas de bastidores, a maioria dos inscritos como participantes – o público assistente – estava dotada de verdadeira vontade de aprender, abertos para o contato com os líderes que admiravam, com aqueles que lhes serviam de referência doutrinária. Já nos membros da equipe organizadora e nos que estrelariam os eventos, prevaleciam os interesses políticos e de competição, que davam o tom dominante em muitos deles, desnaturando a pureza espiritual do certame e obliterando, com as vaidades mundanas, aquilo que fora projetado para ser um evento do Espírito, no enaltecimento das virtudes da Imortalidade e das qualidades verdadeiras da Alma.

Jerônimo e Adelino novamente se entreolharam, agora com uma decepção ainda maior porque, esperando encontrar a Verdadeira Caridade no centro do evento promovido em nome do Consolador Prometido, não haviam conseguido identificá-la.

Procuraram, então, avistar-se com a equipe espiritual encarregada daquele certame para conversarem sobre essa constatação.

Assim que se apresentaram, foram acolhidos com carinho por

um dos Espíritos Coordenadores que, identificando-os como enviados de Bezerra, abraçou-os com renovado entusiasmo.

A alegria do responsável espiritual era tão sincera, que contagiou o ânimo dos dois decepcionados visitantes.

Tomando a palavra, Jerônimo considerou:

— Bem, Salomão, estávamos tão tristes, mas tão grande é sua alegria, que se transformou em fonte de ânimo para nós.

— Sim, Jerônimo. Estamos muito felizes mesmo. Todos os responsáveis invisíveis por este acontecimento, elevamos nossas orações agradecendo a Jesus pelo trabalho do Bem.

Meio sem jeito, Jerônimo tocou o assunto:

— Deve ser difícil para vocês manterem o ânimo elevado no meio de tantas demonstrações de interesses mesquinhos, disputas mal-disfarçadas, comparações da vaidade. Admiramos a nobreza de suas almas.

Entendendo as referências do visitante, Salomão abraçou-os e respondeu:

— Sabem o que acontece, meus amigos, nós estamos aqui em todas as realizações, ano após ano e, para informação de vocês, creio que este é o primeiro evento em que conseguimos uma razoável diminuição da interferência inferior. Com a autorização dos nossos superiores, instalamos em todas as entradas pelas quais os encarnados devem passar, sistemas de filtragem que bloqueiam a ação das entidades obsessoras que, pelos diversos meios, se conectam com os participantes do movimento. Então, ficaram isolados, fora daqui, os fascinadores de médiuns, os obsessores da vaidade dos escritores e palestrantes, os fomentadores de distúrbios vibratórios que costumeiramente penetravam nos outros eventos como membros da "comitiva" de cada participante. Estamos fazendo essa experiência pela primeira vez. Nas outras, havia certa tolerância, sobretudo por respeito à boa vontade dos integrantes do certame, a quem estimamos com carinho e sinceridade. Não os afastávamos de seus sócios no mal para não lhes causar os já conhecidos danos fluídicos. Agora, no entanto, depois de tantos problemas causados nas outras edições, a exigir dos membros da equipe espiritual atendimentos emergenciais da chamada equipe dos "Bombeiros do Bem", optamos pelas medidas mais rigorosas na prevenção de influenciações desagregadoras. E, para nós, isso é motivo de alegria porque, desde o início da reunião, diminuíram em mais de cinquenta por cento o número de "incêndios fluídicos" e, por isso, caíram também os prejuízos aos participantes.

Adelino não acreditava no que estava ouvindo.

– Quer dizer, então, que nas edições anteriores as coisas eram piores?

– Muito, meu amigo. Você nem imagina. O que está vendo agora, não é nada perto do que já tivemos de enfrentar. No entanto, não reclamamos do serviço, porque é através dele que vamos ajudando as pessoas a se melhorarem também. Quem sabe se, de tanto falarem de virtudes para os outros, um dia não acabam aprendendo a praticá-las neles próprios, não é mesmo?

Salomão sorria com os próprios comentários.

Jerônimo e o amigo, surpreendidos pela forma de encarar a circunstância, corresponderam ao bom humor do dirigente espiritual.

– Além do mais, nossos irmãos também estão precisando ser testados para os processos da seleção espiritual. Pensam que, por serem médiuns, escritores, oradores, expositores, e outros "ores" desfrutarão de privilégios, inexistentes na Justiça do Universo. Então, cada participação deles nestas reuniões é uma oportunidade de meditarem no que estão dizendo, nas coisas que estão ouvindo e na transformação que, neles, se faz ainda mais necessária do que no público que assiste ao evento. Não nos esqueçamos do ensinamento do Evangelho de Mateus contido no capítulo 21, versículos 28 a 32, sob o título de PARÁBOLA DOS DOIS FILHOS:

28 E que vos parece? Um homem tinha dois filhos. Chegando-se ao primeiro, disse: Filho, vai hoje trabalhar na vinha.

29 Ele respondeu: Sim, senhor; porém não foi.

30 Dirigindo-se ao segundo, disse-lhe a mesma coisa. Mas este respondeu: Não quero; depois, arrependido, foi.

31 Qual dos dois fez a vontade do pai? Disseram: O segundo. Declarou-lhes Jesus: Em verdade vos digo que publicanos e meretrizes vos precedem no reino de Deus.

32 Porque João veio a vós outros no caminho da justiça, e não acreditastes nele; ao passo que publicanos e meretrizes creram. Vós, porém, mesmo vendo isto, não vos arrependestes, afinal, para acreditardes nele.

— Neste ambiente, existem os dois tipos de filhos. Há os que o Senhor convoca ao trabalho da vinha e pensam que se trata de falar bonito, de parecer boa coisa, de ser líder das ideias. Então respondem, "sim, Senhor", mas não querem, realmente, fazer o trabalho duro junto à terra inculta, no serviço braçal a serviço dos que sofrem. São os teóricos do Bem. Por outro lado, também há os que são tidos pelos homens como grosseirões, incultos, rudes ou indiferentes às teses doutrinárias, mas que, ouvindo o chamamento do Pai, se arrependem do tempo gasto, pegam a ferramenta e vão ao canteiro para fazer-lhe a vontade.

Encerrando o raciocínio, complementou:

— Então, meus irmãos, aqui estarão sendo testados para que seja verdadeira a parábola que diz: EM VERDADE VOS DIGO QUE PUBLICANOS E MERETRIZES VOS PRECEDEM NO REINO DE DEUS, exatamente porque estes, tendo escutado o chamamento do ARREPENDEI-VOS realizado por João Batista junto ao rio Jordão, assim procederam, acreditando na chegada do Messias e se transformando nos vícios e defeitos. No entanto, muitos dos que se julgam capacitados para "batizar os outros" do alto de sua sapiência doutrinária e de sua arrogante ignorância, ainda estão sujos pelo pecado. Esta é a oportunidade de estes ingênuos acordarem para o chamamento ao verdadeiro trabalho, nos últimos momentos de seleção para a construção da Nova Humanidade.

As tarefas, no entanto, pediam a presença de Salomão que, desculpando-se, colocou os dois enviados de Bezerra à vontade para que pudessem continuar aprendendo. Despediram-se.

Foi então que Adelino comentou com o amigo:

– Olha, Jerônimo, e pensar que as coisas estão desse jeito só por conta dos próprios participantes, sem a ajuda de seus obsessores! Imagina como devia ser, então, antes das medidas profiláticas.

Foi então que os dois escutaram uma voz inconfundível que a eles se dirigia com amabilidade, dizendo:

– Pois então, meus queridos, já estão desacreditados da Caridade que Salva?

Era Bezerra que se achegava de mansinho, sabendo de tudo o que acontecia em seus íntimos.

Abraçaram-se uma vez mais, felizes pelo encontro inesperado.

– Bem, doutor, a coisa está difícil mesmo... – falou Jerônimo. No entanto, não desistimos.

– Isso mesmo. Eu sei que tiveram experiências frustrantes, porque procuraram no seio das cerimônias e dos núcleos hierarquizados. Aconselho que voltem aos nossos irmãos católicos, evangélicos e espíritas fora dos templos suntuosos ou dos certames de aparência. Verão como é rica a mensagem Cristã da Caridade no seio dos corações fiéis à Verdade. Depois que fizerem isso, espero-os para o nosso encontro lá no Centro.

A palavra rápida do médico dos médicos parece que reavivou o ânimo dos dois estudantes da Salvação que, atendendo ao conselho experiente, voltaram ao estudo da lição, em busca, agora, da CARIDADE QUE SALVA.

39

A CARIDADE QUE SALVA

Quando os dois espíritos amigos chegaram ao novo destino, foram surpreendidos por um alvoroço sem precedentes. Sabiam que os seres humanos eram criaturas complicadas, difíceis, temperamentais. Todavia, o que presenciaram, assim que transpuseram as paredes do lar de Samuel, foi algo muito deprimente.

Pratos voavam pela cozinha, indo espatifar-se nas paredes ou no piso, reduzidos a cacos. Mas não se tratava de efeitos físicos produzidos pelo mundo espiritual no uso do ectoplasma de algum encarnado, não!

O que ocorria, era uma feroz discussão entre mãe e filho, ambos em descontrole, extravasando suas neuroses nos pobres utensílios da casa.

Joana era uma senhora perturbada que guardava frustrações e desgostos, sem qualquer inclinação religiosa, e dominadora por natureza.

Seu filho Fernando, rapaz sonhador e cheio de convicções próprias de sua idade, procurava viver a vida segundo seus padrões, mas era policiado de maneira muito intensa pela mãe que, invadindo sua privacidade e decidindo suas coisas desde quando pequeno, não se preparara para o amadurecimento do filho, imaginando-o ainda sob o seu controle.

O filho crescera vendo os disparates nervosos e as medidas autoritárias da genitora, aprendendo a funcionar pelo mesmo padrão que ela.

Então, quando não era a mãe que perdia as estribeiras partindo para a agressão, era o filho Fernando, já na casa dos trinta anos, que se desincumbia do *show* constrangedor das atitudes ignorantes.

Naquela manhã, haviam discutido por causa do comportamento do rapaz que, na noite anterior, chegara em casa fora do horário costumeiro. Ele e a namorada haviam saído a passeio tendo extrapolado no relógio, obrigando Joana a permanecer acordada, porquanto tinha o hábito de não dormir enquanto o filho não retornasse. Assim, o assunto ganhou a pauta de conversas familiares logo no café matinal, temperado pela reclamação materna.

Da queixa de Joana, revidada por um Fernando orgulhoso e arrogante, a conversação foi esquentando para a troca de insultos e, por fim, com o filho descontrolado, atirando pratos para todos os lados. Fazia assim para intimidar a mãe que, por sua vez, também descontrolada, aderia à violência de igual maneira.

Sentado na sala de sua casa, a poucos passos do local da discussão, Samuel era a calma em pessoa. Sereno e sem agitações, o velho protestante mantinha o pensamento elevado a Deus, rogando ao Criador que ajudasse sua esposa e seu filho a se acalmarem.

Comparados, os dois ambientes eram a antítese um do outro.

A cozinha era um poço de lodo vibratório no qual os dois encarnados, adversários de outras vidas, se atritavam sob o patrocínio de um grande grupo de entidades infelizes, igualmente agressoras, impuras e zombeteiras. A sala era a sucursal do Paraíso. A elevação de sentimentos fazia de Samuel o porto seguro daquelas duas almas aflitas em profundos desajustes consigo mesmas.

A cena parecia ser comum no inter-relacionamento dos dois agressores.

Nas primeiras vezes, Samuel tentara intervir levando um pouco de bom senso aos contendores ignorantes. No entanto, no calor da discussão, não lograva senão irritá-los ainda mais com a sua calma franciscana.

Então, passou a silenciar, esperando o término do terremoto.

Quando tudo passou, Fernando estava transtornado, como que tomado por entidades alucinadas. Joana, chorando, foi meter-se em seu quarto, de onde não sairia tão cedo. Samuel, então, sob o olhar admirado dos dois amigos invisíveis, levantou-se calmamente e foi ao quintal em busca da pá e da vassoura com as quais limparia o estrago produzido por aquela verdadeira guerra de orgulhos.

– Fernando, meu filho, já lhe disse que estes comportamentos não ajudam ninguém – falou o pai, carinhoso.

Seus cabelos brancos e a sua paciência faziam-no assemelhar-se a um personagem bíblico, sobretudo quando se observava que as Escrituras Sagradas eram seu livro de cabeceira nos hábitos de leitura comuns aos adeptos das religiões reformadas.

– Ah! Meu pai, essa megera me deixa enlouquecido. Quando me dou conta, já perdi o controle de mim mesmo.

Entendendo as necessidades do rapaz, Samuel não o censurou diretamente, limitando-se a dizer:

– Mas desse jeito, teremos que nos tornar fabricantes de pratos e copos, Fernando, porque em cada discussão entre vocês, quem mais sofre são o armário e o nosso bolso. As pobres louças não têm culpa de você e sua mãe não se entenderem.

– É, eu sei, pai, mas tem vez que quem começa a quebradeira é ela. Aliás, desde pequeno me recordo da mãe atirando coisas pelas paredes, janelas e portas.

– E então, meu filho, você aprendeu a fazer o que não era correto. Por que não aprende um pouco do que eu lhe aconselho, Fernando? O que faz com que você imite o que é ruim na conduta de sua mãe ao invés de aprender um pouco com as coisas que tento lhe exemplificar? Joana é uma boa esposa e uma excelente mãe. Se lhe falou sobre o horário é porque, por muito se preocupar com sua segurança, não dorme direito enquanto você não chega. E, apesar de não se lembrar sempre deste detalhe, a sua condição de filho único piora estas coisas.

– Tudo bem, velho – respondeu Fernando, chamando o pai, carinhosamente –, como sempre, você tem razão.

– Não me preocupo em ter razão, mas em viver em paz, como o Senhor nos recomendou, meu filho. Além do mais, a sua ida à Igreja comigo pesa a seu favor tanto quanto também pesa contra você, porque o torna um adepto esclarecido.

A humildade de Samuel era digna de um pedestal. Enquanto falava com o rapaz, ia varrendo os cacos do chão e organizando a cozinha para que voltasse ao padrão anterior. Sua intervenção generosa correspondia à extensão da Luz ao campo das Trevas onde, momentos antes, dois cavaleiros, empunhando as espadas do orgulho e do egoísmo, haviam se agredido com o máximo de violência que podiam.

– Filho, vou falar com Joana e lhe peço que não a provoque com comentários rudes. Vamos ver se até a hora do jantar podemos nos sentar novamente como uma família civilizada ao redor desta mesa e comermos em paz!

Aquele velhinho simpático exerce uma grande e benéfica influência sobre o filho que, admirando o seu grau de paciência, de compreensão e tolerância, se sentia pequeno diante dele, ao mesmo tempo em que desejava seguir seus passos para imitá-lo.

Tanto que foi graças aos exemplos de Samuel que Fernando fizera sua opção religiosa, acompanhando o pai livremente, indo aos cultos protestantes onde a palavra bíblica era o pão para a alma. A escola dominical, os contatos com os garotos de sua idade, os ensinamentos evangélicos e as mensagens cristãs haviam penetrado sua alma pela porta dos exemplos vivos do pai, constantemente testado na experiência de um lar atribulado.

Depois de falar com Fernando, Samuel, dirigiu-se ao quarto onde a esposa estava em prantos, já um pouco mais calma.

– Lá vem você, pregador do Evangelho – falou Joana, tentando tirá-lo do equilíbrio. Você viu quem foi que começou. Seu filho é um desalmado, um louco. Precisamos arrumar um jeito de interná-lo. Desde que começou a sair com essa prostitutazinha, mudou completamente. Está irreconhecível.

Mantendo a serenidade, revestido do Amor Verdadeiro que emana do Celeste Coração do Criador, Samuel sentou-se ao seu lado como um pai se acerca do leito do filho enfermo.

Tomou as mãos de Joana entre as suas e lhe disse:

– Minha querida, estou aqui do seu lado não para pregar e, sim, para dizer que eu a entendo profundamente, Joana. Sei que seu caráter forte não aceita certas coisas e que, realmente, a atitude de Fernando não foi das melhores. Já falei com nosso filho a respeito disso também.

Com o carinho nas palavras, parecia que Samuel não havia presenciado nada daquela cena horrível, capaz de tirar a tranquilidade de qualquer um dos seres considerados normais.

– Sim... ainda bem que você reconhece que a culpa foi dele... também não acha que a gente deveria arrumar um jeito de interná-lo?

– Ora, Joana, como poderemos internar Fernando sem nos internarmos também? Ele é fruto de nossa educação, querida. Aprendeu a ser assim com os exemplos que lhe demos.

Samuel falava sempre no plural para se incluir nas situações, mas, em verdade, Joana sabia que o pai jamais havia adotado um comportamento daqueles. Sempre se mantivera como um homem equilibrado, sendo dela as más condutas, enraizadas no nervosismo descontrolado.

Isso fez com que a mãe ficasse vermelha de vergonha.

– Antes Fernando houvesse aprendido alguma coisa de você, Samuel, um homem educado, gentil e pacato. Mas parece que tem o meu gênio.

– Então, querida! Se as coisas são assim, reconheçamos que não poderíamos atribuir ao rapaz toda a culpa de ser como ele é. Além do mais, está apaixonado e os corações que se deixam fisgar são sempre temperamentais. Além disso, não é de hoje que você não consegue controlar o seu ciúme, não é mesmo, querida?

O sorriso de Samuel amenizava a crítica dessas observações, transformando-as em simples constatações da verdade dos fatos.

– Ah! Samuel, é tão difícil a gente criar um filho, ainda mais como filho único, fazer planos, edificar seu futuro e, então, entregá-lo nos braços de uma pistoleira qualquer que, com meia dúzia de palavrinhas açucaradas, tira a cabeça do homem do pescoço e leva nossos planos por água abaixo.

– Não é bem assim, Joana. Fernando tem a cabeça no lugar, apesar de ser temperamental como você. Ele está na flor da juventude e isso é difícil de controlar. Você mesmo já teve a idade dele e, como mulher, sabe como as mulheres se comportam.

– É exatamente por isso que me preocupo, Samuel – respondeu Joana, já esboçando um sorriso.

Vendo que a esposa retomava um pouco do equilíbrio, Samuel acariciou-lhe os cabelos e disse:

– Ah! Querida, nunca me esqueci dos nossos sonhos ao pé do altar, de sua beleza que tanto me encantou e encanta, mesmo depois de os cabelos começarem a ficar brancos. Nosso lar é o nosso refúgio, querida. Vamos continuar a construir uma vida de harmonia juntos. Fernando é o maior tesouro que temos. Não estraguemos a sua vida pessoal com a desculpa de que muito o amamos. Deixemos o rapaz livre para que possa aprender com os próprios erros a construir um ninho que melhor o abrigue. Se a gente sempre estiver palpitando como deve fazer, jamais conseguirá decidir por si próprio. Aliás, esse é um dos problemas que tem enfrentado na vida. Não se sente seguro em escolher as coisas mais importantes porque nossa sombra o atormenta.

Envolvida pelo luminoso halo que nascia no coração daquele velhinho bondoso, Joana baixou a cabeça e cedeu aos seus argumentos.

– Ah! Samuel, como minha vida seria triste se você não estivesse ao meu lado – exclamou a desequilibrada mulher. Meus nervos me destruiriam e, certamente, seria eu quem estaria no hospício.

– Esqueçamos esse assunto, Joana. O dia está muito bonito e não quero que você o perca. Ainda mais agora, que a sua aposentadoria nos permite a liberdade para fazer o que desejarmos.

Abrindo a janela para que a luz da manhã penetrasse, Samuel concluiu:

– Vamos dar um passeio até a praça. Quero mostrar-lhe a beleza dos ipês amarelos, que estão cheios de flores. Vamos. Vista-se, que estou esperando.

Saiu do quarto com o coração cheio de alegria por poder ajudar aqueles dois seres tão queridos para que recuperassem o bom senso. Fernando havia saído para as atividades do dia e só voltaria na hora do almoço. Enquanto isso, depois do passeio com a esposa, Samuel a auxiliaria no preparo da comida para que a harmonia voltasse à sua casa.

Graças ao esforço do pai, cuja religião sincera se incorporava na vivência dos ensinamentos em todas as horas do dia, a cozinha voltou a ser o núcleo de entendimento familiar, deixando a posição de campo de batalha.

Sem que necessitasse de qualquer atitude espalhafatosa, demonstradora de superioridade religiosa, a fé de Samuel servia de porto seguro para aquelas almas que, beneficiadas pela reencarnação em sua companhia, dele recebiam todas as coisas, como doador constante de virtudes evangélicas. À noite, em companhia de Fernando, Jerônimo e Adelino foram encontrar Samuel no culto religioso, atento ao estudo bíblico e elevando-se a Deus da maneira mais sincera que um ser humano poderia relacionar-se com o Pai: sem fingimentos, sem artifícios, sem negócios.

Ali estava o primeiro exemplo da Caridade Salvadora. Samuel transformava os demais pelo muito dar-se em tudo o que fazia. A esposa estava desajustada e ele se dava em carinhos e compreensão sincera. O filho era temperamental e ele se dava em conselhos e orientações, em amizade e afeto verdadeiros. A casa estava em desalinho e ele se dava manejando a vassoura. O estômago pedia alimento e ele se dava cortando os legumes, preparando a sopa, servindo a mesa. Aqueles a quem amava lhe entregavam o fel da violência e ele retribuía com passeios no jardim e visitas à Igreja, onde se reabastecia e ajudava cada qual a aprender as belezas da vida segundo suas necessidades e capacidade de entendimento.

Joana precisava de calma, de carinho e de estímulo luminoso para não se entregar ao ambiente escuro de si mesma. Por isso Samuel a levava a passeios pela natureza.

Fernando, inseguro e frágil, carecia de entendimento, de novos conceitos para o pensamento e de transformar seus sentimentos. Assim, Samuel o levava como um carente de Luz Espiritual diretamente à Casa de Deus, onde encontraria os bens que iriam irrigar sua alma e facilitar o entendimento entre ambos, depois que voltassem.

Quando a noite se fez alta e Joana já se encontrava adormecida depois de um dia difícil, Adelino e o companheiro encontraram pai e filho à mesa da cozinha, com o texto bíblico aberto para os comentários correspondentes. Fernando perguntava coisas e Samuel tentava fazê-lo entender que a religião não é um pedaço de papel escrito há milhares de anos, mas, ao contrário, tinha um poder tão imenso que, vencendo os séculos, seria capaz de levar a paz aos membros daquela família, debaixo daquele teto, se os seus integrantes se ocupassem em tornar vivos os seus ensinamentos.

E como sempre faziam, antes de dirigir-se para a cama, Samuel preparou um copo de leite quente para o filho e, juntos, agradeceram a Deus as bênçãos da vida e do alimento, no que foram acompanhados pelos amigos espirituais emocionados e enobrecidos pelo exemplo verdadeiro de Caridade que aquele irmão evangélico lhes havia transmitido.

***

No outro dia, dirigiram-se para pequenina paróquia localizada na periferia da cidade, que abrigava, segundo haviam sido informados, um verdadeiro pescador de almas. Padre Sebastião era desses idealistas e generosos filhos de Deus, que não se deixam enganar pela suntuosidade e pelas convenções sociais. Tanto que, diferentemente de seus pares, sempre interessados no galgar os postos mais elevados da hierarquia religiosa, Sebastião preferiu permanecer junto ao seu rebanho como aquele que se esforça para representar o equilíbrio no seio da comunidade.

Sua aparência física era um misto de debilidade e força. A debilidade orgânica pelas décadas de sacrifício e renúncias no trabalho do bem, na visita a doentes, no amparo aos órfãos, na alimentação precária, e a força que provinha da sua ligação com a energia superior que abastecia seu Espírito, aquela com a qual Sebastião estava ligado nas vinte e quatro horas de seu dia.

Sua vida já não era mais dele, havia muito tempo. Apesar de não ser idoso, seu corpo ressentia-se com o peso dos repetidos testemunhos. Em função disso, suas potencialidades mediúnicas se desenvolveram naturalmente, permitindo que o padre vislumbrasse o mundo invisível e tivesse informações preciosas, só obtidas através da confiança que Deus e os Espíritos Superiores depositam em um servo fiel. Por causa das palavras inspiradas e das vibrações poderosas, sua fama se fizera no seio da pequena comunidade como a do padre milagreiro. De vários bairros das cercanias acorriam doentes, infelizes, desajustados de todos os padrões a pedirem a sua bênção. Sem qualquer laivo de envaidecimento, Sebastião a todos acolhia. Suas mãos dedicadas ao ideal cristão eram as mãos do próprio Jesus, apascentando o rebanho, acalmando as ovelhas, diminuindo o desespero e recrutando idealistas para o redil do Senhor.

A notoriedade que lhe cercava o nome, para cujo merecimento nada fizera a não ser servir por amor a seus semelhantes na vivência dos princípios cristãos que sua igreja professava, chegou até os ouvidos das autoridades eclesiásticas que lhe eram superiores. E seus chefes não viam com bons olhos o surgimento de um "padre-santo". Isso feria a hierarquia religiosa de sua congregação. Como seria possível que um simples e desconhecido sacerdote da periferia tivesse poderes curativos que seus superiores não detivessem, eles mesmos?

O fato de os próprios fiéis cultivarem admiração pelo sacerdote, pela seriedade e pelo devotamento daquele homem de Deus, era motivo de inveja e temor por parte dos que, por décadas seguidas, perambulavam pelos cultos e catedrais, revestindo-as de mármore e granito, ouro e prata, mas que nunca foram capazes de fecundar no coração dos fiéis a pureza inocente da fé verdadeira, substituindo-a por palavras decoradas. A suntuosidade das próprias roupas era uma das ferramentas usadas pelos qualificados sacerdotes para infundir respeito e admiração no rebanho que, em verdade, deveria reunir-se ao redor deles em busca do calor humano, da bondade espontânea, da compreensão por meio da qual os líderes religiosos amparassem a comunidade.

Sebastião, ao contrário, construíra tudo isso de forma natural, graças à convivência com os membros de sua paróquia, aos quais nada pedia ou impunha por meio de sermões ameaçadores. A Casa de Deus, que ele administrava com poucos recursos, estava quase em ruínas. No entanto, nela se abrigava uma comunidade inteira, sempre partindo dos próprios membros as iniciativas para a melhoria das condições físicas do lugar.

– Padre, meu marido está querendo saber se pode consertar

alguns bancos que estão quebrados. Ele é marceneiro e sabe como fazer esse serviço – falava uma das mulheres que eram assíduas naquele ambiente de amor.

– Ora, Valdete, deixe como está. Colocamos uns tijolos para sustentar o assento e tudo funciona bem. Além do mais, a igreja está pobre e não tem recursos para pagar pelo trabalho, filha.

– Mas o Juvenal faz questão de arrumar os bancos, padre. E o senhor nem pense em pagar pelo serviço. Aquele indiferente do meu marido está melhorando muito depois que veio aqui escutar a sua palavra. Outro dia mesmo, estava com uma dor tão grande no meio da cabeça, que nada era capaz de tirar. Quando o senhor passou perto dele e, sem saber do assunto, colocou sua mão em sua cabeça, Juvenal diz que a dor desapareceu. Desde esse dia, não sentiu mais nada. Ficou tão impressionado, que está me enchendo a paciência porque quer arrumar os bancos quebrados. O senhor precisa deixar, padre.

Feliz com a notícia da melhora do marido, Sebastião respondeu:

– Filha, as obras do Bem são todas de Deus, enquanto que as obras do mal são filhas da ignorância dos homens. Diga ao seu marido que é ao Pai que ele precisa agradecer. Não é necessário pagar por nada, fazendo serviços para compensar a melhora, porque Deus é de graça, filha.

– Já disse isso pra ele também, padre. Tenho aprendido muito com o senhor aqui na igreja. Ele não está tentando pagar pela melhora, não. É que está tão contente, tão feliz desde esse dia, que gostaria muito de alegrar a Deus consertando os bancos. E olha, tem o caso do Tadeu, que quer arrumar as goteiras do altar. O senhor lembra daquela chuvarada da semana passada? Pois então, tinha uma goteira bem na testa do menino Jesus. Tadeu foi pra casa falando que, desse jeito, o pobre ia acabar resfriado. Ele também virá aqui pedir pra consertar o telhado. A Juventina está achando que o senhor está com a batina muito surrada. Outro dia ela conversou comigo dizendo que havia contado doze remendos no pano de sua roupa. Onde já se viu uma coisa dessas, padre? Deus cura os outros por intermédio de um esfarrapado?

– Deus sabe o que faz, filha. Não é o que está por fora de nós o que importa. É o que habita o nosso coração, Valdete. Mas, de qualquer forma, diga ao seu marido que, quando desejar, pode dar um jeito nos bancos porque eu mesmo fico preocupado com alguém que possa cair e se machucar durante a missa.

Assim as coisas iam se realizando e a igrejinha continuava cheia de aflitos que encontravam Deus e Jesus através de Sebastião.

Naquele ambiente de pobreza e simplicidade, a Caridade era algo que fazia parte natural das rotinas do Bem. Nunca ninguém sabia quando ela estava sendo realizada, porque Sebastião não se preocupava em fazê-la. Apenas vivia de acordo com os ditames do Evangelho, de onde boa parte das escolas Cristãs havia se afastado. No entanto, a fama de benemérito incomodava seus superiores. Para tentar impedir o prosseguimento daquele estado de coisas, Dom Barcelos firmou decreto "promovendo" o referido sacerdote para outra comunidade, do outro lado da cidade. Vinculado à Igreja pelos votos da obediência, Sebastião estava, exatamente naquele dia, comunicando aos seus amigos a determinação superior.

A revolta tomou conta da comunidade. Incontáveis anos de devotamento e de carinho não poderiam ser substituídos facilmente por qualquer um outro que chegasse à paróquia.

Todos os paroquianos se indignaram com a conduta da diocese que, desejando "rebaixar" seu membro inconveniente, promovera-o para longe, usando em sua motivação, exatamente, a fama de padre-santo, para enviá-lo a perigosa zona dominada pela violência de traficantes a fim de apaziguá-la com a sua "santimônia".

Sebastião sabia identificar, facilmente, a mensagem por detrás da transferência. No entanto, envolvido pelas luzes espirituais que o fortaleciam, manteve a serenidade e, contra todas as opiniões agressivas, passou a defender os motivos da igreja, preocupada em melhorar as condições da distante paróquia, encravada no meio das gangues e das drogas.

— Mas padre, a gente não vai mais ter a quem recorrer. Dom Barcelos está preocupado em terminar a catedral, enquanto que a gente está lutando para manter a própria vida. Com o senhor por aqui, as coisas iam se sustentando. Agora, sem a sua proteção, a sua palavra de coragem, o que vai ser de nós? E quando a gente ficar doente, quem vai nos tratar?

A todas estas exortações, Sebastião respondia, sereno:

— Filhos, a Casa do Pai é uma grande edificação no coração onde nunca ninguém fica ao desamparo. Certamente que outro me sucederá aqui, com mais competência e devoção a Jesus e a todos vocês. Além disso, não se esqueçam de que é Deus quem realiza todas as coisas. Ele os sustentará em suas lutas, em suas doenças, em suas forças. E não se esqueçam de que não terei me mudado para o outro mundo. Estarei aqui mesmo. Quando a saudade se tornar muito grande, vocês me visitarão e eu mesmo voltarei aqui para vê-los.

Sebastião, além de muitas outras, exercitava a caridade da Compreensão, do apaziguamento dos ânimos, asserenando as aflições coletivas diante da novidade que os prejudicava sobremaneira.

Apesar de tudo, Sebastião iria obedecer e tentar fazer o melhor pela nova comunidade que o receberia. Acatando as determinações da hierarquia à qual pertencia de coração, continuava a ser um Instrumento de Deus nas mãos de Jesus junto aos mais aflitos entre os aflitos. E como já havia desenvolvido a capacidade de renunciar, de não temer a agressão nem o mal, o Cristo o premiava com a mais difícil tarefa de sua existência. Seria o pastor do rebanho dos marginais, dos malfeitores, levando a palavra generosa ao coração e o exemplo de carinho às suas vidas.

— Mas lá, padre, as pessoas se matam todos os dias — afirmava Valdete, rodeada de outros fiéis, que concordavam com ela.

Compreendendo a sua missão evangelizadora e pacífica, Sebastião lhes respondeu, sorrindo:

– Filhos queridos, as pessoas se matam todos os dias, mas ninguém morre. Já se esqueceram de nossas conversas dominicais aqui mesmo, na igreja? O próprio Jesus demonstrou isso. Orem por todos nós, os filhos do infortúnio. Não sou digno de perder a vida a serviço do Cristo. No entanto, acato suas determinações e sigo para onde me enviar, contando com a sua celeste proteção e com as energias para poder servir em qualquer parte.

Ali estava a Caridade da renúncia visando a harmonia, a diminuição dos conflitos sociais, pela submissão às ordens ainda que injustas ou mesquinhas. Acima de todas as coisas, Sebastião era um cristão que servia ao Cristo mais do que à Igreja que os homens construíram. E demonstraria isso ainda mais agora, mesmo correndo o risco de perecer no meio do tiroteio. Tentaria salvar as crianças do destino criminoso, amparar os velhos amedrontados pelos conflitos, ajudar os pais a pensarem em outros caminhos. Sebastião via a dificuldade como o desafio de um Jesus que sabe colocar cada soldado no lugar em que deve estar para que faça o melhor que pode.

Os dois espíritos que buscavam a Caridade Salvadora compreendiam a nobreza daquele padre valoroso, capacitado para as agruras da guerra porque não temia o Mal, nem o combatia usando as suas próprias armas. Defendia o Bem e se valia dos instrumentos da Bondade para converter a maldade. Os dois espíritos beijaram-lhe a mão com respeito pela sua fé arrebatadora e partiram para a última visita que os aguardava.

40

DIFERENÇA ENTRE DAR COISAS E DAR-SE NAS COISAS

Atendendo às orientações do Médico dos Pobres na busca da Caridade que Salva, muitas vezes distante dos certames intelectuais, das discussões teóricas e dos embates da inteligência, Adelino e Jerônimo rumaram para amplo ambiente que servia de moradia a criaturas isoladas do mundo social em decorrência de difícil resgate. Cruel enfermidade se incumbira de lançar sobre eles a nódoa discriminatória que os condenara à separação dos afetos, milenar recurso usado para afastar os marcados pela peste dos demais ainda não contaminados.

A lepra de todos os tempos, ferramenta do destino para retificar os sentimentos pelo cadinho da dor e da solidão, do desprezo e do preconceito, já havia sido domada pelos modernos recursos medicamentosos. No entanto, a alma humana continuava a carregar os temores de seu contágio, gerando aos seus portadores desagradáveis consequências. Num passado não muito remoto, os enfermos eram compelidos ao confinamento, sob vigilância armada e, em que pese o abrandamento de tais rigores graças ao avanço do tratamento, as feridas decorrentes do longo isolamento já se haviam instalado na vida de muitas criaturas que, ao longo de décadas, perderam as referências familiares, foram esquecidas de todos os parentes e viram o mundo reduzido à expressão do leprosário, dentro do qual, muitos encontraram o companheirismo de outros hansenianos, aí estabelecendo novas famílias, casando-se e tendo filhos. No entanto, se alguns conseguiram superar suas dores compartilhando-as com outros infelizes no ambiente das colônias ou asilos para enfermos, muitos mais viram a velhice chegar entre as amarguras reprimidas e as angústias da solidão. Nada possuíam porque, em geral, a família se apropriava de todas as suas propriedades ficando, muitos deles, na pobreza mais completa. Quando muito, recebiam modesta pensão estatal, espécie de benefício previdenciário com o qual podiam adquirir algumas coisas para as necessidades mínimas. Condenados pela sociedade da época a viver como réprobos diante do temor do contágio viam-se obrigados a se contentar com migalhas, a trabalhar mesmo doentes, a produzir artesanatos para venderem aos poucos visitantes, degradando-se na condição humana pela indiferença dos próprios irmãos de humanidade. Certamente que não se tratava de punição casual, fundamentada no ódio de Deus contra tais pessoas. Uma dor tão atroz correspondia ao efeito doloroso, o fruto amargo de amargas sementeiras do pretérito. Reis, príncipes, nobres de todos os títulos, abastados e poderosos senhores escravocratas, príncipes da igreja, políticos corruptos, todos estes haviam inoculado o veneno da lepra no próprio Espírito pela vivência da inferioridade moral, contaminando seus tecidos sutis com as vibrações corrosivas que, mais tarde, migrariam para a carne de seus futuros corpos com a finalidade de reparar desajustes da consciência e da responsabilidade.

No entanto, apesar de ser um sofrimento justo, segundo as leis espirituais, esse fato não modificava em nada o sentimento de compaixão de que todos eles eram dignos. Culpados pelos erros de outras vidas, isso não transformava seu inferno moral em paraíso. E as dores, com causa justa ou sem aparente motivação, não deixam de ser dores a pedir consolação dos corações mais sensíveis.

Naquele triste ambiente asilar, viveram milhares de pessoas carregando seus sonhos quebrados, suas ilusões despedaçadas e suas vidas amputadas sem a anestesia do carinho. Vasta cidade de outrora, agora ia se reduzindo a amontoados de casas arruinadas em decorrência do abandono produzido pela morte de seus ocupantes ou pela saída de seus moradores, alguns deles voltando ao mundo exterior para o convívio de um ou outro generoso parente que os acolhia.

No entanto, muitos não tinham mais para onde ir e, assim, dependiam dos poucos recursos que lhes serviam à sobrevivência.

Um modesto quarto, o serviço da enfermagem, o atendimento médico e, para consolo de seus anseios humanos, alguns horários de visita pública durante a semana.

Desde muitos anos, os Espíritas atenderam ao chamamento cristão da solidariedade em relação a tais enfermos, amontoados em leprosários onde esperavam a morte. Caravanas foram organizadas e, de todas as partes, dezenas de fraternos irmãos chegavam para a troca de energias com os desesperados que, então, viram atenuada a dor moral mesmo quando não podiam ter liberado o corpo da doença.

Estabeleceu-se a estrada da fraternidade real, pela qual os doentes da alma, aqueles de corpo aparentemente saudável e que viviam fora dos leprosários, se medicavam a si mesmos pelo carinho oferecido a um irmão desfigurado que os recebia com atenção, gratidão e amizade. Doentes ajudando doentes, de braços dados encontravam o caminho da saúde essencial, aquela que recupera o equilíbrio das vibrações verdadeiras pela construção de novos padrões de esperança.

O tempo construiu profundos laços entre os enfermos visitantes e os doentes visitados. Centros espíritas foram inaugurados, sessões mediúnicas se realizavam sob os tetos de tais instituições. Palestras esclarecedoras, atendimentos fluídicos pelo passe magnético, amparo material com a distribuição de roupas, alimentos e utensílios variados para diminuir as agruras coletivas correspondiam à fonte de Amor Verdadeiro, desinteressado e simples a compartilhar o calor humano que faltava no ambiente doloroso daquelas que eram ilhas de desesperança.

Com os anos e décadas e com a diminuição dos enfermos isolados, a fase aguda da dor fez também diminuir o afluxo de visitantes.

Todavia, mesmo que em menor volume do que no passado, os espíritas continuavam se fazendo sentir junto àqueles irmãozinhos de infortúnio que eram, no silêncio de suas dores e renúncias, exemplos de coragem, de superação e de fé, virtudes muitas vezes faltantes no seio dos próprios visitantes.

É assim que Jerônimo e Adelino buscaram encontrar nesse ambiente de dores esquecidas pela maioria da humanidade, a caridade salvadora.

Lá fora, a chuva forte afastava o interesse dos visitantes que, se deixando amolecer pelos obstáculos mais simples, viam no aguaceiro suficiente desculpa para adiarem a visitação aos doentes. Os quartos e pavilhões, então, permaneciam entregues às moscas e aos poucos doentes que tinham condições de deixar seus leitos, sobretudo em um dia como aquele.

Imaginavam ambos que veriam frustrada a intenção de identificar a caridade preconizada pelo Evangelho exercitada na prática.

Foi quando tiveram a sua atenção atraída pelas vibrações de verdadeira afetividade que, na forma de intensa luminosidade, pulsava de um dos quartos no corredor de um dos pavilhões desertos que percorriam. Apressados, dirigiram-se para o foco luminoso a indicar a presença de sentimentos nobres junto às aflições do mundo.

E qual não foi a surpresa dos dois invisíveis amigos quando, lá penetrando, encontram Horácio e Plínio, os trabalhadores do esclarecimento e da doação fluídica, tutelados de Ribeiro e membros do Centro Espírita a que se ligavam também, reunidos a um irmão acamado, todos em profundas vibrações de solidariedade, enquanto transmitiam ao débil velhinho um pouco das forças vitais de que eram portadores. De pé, ao lado dos dois encarnados, o próprio Ribeiro, que os acompanhava. Observando a chegada dos espíritos conhecidos, sorriu diante da impossibilidade de atender a qualquer conversação naquele instante, convidando-os, porém, com um gesto, a que participassem da doação fluídica.

Acercaram, emocionados, daquele quadro de amor espontâneo, que mais parecia a cena evangélica na qual Jesus, em pessoa, atendia ao desenganado da sorte.

A oração, ungida pelos mais sinceros sentimentos de solidariedade e compaixão, recebia a resposta do Alto através da chuva de flocos luminosos que recaíam sobre o corpo do doente, velhinho inconsciente, amarrado ao leito para que não se ferisse pela agitação de que era portador.

Essa força sublime que lhe era destinada pela solicitude de Deus, se reforçava pela doação vibratória do potencial magnético de Ribeiro, Jerônimo e Adelino, além das próprias energias físicas de Horácio e Plínio, transubstanciada em verdadeiro elixir tonificante para o corpo e, mais ainda, para abastecer a alma daquele infeliz.

Terminada a prece singela, depois de acariciarem a fronte do ancião desacordado, seguiram os amigos encarnados para o próximo quarto, onde os esperava falante irmã, sempre bem disposta e alegre e com quem os dois poderiam gastar vários minutos de salutar entendimento antes de se proporem à oração, que era esperada com ansiedade pela enferma.

Como os dois poderiam distrair-se um pouco, Ribeiro se deu ao prazer da conversação com os recém-chegados.

– Que bom encontrá-los por aqui – disse Ribeiro.

– A surpresa é nossa, meu irmão. Tantos afazeres junto aos trabalhos do centro e ainda encontra tempo para amparar nossos irmãos asilados neste hospital!... – exclamou Adelino, surpreendido pela multiplicidade de tarefas que Ribeiro assumia.

– Como vocês também o fazem, meus amigos, precisamos aproveitar os minutos como se nos fossem os últimos. Além do mais, nossos dois trabalhadores encarnados cumprem tarefa de amor que está sob nossa responsabilidade espiritual acompanhar e atender. E o fazem com o primor do anonimato, da simplicidade e da verdadeira doação.

— É justamente isso que estamos buscando, Ribeiro. De acordo com as orientações do nosso Bezerra, buscamos as demonstrações mais simples nascidas no coração das criaturas em cujo altar da sinceridade e do idealismo pulsasse aquela Caridade sem a qual não haveria salvação.

— Pois vieram ao lugar certo na companhia dos irmãos adequados.

Ribeiro passou, então, a historiar sucintamente as condições dos dois visitantes.

— Diferentemente de muitos dos caravaneiros que aqui aportam com seus ônibus repletos de coisas a serem divididas, Horácio e Plínio não possuem condições materiais para se fazerem benfeitores dos infelizes pela doação de bens. Quase não possuem para eles mesmos. Se observarem com atenção, Horácio traz o sapato corroído, sutilmente amarrado com um pedaço de arame, porque lhe faltam recursos para trocá-lo por um outro mais novo. Plínio, por sua vez, convive com dores nas costas, que aconselhariam qualquer pessoa ao repouso descompromissado em sua modesta casa. No entanto, entendendo as obrigações de transformação, esquecem-se de suas deficiências variadas e aqui comparecem para transferir muito do muito que já entesouraram na forma de alegrias, esperanças e benefícios espirituais.

Adelino e Jerônimo admiravam-se, observando as peculiaridades mencionadas por Ribeiro em relação aos dois doadores de si mesmos.

— Mas o sacrifício não termina aí, não. Muitos para cá se dirigem esporadicamente, mesmo tendo a facilidade no transporte em confortáveis veículos disponíveis em suas garagens. Já os dois irmãos, para cumprirem as doces tarefas da consolação, não contam com tais benefícios. Levantam-se cedo, vão ao terminal de ônibus de sua cidade, pagam a passagem e deslocam-se por mais de duas horas até chegarem aqui. E as condições atmosféricas de hoje fazem-nos imaginar o quanto lhes custou esse esforço. A chuva, todavia, não foi obstáculo aos seus ideais e ao dever fraterno. Para vir hoje, Horácio sacrificou na compra da passagem do ônibus parte dos recursos que está separando para comprar um sapato novo, enquanto Plínio veio, enfrentando a oposição e as críticas da companheira que, imatura para as coisas da alma, desdenha do seu desejo de ser útil, procurando ofender o marido com amargas referências à sua conduta de generosidade e abnegação. Certamente, ao chegar em sua casa depois da vivência espontânea da alegria e da compaixão junto a estes infelizes, encontrará o azedume da mulher que, com as ironias que lhe são costumeiras, ridicularizará o companheiro, fechar-se-á às demonstrações de carinho e, ao invés de acolhê-lo com afeto e admiração pelo desprendimento que demonstra, vai atirar-lhe na face acusações e xingamentos por considerá-lo irresponsável, preguiçoso, indiferente com os destinos da própria família. Dirá que o marido se dedica aos estranhos quando deveria estar trabalhando nos finais de semana e nas horas de folga para engordar os ganhos, melhorando a vida do casal. Sempre ambicionando maiores confortos, insaciável na criação de necessidades, a esposa de Plínio o pressiona para que corresponda aos seus caprichos, mesmo que isso signifique o abandono do trabalho do Bem, que ela interpreta como perda de tempo ou caridade de carola só porque não favorece aos seus desejos e vaidades. Se o marido gastasse suas horas com a venda de entorpecentes para obter o dinheiro que propiciasse à esposa a realização de seus caprichos, certamente ela o valorizaria como um marido diligente e o cercaria com os carinhos de companheira feliz. No entanto, como ele elegeu a fraternidade como a estrada reta do dever, isso representa um espinho em sua garganta. Assim, além do sacrifício que faz para alentar o coração abatido dos doentes que visita, ao regressar ao lar nosso Plínio ainda se defrontará com o ambiente adverso, precisando exercitar o equilíbrio espiritual para manter a paciência, o silêncio e a resignação, compreendendo a companheira infeliz, demonstrando com isso quanto, realmente, assimilou das lições de caridade real, aquelas que fazem calar alguém para que um mais tolo fale em seu lugar.

Apesar de tudo isso e por causa disso, Plínio e Horácio continuam a ser os servos do Bem representando o próprio Jesus junto aos desfalecidos. Com todos os obstáculos contra eles, estão empenhados em ajudar com a palavra, com a oração e o magnetismo do Amor puro a todos quantos aceitem suas ofertas de carinho. Por onde passam, a atmosfera se transforma enquanto que entidades sofredoras vão sendo recolhidas para o encaminhamento necessário. Como vocês sabem, estas paredes abrigaram, desde muitos anos, centenas de doentes que entregaram o corpo à sepultura, mas, em espírito, permanecem por aqui mesmo, necessitando de esclarecimento e ajuda tanto quanto os próprios encarnados. Então, graças ao trabalho destes dois companheiros, conduzimos a tarefa do resgate com um grande contingente de entidades trabalhadoras que perambulam por este hospital e pelas casas que o circundam, tentando ajudar a outros irmãos sem o corpo para que nos acompanhem à Casa Espírita, onde receberão os recursos adequados para a sua modificação.

Os dois estudiosos estavam surpresos com as revelações de Ribeiro.

– Aqui, hoje, meus amigos, estamos em um grupo que é composto de dois encarnados e duzentos e cinquenta trabalhadores invisíveis, voluntários para as tarefas de resgate de entidades necessitadas, e esperamos sair daqui com não menos de dois mil e quinhentos espíritos, ex-leprosos ou não, que nos aceitem a palavra e a mão estendida. Como podem ver, cada um tem uma meta de resgatar, pelo menos, dez outros aflitos. Por aí a gente compreende a parábola do Semeador que Jesus nos ensinou: boa parte das sementes atiradas ao solo pelo semeador se perdeu porque, ou foi comida pelas aves, sufocada pelos espinheirais que cresceram à sua volta ou crestada pelo calor do Sol. No entanto, uma pequena parte caiu em solo fértil e de um grão produziram trinta, sessenta ou até cem outras sementes. Aqui estão os nossos dois trabalhadores, pequenas sementes que aceitaram germinar no solo da Bondade Verdadeira e, assim, graças aos seus esforços, podemos abrir caminho nas dores humanas e, quem sabe, sairmos daqui hoje com a meta de mais de dois mil irmãos ajudados.

※ ※ ※

Era surpreendente o poder que o Bem exercia sobre os corações desesperados. Certamente que os que viviam em busca de orientações e ensinamentos nos diversos encontros doutrinários também encontravam benefícios e conquistavam importantes tesouros para a alma. No entanto, era ali, na solidão de um leprosário semiarruinado, que o Amor fazia milagres pela vivência efetiva das teorias comentadas nos grandes salões intelectuais, construindo um mundo diferente, onde não estavam em jogo a liderança nos pontos de vista nem a discussão sobre temas variados. A salvação do mundo não estava na dependência dos que falavam. Continuava na mão dos que faziam. E a Caridade Salvadora, que se doava, mesmo quando as mãos estavam vazias de bens, mostrava a Jerônimo e Adelino o quão poderosa era para transformar as almas e encaminhá-las para um novo destino.

Já que o aprendizado se fazia belo e profundo para os dois irmãos, ambos aproveitaram os momentos de estudo para transformá-lo, igualmente, na produção de boas coisas. Então, harmonizados pelo desejo comum de serem úteis, Adelino perguntou a Ribeiro se não poderiam, eles também, engajarem-se no esforço coletivo para o amparo de outros irmãos desencarnados, conforme os planos espirituais para aquele dia de atendimentos.

– Ora, meus queridos, como não? Mais dois voluntários do Bem que se tornam salvadores de outros significa mais bênçãos espalhadas. E se o estudo é tão importante para o amadurecimento de nossas almas, não nos esqueçamos de que somente com a vivência de suas lições é que, realmente, encontramos a verdadeira sabedoria, porquanto a teoria nos mostra o que fazer, mas somente a prática é que nos revela o "como" dar vida à teoria. E não se esqueçam – disse Ribeiro, sorrindo – de que só poderão considerar cumprida a tarefa a que se propõem quando...

E antes que terminasse a frase, Jerônimo completou:

– Quando conseguirmos consolar e conquistar pelo menos outros dez aflitos...

– Cada um – completou o mentor amigo.

– Isso mesmo... cada um de nós...! Serão, pois, pelo menos outras vinte almas que deixarão este ambiente e poderão ser encaminhadas para outros destinos, já que o trabalho da última hora está chegando ao fim, aproximando-se a hora do ajuste de contas.

No quarto humilde, Plínio e Horácio davam início à prece e aos passes magnéticos ao lado da heroica lutadora que, acamada, se abria para as energias do alto como uma flor espera o beijo da brisa para espargir seu perfume de renúncia, de resignação e de testemunho de fé para todos.

Acercaram-se os espíritos daquele pequeno núcleo de forças luminosas para fazerem parte do banquete de esperanças, abastecidos pelas energias superiores que caíam novamente, mais intensas do que a intensa chuvarada que persistia do lado de fora.

41

REVELAÇÕES FINAIS

Reunidos na Casa Espírita, todos os trabalhadores do mundo invisível a ela consagrados, e que poderiam comparecer sem prejuízo para as suas tarefas naquela madrugada, se uniam aos trabalhadores encarnados que também ali se dedicavam ao Bem e que para lá se dirigiam quando do repouso físico para a continuidade da tarefa.

O ambiente destinado à reunião coletiva demonstrava esmero na arrumação apesar da simplicidade do mobiliário, característica da beleza celestial que combina o despojado com o extremo bom gosto.

As energias que envolviam o vasto salão inebriavam os espíritos e, entre os encarnados menos acostumados a ambientes de tal concentração radiante, era difícil manter-se sem extravasar a imensa emoção. Todavia, esse estado emotivo natural não lhes afetava o autocontrole, a lucidez e a capacidade de raciocínio. Todos os presentes tinham a mente muito clara e participariam de uma reunião na qual as autoridades superiores responsáveis pelos destinos daquela instituição apresentariam orientações e diretrizes essenciais para os momentos vividos no mundo na presente fase evolutiva.

Ao centro do que se poderia chamar de palco, mas não isoladas dos demais trabalhadores e assistentes daquele encontro, um semicírculo de cadeiras marcava o local onde se sentariam os dirigentes.

Lá estavam, além de Ribeiro e dois de seus auxiliares mais diretos, outras duas cadeiras ainda vazias, indicando a iminente chegada de seus dois ocupantes.

Em momento dado, suave sinal sonoro indicou o início das tarefas da noite, aprestando-se Ribeiro, agora de pé, no centro do recinto, para a oração de abertura.

Com o coração nas palavras e a emoção dominando todos os participantes de uma tão bela solenidade, o dirigente responsável invocou a proteção divina para os entendimentos da noite bem como para que as vibrações dos presentes, harmonizadas pelos sentimentos de pureza, obediência e devotamento ao Bem, fornecessem a energia necessária para que os planos superiores pudessem ser concretizados junto aos operários do Amor que ali haviam sido admitidos.

Imediata luminosidade expandiu-se de seu tórax, como se um diamante adormecido na escuridão começasse a irradiar, levando a todos os cantos e a cada qual dos assistentes uma porção luminosa daquela Boa Vontade exercitada ao longo de séculos e séculos pelo abnegado dirigente em oração.

A emoção era a tônica predominante. Música de elevada inspiração tornava impossível conter as lágrimas, comunicando a cada destinatário de suas melodias a convicção de uma Grandeza Celeste governando todas as coisas com uma Sabedoria ainda não compreendida pelos homens. Ribeiro, transformado em um sol, perdera os contornos perispirituais que o caracterizavam na visão dos amigos e trabalhadores, assumindo a forma de uma Estrela Sublime que, nesse instante, alongava seus raios para o alto, buscando a conexão com as emanações luminescentes dos planos superiores.

Como vigoroso broto que nasce do solo da Terra, subia o raio de luz ao encontro de outro facho brilhante, aquele que, caindo de mais Além, oriundo do que se poderia chamar de "confins" do Cosmos, brotava de sublime fonte e se projetava sobre vários pontos da Terra, conforme já descrito nos capítulos anteriores, individualizando-se no raio safirino que sustentava aquela instituição.

Esse caminho estelar se ampliava em luminosidade, como se

respondesse ao influxo da prece, vindo unir-se ao outro que nascia do coração de Ribeiro, num casamento de harmonias indescritíveis.

Por si só, presenciar aquela cena memorável, tanto quanto sentir as emoções dela decorrentes, significava um prêmio para os presentes, tão afeiçoados aos ásperos trabalhos de resgate, orientação e acompanhamento de sofredores, como se aos mineradores dedicados à escavação do carvão subterrâneo lhes fosse permitido deixar as covas abafadas e se deslumbrassem com as belezas da noite estrelada. Não havia quem não se encantasse com a magnitude das emoções ali atuando sobre seus espíritos.

Ao mesmo tempo em que iam sentindo essas forças tão marcantes atuarem sobre suas almas, tonificando ideais, abastecendo suas energias e aflorando os mais nobres sentimentos de fraternidade e solidariedade, cada qual começava a emitir a luminosidade que lhe era peculiar, na intensidade da própria evolução. O auditório, composto de várias centenas de espíritos, começou a transformar-se, cada qual com a sua propriedade radiante estimulada pela emoção verdadeira. Não se tratava de uma exibição pessoal das próprias condições vibratórias. Todos os que lá militavam sabiam da necessidade de se apagarem visando a necessária discrição no trato com espíritos tão sofridos, obscurecidos pela ignorância e pela maldade.

Daí, o normal do relacionamento entre os membros da instituição era o do controle mental das emanações para a manutenção de um padrão não luminoso, igualando-os.

No entanto, as belezas daquela hora tornavam incontroláveis as emanações da natureza espiritual. Nenhum dos presentes desejava romper as orientações espirituais acerca da própria luminosidade, mas as luzes de cada um, abastecidas pelas vibrações do ambiente e pelas emoções da oração de Ribeiro, brotavam sem pedir licença, sem que os espíritos pudessem impedir que se exteriorizassem.

Muitos, apesar de orarem de olhos cerrados, se surpreenderam ao identificar o inesperado aumento da iluminação do amplo auditório, arriscando-se a abrir os olhos para identificar a origem de tal transformação da claridade ambiente. Encantavam-se ao perceber que isso se devera a eles mesmos, cada pessoa ali postada como uma usina de luzes, na exteriorização da evolução já conquistada. Assim, o local se transformara num panorama que se assemelhava a um pedaço do Céu noturno, onde uma Estrela dominante se via rodeada de uma via Láctea de outras estrelinhas, de coloração e intensidades variadas. Todos se sentiam parte integrante dos esforços superiores, cooperadores inseridos nas responsabilidades de execução da Obra do Bem, no resgate das aflições da humanidade encarnada e desencarnada.

Ao término da oração do dirigente espiritual, o campo energético se transmutara intensamente, favorecendo a aproximação dos dois participantes ainda ausentes.

O facho luminoso que provinha do Alto correspondia, sem sombra de dúvida, a uma estrada vibratória segura por onde as nobres entidades se deslocavam até os respectivos terminais junto aos homens encarnados, nas diversas instituições terrenas às quais se ligavam.

Foi quando, diante dos olhares deslumbrados dos presentes, proveniente das dimensões superiores, penetrou o recinto, vindo por esse cordão de intensas luzes, a primeira entidade.

Como um cometa que caísse sobre Ribeiro, fundindo o seu brilho ao campo de forças do mentor da instituição, emergiu a augusta figura do generoso médico, conhecido de todos e que dirigia os trabalhos espirituais em várias áreas da espiritualidade dos homens. Bezerra, simples e simpático, era o mesmo de sempre, endereçando aos presentes o carinho de um avô muito querido, de paizinho amado, paciente, generoso e devotado. No entanto, vinha aureolado por uma atmosfera diferente daquela que o envolvia nos trabalhos normais do dia a dia. Algo de sublime e indescritível lhe irradiava do próprio ser, como se seu perispírito fosse composto de milhões de estrelinhas que se davam as mãos para tecerem-lhe a forma, um cristal iluminado que possuísse vida própria.

Acercou-se de Ribeiro a quem abraçou, comovido, demonstrando-lhe a gratidão pela sustentação energética que, ali, criava as condições para a manifestação de tão especiais belezas como aquelas.

Sem maiores cerimônias, Bezerra assomou a pequena plataforma que destacava o orador da reunião e, tomando a palavra, saudou a plateia com sua palavra amorosa e estimulante:

– Filhos do coração, que a Paz do Divino Mestre nos envolva nesta hora memorável de nossos destinos. Graças às concessões do Criador, incansável doador de tudo, logramos nos reunir nesta noite, na morada do devotamento e da responsabilidade representada pela instituição humana a serviço da Vontade do Pai. Por inúmeras décadas esta instituição vem se esmerando no Bem que realiza sem perder a pureza de intenções. Fez-se grande na multiplicidade das tarefas sem perder a humildade do trato carinhoso e humano de todo e qualquer um dos que dela se acercaram. Viu-se convocada a tarefas variadas e a todas aceitou com a responsabilidade do trabalhador fiel que não reclama das determinações que recebe, mas, ao contrário, tudo tenta fazer para lhes dar o melhor cumprimento, com a superação das próprias deficiências. Enfrentou as turbulências naturais do crescimento e não se deixou arrastar no turbilhão dos insatisfeitos nem se prendeu às vibrações inferiores que, muitas vezes, tentaram atacá-la em seu próprio seio. Suportou investidas trevosas de muitos tipos e direções, mas jamais deixou de cumprir seus deveres. Tantos de vocês estiveram sobrecarregados, suprindo as diversas frentes de luta por escassez de trabalhadores dos dois lados da vida perante a abundância de necessidades. E fizeram isso sem se descuidarem das atenções para com as próprias dificuldades, no esforço de se tornarem melhores do que eram. Diferentemente de muitos irmãos de boa vontade que espalham o alimento celeste, mas continuam famintos, vocês trataram do próprio aprimoramento na luta contra as tendências inferiores, ao mesmo tempo em que ajudavam os necessitados. Desta maneira, filhos queridos, a Celeste Solicitude, que reconhece os filhos valorosos através do trabalho de Edificação do Reino de Deus no coração das criaturas, se faz presente nesta noite inesquecível, marcando a evolução de nossas almas com o selo da solidariedade e da união indissolúvel.

Essências inebriantes começaram a emanar pelo ambiente, como se mãos invisíveis destapassem precioso frasco de perfume desconhecido que penetrava não apenas as narinas dos presentes, mas, além disso, parecia penetrar suas vestes, impregnando seus corpos e incorporando-se às vibrações de cada um.

Enquanto Bezerra falava, de sua boca aureolada pela rutilante barba como se constituída em prata, brotavam raios para todo o salão, verdadeiro farol que faiscava na direção dos presentes que, naquela cerimônia, ocupavam o lugar mais importante, como harmoniosos membros do núcleo de serviço desinteressado e generoso.

Era indescritível o estado íntimo de cada participante, profundamente tocados por tudo o que viam, ouviam e sentiam. No entanto, isso ainda não era nada. Harmonizados em tão excelente padrão vibratório, passando pelas paredes do amplo auditório, começaram a surgir seres alados, que penetravam o recinto na forma de anjos da renascença, com sua suavidade e pureza, entoando cânticos liriais como se houvessem saído dos contos de fadas.

Depois de breve pausa, o Venerando Orador retomou a palavra:

– Queridos filhos, a presença de todos nesta noite inolvidável tem a finalidade de reforçarmos os laços de Amor que nos unem a Jesus, de Responsabilidade perante o Dever e de Confiança em Deus, para que nunca nos falte a certeza de que estamos cumprindo a Sublime Missão de sermos equilíbrio e paz no mundo em turbulências. Por isso, a Magnanimidade do Altíssimo nos entrega, diretamente de seu coração, a joia mais preciosa que possui na coroa divina do verdadeiro sentimento.

Interrompendo a oratória, Bezerra direcionou o augusto olhar para o facho luminoso que, vindo de mais alto, mantinha a conexão com aquele que nascia do coração de Ribeiro, como se indicasse à assistência a chegada de alguém, cuja aproximação fora preludiada pelos angelicais acólitos alados.

Foi então que, pelo mesmo caminho usado pelo Médico dos Pobres, a segunda estrela se apresentou, caindo suavemente do firmamento e pousando naquela acolhedora manjedoura de luz representada pelo ninho brilhante erigido pelas vibrações de Ribeiro.

Do foco solar no qual o irmão diretor se havia transformado, emergiu, então, celeste e indescritível figura de mulher, trajada com a túnica humilde dos miseráveis da velha e esquecida Galileia, recoberta pelo suave manto azulado com o qual se representava a augusta Senhora dos Céus, a amorável Protetora dos Infelizes, Amparadora dos Suicidas, a Mãe de Jesus, a simples Maria de Nazaré.

A atmosfera de emoção atingiu o clímax e exclamações de amor e admiração percorreram toda a assembleia, inebriada com aquela sublime e imerecida honra. Muitos não sabiam como proceder, além de chorar. Outros se sentiam de tal forma tocados pela visão de alma tão elevada que, apesar de se encontrarem num auditório onde os assentos eram obstáculos naturais, ajoelhavam-se ali mesmo, desejando expressar o respeito que lhe dedicavam e a pequenez que sentiam diante de tão sublime Espírito.

Era jovem, mas parecia conter a maturidade dos milênios. Delicada como o cristal, mas forte como se talhada na rocha mais resistente. Seu olhar penetrava o íntimo de qualquer um que tivesse a ventura de aproximar-se para um contato direto, perante o qual não havia nada oculto que não fosse revelado A pureza de mãe não precisava das palavras do filho para conhecer-lhe os problemas, os sofrimentos e os desejos.

Bezerra acercou-se dela e, partilhando da mesma emoção, dobrou os joelhos perante tal indescritível beleza, tomando-lhe a fímbria do manto para beijá-la, reverente.

Generosa e discreta, Maria segurou-lhe o braço fazendo com que se levantasse, envolvendo-o, então, com seus braços de mãe no abraço que se assemelhava a uma explosão nuclear de luzes policrômicas. Os inumeráveis seres alados que anteciparam a sua chegada intensificaram as hosanas, ao mesmo tempo em que os perfumes se faziam mais sublimes no ambiente.

Dirigiu-se, então, sem qualquer cerimônia, para a pequena saliência onde, pouco antes, Bezerra havia estado. E sem afetação, fez-se ouvir aos corações dos presentes:

– Amados filhos, que nossas emoções sejam nosso preito de gratidão e carinho que devemos ao nosso Divino Mestre, credor verdadeiro de toda e qualquer expressão de respeito de nossos corações agradecidos. Ninguém nos tem amado tanto e com tal devotamento quanto Ele, nem se sacrificado de tal forma pela evolução do rebanho que o Pai lhe confiara, nos longos e perdidos milênios do pretérito.

Cada palavra ou frase era dotada de um magnetismo tal que parecia estar estruturada em matéria sólida, palpável, a flutuar no ambiente atendendo a mecanismos incompreendidos pelos homens e por muitos espíritos. Parecia que, nascidas na pureza de seus sentimentos, se materializavam em formas visíveis para, rapidamente, darem lugar a outras que as sucediam.

– Trago-vos o beijo daquele que, Senhor de todos nós, fez-se Filho de meu coração para bafejar-me com sua Luz. O mesmo que, ainda hoje, se nos oferece como o Verdadeiro Amigo. O Cristo de Deus segue esperando vossa companhia, ombreando as tarefas sublimes para a edificação do Novo Mundo. Felizes daqueles que, como vós, já se dedicam a cooperar com as forças da Vontade e o idealismo do Espírito para que a obra se encontre pronta à chegada do Senhor. Venho da parte de meu filho para vos concitar à multiplicação dos esforços a fim de que os seres aproveitem os últimos chamamentos e despertem. Duplo trabalho de salvação que recupera iludidos e cegos, ao mesmo tempo em que vos resgata pelo exemplo no Bem através da Abnegação. O Novo Mundo será marcado pela predominância desses sentimentos nos quais podereis vos diplomar através dos serviços desta hora difícil. Seja como servos vestindo a roupa de carne, seja como os que já se despiram da matéria, todos estais convocados para essa ingente e gloriosa batalha.

Lágrimas espontâneas escorriam de seus olhos ao mesmo tempo em que o semblante de paz transmitia notas de júbilo e esperança.

– Perdidos no cipoal das ilusões da carne, nossos semelhantes se insensibilizam para as coisas do Espírito, desperdiçando os inúmeros avisos que lhes têm sido encaminhados pela solicitude do Governante Terreno. Como crianças rebeldes a fazerem troça das advertências do tutor amoroso, candidatam-se à descoberta da Verdade através de um sofrimento que poderia ser evitado. Todas as forças do Bem, neste momento, devem ser canalizadas para auxiliar os retardatários de boa vontade a que se conscientizem e trabalhem contra as nódoas inferiores que contaminam suas almas porquanto, o auxiliar da reforma que transformará o velho mundo em Novo Mundo, o Mundo Novo se avizinha com a missão de retirar os rebeldes, aqueles que se sintonizam com suas forças primitivas. Confiando em vossos corações, o Filho Amado me incumbe de envolver-vos no amplexo do Amigo Fiel, para que não vos esqueçais da aliança de amor a frutificar nas horas da transformação do mal em Bem. Este é o momento de beberem do mesmo cálice que ele bebeu, para salvação dos aflitos, à custa dos vossos esforços e do sacrifício de vossos interesses. Aproxima-se o tempo do cumprimento de todas as coisas. No entanto, a maioria ainda não está pronta. Empenhemo-nos na multiplicação das luzes para que, iluminados pelos exemplos e ensinamentos da virtude, seja menor o número dos caídos na escuridão, dos excluídos das núpcias por não terem envergado a veste nupcial, porquanto todos os que não se renovarem a tempo, ver-se-ão amarrados pelo orgulho e egoísmo de que não se libertaram e atirados nas trevas exteriores, onde haverá prantos e ranger de dentes.

Erguendo a mão para a assembleia eletrizada, a rutilante entidade despediu-se de todos, dizendo:

– Recordai-vos, amados de meu coração: Não haverá outra última hora do que aquela em que estamos vivendo, no trânsito evolutivo para um mundo melhorado. Já recebestes, ao longo dos milênios, o testemunho de Amor do meu Filho por cada um de vós. Esta é, por fim, a derradeira oportunidade de demonstrardes o vosso Amor por Ele na superfície deste mundo. Que a Paz seja a vossa conselheira e a Bondade o pão da Vida Eterna.

Simples como viera, Maria desceu do pequeno pedestal que a sustentara e, carinhosamente, passeou pelo palco com Bezerra ao seu lado, percorrendo-o de um lado ao outro, fitando a todos os presentes, enquanto que o cortejo de almas aladas que a servia flutuava sobre as cabeças dos embevecidos assistentes, espargindo em todas as direções pequeninas pétalas de flores representando o carinho de Mãe, no gesto de gratidão Daquela que, incansável, se empenhava na Salvação dos irmãos de humanidade, a quem considerava como filhos amoráveis, em processos de evolução.

Decorridos longos minutos, Maria despediu-se de Bezerra e, voltando ao fulcro de luzes que era o dínamo poderoso que mantinha aberta a ligação do Céu aos caminhos da Terra, depositou um beijo no coração de Ribeiro e, mesclando-se na luz intensa, retornou aos páramos superiores de onde viera.

Com o afastamento da sublime Mensageira, Bezerra acercou-se de Ribeiro, abraçando o amigo fiel que se doara como um gerador de elevados recursos, restituindo-lhe parte das energias desgastadas pela condensação, a seu benefício das forças vibrantes daquele auditório. Era o amor de todos a recompor as energias do amoroso mentor.

O Sol começou a diminuir de intensidade, com Ribeiro reassumindo a forma perispiritual que o caracterizava, fazendo-se novamente visível a todos, mantendo, entretanto, a mesma atmosfera rutilante de Bezerra. Encaminhado por este à pequena base, o espírito dirigente daquela Casa de Deus, inspirado pelo próprio idealismo, assim se exprimiu, antes de dar por encerrada a reunião:

— Irmãos queridos, nada nos encanta mais nesta noite do que a demonstração da Suprema Misericórdia, que recobre nossas imperfeições e misérias com o manto celeste e maternal, vendo valores onde, aos nossos olhares, existem incontáveis defeitos. No entanto, não desperdicemos esta sublime oportunidade menosprezando a confiança celeste que nos honra com um convite que, certamente, encontraria outros melhor capacitados a quem se destinar. Não importa que não o mereçamos, filhos queridos. Importa é que o convite nos chegou pelas palavras da própria Mãe do Senhor, a nossa Mãe querida.

Ribeiro deixava rolar lágrimas de emoção, mais parecidas a pérolas preciosas que, ao caírem no solo daquele lugar, deixavam marcas de claridade.

— Que o nosso pouco se transforme em muito nas mãos sublimes dos que sabem multiplicar o nada para atender às necessidades da multidão. Não deixemos esmorecer a nossa alegria de servir pelo tamanho dos desafios que surgirão diante de nossas almas. Se nos faltarem forças, apoiemo-nos uns nos outros e busquemos a luz do Senhor. Se nos faltarem recursos, sejamos os que nos dividamos para multiplicar nossas vontades determinadas, transformando-as em alavancas para a obra de Deus. Aproveitemos a boa hora para fortificarmos nossas boas decisões. Jesus tem pressa e a ignorância avança com seu cortejo de sombras na tentativa de estender seus tentáculos a um maior número de invigilantes. Não nos deixemos amedrontar pelo tamanho da ameaça. Acendamos o archote da fé viva e, no meio da tempestade, saibamos mantê-lo aceso para o consolo de muitos, para o equilíbrio de vários e para não perderem o rumo aqueles que, bons, mas fracos, estiverem em busca do caminho certo. São poucos os seres, na Terra de hoje, que se prepararam convenientemente para os testemunhos desta hora. Estamos podendo servir ao Cristo de Deus, testemunhando nossa convicção no Bem. Não é hora para cansaço, para reclamos, para lamentos, para tergiversações. A hora é agora, filhos queridos.

E recordando parágrafo do Espírito de Verdade, inserido na parte final do capítulo XX de *O Evangelho Segundo o Espiritismo,* pausadamente, repetiu:

– "Deus faz, neste momento o recenseamento dos seus servidores fiéis, e marcou com o seu dedo aqueles que não têm senão a aparência do devotamento, a fim de que não usurpem mais o salário dos servidores corajosos, porque é àqueles que não recuarem diante de suas tarefas que vai confiar os postos mais difíceis na grande obra de regeneração pelo Espiritismo, e estas palavras se cumprirão: OS PRIMEIROS SERÃO OS ÚLTIMOS E OS ÚLTIMOS SERÃO OS PRIMEIROS NO REINO DOS CÉUS" – Eis a palavra do Cristo chamando-nos ao Dever do Bem. Não nos esqueçamos desta noite. Que Jesus nos abençoe. Muita paz!

Com essas palavras, encerrou a Assembleia, acercando-se de seus ajudantes para saudá-los fraternalmente, enquanto os presentes, inebriados com as alvissareiras notícias e com as grandes responsabilidades de se empenharem no cumprimento da Vontade do Pai, se despediam na direção de suas tarefas.

42

HERDEIROS DO MUNDO NOVO

Lucas, 21, 25-26

25 *Haverá sinais no sol, na lua e nas estrelas, e sobre a terra haverá angústia das nações em perplexidade pelo bramido do mar e das ondas,*

26 *desfalecendo os homens de medo e pela expectação das coisas que sobrevêm ao mundo; pois as potestades dos céus serão abaladas.*

Marcos, 13, 14-27

14 *Ora, quando vós virdes a abominação do assolamento, que foi predito por Daniel o profeta, estar onde não deve estar (quem lê, entenda), então os que estiverem na Judeia fujam para os montes.*

15 *E o que estiver sobre o telhado não desça para casa, nem entre a tomar coisa alguma de sua casa;*

16 *E o que estiver no campo não volte atrás, para tomar as suas vestes.*

17 *Mas ai das grávidas, e das que criarem naqueles dias!*

18 *Orai, pois, para que a vossa fuga não suceda no inverno.*

19 Porque naqueles dias haverá uma aflição tal, qual nunca houve desde o princípio da criação, que Deus criou, até agora, nem jamais haverá.

20 E, se o Senhor não abreviasse aqueles dias, nenhuma carne se salvaria; mas, por causa dos eleitos que escolheu, abreviou aqueles dias.

21 E então, se alguém vos disser: Eis aqui o Cristo; ou: Ei-lo ali; não acrediteis.

22 Porque se levantarão falsos cristos, e falsos profetas, e farão sinais e prodígios, para enganarem, se for possível, até os escolhidos.

23 Mas vós vedes; eis que de antemão vos tenho dito tudo.

24 Ora, naqueles dias, depois daquela aflição, o sol se escurecerá, e a lua não dará a sua luz.

25 E as estrelas cairão do céu, e as forças que estão nos céus serão abaladas.

26 E então verão vir o Filho do homem nas nuvens, com grande poder e glória.

27 E ele enviará os seus anjos, e ajuntará os seus escolhidos, desde os quatro ventos, da extremidade da terra até a extremidade do céu.

Acompanhando Bezerra de Menezes, Adelino e Jerônimo rumaram para as proximidades do satélite terrestre.

Entendendo que as modificações cíclicas se realizam em obediência a leis naturais que visam garantir o progresso de todos, não restava dúvida a respeito de serem, os tempos atuais, aqueles em que a transição se acentuava.

O trajeto na companhia do médico amigo era marcado pelas emoções do encontro recente com aquela que tanto Amor derramava em favor da Humanidade.

Quebrando o silêncio natural, Jerônimo tocou o assunto:

– Querido paizinho, como interpretar as lágrimas espontâneas que, quais pérolas de cristal escorriam pela face da Mãe Devotada? Poderia a angústia residir no coração puro de um ser tão superior?

Tocando-lhe o ombro com carinho, Bezerra respondeu:

– Sabe, meu filho, uma das mais belas demonstrações de Amor Verdadeiro é sofrer pelo outro, mesmo que tal sofrimento esteja acompanhado pela serenidade dos que sabem que o outro necessita sofrer para despertar. O esforço de um pai para salvar o filho que ama não dispensa, muitas vezes, o recurso drástico da amputação do membro apodrecido para garantir a sobrevivência do corpo. No entanto, por mais que se alegre por estar salvando a vida do filho, isso não impede que o pai sofra por sabê-lo mutilado a partir de então. Por isso, quanto mais cresce o Amor Verdadeiro no coração das almas, mais elas entendem as necessidades dos semelhantes e mais sofrem por seus destinos infelizes, sobretudo por compreenderem que, pela indiferença, pelo descaso, pela irresponsabilidade deles mesmos, elegeram a coroa de espinhos, aumentando o peso da própria cruz. Estamos nos acercando do satélite terreno onde, por graça da Misericórdia, já se encontram recolhidos todos os seres que, até este momento, retirados do campo magnético e psíquico diretamente ligado aos homens, ceifam os frutos dolorosos decorrentes de longos séculos e até mesmo de milênios de sementeira indiferente. Não obstante, tais destinos poderiam ter sido esculpidos de outra maneira uma vez que não lhes faltaram informações, conselhos, demonstrações e alertas para que trilhassem a estrada reta, evitando o rosário de lágrimas das trilhas tortuosas. Observemos como estão nossos irmãos de humanidade, compelidos a viver encerrados em um corpo celeste como a Lua, no aguardo do traslado para a casa nova que se aproxima.

O ambiente espiritual da Lua estava transformado pelo constante abastecimento de entidades retiradas das esferas vibratórias ao redor do núcleo rochoso da Terra. Por isso, seu clima psíquico era lastimável. Multidões em movimento de manadas animalescas se atritavam, agarrando-se aos antigos vícios e condutas que caracterizavam seus interesses comuns. Violência e perversidade se conjugavam no entrechoque do ódio, do desejo do mal, da revolta e do crime. Compostas em sua maioria por espíritos impuros, aqueles cujas características predominantes são o desejo do mal, a indiferença ao Bem, a inclinação para todos os vícios e o combate às virtudes, tais multidões se nutriam dos defeitos que as faziam algozes de si próprias. Inconformadas com o afastamento compulsório do ambiente terreno de onde julgavam que jamais seriam banidas, estas entidades se hostilizavam mesmo quando pareciam estar unidas pelo pavor do desconhecido. Aquelas almas sabiam, no íntimo, que algo muito grave lhes ocorria, e o temor do futuro lhes repercutia nas condutas desesperadas.

Seres monstruosos, animalescos, tirados das entranhas da Terra, como que libertados de cadeias lodosas, se arrastavam, asselvajados, confusos e violentos diante da nova condição. Calor e frio, escuridão e luz intensa promoviam as modificações extremas nas sensações físicas e psíquicas no âmago de todos. Entidades menos atrasadas, pertencentes a outros graus de evolução que não o dos Espíritos Impuros, também fugiam dos ataques de seus irmãos de sofrimento, migrando para outras regiões do satélite estéril, como andarilhos aterrorizados que nunca houvessem encontrado um pouso seguro.

Por toda parte a desolação e o desespero, sem portas para a fuga através do suicídio, da morte deliberada, do enlouquecimento. Em verdade, a loucura já se havia instalado no seio de cada um deles, alienação vivida consciente ou inconscientemente, sem que se encontrasse uma medicação paliativa aos efeitos angustiosos.

Ao longe, nascendo no horizonte lunar, o Planeta Azul, o berço generoso que tanto sofrera com os ataques da ignorância, que tanto suportara o peso explorador daqueles indiferentes espíritos que, nele tendo assumido corpos destinados a serem instrumentos para a evolução da alma, mais não haviam feito do que se empenharem num domínio destrutivo, como um filho que, desejando mais do que o leite materno, cravasse os dentes no seio que o alimentasse para dele arrancar a própria carne, indiferente ao sacrifício da mãe generosa.

Magnatasególatras, governantes corruptos, ditadores despóticos, líderes religiosos indignos, conquistadores ambiciosos, magistrados venais, cientistas doentes da inteligência, homens e mulheres inferiorizados pelos hábitos pecaminosos de sua vida pessoal, por toda parte se viam assustados na companhia de outros seres ainda mais grotescos. Haviam sido os gozadores do mundo, os que conquistaram as recompensas terrenas, os que cultivavam o Bezerro de Ouro que, finalmente, encontravam-se no reino que tanto lhes havia seduzido.

– Observando as tristes realidades que emanam de tais seres – falou Bezerra, interrompendo as observações – poderemos supor que estejam esquecidos da Misericórdia do Universo. Vendo-os assim, como alucinados em debandada sem rumo, o coração que ama se condói até as mais profundas fibras. No entanto, estamos presenciando a amputação para garantir-se a vida e o crescimento da alma. Imaginemos que aí estejam nossos amigos, nossos companheiros de muitas vidas, nossos irmãos de ideais, nossos parentes equivocados, nossos algozes, nossos perseguidores, mas também aqueles a quem amamos como carne de nossa carne. Não lhes parece doloroso presenciar esses momentos de destruição para a reconstrução?

Inegavelmente, tanto Adelino quanto Jerônimo guardavam idêntica impressão, percebendo em si mesmos a dor por verem tanta crueldade no meio dos cruéis sem, contudo, entregarem-se aos esgares das emoções desajustadas.

Respondendo à pergunta de Bezerra, Adelino considerou:

– As angústias, quando vividas em nós, parecem não nos fazerem sofrer tanto quanto as angústias que sentimos ao vermos nossos irmãos sofrerem ainda mais sabendo que poderiam tê-las evitado. No entanto, doutor, não seria possível que os homens, ainda agora, pudessem algo fazer para que não estivessem aqui, nesse infeliz destino?

    – É nisso que estamos empenhados. Todos os Espíritos disponíveis na Terra, neste instante, se multiplicam para a implantação do Reino de Deus no coração das criaturas. Nesse mesmo momento, filhos, almas dos dois lados da vida se desdobram para fazer acordar para o Bem o pensamento dos indiferentes, para tocar a sensibilidade dos filhos de Deus no sentido de escolherem o bom combate, atacando as mazelas íntimas que têm trazido para cá todos estes infelizes. Culminando a obra da evolução dirigida pelo Amor do Cristo, um sem número de homens e mulheres no mundo de carne se empenham na difusão da mensagem renovadora, em todas as crenças da Terra. Mesmo fora delas, o pensamento livre tem produzido fóruns de debates e conscientizações variadas para que, com as armas do Bem e da Paz, se edifiquem novos conceitos na consciência dos povos. Inspirados por seus tutores invisíveis, muita gente gasta os próprios recursos materiais na multiplicação da mensagem edificante, sacrificam seus interesses e suas necessidades na faina de cooperar, como luminosos agentes encravados no mundo escuro e violento, visando humanizar a própria humanidade.

    Meios de comunicação variados transportam o chamamento, como o resultado do progresso tecnológico propiciado por Jesus para que, antes do final dos tempos o seu Evangelho, a Boa Notícia, fosse pregada como um chamamento amistoso por toda a Terra. Somente depois disso é que não seria mais possível improvisar medidas salvadoras. Estamos no término desse ciclo, meus filhos, tentando multiplicar em tempo as informações da Consolação Celeste para que os fiéis adeptos da Verdade lhe correspondam ao chamado, não por imaginar que estão fazendo um favor a Deus, mas, sim, por entenderem que estão aceitando as medidas indispensáveis para a Salvação das próprias almas. Imaginemos um médico que, conhecendo o mecanismo da propagação de uma doença, se esforçasse para convencer uma comunidade atrasada da necessidade de lavar as mãos para evitar o contágio. Sem entendimento dos processos de contágio nem da existência de microrganismos invisíveis que se transmitem pelo contato, a maioria julgaria alucinado e sem sentido o esforço daquele homem, aparentemente sem qualquer fundamento. É que a lógica da ignorância claudica nela mesma e a si própria se vitima. Então, malgrado os esforços do médico amigo, que não dispõe de tempo para provar suas teses ou seus alertas, os "sábios", os "doutos", os "inteligentes e arrogantes" o ridicularizarão, no que serão seguidos pela maioria dos ignorantes que, sem base nem consciência, prefere adotar para si as opiniões dos que julga detentores do saber. No entanto, os mais simples e de boa fé que, observando a sinceridade do médico, aceitarem adotar as condutas profiláticas protetivas, mesmo sem lhes compreender o mecanismo mais profundo, deixarão de passar pelas agruras do contágio e da morte, enquanto verão perecer os "sábios, doutos, inteligentes, arrogantes e gozadores", porque não se dispuseram a adotar condutas tão simples como a da lavagem das próprias mãos. Depois de contaminados, poderão lavar as mãos tantas vezes quantas desejarem, mas isso já não será capaz de evitar-lhes a morte. Já terá sido tarde para acreditar nos avisos e, então, lastimarão a triste escolha do orgulho presunçoso, da arrogância do falso saber, da egolatria exacerbada. As coisas mais simples, meus filhos, costumam ser as mais difíceis de se entender e de se fazer. Recordemos do mito do paraíso perdido. Fala-nos a escritura que Adão e Eva tinham todas as facilidades garantidas. Sua única tarefa era evitar a prática de uma só conduta. Querem coisa mais simples? Deveriam abster-se, deveriam obedecer, deveriam evitar. Mas como nos ensina a passagem simbólica, foi justamente isso que não fizeram. Quando tinham a garantia do Paraíso de delícias sem nenhum gasto de energia, preferiam trabalhar para perdê-lo. Isso contraria até mesmo a lei do mínimo esforço. Essa é a seleção feita pelas criaturas quando, ao invés de modificarem seu caráter, dão mostras de que são insubmissas e arrogantes, desconsiderando todos os alertas como coisas sem sentido, porque não desejam modificar suas rotinas. Não resta à lei do Universo, então, outro caminho senão apresentar-lhes o fruto de suas deliberações. Para os que estão aqui, que já tiveram a sua oportunidade e não a aproveitaram, o tempo de acertar e errar chegou ao fim nesta etapa evolutiva. Precisam, agora, receber o fruto de suas escolhas para que aprendam a eleger melhor daqui para diante.

Fazendo uma pequena pausa, enquanto olhava para a superfície da Lua com o olhar entristecido, mas sereno, Bezerra esperou alguns segundos como se divisasse mais longe e, por fim, continuou:

– Mas os seres que ainda estão na Terra, valendo-se das oportunidades do tempo no grande relógio da eternidade, aquele que reduz séculos a horas, décadas a minutos e anos a segundos, podem ainda contar com alguns segundos para tentarem reverter a inferioridade pelo cultivo dos valores da Nova Humanidade com ânimo sincero, com arrependimento pelos erros cometidos, com esforço de superação de si próprio, evitando tanto o estágio preparatório na Lua como também a transferência para o outro destino que, por suas peculiaridades, é bem mais doloroso e exigente do que o próprio estágio lunar.

Surpresos com a revelação da existência de algo pior do que aquele que tinham sob os próprios olhos e que os feria até as fibras d'alma, Jerônimo indagou:

– Como assim, Doutor? O que o senhor quer dizer com destino bem mais grave? Porventura haverá coisa pior do que o que estamos vendo?

Foi então que, enlaçando seus dois acompanhantes, Bezerra tomou um rumo na direção do Cosmos enquanto ia conversando acerca do futuro:

– Filhos, agora vocês entenderão o porquê das lágrimas da Mãezinha querida. Se as providências da Misericórdia já estão sendo atendidas com o afastamento dos Espíritos mais endurecidos do ambiente terreno, não imaginem que a Lua seja o porto definitivo, o destino final de tais entidades. Trata-se de medida preparatória de adestramento pela dor cuja finalidade é apartar o que precisa ser transferido para o alvo final. Observem ao longe, aquele ponto bem à nossa frente.

Apontou Bezerra na direção de peculiar corpo celeste que, de imensas dimensões, devorava distâncias na velocidade vertiginosa dos astros massivos, em obediência à órbitas desconhecidas dos mapas solares.

– Não é prudente que nos acerquemos muito mais porquanto já daqui de onde estamos, recebemos o impacto desagradável de suas emanações primitivas, carregadas de um magnetismo inferior.

Os dois companheiros de Bezerra estavam em mutismo insofreável.

– Trata-se de mundo conhecido das lendas antigas como o portador da destruição, causador de traumas geológicos e mudanças bruscas na estrutura magnética e elétrica da Terra, isso sem falar no caos civilizatório que, em todas as suas aproximações, sua influência provocou. Apesar disso, a sua aproximação é vista como um grande benefício para o aceleramento das mudanças. Ainda que nesta distância da órbita terrena, suas magistrais dimensões e a grandeza de seu campo magnético-psíquico já se fazem sentir ao longo de sua trajetória, chegando aos homens bem antes de que sua massa se faça visível aos olhares aterrados. Sua presença energética desperta nos que lhe são afins as emoções grotescas, as práticas mais vis pelos vícios que alimenta, das baixezas morais que estimula porque, primitivo, como disse, tal orbe emite esses sinais que se conectam com os que se lhe assemelhem em vibrações e desejos, alimentando-os com seu psiquismo, fortalecendo-os nos desejos e nas práticas inferiores. Precedendo-lhe a influência magnética e gravitacional que se avoluma, observa-se, há décadas, a piora dos padrões emocionais do planeta, o avolumar das crises sociais, dos crimes hediondos, das leviandades nos costumes, agora acrescidos das modificações climáticas, da surpreendente e inesperada variação do magnetismo planetário com modificação da posição dos polos da Terra. Fenômenos inusitados confundem a mente dos homens de ciência, cheios de teorias e cegos para a verdade. Várias instituições científicas estão informadas da aproximação desse corpo massivo, mas, por prudência ou por receio de se ridicularizarem, não se dispuseram ainda a reconhecer a emergência que se abate sobre toda a humanidade, preferindo adotar condutas contemporizadoras ou, até mesmo, procurando preparar as pessoas empregando recursos subliminares como filmes, reportagens, documentários de desastres, tratando do assunto de maneira ficcional. Gradualmente, porém, a influência gravitacional desse corpo planetário vai apertar seus laços sobre os demais planetas do sistema solar, demarcando a sua trajetória com as naturais consequências de sua presença intrusa e gigantesca, aproximando-se do nosso Sol. Este é o corpo celeste que, como um ímã poderoso, separará a limalha de ferro pelo poder que já exerce, e exercerá, ainda mais, sobre tudo o que se sintonize com a sua vibração. Homens e Espíritos no mesmo padrão serão por ele reclamados como um patrimônio que lhe pertence, liberando a Terra para novas etapas de crescimento e evolução. Talvez venha a ser confundido por muitos com um cometa, com um astro que se chocará com nosso planeta, com um mensageiro do mal pelo medo e aflição que provocará. Outros se valerão dele para atormentar seus irmãos de humanidade, tentando arrancar-lhes os últimos bens materiais que possuam. Mal intencionados se valerão de tal presença no Céu para apregoar o fim do mundo, levando o caos aos mais ingênuos e despreparados. Marcada por eventos cataclísmicos datados de milênios, a humanidade sentirá a aproximação do novo ajuste de contas e cada qual saberá dizer se, no fundo de si mesmo, fez o que deveria ter feito para a modificação de suas vibrações. Por fim, a aproximação maior provocará as alterações geológicas, climáticas e energéticas que promoverão a depuração da humanidade pelo perecimento de muitos e pela separação das almas. Para ele serão levadas aquelas que já se encontram estagiando na superfície do satélite lunar. Batizado desde a antiguidade com diferentes nomes, tais como Nibiru, Marduk, Hercólubus, pela ciência chamado de planeta X, também apelidado de Astro Higienizador ou Chupão pelos espiritualistas de diversas vertentes, este é o Mundo Novo, mundo em formação dotado de uma humanidade primitiva que precisa de irmãos mais capacitados, treinados no aprendizado terreno que a ajudará, acelerando a sua evolução. E enquanto fazem isso, desbastam as próprias arestas ao conviver com as asperezas de um planeta primitivo e rústico que lhes fornecerá as oportunidades para lições novas de disciplina e transformação.

É por isso que Maria chorava como viram. Se o sofrimento da Lua é apenas expansão da maldade dos que nela foram congregados, nenhum deles imagina o que os espera em um mundo novo como esse, sofrimento que compunge o sentimento dessas Almas Superiores, que tudo fizeram para adiar o trágico encontro dos maus com seus próprios destinos. É da lei que a sementeira é livre, mas a colheita, obrigatória.

Os dois ouvintes estavam atônitos.

Ao longe divisavam um grande corpo celeste avermelhado pelos gases que o envolviam, com um tamanho imenso para os padrões terrenos e que, como Bezerra afirmava, era dotado de uma atmosfera fluídica primitiva, que já se podia sentir mesmo estando a milhões de quilômetros de distância. Como haveria de ser árdua a vida naquele corpo celeste! – pensavam em silêncio.

Interessado em maiores informações, Adelino perguntou:

– Poderíamos visitar a superfície desse orbe?

Sem perda de tempo, Bezerra respondeu:

– Os cuidados que precisaríamos adotar na realização de tal empreendimento exigiram um esforço e um tempo de que não dispomos neste momento, sobretudo porque não é interessante perturbar nossos irmãos de humanidade com descrições deprimentes e chocantes acerca das condições evolutivas embrionárias que marcam a superfície de tal orbe primitivo. É suficiente para os nossos objetivos que nos conduzem informarmos aos nossos irmãos de humanidade de que esta é a hora definidora de suas vidas. Que a aproveitem da melhor forma para que não acabem mudando de casa. Que não percam tempo na transformação decisiva de suas tendências mais profundas porque, pelo tamanho do planeta que estão observando, não faltará espaço para boa parte dos trinta bilhões de espíritos que, encarnados ou desencarnados, estagiam na Terra ou em seus níveis vibratórios. No entanto, poderíamos nos aproximar, assimilando as energias densas que visam à plasmagem perispiritual indispensável, caso nos interessasse um aprofundamento na apreciação de suas peculiaridades para a descrição futura.

— Mas lá os corpos guardam similitude com os dos homens da Terra?

— Bem, em toda parte, a humanidade que habita os diversos mundos se estrutura de maneira semelhante, sem que isso signifique de maneira igual. Nos mundos superiores, as formas são mais belas e elaboradas, não havendo um meio de comparação com as formas terrenas ou com seus conceitos estéticos. Quanto mais elevados são os seres, mais predominam as suas características íntimas sobre a sua forma exterior. Quanto menos avançados são eles, mais se veem presos a corpos densos para a difícil elaboração das experiências, eclipsados em algemas de carne e ossos de onde só conseguem se ausentar por efeito do sono ou da morte. Aí também os corpos são constituídos de maneira muito semelhante aos humanos da terra. No entanto, não possuem a beleza que a harmonia biológica já conseguiu edificar no funcionamento quase perfeito de todos os tipos e sistemas na Terra. Corpos rudes, primitivos, com cérebros ainda em desenvolvimento no atrito das formas serão modelados para que o instrumental do pensamento possa expressar a intensa riqueza de ideias de que são portadores os novos membros. A hostilidade dos elementos atmosféricos auxiliará nos esforços da sobrevivência para o estímulo ao raciocínio na superação de tais obstáculos. A reminiscência de uma sociedade mais avançada ajudará os novos moradores na construção de embriões de comunidades nas quais tentarão reproduzir as instituições do planeta que deixaram. Talvez edifiquem monumentos de pedra em homenagem aos seus antigos amigos e ao paraíso que perderam, cuja lenda provavelmente criarão para explicar aos amigos do mundo novo como é que foram parar lá e por que motivos foram condenados ao degredo. No entanto, terão braços, pernas, força física, necessidades básicas para sobrevivência, em corpos que só encontramos paralelo nos fósseis da nossa Terra, que atestam a evolução da forma humana. A humanidade terrena que for exilada para lá se transformará no elo perdido na estrada evolutiva dos seres que o habitam, porquanto antes de sua chegada, o primitivismo morfológico predominava na longa edificação das formas. Depois de aportarem ao destino, os recém-chegados levarão um modelador diferente para as formas, que passarão a progredir para corpos mais bem torneados, melhor elaborados, produzindo uma figura com feições mais delicadas. Sob o esforço sucessivo de infindáveis reencarnações, melhorarão as formas pela imposição de sua nova estrutura perispiritual sobre a matéria obediente além de receberem o impulso dos Espíritos Superiores que, conduzidos pelo mesmo Cristo, ali operam para forjar os novos futuros para os irmãos de humanidade. Grande laboratório de formas em busca de modificações de almas, esta Casa do Pai continuará, ela também, sob a administração cósmica do Divino Mestre na condução do Rebanho que, desde os longínquos tempos, recebeu de Deus com a tarefa de encaminhá-lo ao Crescimento Espiritual na Escola do Universo. E como o Senhor bem o realçou nas passagens que chegaram aos dias do presente, **DO REBANHO QUE O PAI LHE HOUVERA CONFIADO, NENHUMA OVELHA SE PERDERIA**. Não se trata, pois, de uma derrocada moral realçando a incapacidade pedagógica do Amigo Celeste. Trata-se de um curso de aprendizado rápido, de depuração intensa, de amadurecimento contínuo graças ao qual Jesus conseguirá fazer com que despertem para a Verdade e, dessa forma, almejem regressar um dia ao planeta Azul de onde foram retirados, milênios antes.

Silencioso e inflexível em sua trajetória determinada, fluía o corpo celeste com as suas peculiaridades gasosas projetando-se por seus lados, qual cometa que desprendesse os gases durante seu deslocamento na aproximação com o sistema solar.

* * *

As imagens eram mais fortes do que todas as palavras e, por isso, os três se mantiveram na observação à distância, meditando na sabedoria das leis do Universo que se valem das próprias limitações das criaturas para, daí, retirarem os materiais para o progresso delas mesmas.

Esperança, antes do sofrimento...

Convite, antes da separação temporária...

Suor, antes que só restassem lágrimas de arrependimento...

Luz do Espírito para combater as novas trevas da matéria...

Assim agia a solicitude superior, tentando amparar todos os alunos da Escola da Vida.

Era a concretização do momento sublime da Grande Transição, conforme mencionado em tantos textos religiosos por milênios afora, como também constante da última pergunta de *O Livro dos Espíritos*:

"O reino do bem poderá um dia realizar-se na Terra?

– O bem reinará na Terra quando, entre os Espíritos que vêm habitá-la, os bons predominarem sobre os maus; então eles farão reinar na Terra o amor e a justiça, que são a fonte do bem e da felicidade. Pelo progresso moral e praticando as leis de Deus é que o homem atrairá para a Terra os bons Espíritos e afastará os maus; mas os maus só a deixarão quando o homem tiver expulsado de si o orgulho e o egoísmo.

A transformação da humanidade foi anunciada e é chegado o tempo em que todos os homens amantes do progresso se apresentam e se apressam, porque essa transformação se fará pela encarnação dos Espíritos melhores, que formarão sobre a Terra uma nova ordem. Então, os Espíritos maus, que a morte vai retirando a cada dia, e aqueles que tentam deter a marcha das coisas, serão excluídos da Terra porque estariam deslocados entre os homens de bem dos quais perturbariam a felicidade.

Eles irão para MUNDOS NOVOS, menos avançados, desempenhar missões punitivas para seu próprio adiantamento e de seus irmãos ainda mais atrasados. Nessa exclusão de Espíritos da Terra transformada não percebeis a sublime figura do paraíso perdido? E a chegada à Terra do homem em semelhantes condições, trazendo em si o gérmen de suas paixões e os traços de sua inferioridade primitiva, a figura não menos sublime do pecado original? O pecado original, sob esse ponto de vista, se refere à natureza ainda imperfeita do homem, que é, assim, responsável por si mesmo e por suas próprias faltas e não pelas faltas de seus pais. Todos vós, homens de fé e boa vontade, trabalhai com zelo e coragem na grande obra da regeneração, porque recolhereis cem vezes mais o grão que tiverdes semeado.

INFELIZES AQUELES QUE FECHAM OS OLHOS À LUZ.

PREPARAM PARA SI LONGOS SÉCULOS DE TREVAS E DECEPÇÕES;

INFELIZES OS QUE COLOCAM TODAS AS SUAS ALEGRIAS NOS BENS DESTE MUNDO, PORQUE SOFRERÃO MAIS PRIVAÇÕES DO QUE OS PRAZERES DE QUE DESFRUTARAM;

INFELIZES, PRINCIPALMENTE, OS EGOÍSTAS, PORQUE NÃO ENCONTRARÃO NINGUÉM PARA AJUDÁ-LOS A CARREGAR O FARDO DE SUAS MISÉRIAS.

São Luís"

43

O QUE FAZER PARA SE SALVAR?

Certamente que a Salvação deve fazer parte das buscas daqueles que, encontrando-se na Terra com a noção da imortalidade do Espírito, sabem que a vida é uma oportunidade de crescimento.

Somente o aluno absolutamente irresponsável frequenta uma escola sem compromissos com os exames regulares ou com a possível reprovação ao final do período.

Para indivíduos que não tenham despertado para os sublimes deveres escolares do Espírito encarnado, certamente que o despreparo e a indiferença os conduzirão ao Mundo Novo.

No entanto, para todos os demais estudantes da Alma para os quais a Vida e a Terra são a matrícula e a escola do aperfeiçoamento, as preocupações com o sucesso ou fracasso ao final do período devem incomodar de acordo com a sua maturidade no entendimento da importância da evolução.

Há os que vão à escola porque a veem como um dever que lhes foi imposto por seus genitores, sem vontade própria no aprofundamento dos ensinamentos, desinteressados no cumprimento ou na repetição das lições não aprendidas, imaginando que conquistarão notas através da fraude no momento do exame, copiando de colegas mais esforçados.

Há os que frequentam as aulas com a indiferença dos que são

levados pelos dias e meses, esperando com ansiedade o momento das férias. Fazem lições, copiam cadernos, mas sem o prazer de quem estuda com afinco. Não imaginam que a escola os está preparando para a Vida adulta e, assim, não veem muito sentido nas tarefas e exercícios aos quais se submetem, mais por rotina que por satisfação. Decoram os livros e, graças a uma conduta mecânica, mesmo sem compreenderem o âmago das coisas, conquistam as notas por responderem as mesmas palavras que ouviram dos mestres.

Por fim, há os que vivem a escola como se fosse o pão de suas Vidas, que desfrutam cada ensinamento, que se encantam com as descobertas da ciência, as maravilhas da matemática, as regras do bom falar e do bem escrever, as noções variadas que lhes vão sendo transmitidas por pessoas mais capacitadas. Alunos que não se contentam com o currículo mínimo que a escola oferece e que, interessados, esmiúçam livros, pesquisam por conta própria, realizam lições não solicitadas pelos mestres e se destacam, não pelas notas excelentes que conquistam, mas, sim, por serem exemplos de devotamento e por transformarem em prazer aquilo que aos outros alunos pesa como um dever, como um castigo ou como uma farra.

Se a reprovação pode rondar o imaginário destes três últimos tipos de alunos, para o que vê a escola como um prazer de aprender nada o intimida, nada o atormenta, nada o assombra, porque ele sabe que a aprovação final lhe é garantida pelo efetivo aprendizado e não pelos mecanismos artificiosos de pesos, contas e notas segundo algum critério aleatório da pedagogia dos homens.

O Bom Aluno não teme os exames, não tem receio de professores, não se atormenta com lições de casa, não se aborrece com exercícios extras nem está fixado na competição por notas. Deseja saber e se encanta quando aprende o funcionamento das coisas, desvenda o mistério do mecanismo biológico, compreende o porquê de certas fórmulas matemáticas.

Plenamente em harmonia com a natureza racional que o empurra para o aprendizado, vive como o interessado Filho do Pai, Aquele que é a Soberana Inteligência do Universo. Então, cumpre com prazer os ditames dessa filiação celeste, encantando-se com cada lição que o leva a entender melhor a Vontade do Criador.

Ao contrário, os maus alunos pouco se interessam em corresponder aos esforços daqueles que os sustentam na aula, que lhes pagam o estudo, que lhes fornecem material, lanche e oportunidade de crescimento. Malbaratam os esforços dos genitores fazendo-os gastar seu tempo, seu dinheiro, seus sonhos e suas vidas, atirando na lata do lixo todas as oportunidades recebidas sem aproveitá-las adequadamente, em seu próprio benefício.

Então, nas horas de avaliação final como as que a Terra e os seus habitantes estão vivendo, duas classes de alunos não precisam se preocupar com os destinos, porquanto suas condutas já os definiram indubitavelmente:

– Os alunos irresponsáveis, indiferentes, farristas, gozadores, maldosos, dilapidadores do patrimônio do Pai, destruidores da Escola já definiram o destino para o Mundo Novo que os aguarda.

– Os alunos dedicados, aplicados no prazer de aprender, de se aperfeiçoarem, de cooperarem com os Mestres para fazer valer cada linha dos ensinamentos, melhorando todos os dias com a vivência das lições aprendidas, generosos companheiros dos professores, estudantes valorosos e entusiasmados com a vida, aqueles que representam os seres idealistas a serviço das causas da humanidade, que enfrentam as lições sem resmungos, sem queixas, que agradecem o esforço de seus tutores, que se devotam no cumprimento de seus conselhos e trabalham sem dar trabalho, estes já estão matriculados nas novas etapas evolutivas no Novo Mundo.

O problema é a definição do destino dos alunos intermediários, aqueles que se localizam entre estes dois extremos e que, certamente, correspondem à maioria dos encarnados que já não são tão maus alunos, mas estão conscientes de que não se dedicaram à escola como deveriam.

Todos desejam a aprovação final, mas, estando a escola nos períodos finais que antecedem a apuração dos valores, como reverter a situação ou conquistar merecimentos que possam ajudá-los na definição favorável do destino, afastando o risco da reprovação? Como fazer para, contando com a complacência da Misericórdia, obter ao menos uma autorização provisória para a matrícula para o novo ano ainda na Escola Terrena?

Essa é a angústia da maioria dos estudantes, dos seres humanos que, nesta escola do mundo, sabem que não foram os melhores alunos, apesar de também não terem feito, segundo supõem, nada tão grave que faça merecer a mudança de escola. Serei capaz de alcançar a Salvação? – pergunta-se o indivíduo mediano quando pensa nas questões intrincadas da seleção entre joio e trigo.

– Vivi de maneira leviana todos os meses de aulas. Serei capaz de demonstrar ter aprendido o suficiente para estar entre os que poderão ser alunos na mesma instituição educacional no ano que vai se iniciar? Onde devo concentrar meus esforços neste último momento de estudo, antes dos exames finais? Onde encontrarei estabelecidos com clareza os critérios que me ajudem a escolher caminhos seguros de transformação? Será que se doar todos os meus bens conseguirei uma tolerância da Diretoria para uma nova chance na Terra? Se eu fizer um testamento, se me ajoelhar e realizar as penitências que os religiosos me recomendarem, conseguirei sensibilizar as autoridades escolares? Se eu rezar todas as rezas, se frequentar todas as cerimônias, se bater no peito confessando minhas culpas e me arrepender do mal que fiz, será que conseguirei permanecer no Novo Mundo no qual a Terra está se transformando?

Todas estas perguntas fazem parte das angústias de muitos que, conhecendo com clareza os próprios equívocos, não estão seguros acerca da possibilidade da aprovação. Mesmo aqueles que se julgam bons porque deram coisas ou que fizeram coisas meritórias, mas para conquistar os prêmios do mundo, ou que se acostumaram a rotinas sem profundidade, carregam a consciência mesclada de dúvidas ou incertezas sobre o destino que os espera porque, lá no mais profundo de suas almas, sentem que a Salvação não depende essencialmente dessas coisas.

Mas então, onde encontrarei – pergunta você, querido(a) leitor(a) – o caminho a seguir para compreender a essência que nos permite almejar a condição de escolhido, garantindo a Salvação nesta transição que se acelera?

Recorde algumas frases que, como um aluno da escola da vida na Terra, certamente já escutou de seu Diretor Espiritual:

"EU SOU O CAMINHO, A VERDADE E A VIDA"

Não seria a palavra imprecisa e pobre deste que lhe escreve a chave para a compreensão dos caminhos da SALVAÇÃO.

Eles já estão delineados há muito tempo, quando a Escola Terra abriu suas portas para um novo ciclo de ensinamentos mais luminosos e enriquecedores, quando o próprio Diretor foi à sala de aula estar com os alunos e ajudá-los nas lições, mostrando como se faz.

Então, se pesa em seu coração a dúvida sobre estar no rol dos escolhidos ou de como proceder para que nele possa figurar, voltemos às velhas lições ofertadas pelo nosso Amorável Diretor.

Não se enfadonhe em lê-las com atenção. Pode ser que você já as tenha ouvido, mas, de verdade, se as tivesse escutado e entendido, certamente não teria as dúvidas que o atormentam a respeito do destino que o espera. Se já as tivesse assimilado, não teria dúvidas acerca da Salvação.

* * *

João, 12, 42-50

42 Contudo muitos das próprias autoridades creram nele, mas por causa dos fariseus não o confessavam, para não serem expulsos da sinagoga;

43 *porque prezaram mais a glória que vem dos homens, do que a glória que vem de Deus.*

44 *Clamou Jesus, dizendo: Quem crê em mim, não crê em mim, mas naquele que me enviou;*

45 *e quem me vê, vê aquele que me enviou.*

46 *Eu que sou a luz, vim ao mundo a fim de que todo o que crê em mim, não permaneça nas trevas.*

47 *Se alguém ouvir as minhas palavras e não as guardar, eu não o julgo; porque não vim a julgar o mundo, mas a salvar o mundo.*

48 *Quem me despreza e não recebe as minhas palavras, tem quem o julgue; a palavra que falei, essa o julgará no último dia.*

49 *Pois eu por mim mesmo não falei, mas o Pai que me enviou, esse mesmo me tem prescrito o que devo dizer e o que devo falar.*

50 *Eu sei que o seu mandamento é vida eterna. Aquilo, pois, que eu falo, falo-o como o Pai mo tem dito.*

Escutar e conhecer os ensinamentos do Cristo sem lhes prestar atenção significa desprezar as orientações do Diretor da Vida acerca de como são as regras da aprovação nos exames e, então, a nota ruim que obtiver não será fruto da maldade dos professores e, sim, do descaso do aluno indiferente, que não conseguiu conquistar a nota da aprovação. Não penetre no caminho religioso escolhido como quem vai ao passeio ou à festa, bem vestido, mas indiferente. Não aprender a lição por não praticá-la significa desperdiçar a oportunidade.

* * *

Lucas, 21, 29-36

29 *Propôs-lhes uma parábola: Vede a figueira e todas as árvores:*

30 quando começarem a brotar, sabeis por vós mesmos, ao vê-las, que o verão está próximo;

31 assim também vós, quando virdes acontecerem estas coisas, sabei que está próximo o reino de Deus.

32 Em verdade vos digo que não passará esta geração, sem que tudo se cumpra.

33 Passará o céu e a terra, mas não passarão as minhas palavras.

34 Guardai-vos, para não suceder que os vossos corações fiquem pesados com o excesso no comer e no beber e com os cuidados desta vida, e que aquele dia venha sobre vós de repente como um laço;

35 pois há de vir a todos os que estão sobre a face da terra.

36 Vigiai, porém, em todo o tempo, orando para que possais escapar de todas estas coisas que hão de acontecer, e para que possais manter-vos na presença do Filho do homem.

Quando os sinais se tornam tão claros, com a natureza demonstrando as realidades decisivas através de todas as transformações que apontam para a aproximação de tão importantes mudanças, chega a hora de o aluno fazer um balanço de como está a sua situação escolar e se não lhe seria mais adequado aprofundar-se em matérias que mais pesam no cômputo dos exames finais visando a aprovação. E que matérias seriam estas?

A espiritualização é indispensável. Tratar de não turbar a mente e o coração com os excessos materiais, aqui simbolizados pelo muito comer, pelo muito beber, além de não se iludir com os cuidados desta vida nas suas buscas materiais infindáveis e avassaladoras porquanto todas estas coisas são laços, armadilhas que prendem ao mal e impedem o prosseguimento no Novo Mundo. A todos os seres humanos chegará a hora do exame, sem exceção. Por tal certeza, esteja com a bagagem leve, pronta, vazia das coisas do mundo para que a avaliação redunde em uma aprovação decorrente do predomínio das coisas da Alma sobre os cuidados da matéria e os vícios dela decorrentes.

* * *

Mateus, 24, 45-51

45 Quem é, pois, o servo fiel e prudente, ao qual o seu senhor confiou a direção da sua casa, para que a tempo dê a todos o sustento?

46 Feliz aquele servo a quem o seu senhor, quando vier, achar assim fazendo.

47 Em verdade vos digo que lhe confiará todos os seus bens.

48 Mas se aquele servo, sendo mau, disser no seu coração: Meu senhor demora-se,

49 e começar a espancar os seus companheiros, e a comer e beber com os ébrios,

50 virá o senhor daquele servo no dia em que este não o espera e na hora que não sabe,

51 e corta-lo-á pelo meio e pô-lo-á com os ímpios; ali haverá o choro e o ranger de dentes.

Se você está no mundo, tem uma incumbência na condição de servo fiel: A de auxiliar a todos os que o rodeiam, de velar da melhor maneira pela Casa que lhe foi confiada, seja como chefe de família, como patrão, como governante, como funcionário público ou profissional de qualquer trabalho. Então, se estiver a postos cumprindo bem o seu dever de administrar o patrimônio sublime em favor dos que atende e que estão sob a sua responsabilidade, alegrará o Senhor à sua chegada, porquanto demonstrou ser digno da confiança que ele lhe depositou.

No entanto, se o servidor de confiança, assim que se ausentar o seu Senhor, ao invés de cuidar bem de seus deveres em favor do abastecimento dos seus irmãos, passar a usar de violência, agressividade, arrogância, a favorecer a si mesmo, abusando da confiança que lhe fora demonstrada pelo Verdadeiro Proprietário, incorrerá no grave delito de fraudar a boa fé de seu Patrão. Surpreendido pela volta de seu Amo, que o flagra na prática de tudo o que mais alegra o orgulho e o egoísmo, será cortado ao meio e colocado junto com os impuros, no local onde haverá o choro e o ranger de dentes. Não seria isso uma referência ao Mundo Novo para onde os maus serão levados e onde se enfrentarão com as mazelas que lhes são próprias?

***

Mateus, 25, 14-30

14 Porque isto é também como um homem que, partindo para fora da terra, chamou os seus servos, e entregou-lhes os seus bens.

15 E a um deu cinco talentos, e a outro dois, e a outro um, a cada um segundo a sua capacidade, e ausentou-se logo para longe.

16 E, tendo ele partido, o que recebera cinco talentos negociou com eles, e granjeou outros cinco talentos.

17 Da mesma sorte, o que recebera dois, granjeou também outros dois.

18 Mas o que recebera um, foi e cavou na terra e escondeu o dinheiro do seu senhor.

19 E muito tempo depois veio o senhor daqueles servos, e fez contas com eles.

20 Então aproximou-se o que recebera cinco talentos, e trouxe-lhe outros cinco talentos, dizendo: Senhor, entregaste-me cinco talentos; eis aqui outros cinco talentos que granjeei com eles.

21 E o seu senhor lhe disse: Bem está, servo bom e fiel. Sobre o pouco foste fiel, sobre muito te colocarei; entra no gozo do teu senhor.

22 E, chegando também o que tinha recebido dois talentos, disse: Senhor, entregaste-me dois talentos; eis que com eles granjeei outros dois talentos.

23 Disse-lhe o seu senhor: Bem está, bom e fiel servo. Sobre o pouco foste fiel, sobre muito te colocarei; entra no gozo do teu senhor.

24 Mas, chegando também o que recebera um talento, disse: Senhor, eu conhecia-te, que és um homem duro, que ceifas onde não semeaste e ajuntas onde não espalhaste;

25 E, atemorizado, escondi na terra o teu talento; aqui tens o que é teu.

26 Respondendo, porém, o seu senhor, disse-lhe: Mau e negligente servo; sabias que ceifo onde não semeei e ajunto onde não espalhei?

27 Devias então ter dado o meu dinheiro aos banqueiros e, quando eu viesse, receberia o meu com os juros.

28 Tirai-lhe pois o talento, e dai-o ao que tem os dez talentos.

29 Porque a qualquer que tiver será dado, e terá em abundância; mas ao que não tiver até o que tem ser-lhe-á tirado.

30 Lançai, pois, o servo inútil nas trevas exteriores; ali haverá pranto e ranger de dentes.

✳✳✳

Novamente refere-se Jesus à necessidade de ser útil, para que corresponda à confiança que o Patrão deposita em seu ombro no dever de administrar a sua Casa durante a sua ausência. Respeitando as diferentes capacidades, o amo sabe dosar os valores atribuídos a cada um, mas, igualmente, sabe lhes dar o mesmo prêmio se desempenham as tarefas que lhes foram assinaladas. No entanto, o preguiçoso, o inútil, o ocioso, o indiferente, o falsamente honesto que devolve o valor recebido sem nada lhe agregar do seu esforço, esse tem um destino bem diverso dos anteriores. E que valores seriam estes? Não mais moedas materiais, apenas. Riquezas são todos os dons de que as criaturas são dotadas para a multiplicação das benesses, atendendo à vontade de Deus e às necessidades humanas. A inteligência, o conhecimento, os recursos da cultura e da tecnologia, o tempo, o discernimento, a saúde, a capacidade artística, a vontade firme, os bens materiais, o trabalho digno, dentre muitos outros, são as expressões do tesouro divino colocadas sob as suas mãos.

Multiplicar tais dádivas, transformando-as em alavancas do Bem a serviço dos semelhantes, é produzir frutos, reproduzindo benefícios e beneficiados. Se você sabe escrever, ensine algum irmão analfabeto. Se se formou em algum curso profissional, sirva-se dele para ajudar as pessoas, não apenas para ganhar dinheiro. Disponha-se a melhorar os outros, preste um serviço voluntário com a riqueza de seus conhecimentos e conquistas. Se sabe cozinhar, ensine as pessoas interessadas no aprendizado de algum prato que lhes agrade ao invés de privar o mundo das delícias que você já é capaz de produzir. Se você teme a concorrência, está demonstrando ser um mau aluno da vida, egoísta e vaidoso, orgulhoso do seu saber e pouco disposto a partilhar com aqueles que sabem menos que você. No mundo da competitividade, os que se deixarem arrastar por ela e modelam sua personalidade por essa disputa sem fim, já garantiram o veredicto acerca do próprio destino: LANÇAI O SERVO INÚTIL NAS TREVAS EXTERIORES...

Certamente, pelas palavras de Jesus tais trevas não se localizam na Terra, porque são trevas EXTERIORES. Um lugar diferente e doloroso onde haverá prantos e ranger de dentes, para onde os maus, os indiferentes, osególatras e egoístas, os preguiçosos, os servidores inúteis serão trasladados.

※※※

Mateus, 12, 33-37

33 Ou fazei a árvore boa, e o seu fruto bom, ou fazei a árvore má, e o seu fruto mau; porque pelo fruto se conhece a árvore.

34 Raça de víboras, como podeis vós dizer boas coisas, sendo maus? Pois do que há em abundância no coração, disso fala a boca.

35 O homem bom tira boas coisas do bom tesouro do seu coração, e o homem mau do mau tesouro tira coisas más.

36 Mas eu vos digo que de toda a palavra ociosa que os homens disserem hão de dar conta no dia do juízo.

37 Porque por tuas palavras serás justificado, e por tuas palavras serás condenado.

Quando nossas condutas parecem bem aos olhos dos homens, podem, talvez, estar sendo condenadas aos olhos de Deus. Assim, os critérios divinos são explicitados por Jesus nesta parábola onde a Salvação não depende das aparências nem das palavras, mas, sim, dos sentimentos que existem no interior das pessoas que motivam todas as suas atitudes. Ao recomendar que não proferíssemos palavra ociosa, ou seja, palavra que não trabalha, que não realiza nada, que não se exterioriza em atividade, o Senhor nos alerta para que tudo o que digamos se transforme em atitudes úteis. Promessas que não cumprimos, conselhos que ofertamos, mas não observamos, opiniões que esclarecem outras criaturas, mas que não nos iluminam, tudo isto será levado em conta no exame final que, nesta parábola, vem denominado como DIA DO JUÍZO, porque nossas palavras boas demonstrarão que conhecíamos a teoria, mas nossa falta de obras demonstrará o ócio que tornará inútil o que sabíamos. Por isso é que as palavras que dissermos nos Salvarão – se forem boas e não forem ociosas – e as mesmas palavras nos condenarão – se forem más ou, sendo boas, não se materializarem em boas obras.

※※※

MATEUS, 15, 7-20

7 *Hipócritas, bem profetizou Isaías a vosso respeito, dizendo:*

8 *Este povo se aproxima de mim com a sua boca e me honra com os seus lábios, mas o seu coração está longe de mim.*

9 *Mas, em vão me adoram, ensinando doutrinas que são preceitos dos homens.*

10 *E, chamando a si a multidão, disse-lhes: Ouvi, e entendei:*

11 *O que contamina o homem não é o que entra na boca, mas o que sai da boca, isso é o que contamina o homem.*

12 *Então, acercando-se dele os seus discípulos, disseram-lhe: Sabeis que os fariseus, ouvindo essas palavras, se escandalizaram?*

13 *Ele, porém, respondendo, disse: Toda a planta, que meu Pai celestial não plantou, será arrancada.*

14 *Deixai-os; são condutores cegos. Ora, se um cego guiar outro cego, ambos cairão na cova.*

15 *E Pedro, tomando a palavra, disse-lhe: Explicai-nos essa parábola.*

16 *Jesus, porém, disse: Até vós mesmos estais ainda sem entender?*

17 *Ainda não compreendeis que tudo o que entra pela boca desce para o ventre, e é lançado fora?*

18 *Mas, o que sai da boca, procede do coração, e isso contamina o homem.*

19 *Porque do coração procedem os maus pensamentos, mortes, adultérios, prostituição, furtos, falsos testemunhos e blasfêmias.*

20 *São estas coisas que contaminam o homem; mas comer sem lavar as mãos, isso não contamina o homem.*

Nesta parábola, inicialmente, Jesus demonstra conhecer a hipocrisia dos falsos alunos que, aparentemente interessados no ensinamento, assim que se ausenta o professor, viram as costas e vão em busca da diversão e dos prazeres, no exercício dos vícios que tanto amam.

Daí ser inócua a frequência à escola porque não será com base na folha de chamada ou no comparecimento que o aluno conseguirá a aprovação, tanto quanto não lhe adiantará nada frequentar as religiões do mundo se isso não o ajudar na mudança essencial de sua conduta.

Observe o conteúdo dos sentimentos do coração onde se enraízam as demonstrações do que você é e que, mais importante do que aquilo que você parece ser, não deixa margem a dúvidas a respeito de seus verdadeiros méritos como aluno. Isso se observa pelo teor do que exprimimos, de nossas condutas verbais, do padrão de nossas conversas, do teor dos assuntos que mais nos atraem. Combater a mentira, a calúnia, a traição, a fala pecaminosa e imoral significa preservar-se do exercício de sentimentos perniciosos, comprometedores do nosso futuro. A Salvação, como ensina Jesus, está ligada ao que nossa essência produz nas oportunidades da convivência. Se deseja você investir, pelo pouco tempo que resta, no exercício mais adequado para a modificação do destino, conviva com as pessoas, frequente os ambientes que lhe parecerem adequados, mas transforme seus sentimentos, altere a qualidade das vibrações, perdoe, não guarde rancor, arrependa-se do mal praticado e peça desculpas a quem ofendeu.

Controle seus impulsos e não se escravize às exigências do corpo.

Não use da boca para as condutas levianas do Espírito, maldizendo pessoas, criticando suas vidas, fazendo fuxicos sobre condutas alheias, comentando os erros dos outros. Ao melhorar o que existe em seu coração, sua boca emitirá sinais luminosos do Bem que já habita em você. Esse é um dos exercícios diários que nunca devemos nos esquecer. Falar só o Bem, porquanto o Mal não é assunto para quem deseja melhorar de verdade.

※※※

Lucas, 9, 23-26

23 E dizia a todos: Se alguém quer vir após mim, negue--se a si mesmo, e tome cada dia a sua cruz, e siga-me.

24 Porque, qualquer que quiser salvar a sua vida, perdê--la-á; mas qualquer que, por amor de mim, perder a sua vida, a salvará.

25 Porque, que aproveita ao homem granjear o mundo todo, perdendo-se ou prejudicando-se a si mesmo?

26 Porque, qualquer que de mim e das minhas palavras se envergonhar, dele se envergonhará o Filho do homem, quando vier na sua glória, e na do Pai e dos santos anjos.

Você deseja GANHAR A SUA VIDA? Observe que Jesus se refere à necessidade de NEGAR-SE A SI MESMO, tomar sua cruz CADA DIA e segui-Lo. Quem faz isso, não consegue ficar rico, não realiza seus sonhos, nem obtém o sucesso do mundo material. Por isso, se o seu interesse é ganhar a sua vida, aparecer diante do mundo como um vencedor, como uma pessoa admirada por todos pelo patrimônio que ajuntou, esteja certo de que não conseguirá desenvolver em si mesmo os requisitos para a aprovação final nos exames da Terra. Você vai perder a vida.

Diferentemente, aquele que surgir como um derrotado aos olhos do mundo porque se dedicou a fazer a felicidade dos que sofrem, a amar seu semelhante a ponto de compartilhar com ele seus bens, suas facilidades, empobrecendo-se de coisas para se enriquecer de valores celestes como pedira Jesus, esse terá conquistado os recursos perenes que lhe garantirão a SALVAÇÃO.

* * *

Lucas, 10, 25-37

25 E eis que se levantou um certo doutor da lei, tentando-o, e dizendo: Mestre, que farei para herdar a vida eterna?

26 E ele lhe disse: Que está escrito na lei? Como lês?

27 E, respondendo ele, disse: Amarás ao Senhor teu Deus de todo o teu coração, e de toda a tua alma, e de todas as tuas forças, e de todo o teu entendimento, e ao teu próximo como a ti mesmo.

28 E disse-lhe: Respondeste bem; faze isso, e viverás.

29 Ele, porém, querendo justificar-se a si mesmo, disse a Jesus: E quem é o meu próximo?

30 E, respondendo Jesus, disse: Descia um homem de Jerusalém para Jericó, e caiu nas mãos dos salteadores, os quais o despojaram, e espancando-o, se retiraram, deixando-o meio morto.

31 E, ocasionalmente descia pelo mesmo caminho certo sacerdote; e, vendo-o, passou de largo.

32 E de igual modo também um levita, chegando àquele lugar, e, vendo-o, passou de largo.

33 Mas um samaritano, que ia de viagem, chegou ao pé dele e, vendo-o, moveu-se de íntima compaixão;

34 E, aproximando-se, atou-lhe as feridas, deitando-lhes azeite e vinho; e, pondo-o sobre a sua cavalgadura, levou-o para uma estalagem, e cuidou dele;

35 E, partindo no outro dia, tirou dois dinheiros, e deu--os ao hospedeiro, e disse-lhe: Cuida dele; e tudo o que de mais gastares eu to pagarei quando voltar.

36 Qual, pois, destes três te parece que foi o próximo daquele que caiu nas mãos dos salteadores?

37 E ele disse: O que usou de misericórdia para com ele. Disse, pois, Jesus: Vai, e faze da mesma maneira.

Amar a Deus sobre todas as coisas, de todo o seu coração e com todas as suas forças representa o compromisso do filho grato em relação ao Pai Generoso. Quem Ama a Deus dessa forma, não se ocupa em ferir seus semelhantes, em prejudicá-los nos negócios, em tomar o que não lhe pertence, em cobrar mais do que deve, em atuar de maneira clandestina e oculta em prejuízo de quem quer que seja. Isso já seria suficiente para iluminar a alma de todos os filhos conscientes e garantir-lhes a Salvação. No entanto, Jesus agrega que esse Amor ao Pai deve ser dirigido ao nosso semelhante da mesma forma como nos amamos. E para não haver dúvida na compreensão sobre quem é o nosso próximo, o Diretor da Escola Terrena compara os diversos comportamentos diante de um sofredor. O Sacerdote (ministro da religião) e o Levita (ministro das leis) conheciam as escrituras, mas desprezavam os deveres daí decorrentes, por causa de seu egoísmo e orgulho. Perdidos pelos defeitos do mundo, se fizeram cegos ao sofrimento do irmão, esquecendo-se de que ao referir-se à palavra "próximo", Jesus não demonstrava quem é que necessitava de ajuda, mas, sim, quem se encontrava na condição de oferecê-la.

Certamente que é fácil observar, nos aflitos, os próximos que necessitam. Todavia, é muito difícil que aquele que esteja na condição de oferecer algo se veja como o próximo do que sofre.

– Isso é problema da prefeitura...

– Eu já pago meus impostos, o governo que resolva...

— Chamem os bombeiros, eles é que têm o dever de resolver isso, afinal, são pagos pra fazer estas coisas...

— Eu não sou médico nem farmácia pra aliviar a dor ou fornecer remédios...

— O problema da fome do mundo tem que ser resolvido pelos ricos da Terra...

Todas estas são frases que muitas pessoas falam porque, fugindo da condição evangélica de se reconhecerem como PRÓXIMOS daqueles que estão aflitos, não querem ter o trabalho de Amar.

Alguém bate à porta pedindo o socorro de um prato de comida, depois que você terminou de lavar toda a louça e guardar tudo nos armários...:

— passe mais tarde, agora não tenho nada...

Algum infeliz que pede a sua atenção ao telefone para um desabafo...:

— Ah! Pelo amor de Deus, justo agora que me deitei um pouquinho pra descansar... diga que não estou...

Algum amigo doente esperando por sua visita no leito de dor do hospital:

— Amanhã eu vou... hoje estou cheio de compromissos... e quem sabe até lá ele já voltou para casa...

Como é fácil a pessoa reconhecer o próximo que sofre...

Mas como é difícil aprender a lição de se reconhecer como O PRÓXIMO daquele que sofre.

***

Mateus, 25, 31-46

31 E quando o Filho do homem vier em sua glória, e todos os santos anjos com ele, então se assentará no trono da sua glória;

32 E todas as nações serão reunidas diante dele, e apartará uns dos outros, como o pastor aparta dos bodes as ovelhas;

33 E porá as ovelhas à sua direita, mas os bodes à esquerda.

34 Então dirá o Rei aos que estiverem à sua direita: Vinde, benditos de meu Pai, possuí por herança o reino que vos está preparado desde a fundação do mundo;

35 Porque tive fome, e destes-me de comer; tive sede, e destes-me de beber; era estrangeiro, e hospedastes-me;

36 Estava nu, e vestistes-me; adoeci, e visitastes-me; estive na prisão, e fostes ver-me.

37 Então os justos lhe responderão, dizendo: Senhor, quando te vimos com fome, e te demos de comer? ou com sede, e te demos de beber?

38 E quando te vimos estrangeiro, e te hospedamos? ou nu, e te vestimos?

39 E quando te vimos enfermo, ou na prisão, e fomos ver-te?

40 E, respondendo o Rei, lhes dirá: Em verdade vos digo que quando o fizestes a um destes meus pequeninos irmãos, a mim o fizestes.

41 Então dirá também aos que estiverem à sua esquerda: Apartai-vos de mim, malditos, para o fogo eterno, preparado para o diabo e seus anjos;

42 Porque tive fome, e não me destes de comer; tive sede, e não me destes de beber;

43 Sendo estrangeiro, não me recolhestes; estando nu, não me vestistes; e enfermo, e na prisão, não me visitastes.

44 Então eles também lhe responderão, dizendo: Senhor, quando te vimos com fome, ou com sede, ou estrangeiro, ou nu, ou enfermo, ou na prisão, e não te servimos?

45 Então lhes responderá, dizendo: Em verdade vos digo que, quando a um destes pequeninos o não fizestes, não o fizestes a mim.

46 E irão estes para o tormento eterno, mas os justos para a vida eterna.

Dizem alguns que não se obtém a salvação a não ser por meio da fé e que não se necessitam de obras para consegui-la. Certamente que estas pessoas fazem vistas grossas à exortação evangélica onde isso é indubitavelmente afirmado com claridade meridiana, ou seja, que a SALVAÇÃO só é obtida pela prática do Bem. Sem isso, não há como alguém esperar estar à direita se não realizou nada em favor de um irmão de humanidade.

A descrição minuciosa desses comportamentos salvadores não deixa dúvida sobre a adesão da alma da criatura nas coisas boas que faça, muito mais importante do que a formalidade do culto a que assista ou das belas palavras que profira. Aqui não há margem para dúvidas:

PARA A SALVAÇÃO, É ESSENCIAL A REALIZAÇÃO DE BOAS OBRAS!

Observe em sua rotina diária quantas vezes você tem feito estas coisas. Não se trata de DAR COISAS, mas, como já foi explicado nos capítulos anteriores, de DAR-SE NAS COISAS.

44

HERDEIROS DO NOVO MUNDO

Sob os auspícios de Bezerra, os amigos espirituais puderam vislumbrar o panorama penoso que espera pelos **HERDEIROS DO MUNDO NOVO**, no orbe inferior para onde serão enviados os alunos reprovados no exame final deste período da Escola.

Todavia, com as lições deixadas por Jesus, devidamente meditadas e colocadas em ação, todos podemos ainda nos candidatar a sermos **HERDEIROS DO NOVO MUNDO** aquele no qual a Terra vai sendo transformada pela modificação de seus moradores.

Todo este processo, previsto há milhares de séculos, vai sendo cumprido rigorosamente pelas Inteligências Superiores, que têm a função de serem auxiliares de Deus no cumprimento da Sua Vontade.

Tanto que, com a clareza da linguagem moderna, despida de figuras e parábolas, o Consolador Prometido também veio para esclarecer sobre esse tema tão importante. Por isso, leitor(a) querido(a), medite nos ensinamentos espirituais contidos no Capítulo XVIII da obra A GÊNESE, de Allan Kardec, aqui parcialmente transcritos e repetidos como em DESPEDINDO-SE DA TERRA, a fim de que sua compreensão se amplie e que, com base nisso, seus esforços como trabalhador do Bem se multipliquem:

"**27. – Para que na Terra sejam felizes os homens, preciso é que somente a povoem Espíritos bons, encarnados e desencarnados, que somente ao bem se dediquem. Havendo chega-**

do o tempo, grande emigração se verifica dos que a habitam: a dos que praticam o mal pelo mal, ainda não tocados pelo sentimento do bem, os quais, já não sendo dignos do planeta transformado, serão excluídos, porque, senão, lhe ocasionariam de novo perturbação e confusão e constituiriam obstáculo ao progresso. Irão expiar o endurecimento de seus corações, uns em mundos inferiores, outros em raças terrestres ainda atrasadas, equivalentes a mundos daquela ordem, aos quais levarão os conhecimentos que hajam adquirido, tendo por missão fazê-las avançar. Substitui-los-ão Espíritos melhores, que farão reinem em seu seio a justiça, a paz e a fraternidade.

A Terra, no dizer dos Espíritos, não terá de transformar-se por meio de um cataclismo que aniquile de súbito uma geração. A atual desaparecerá gradualmente e a nova lhe sucederá do mesmo modo, sem que haja mudança alguma na ordem natural das coisas.

Tudo, pois, se processará exteriormente, como sói acontecer, com a única, mas capital diferença de que uma parte dos Espíritos que encarnavam na Terra aí não mais tornarão a encarnar. Em cada criança que nascer, em vez de um Espírito atrasado e inclinado ao mal, que antes nela encarnaria, virá um Espírito mais adiantado e propenso ao bem.

Muito menos, pois se trata de uma nova geração corpórea, do que de uma nova geração de Espíritos. Sem dúvida, neste sentido é que Jesus entendia as coisas, quando declarava: «Digo-vos, em verdade, que esta geração não passará sem que estes fatos tenham ocorrido.» Assim, decepcionados ficarão os que esperarem ver a transformação operar-se por efeitos sobrenaturais e maravilhosos.

28. – A época atual é de transição; confundem-se os elementos das duas gerações. Colocados no ponto intermédio, assistimos à partida de uma e à chegada da outra, já se assinalando cada uma, no mundo, pelos caracteres que lhes são peculiares.

Têm ideias e pontos de vista opostos às duas gerações que se sucedem. Pela natureza das disposições morais, porém, sobretudo das disposições intuitivas e inatas, torna-se fácil distinguir a qual das duas pertence cada indivíduo.

Cabendo-lhe fundar a era do progresso moral, a nova geração se distingue por inteligência e razão geralmente precoces, juntas ao sentimento inato do bem e a crenças espiritualistas, o que constitui sinal indubitável de certo grau de adiantamento anterior. Não se comporá exclusivamente de Espíritos eminentemente superiores, mas dos que, já tendo progredido, se acham predispostos a assimilar todas as ideias progressistas e aptos a secundar o movimento de regeneração.

O que, ao contrário, distingue os Espíritos atrasados é, em primeiro lugar, a revolta contra Deus, por se negarem a reconhecer qualquer poder superior aos poderes humanos; a propensão instintiva para as paixões degradantes, para os sentimentos antifraternos de egoísmo, de orgulho, de inveja, de ciúme; enfim, o apego a tudo o que é material: a sensualidade, a cupidez, a avareza.

Desses vícios é que a Terra tem de ser expurgada pelo afastamento dos que se obstinam em não emendar-se; porque são incompatíveis com o reinado da fraternidade e porque o contato com eles constituirá sempre um sofrimento para os homens de bem. Quando a Terra se achar livre deles, os homens caminharão sem óbices para o futuro melhor que lhes está reservado, mesmo neste mundo, por prêmio de seus esforços e de sua perseverança, enquanto esperam que uma depuração mais completa lhes abra o acesso aos mundos superiores.

29. – Não se deve entender que, por meio dessa emigração de Espíritos, sejam expulsos da Terra e relegados para mundos inferiores todos os Espíritos retardatários. Muitos, ao contrário, aí voltarão, porquanto muitos há que o são porque cederam ao arrastamento das circunstâncias e do exemplo. Nesses, a casca é pior do que o cerne. Uma vez subtraídos

à influência da matéria e dos prejuízos do mundo corporal, eles, em sua maioria, verão as coisas de maneira inteiramente diversa daquela por que as viam quando em vida, conforme os múltiplos casos que conhecemos. Para isso, têm a auxiliá-los Espíritos benévolos que por eles se interessam e se dão pressa em esclarecê-los e em lhes mostrar quão falso era o caminho que seguiam. Nós mesmos, pelas nossas preces e exortações, podemos concorrer para que eles se melhorem, visto que entre mortos e vivos há perpétua solidariedade.

É muito simples o modo por que se opera a transformação, sendo, como se vê, todo ele de ordem moral, sem se afastar em nada das leis da Natureza.

(...)

33. – A regeneração da Humanidade, portanto, não exige absolutamente a renovação integral dos Espíritos: basta uma modificação em suas disposições morais. Essa modificação se opera em todos quantos lhe estão predispostos, desde que sejam subtraídos à influência perniciosa do mundo. Assim, nem sempre os que voltam são outros Espíritos; são, com frequência, os mesmos Espíritos, mas pensando e sentindo de outra maneira.

Quando insulado e individual, esse melhoramento passa despercebido e nenhuma influência ostensiva alcança sobre o mundo. Muito outro é o efeito, quando a melhora se produz simultaneamente sobre grandes massas, porque, então, conforme as proporções que assuma, numa geração, pode modificar profundamente as ideias de um povo ou de uma raça.

É o que quase sempre se nota depois dos grandes choques que dizimam as populações. Os flagelos destruidores apenas destroem corpos, não atingem o Espírito; ativam o movimento de vaivém entre o mundo corporal e o mundo espiritual e, por conseguinte, o movimento progressivo dos Espíritos encarnados e desencarnados. É de notar-se que, em todas as épocas da História, às grandes crises sociais se seguiu uma era de progresso.

34. – Opera-se presentemente um desses movimentos gerais, destinados a realizar uma remodelação da Humanidade. A multiplicidade das causas de destruição constitui sinal característico dos tempos, visto que elas apressarão a eclosão dos novos germens. São as folhas que caem no outono e às quais sucedem outras folhas cheias de vida, porquanto a Humanidade tem suas estações, como os indivíduos têm suas várias idades. As folhas mortas da Humanidade caem batidas pelas rajadas e pelos golpes de vento, porém, para renascerem mais vivazes sob o mesmo sopro de vida, que não se extingue, mas se purifica.

35. – Para o materialista, os flagelos destruidores são calamidades carentes de compensação, sem resultados aproveitáveis, pois que, na opinião deles, os aludidos flagelos aniquilam os seres para sempre. Para aquele, porém, que sabe que a morte unicamente destrói o envoltório, tais flagelos não acarretam as mesmas consequências e não lhe causam o mínimo pavor; ele lhes compreende o objetivo e não ignora que os homens não perdem mais por morrerem juntos, do que por morrerem isolados, dado que, de uma forma ou de outra, a isso hão de todos sempre chegar.

Os incrédulos rirão destas coisas e as qualificarão de quiméricas; mas, digam o que disserem, não fugirão à lei comum; cairão a seu turno, como os outros, e, então, que lhes acontecerá? Eles dizem: Nada! Viverão, no entanto, a despeito de si próprios e se verão, um dia, forçados a abrir os olhos."

Como você pôde perceber, todas as forças do Universo trabalham para que a maior parte dos alunos saiba como se preparar adequadamente para os exames finais.

Não seja indiferente a tudo isto.

Certamente, você pode não acreditar. No entanto, o que será de você quando se der conta de que tudo isto, realmente, é um fato inderrogável?

Não se esqueça de que as portas da Arca estão sendo fechadas. Não se esqueça de que um astro diferente já está nas lentes dos telescópios humanos, filmado e fotografado em sua aproximação.

Rápido... acelere seus esforços! Onde quer que você esteja, em qualquer lugar da Terra, sua vida pode produzir frutos doces da Bondade.

Mas se, por não ser espírita ou acreditar nas orientações espirituais, você não estiver inclinado a fazer algo em seu próprio benefício, se não desejar ajudar o semelhante, se não tiver interesse em praticar a caridade verdadeira, se não estiver ainda disposto a perdoar ou pedir perdão, confiante de que todos estes alertas são palavras vãs de entidades ilusórias, reflita na última revelação que lhe transmitimos, com a qual terminamos esta obra e que simboliza mais um esforço dos que o amam para ajudá-lo no despertar das virtudes que Deus colocou dentro de você.

Não foi a Doutrina Espírita ou o fanatismo de ignorantes quem inventou estes conceitos.

Do alto do Monte, alguém nos aconselhou a que estivéssemos incluídos dentre os **HERDEIROS DO NOVO MUNDO,** quando nos disse:

"BEM-AVENTURADOS OS *MANSOS*

PORQUE ELES *HERDARÃO A TERRA!*

Jesus!"

***

Que você tenha ouvidos de ouvir, olhos de ver e que, por fim, como um bom aluno da escola terrena,

BRILHE VOSSA LUZ!

MUITA PAZ!

Lucius

IDE | Conhecimento e educação espírita

No ano de 1963, Francisco Cândido Xavier ofereceu a um grupo de voluntários o entusiasmo e a tarefa de fundarem um periódico para divulgação do Espiritismo. Nascia, então, o Instituto de Difusão Espírita - IDE, cujos nome e sigla foram também sugeridos por ele.

Assim, com a ajuda de muitas pessoas e da espiritualidade, o Instituto de Difusão Espírita se tornou uma entidade de utilidade pública, assistencial e sem fins lucrativos, fiel à sua finalidade de divulgar a Doutrina Espírita, por meio de livros, estudos e auxílio (material e espiritual).

Tendo como foco principal as obras básicas de Allan Kardec, a preços populares, a IDE Editora possui cerca de 300 títulos, muitos psicografados por Chico Xavier, divulgando-os em todo o Brasil e em várias partes do mundo.

Além da editora, o Instituto de Difusão Espírita também se desenvolveu em outras frentes de trabalho, tanto voltadas à assistência e promoção social, como o acolhimento de pessoas em situação de rua (albergue), alimentação às famílias em momento de vulnerabilidade social, quanto aos trabalhos de evangelização infantil, mocidade espírita, artes, cursos doutrinários e assistência espiritual.

Ao adquirir um livro da IDE Editora, além de conhecer a Doutrina Espírita e aplicá-la em seu desenvolvimento espiritual, o leitor também estará colaborando com a divulgação do Evangelho do Cristo e com os trabalhos assistenciais do Instituto de Difusão Espírita.

www.idelivraria.com.br

idelivraria.com.br

Pratique o "Evangelho no Lar"

Aponte a câmera do celular e
faça download do roteiro do
Evangelho no lar

Ide editora é nome fantasia do Instituto de Difusão Espírita, entidade sem fins lucrativos.

 ideeditora   ide.editora   ideeditora

◀◀ **DISTRIBUIÇÃO EXCLUSIVA** ▶▶

Av. Porto Ferreira, 1031 | Parque Iracema
CEP 15809-020 | Catanduva-SP
📞 17 3531.4444   🟢 17 99777.7413

📷 boanovaed
▶ boanovaeditora
f boanovaed
🌐 www.boanova.net
✉ boanova@boanova.net

Fale pelo whatsapp

Acesse nossa loja